南昌地铁机电关键系统设计与实施

主　编◎黄展军
副主编◎冷勇林　张慧鹏　陈　星　付胜华　邓新禹　梁新欢

NANCHANG DITIE JIDIAN GUANJIAN XITONG
SHEJI YU SHISHI

华中科技大学出版社
http://press.hust.edu.cn
中国·武汉

内 容 简 介

　　本书共四章,基本涵盖了城市轨道交通机电系统的所有专业。第一章介绍了南昌地铁的线网规划和建设条件。第二章对机电系统主要功能、设备技术与设计要点以及未来发展趋势进行了全面阐述,同时结合编者多年的从业经验提出了基于南昌地铁建设的思考。此外,第二章还对综合联调相关内容进行了讲解。第三章对线网机电资源规划与共享进行了介绍。第四章对南昌智慧地铁顶层设计与建设规划系统进行了分析和总结。

图书在版编目(CIP)数据

南昌地铁机电关键系统设计与实施 / 黄展军主编. 武汉：华中科技大学出版社,2024.6. -- ISBN 978-7-5772-0187-0

Ⅰ. U231

中国国家版本馆 CIP 数据核字第 2024TE8880 号

南昌地铁机电关键系统设计与实施　　　　　　　　　　　黄展军　主编
Nanchang Ditie Jidian Guanjian Xitong Sheji yu Shishi

策划编辑：周永华

责任编辑：梁　任

封面设计：原色设计

责任监印：朱　玢

出版发行：华中科技大学出版社(中国·武汉)　　电话：(027)81321913
　　　　　武汉市东湖新技术开发区华工科技园　　邮编：430223

录　　排：武汉正风天下文化发展有限公司

印　　刷：武汉市洪林印务有限公司

开　　本：787 mm×1092 mm　1/16

印　　张：23

字　　数：449 千字

版　　次：2024 年 6 月第 1 版第 1 次印刷

定　　价：98.00 元

本书若有印装质量问题,请向出版社营销中心调换
全国免费服务热线：400-6679-118　　竭诚为您服务
版权所有　　侵权必究

编委会

主　编 黄展军

副主编 冷勇林　张慧鹏　陈　星　付胜华
　　　　　邓新禹　梁新欢

编写人员（排名不分先后）
　　　　　潘　扬　游孟醒　舒伟明　付芳蓉
　　　　　刘　冰　汤小君　钟　广　王安华
　　　　　彭俊仁　曾云嵘　李　文　孙瑞光
　　　　　万兴平　张剑波

前言 | Preface

随着我国城市化进程的推进,为了缓解城市地面交通压力,提高城市公共交通运输能力,我国各大城市纷纷加快了城市轨道交通的建设步伐。目前我国城市轨道交通已进入健康、有序、快速发展的阶段,取得了令世人瞩目的成就。截至2021年年底,南昌已开通4条地铁线路,运营总里程128.45 km。南昌地铁在城市轨道交通规划、设计、施工、运营,以及车辆、机电设备制造国产化方面取得了显著成绩。机电系统作为城市轨道交通系统的重要组成部分,发挥着保障列车运营安全和运营质量的关键作用。因此,全面、系统地总结地铁机电系统设计领域的经验,对指导南昌地铁后续线路设计、施工和管理,具有十分重要的意义。

本书编者均是长期从事城市轨道交通机电系统设计、施工、运营管理工作的专家和技术人员,多年来承担了多条地铁线路的设计、施工和运营管理工作,在实践中积累了丰富的经验,取得了丰硕的技术成果。本书在编写过程中,严格遵循城市轨道交通方面的政策、规程、规范,坚持理论与实际相结合、实事求是的原则,秉承工程建设保障运营及不断创新的理念。本书是编者多年从业经验的总结和宝贵的技术结晶。

本书共四章,基本涵盖了城市轨道交通机电系统的所有专业。第一章介绍了南昌地铁的线网规划和建设条件。第二章对机电系统主要功能、设备技术与设计要点以及未来发展趋势进行了全面阐述,同时结合编者多年的从业经验提出了基于南昌地铁建设的思考。此外,第二章还对综合联调相关内容进行了讲解。第三章对线网机电资源规划与共享进行了介绍。第四章对南昌智慧地铁顶层设计与建设规划系统进行了分析和总结。本书专业覆盖面广、理论联系实际、内容丰富、结构严谨、图文并茂,适合从事城市轨道交通工程机电系统设计领域工作的广大专业技术人员和管理人员阅读,也适合相关专业师生及对城市轨道交通工程设计感兴趣的初学者参考。

由于城市轨道交通行业发展迅速,加之编者水平及知识面有限,书中难免存在不足之处,恳请专家、读者朋友们提出宝贵的意见。

本书由南昌轨道交通集团有限公司牵头,联合南昌轨道交通集团工程技术咨询有限公司、南昌轨道交通集团有限公司运营分公司、南昌轨道交通集团有限公司地铁项目管理分公司编写。在本书编写过程中,南昌轨道交通设计研究院有限公司、广州地铁设计研究院股份有限公司、上海市隧道工程轨道交通设计研究院、中铁通信信号勘测设计院有限公司、北京城建设计发展集团股份有限公司给予了大力支持和协助,并提出了许多宝贵的意见,在此一并表示深深的谢意。

本书编写分工如下。

章	节		编写人员
第一章	1.1	线网规划	黄展军
	1.2	建设条件	
第二章	2.1	车辆系统	付芳蓉
	2.2	供电系统	付胜华
	2.3	通信系统	陈星
	2.4	信号系统	潘扬
	2.5	综合监控系统	刘冰
	2.6	自动售检票系统	冷勇林
	2.7	轨道系统	舒伟明
	2.8	场段系统	
	2.9	通风空调系统	游孟醒
	2.10	站台门系统	张慧鹏
	2.11	综合联调	汤小君
第三章	3.1	控制中心	冷勇林
	3.2	IP地址规划	梁新欢
	3.3	无线频率规划	孙瑞光、万兴平、张剑波
	3.4	设备编码	付胜华
	3.5	主变电所资源共享	曾云嵘、李文
	3.6	车辆基地资源共享	钟广、王安华、彭俊仁
	3.7	弱电系统后备电源资源共享	邓新禹
	3.8	视频监控资源共享	
	3.9	AFC资源共享	冷勇林
第四章	4.1	机电系统智慧化顶层规划	
	4.2	机电系统智慧化建设	游孟醒

希望本书的出版,能为我国的城市轨道交通工程建设贡献绵薄之力,给城市轨道交通的设计者、管理者提供一定的帮助。

编者

目录 | Contents

第一章　南昌地铁概述 …………………………………………………………… (1)
 1.1　线网规划 ………………………………………………………………… (2)
 1.2　建设条件 ………………………………………………………………… (3)
  1.2.1　气候条件 …………………………………………………………… (3)
  1.2.2　线路条件 …………………………………………………………… (3)
  1.2.3　站台门条件 ………………………………………………………… (4)

第二章　主要机电系统设计与综合联调 ………………………………………… (6)
 2.1　车辆系统 ………………………………………………………………… (7)
  2.1.1　车辆系统主要功能板块 …………………………………………… (7)
  2.1.2　车辆选型基本要素及原理 ………………………………………… (9)
  2.1.3　车辆主要技术参数、其他配套设施技术需求 …………………… (12)
  2.1.4　车辆系统发展趋势与思考 ………………………………………… (15)
 2.2　供电系统 ………………………………………………………………… (17)
  2.2.1　供电系统的定位、组成、功能 …………………………………… (17)
  2.2.2　供电系统主要功能选型、技术要求 ……………………………… (22)
  2.2.3　供电系统运行方式 ………………………………………………… (30)
  2.2.4　供电系统发展趋势与思考 ………………………………………… (31)
 2.3　通信系统 ………………………………………………………………… (34)
  2.3.1　通信系统概况 ……………………………………………………… (34)
  2.3.2　专用通信系统 ……………………………………………………… (34)
  2.3.3　公安通信系统 ……………………………………………………… (65)
  2.3.4　通信系统发展趋势与思考 ………………………………………… (75)
 2.4　信号系统 ………………………………………………………………… (75)
  2.4.1　信号系统功能定位及组成 ………………………………………… (75)

2.4.2　信号系统选型及架构 …………………………………………（76）
　　2.4.3　信号系统发展趋势与思考 ……………………………………（82）
2.5　综合监控系统 …………………………………………………………（86）
　　2.5.1　系统功能 ………………………………………………………（86）
　　2.5.2　系统方案与比选 ………………………………………………（95）
　　2.5.3　系统架构图 ……………………………………………………（102）
　　2.5.4　综合监控系统发展趋势 ………………………………………（104）
2.6　自动售检票系统 ………………………………………………………（105）
　　2.6.1　自动售检票系统定位、架构及功能 …………………………（105）
　　2.6.2　主要设备选型及架构 …………………………………………（107）
　　2.6.3　自动售检票系统发展趋势与思考 ……………………………（115）
2.7　轨道系统 ………………………………………………………………（116）
　　2.7.1　主要技术要求 …………………………………………………（116）
　　2.7.2　轨道形式选择 …………………………………………………（121）
　　2.7.3　轨道减振形式及发展 …………………………………………（125）
2.8　场段系统 ………………………………………………………………（132）
　　2.8.1　南昌地铁现有场段概况 ………………………………………（132）
　　2.8.2　既有线路和在建场段规模 ……………………………………（133）
　　2.8.3　主要系统设备概况 ……………………………………………（135）
　　2.8.4　场段发展趋势 …………………………………………………（137）
2.9　通风空调系统 …………………………………………………………（141）
　　2.9.1　通风空调系统的定位与选型 …………………………………（141）
　　2.9.2　主要设备技术要求 ……………………………………………（147）
　　2.9.3　通风空调系统发展趋势与思考 ………………………………（148）
2.10　站台门系统 ……………………………………………………………（150）
　　2.10.1　站台门系统的功能定位与组成 ………………………………（150）
　　2.10.2　主要设备选型与技术要求 ……………………………………（154）
　　2.10.3　站台门发展趋势与思考 ………………………………………（177）
2.11　综合联调 ………………………………………………………………（180）
　　2.11.1　综合联调的目的 ………………………………………………（180）
　　2.11.2　综合联调的主要内容 …………………………………………（181）
　　2.11.3　综合联调的前提条件 …………………………………………（182）

2.11.4 综合联调组织架构及职责 …………………………………………… (185)
2.11.5 协调管理机制 ………………………………………………………… (186)
2.11.6 综合联调问题分析 …………………………………………………… (186)

第三章 机电资源规划与共享 …………………………………………… (193)

3.1 控制中心 …………………………………………………………………… (194)
3.1.1 基本要求 ……………………………………………………………… (194)
3.1.2 工艺设计 ……………………………………………………………… (196)
3.1.3 附图 …………………………………………………………………… (197)

3.2 IP 地址规划 ………………………………………………………………… (198)
3.2.1 背景及目的 …………………………………………………………… (198)
3.2.2 信息系统 ……………………………………………………………… (198)
3.2.3 IP 地址分类 …………………………………………………………… (199)
3.2.4 总体地址规划 ………………………………………………………… (200)
3.2.5 详细网络规划 ………………………………………………………… (201)

3.3 无线频率规划 ……………………………………………………………… (205)
3.3.1 800 MHz 频段 ………………………………………………………… (205)
3.3.2 2.4 GHz 频段 ………………………………………………………… (210)
3.3.3 1.8 GHz 频段 ………………………………………………………… (212)
3.3.4 5.8 GHz 频段 ………………………………………………………… (214)

3.4 设备编码 …………………………………………………………………… (215)
3.4.1 设备编码规则 ………………………………………………………… (215)
3.4.2 车站代码表说明 ……………………………………………………… (218)
3.4.3 设备安装位置代码 …………………………………………………… (219)

3.5 主变电所资源共享 ………………………………………………………… (220)
3.5.1 主变电所资源共享的必要性和原则 ………………………………… (220)
3.5.2 主变电所资源共享运行方式 ………………………………………… (224)
3.5.3 主变电所资源共享实现方式 ………………………………………… (225)
3.5.4 主变电所资源共享的调度管理 ……………………………………… (227)
3.5.5 主变电所资源共享存在的问题 ……………………………………… (228)
3.5.6 主变电所资源共享实施的建议 ……………………………………… (229)
3.5.7 南昌地铁主变电所资源共享情况 …………………………………… (231)

3.6　车辆基地资源共享 ································ (232)
　　3.6.1　资源共享原则 ································ (232)
　　3.6.2　车辆大修、架修资源共享 ······················ (233)
　　3.6.3　综合维修中心资源共享 ························ (239)
　　3.6.4　物资总库资源共享 ···························· (239)
　　3.6.5　培训中心资源共享 ···························· (240)
　　3.6.6　大型工程车资源共享 ·························· (240)
3.7　弱电系统后备电源资源共享 ···························· (243)
　　3.7.1　弱电系统后备电源设置需求 ···················· (243)
　　3.7.2　弱电系统后备电源资源共享方案 ················ (243)
3.8　视频监控资源共享 ·································· (246)
　　3.8.1　背景 ······································· (246)
　　3.8.2　目的及意义 ································· (247)
　　3.8.3　既有线路建设情况 ···························· (247)
　　3.8.4　后续线路规划 ································ (249)
3.9　AFC 资源共享 ······································ (249)
　　3.9.1　ACC 与 MLC 资源共享 ························ (249)
　　3.9.2　线路中央计算机系统共享 ······················ (251)
　　3.9.3　换乘站 SC 共享方案 ·························· (253)

第四章　机电系统智慧化规划与建设 ························ (255)

4.1　机电系统智慧化顶层规划 ······························ (256)
　　4.1.1　目标 ······································· (256)
　　4.1.2　总体规划方案 ································ (258)
4.2　机电系统智慧化建设 ································ (271)
　　4.2.1　总体建设方案 ································ (271)
　　4.2.2　实施方案 ···································· (273)

第一章

南昌地铁概述

1.1 线网规划

根据已批复的《南昌市第二轮城市轨道交通线网规划(2020—2035)》，南昌轨道交通规划线路共 12 条(其中轨道快线 3 条、轨道普线 9 条)，总里程约 539 km，形成"环＋放射"的网络结构及"快线＋普线"的网络层级。2009 年至今，国家先后批复南昌两期轨道交通建设规划(含二期调整)，总里程约 160 km，设站 94 座(换乘站 9 座不重复计算)。其中，1 号线一期工程全长 28.84 km，设站 24 座，于 2015 年 12 月 26 日开通试运营；2 号线一期工程及南延线工程全长 31.51 km，设站 28 座，于 2019 年 6 月 30 日全线通车试运营；3 号线工程全长 28.69 km，设站 22 座，于 2020 年 12 月 26 日开通试运营；4 号线一期工程全长 39.60 km，设站 29 座，于 2021 年 12 月 26 日开通试运营。1 号线东延线工程、1 号线北延线工程和 2 号线东延线工程正在建设阶段，计划于 2025 年投入运营。同时，根据前期线网规划，1、2、3、4、5 号线共用地铁大厦控制中心，目前尚未规划第二处控制中心，除线网清分系统目前已建成并已投入运营外，线网指挥平台也已开始规划设计。南昌第二轮城市轨道交通线网规划如图 1-1 所示。南昌轨道交通 1～4 号线线网规模见表 1-1。

图 1-1 南昌市第二轮城市轨道交通线网规划

(图片来源：南昌市自然资源和规划局)

城市轨道交通规划一览表

线路	层级	里程/km
1号线	轨道普线	53.38
1号线支线	轨道普线	15.1
2号线	轨道普线	41.93
3号线	轨道普线	45.89
4号线	轨道普线	50.8
5号线	轨道普线	53.6
6号线	轨道普线	34.1
7号线	轨道普线	36.3
8号线	轨道普线	30.7
9号线	轨道快线	50.9
9号线支线	轨道快线	5.5
10号线	轨道快线	50.3
10号线支线	轨道快线	12.6
11号线	轨道普线	39.8
12号线	轨道快线	18.1
总计		539

表 1-1　南昌轨道交通 1～4 号线线网规模

线名	建设阶段	线路长度/km	车站数/座	平均站间距/km
1 号线一期	运营	28.84	24	1.25
2 号线一期及南延线	运营	31.51	28	1.17
3 号线	运营	28.69	22	1.37
4 号线一期	运营	39.60	29	1.41
1 号线北延线	在建	16.93	8	2.10
1 号线东延线	在建	4.34	2	2.04
2 号线东延线	在建	10.42	9	1.15
总计	—	160.33	122	—

1.2　建设条件

1.2.1　气候条件

南昌属于亚热带湿润季风气候,气候湿润温和,日照充足,一年中夏、冬季长,春、秋季短。南昌是典型的"夏炎冬寒"城市,年平均气温为 17～17.7 ℃,极端历史最高气温为 40.9 ℃,极端历史最低气温为－15.2 ℃,年降雨量为 1600～1700 mm,年降水日为 147～157 天,年平均暴雨日为 5.6 天,年平均相对湿度为 78.5％,年平均风速为 2.3 m/s。

1.2.2　线路条件

南昌地铁线路条件如表 1-2 所示。

表 1-2　南昌地铁线路条件

项目		参数
轨距		1435 mm
轨道类型	正线	60 kg/m
	车辆段	50 kg/m
最小竖曲线半径		2000 m

续表

项目		参数
最小平曲线半径	正线	350 m
	辅助线	200 m
	车场线	150 m
最大坡度	正线	3‰
	辅助线	3.5‰
外轨最大超高		120 mm
轨底坡（直线段）		1/40
连接9#道岔最小导曲线半径		200 m
连接7#道岔最小导曲线半径		150 m
站台高度		1050 mm
站台边缘与直线轨道中心距离		1500 mm
站台有效长度		118 m
行车制式		右侧行车

南昌地铁接触网形式和高度如表1-3所示。

表1-3 南昌地铁接触网形式和高度

位置	车辆段	隧道内
接触网形式	柔性悬挂	刚性悬挂
接触网高度/mm	5000/5400	4040

1.2.3 站台门条件

南昌地铁站台门条件如表1-4所示。

表1-4 南昌地铁站台门条件

项目	参数
站台门组合总长度	114.4 m

续表

项目	参数
每侧滑动门数量	24 道（列车为 6 节编组，每节列车两侧各 4 道门）
站台门总高度	约 3000 mm
滑动门高度	2100 mm
滑动门净开度	1900 mm
列车乘客门净开度	1300 mm
列车停车精度	±300 mm
开门/关门行程所需时间	2.5～3.5 s/3.0～4.0 s

第二章

主要机电系统设计与综合联调

城市轨道交通工程机电系统是一个涉及专业多、技术要求复杂、接口繁多、技术难度大的系统工程。城市轨道交通一般包括车辆系统、供电系统、通信系统、信号系统、综合监控系统、自动售检票系统、轨道系统、场段系统、通风空调系统、站台门系统等机电系统。下面对城市轨道交通的主要机电系统设计及其综合联调进行讲解。

2.1 车辆系统

地铁车辆是机电系统的重要组成部分,也是技术含量较高的设备。地铁车辆应具有先进性、可靠性和实用性,应满足容量大、安全、快速、美观和节能的要求。地铁车辆有动车和拖车、带司机室和不带司机室等多种形式。动车本身带有动力牵引装置,拖车本身无动力牵引装置;动车又分为带受电弓的动车和不带受电弓的动车。地铁车辆在运营时,一般采用动拖结合、固定编组的模式。

2.1.1 车辆系统主要功能板块

车辆主要由车体、转向架、牵引系统、辅助电源、制动系统、列车通信网络、车载自动控制系统组成。

2.1.1.1 车体

车体是车辆的重要组成部分,它不仅要有足够的承载能力,还要有足够长的使用寿命,并应尽量做到轻量化、国产化。

选择地铁车辆车体结构材料的标准是能在运行安全和检修方便的基础上使车辆的结构质量最小化,从而达到节约材料及能源的目的。目前,国内外地铁车辆车体结构的主要材料大致经历了从碳钢(包括耐候钢)到不锈钢、铝合金的发展过程。

因无法降低自重并需要进行涂漆等原因,碳钢车体逐渐减少。不锈钢车体因具有自重轻、耐腐蚀、无须涂漆、维修成本低等优点被部分国家采用。大型铝合金挤压结构构件制造的单层结构车体,既可大量减少人工焊接量,降低工时和成本,又可使车体自重大幅度降低,增大车体的长度和宽度,提高乘坐率,综合经济效益好,受到了制造企业和用户的欢迎。

2.1.1.2 转向架

转向架应具有良好的运行品质,使车辆能够平稳通过曲线半径较小的区段,尽可能减少轮轨磨损,有着比较理想的轮轨黏着性能,并注重减轻质量。

目前,地铁车辆使用的转向架有 2 种,即有摇枕转向架和无摇枕转向架。由于无摇枕转向架可确保舒适性、降低噪声和节约能源等,因此无摇枕转向架将成为地铁车辆转向架的主流。

无摇枕转向架一系悬挂装置由橡胶弹簧和盘绕钢弹簧(或全人字橡胶形式)构成。橡胶弹簧内部摩擦力大,可以减小振动。橡胶弹簧既适合减缓冲击振动,又可以用于结构定位,从而大大简化转向架结构,减轻转向架质量,方便制造和维修,降低成本。这种弹簧还具有良好的吸声性能,可减小噪声。无摇枕转向架二系悬挂装置采用空气弹簧,可以通过空重车调整装置保证空重车地板面高度不变,减轻弹性悬挂元件的质量,具有横向复原性能,因此,无摇枕转向架可以取消笨重复杂的摇动装置,且具有安装高度低、结构紧凑、组装和维修方便、质量轻、方便载荷检测等特点。从北京地铁车辆多年的运行实践来看,空气弹簧用于二系悬挂装置中是可靠的。

2.1.1.3 牵引系统

地铁车辆牵引系统采用电力牵引技术,将电能转化为机械能,驱动车辆运行,是车辆的核心部分,主要由受电弓、牵引变压器、牵引逆变器、牵引电机、齿轮箱等组成。确定车辆牵引系统的设计原则为:安全可靠,技术先进成熟,便于操作,节约能源,维修量少,价格合理,乘坐舒适,有利于向国产化过渡。目前,国内外地铁车辆牵引系统分为直流牵引系统和交流牵引系统。

随着电力电子交流技术和现代控制理论的发展,以及微机控制技术的普及,交流牵引系统已成为近代调速系统中最佳的调速系统之一。其调速性能和节能效果都有无可比拟的优越性。除了具有车辆启动平稳、可方便地实现再生制动等优点,交流牵引系统还具有以下优点:牵引电机体积小,质量轻,可减少簧下质量及对轨道的冲击;维修量少,噪声小;启动牵引力大,黏着性能好。

2.1.1.4 辅助电源

辅助电源系统是控制系统的重要组成部分,其主要任务是产生满足车辆控制用低压电源、客室照明装置、空调和通风机组及其他低压用电设备所需的各种电压,其供电质量及可靠性直接影响到车辆运行的安全。辅助电源系统主要有直流电动发电机组和静止逆变器两种类型。

静止逆变器是近十几年发展起来的辅助电源系统。门极关断晶闸管(gate turn-off thyristor,GTO)、绝缘栅双极型晶体管(insulated gate bipolar transistor,IGBT)元件的问世,使得静止逆变器体积变小、质量减轻、转换效率升高、噪声降低。与微机控制技术相结合,静止逆变器输出的电压、频率精度提高,从而可以保证车辆安全、可靠运行,并且在较高容量的工况下仍可采用自然冷却的方式,既节约了能源,又减少了维修工作量。

2.1.1.5 制动系统

制动系统的选择应满足车辆技术性能及安全可靠的要求。制动系统一般有电制动系统和空气制动系统两种。为保证电制动系统的可靠性,地铁车辆应设再生制动和电阻制动。空气制动系统是列车停车的保证,在制动系统中是不可缺少的。空气制动系统独立于电制动系统,单独实施机械制动,也可在电制动系统制动力不足或失效的情况下自动运转并补偿电制动系统制动力的不足,保证车辆制动力达到指令值,以实现车辆的减速和停车。

2.1.1.6 列车通信网络

列车通信网络具有向驾驶室提供运行信息、监控各种设备的运行和故障状态、进行状态诊断、将驾驶室主控制器的指令传送到各种设备的功能;具有播放录音和人工广播等功能;具有首尾司机室全双工对讲通信和报站显示监听等功能;具有客室向司机室报警的音响、灯光等装置。

车载无线通信设备具有对通信信道进行自动扫描,与行车调度指挥中心、车站值班员和车辆段运转室值班员进行联系的功能。

2.1.1.7 列车自动控制系统

为了保证列车安全运行,列车应装有列车自动控制(automatic train control,ATC)系统。它包括列车自动防护(automatic train protection,ATP)系统、列车自动运行(automatic train operation,ATO)系统及列车自动监控(automatic train supervision,ATS)系统。列车自动控制系统可以实现对列车位置的准确测定、对列车速度的正确控制以及与列车的实时通信。列车自动控制系统应与信号系统的功能相匹配。

2.1.2 车辆选型基本要素及原理

地铁车辆的选型是地铁工程整体方案的关键要素之一。一方面,车辆类型的选择应在满足系统运行要求的前提下进行;另一方面,车辆选型在一定程度上决定了系统的技术标准。因此,地铁车辆的选型不应局限于对地铁车辆自身的技术经济性进行比较,而应上升到系统的高度,对整个系统的技术经济性进行综合比较,以选择有利于降低系统投资和运营成本的车辆,这是城市地铁车辆选型的基本要求。

2.1.2.1 车辆类型

我国的中大运量城市轨道交通主要分为使用 A 型、B 型、AS 型、AH 型和 LB 型车辆的地铁,使用 C 型和 LC 型车辆的轻轨,也有行业内普遍达成共识的使用市域 A 型、市域

B型、市域C型和市域D型车辆的市域快线(市域快轨、地铁快线),见表2-1。

表 2-1 车辆类型

车辆类型	车长/m	车宽/m	定员/人	线路半径(≥)/m	线路坡度(≤)/(‰)	运力/(万人次/h)
A型车辆	22.0	3.0~3.08	310	300	3.5	4.5~7.0
B型车辆	19.0	2.8~2.88	240	250	3.5	2.5~5.0
AS型车辆	19.0	3.0~3.08	254~266	250	5	2.5~5.0
AH型车辆	19.52	3.0~3.08	254	250	3.5	2.5~5.0
LB型车辆	16.8	2.8	215~240	100	6	2.5~4.0
C型车辆	18.9~30.4	2.6	200~315	50	6	1.0~3.0
LC型车辆	16.5	2.5~2.6	150	60	6	1.0~3.0
市域A型车辆	22.0	3.0	—	350	3	—
市域B型车辆	19.0	2.8	—	300	3	—
市域C型车辆	24.5	3.3	—	—	—	—
市域D型车辆	22.0	3.3	—	400	3	—

车辆类型和列车编组应与线路地位及功能相适应,在满足各时间段高峰断面客流要求的基础上具有一定的运能储备和提高服务水平的余地,同时还应考虑路网资源的共享。合适的列车编组是确定系统设计规模的前提条件。

2.1.2.2 选型原则

(1) 应满足系统的运营要求,并充分考虑地铁的运营模式及管理模式。

(2) 应结合我国基本国情,选取技术成熟、安全可靠的车辆,以减少维修工作量和运营成本。

(3) 应选择造型美观、乘坐舒适的车辆,以吸引更多的乘客。

(4) 应选择适应地下、地面、高架等线路状况及各种自然环境条件的车辆,并尽可能减少对周围环境的影响。

(5) 应立足于国产化,引进的关键技术设备也应具备向国产化过渡的可能性和可行性。

(6) 应兼顾远期地铁发展需要,以便统一配置检修设备。

2.1.2.3 南昌地铁车辆现状

在南昌地铁建设规划报告中,对 1 号线、2 号线预测客流及远期编组规模进行了初步研究,对各条线路远景高峰断面客流进行预测,采用 B 型车 6 节编组列车。列车两端采用全自动车钩,动力单元间采用半自动车钩,车与车之间采用半永久性牵引杆。每个＋Tc—Mp—M=(Tc 车为带司机室的拖车,Mp 车为带受电弓的动车,M 车为动车,＋为全自动车钩,—为半永久性牵引杆,=为半自动车钩)为最小可动单元,当整列车解编为两个最小可动单元(＋Tc—Mp—M=)时,每个＋Tc—Mp—M=单元可自动形成端车回路,Tc 车可操控＋Tc—Mp—M=单元,具有在车辆段内手动低速独立运行能力。

1) 车辆类型

南昌地铁车辆分为 Tc 车、Mp 车和 M 车。

2) 列车编组

初、近、远期采用 6 节编组,4 动 2 拖,2 动 1 拖为一个单元,编组形式为＋Tc—Mp—M=M—Mp—Tc＋。

3) 列车长度

列车长度(列车两端车钩连接面之间的距离):6 节编组为 118620 mm。

4) 列车寿命

车辆的设计使用寿命不低于 30 年。

5) 车辆载客量

车辆载客量见表 2-2。

表 2-2　车辆载客量

	项目	Tc 车/人	Mp 车、M 车/人	6 节编组载客量/人
载客量	AW0 工况(空载)	0	0	0
	AW1 工况(满座)	36	46	256
	AW2 工况(6 人/m²)	230	250	1460
	AW3 工况(9 人/m²)	327	352	2062

注:① 每辆车设置 1 处轮椅位;

② AW0 表示空载时的情况;AW1 表示满座时的情况;AW2 表示满载时的情况,即定员载荷;AW3 为超载时的情况。

6) 车辆质量

Tc 车:小于或等于 31.5 t。

Mp 车、M 车:小于或等于 34.5 t。

轴重:小于或等于 14 t。

2.1.3 车辆主要技术参数、其他配套设施技术需求

下面以南昌地铁车辆为例,从牵引和制动性能,制动原则,列车故障运行能力及救援能力,列车噪声,列车照明,运行安全性和运行质量,防火、防水、防尘、防雷、防霉及防虫,电磁兼容性,安全措施方面介绍地铁车辆的主要技术参数。

2.1.3.1 牵引和制动性能

车辆牵引和制动性能参数如表 2-3 所示。

表 2-3 车辆牵引和制动性能参数

项目	参数
车辆构造速度	90 km/h
列车最高持续运行速度	80 km/h
启动加速度(0→40 km/h)(AW2,平直轨道)	$\geqslant$1.0 m/s^2
平均加速度(0→80 km/h)(AW2,平直轨道)	$\geqslant$0.6 m/s^2
常用制动平均减速度(80 km/h→0)(AW0~AW3,平直轨道)	$\geqslant$1.0 m/s^2
紧急制动减速度(80 km/h→0)(AW0~AW3,平直轨道)	$\geqslant$1.2 m/s^2
最大冲击率	0.75 m/s^3

注:AW0 表示空载时的情况;AW1 表示满座时的情况;AW2 表示满载时的情况,即定员载荷;AW3 为超载时的情况。

在 AW2 工况下,全部动车工作时,列车平均旅行速度应满足行车要求。

2.1.3.2 制动原则

(1) 优先采用电制动系统,电制动系统制动力不足时,用机械制动系统补足制动力;当电制动系统失效时,所需要的总制动力必须由机械制动系统来提供。

(2) 电制动系统优先采用再生制动,再生制动负荷不足时,接通制动电阻。

(3) 机械制动系统采用踏面制动;机械制动系统以压缩空气作为动力,采用计算机数

字指令、模拟气压控制技术。

(4) 电制动系统制动力和机械制动系统制动力根据列车载荷自动调整。

(5) 电制动系统和机械制动系统分别有独立的滑行保护系统。

(6) 列车停放时采用弹簧制动,并能在正线最大坡道上制停超载工况下的列车。

(7) 紧急制动所需要的制动力由机械制动系统产生。

2.1.3.3 列车故障运行能力及救援能力

(1) 列车在超员载荷和丧失 1/4 动力的情况下,应能维持运行到终点。

(2) 列车在超员载荷和丧失 1/2 动力的情况下,应具有在正线最大坡道上启动和运行到最近车站的能力。

(3) 一列空载列车应具有在正线最大坡道上牵引另一列超员载荷的无动力列车运行到下一车站的能力。

2.1.3.4 列车噪声

应采取有效的减振降噪措施,使车辆外部和内部噪声达到下述要求。

1) 外部噪声

(1) 在 ISO 3095 标准规定的条件下,列车在地面平直线区段以 $60\times(1\pm5\%)$ km/h 速度运行时,在车外离轨道中心 7.5 m 处测量的连续噪声不大于 80 dB(A)。

(2) 在 ISO 3095 标准规定的条件下,列车停在地面,辅助设备和空调全部运转时,在车外离轨道中心 7.5 m 处测量的连续噪声不大于 69 dB(A)。

2) 内部噪声

司机室、客室内的噪声限值和测量方法应符合 GB 14892—2006 的规定。

2.1.3.5 列车照明

(1) 客室照明以 LED(light emitting diode,发光二极管)灯或荧光灯作光源,分为正常照明和紧急照明。紧急照明应采用独立的回路。正常情况下,紧急照明作为正常照明的一部分。

(2) 车辆内部照明灯具应平行布置在车辆顶部两侧。正常情况下,在车内离地板面高 800 mm 处测得的客室照度不小于 200 lx。只用紧急照明时,地板面照度不小于 10 lx。所有照明设施必须便于清洁,并方便更换灯具。

(3) 列车前照灯在车辆前端紧急制停距离处测得的照度不低于 2 lx。

(4) 灯具耐振动和耐冲击性能应符合 IEC 61373 标准的规定。

2.1.3.6 运行安全性和运行质量

1) 运行安全性

(1) 列车通过道岔和曲线时,车轮的侧压力(L)和垂直压力(P)之比应小于0.8。

(2) 转向架蛇行运动应具有衰减特性。

2) 运行质量

列车在任何载重量和运行速度范围内,车体地板纵向中心线的垂向平稳性指标和横向平稳性指标应不大于2.5。

2.1.3.7 防火

(1) 在每一节车辆客室的适当位置设不少于2具灭火器,司机室内设1具灭火器,安放位置应有明显标识并便于取用。

(2) 车体及主要部件的防火需满足DIN 5510标准的规定,车辆及其内部设施应使用不燃材料或无卤、低烟的阻燃材料。

(3) 客室和车内电气柜应设置列车火灾自动报警系统。

2.1.3.8 防水、防尘、防雷、防霉及防虫

(1) 车辆应满足防雨水、防冰雪要求,在风雨、大雾天气时,车厢、空调装置、电气设备箱、插销连接器等均应具备防水功能。车辆清洗时,各种设备均应具备防水功能,车厢及车辆各种设备内不得有水渗入。

(2) 车体和安装在车体外的电气箱的防水应满足IEC 61133标准的要求。

(3) 根据IEC 60529标准的规定,地板下的设备外罩箱根据功能的不同应满足相应的IP(ingress protection,防护)等级要求。

(4) 安装在车辆上的所有电气设备和绝缘材料等应满足防腐、防霉、防虫和防啮齿类动物等要求。

(5) 为防雷击等产生的浪涌电压的侵袭,列车应设置避雷器,并安装在受电弓附近。

2.1.3.9 电磁兼容性

有关车辆及其电气设备电磁兼容性的规定如下。

(1) 车辆及其电气设备的电磁兼容性应符合EN 50121-3的规定。

(2) 车载信号及通信系统的电磁兼容性应符合EN 50121-4的规定。

(3) 供电系统的电磁兼容性应符合EN 50121-5的规定。

2.1.3.10 安全措施

车辆至少应采取下列安全措施。

(1) 车门安全检测措施。

(2) 车钩安全检测措施。

(3) 高压电气设备人身安全防护措施。

2.1.4　车辆系统发展趋势与思考

近年来，地铁车辆新技术层出不穷，依托网络技术、多媒体技术、信息技术、逻辑控制技术，地铁车辆正逐步朝着多元化的方向发展。下面结合南昌地铁的实际情况介绍列车节能设计、列车轻量化设计、SiC(silicon carbide，碳化硅)功率器件技术、永磁同步牵引电机、基于 LCU(logic control unit，逻辑控制单元)功能设计的网络控制系统等。

2.1.4.1　列车节能设计

(1) 车辆各系统采用模块化设计。车体铝结构、车辆内饰、车下电气设备、车上电气设备、制动系统及转向架等均实现模块化设计，便于维修。

(2) 车内采用 LED 照明，包括尾灯、贯通道灯、司机台指示灯、司机室照明灯和客室照明灯等。客室照明灯采用光感调光技术，自动检测环境光，节能环保，可以延长 LED 寿命。

(3) 牵引系统优先采用电制动，最大限度地将车辆产生的电能回馈到电网，同时减少轮对的损耗。

(4) 空调系统采用变新风量节能控制，采用变频技术的空调机组根据载客量调整新风挡位，实现有效节能。

(5) 制动系统采用无螺纹管件，提高密封性，减少空气泄漏量，减少空压机启动次数。

基于南昌地铁设计与实施的思考：节能是社会可持续发展的必然需求，因此节能也是整个轨道交通行业的发展趋势。针对以上提到的几点，可以从地铁各个组成部件着手，从便于维护、延长寿命、减少损耗等方面进行优化，达到节能的目的。南昌地铁 2 号线建设时，采用了定频空调，下一步会向更优方向发展。

2.1.4.2　列车轻量化设计

(1) 采用轻量化铝合金车体，充分利用有限元方法，进行车体静强度、刚度、疲劳强度、疲劳寿命计算，对具体结构进行优化，实现车体轻量化。

(2) 内装产品的结构在满足使用功能和良好性能要求的基础上，尽量做到轻量化设计，以降低车辆整体质量；隔热材料采用质量更轻、隔热性能更好的材料，有效降低车辆内部和外部的热交换；为满足车辆整体噪声控制要求，选择轻量化的优质隔音材料。

(3) 客室柜(屏)柜(屏)体采用轻量化的铝合金型材以减轻质量。

基于南昌地铁设计与实施的思考：列车轻量化设计是节能的具体落实点，目前南昌地铁采用的还是传统工艺，但在未来发展方向上，可以考虑列车轻量化设计。

2.1.4.3　SiC 功率器件技术

相比 Si(silicon，硅)器件，SiC 器件具有能量损耗更低、温度特性更优和工作频率更高等优点，在高压、大功率、高温和高频等工况应用方面具有很大的优势，能够有效提高系统效率、降低能耗、减小装置的体积并减轻质量，从而提高系统的可靠性，是目前电力电子器件的主要发展方向之一。

牵引变流器作为机车大功率交流传动系统的核心装备，为牵引系统提供动力，具有负载特性特殊、运行环境复杂和负载变化大等特点。轨道交通的绿色、智能化发展，对牵引变流器及牵引电机的小型化、轻量化提出更高要求。同时，用电力电子变压器代替传统变压器成为轨道交通发展的一种趋势，这需要耐压水平更高的高性能电力电子器件的支撑。

将 SiC 器件应用于轨道交通牵引变流器，能极大地发挥 SiC 器件耐高温、高频和低损耗的特点，提高牵引变流器的工作效率，有利于推动牵引变流器向小型化和轻量化方向发展。

基于南昌地铁设计与实施的思考：器件的更新换代，是为了进一步提高效率、减少损耗，但是在实际应用中还需要考虑成本问题以及新技术能否落实，需要综合考虑各方面因素。

2.1.4.4　永磁同步牵引电机

永磁体磁能积不断提升，永磁同步牵引电机功率密度相应提高。永磁同步牵引电机转子不发热，电机损耗小，电机更紧凑，可以提高牵引功率。永磁同步牵引电机采用直驱模式，取消齿轮箱，降低传动损耗、噪声，可以提高乘客舒适度。永磁同步牵引电机的平均噪声值比异步牵引电机低：转速为 0～1900 r/min 时，噪声平均降低 5.5 dB(A)；转速为 1900～4000 r/min 时，噪声平均降低 0.1 dB(A)。在模拟实际升速过程中，永磁同步牵引电机平均噪声值相较异步牵引电机降低 7.4 dB(A)。永磁同步牵引电机额定效率高于异步牵引电机，尤其是高效区范围远高于异步牵引电机。永磁同步牵引电机采用全封闭式结构，电机气隙能够保持清洁，无须清洗进风口滤网，更换电机轴承时也无须除尘，可有效减少维护工作量。

基于南昌地铁设计与实施的思考：永磁同步牵引电机高效、节能，优势明显，长期使用可持续节约成本，但是初期投入成本高于传统电机，因此永磁同步牵引电机在整个行业内还没有普及，但是此类新技术的应用是未来发展趋势。南昌地铁在 4 号线的 2 列车上试装了永磁同步牵引电机,计划通过长期使用、综合对比,再确定后续是否全面采用永磁同步牵引电机。

2.1.4.5 基于LCU功能设计的网络控制系统

LCU装置的优点如下:兼容网络控制、逻辑控制功能,可以降低电气控制柜(屏)采购及维护成本(约10%);具备安全控制、导向安全设计;节约线缆和中间继电器60%以上;采用标准机箱设计,可以优化整车布线及设备布局;应用开发软件满足IEC 61131-3标准;仅通过变更应用软件,即可变更控制逻辑;采用无触点控制技术,具备过流保护功能,可以大幅提升动作次数,提高系统的可靠性;采用热备冗余设计,任意单点故障不影响系统的正常运行;控制系统及I/O(input/output,输入/输出)接口采用热备冗余设计,支持无缝切换;支持I/O接口扩展,控制逻辑通过应用软件实现,便于维护;具备自诊断功能,能准确识别并定位自身的故障;故障信息可存储、转发及检索;具备完善的日志记录功能,可记录所有I/O变化数据及故障状态数据;配备专业PTU(portable test unit,便携式测试单元)软件,可辅助进行数据分析;具备多种通信接口,可实现远程逻辑控制及状态监控。

基于南昌地铁设计与实施的思考:LCU装置的优势较明显,但新技术的安全性有待验证。南昌地铁4号线的车辆低压控制系统使用LCU装置代替继电器,在一些安全性要求较高的关键部位,还是采用传统继电器。

2.2 供电系统

2.2.1 供电系统的定位、组成、功能

城市轨道交通供电系统(图2-1)担负着供应与传输城市轨道交通运行所需电能的职能,是城市轨道交通安全、可靠运行的重要保证。

城市轨道交通用电负荷按其用途的不同可分为两类:一类是电力机车运行所需要的牵引负荷;另一类是车站、区间、停车场、车辆段和控制中心等其他建筑物内的机电设备所需要的动力照明负荷。

在上述两类用电负荷中,有不同电压等级的直流负荷和交流负荷。每种用电设备都有相应的用电要求和技术标准,而且这种要求和标准有时相差甚远。城市轨道交通供电系统就是要满足这些不同用电设备对电能的不同需求,以使其发挥各自的功能,保证电力机车畅通运行,安全、可靠、迅捷和舒适地运送乘客。

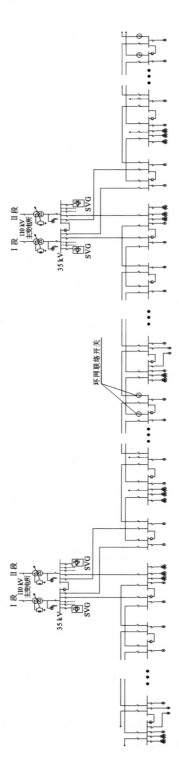

图2-1 城市轨道交通供电系统示意图

地铁是一级重要电力用户,用电负荷按规定应为一级负荷,即应由两路电源供电,当其中一路电源发生故障中断供电时,另一路电源应能满足地铁重要负荷的全部用电需要。在地铁供电系统中牵引用电负荷为一级负荷,动力照明等用电负荷根据实际情况可分为一级负荷、二级负荷和三级负荷。

一级负荷:城市轨道交通电动列车、通信设备、消防设备等,必须确保不间断供电。为此,必须采取两路电源供电,当其中一路电源失电后,应自动、迅速切换至另一路电源。

二级负荷:城市轨道交通车站照明设备、自动扶梯等,应确保连续供电。停电会影响客运服务质量,但并不影响列车运行安全。设计时,一般采用两路进线电源,再分片、分区供电。

三级负荷:城市轨道交通的商业用电、广告照明用电等,应确保正常供应。这些负荷并不直接影响客运服务质量,在故障状态下可以切除。

城市轨道交通供电系统作为城市电网的一个用户,一般直接从城市电网取得电能。城市电网也把城市轨道交通供电系统作为一个重要用户。

城市轨道交通供电系统由 110 kV 主变电所(或外部电源进线)、中压供电网络、牵引供电系统、动力照明系统、杂散电流腐蚀检测与防护系统、电力监控系统、继电保护系统、防雷和接地系统等组成。各组成部分的功能如下。

2.2.1.1 110 kV 主变电所(或外部电源进线)

地铁专用主变电所引入城市电网 220 kV 变电站提供的 110 kV 交流电,经主变压器降压为 35 kV 或 10 kV 中压交流电(或直接从城市电网接入 35 kV 或 10 kV 外部电源进线),并通过地铁中压供电网络将电能分配到每一个车站和车辆段内的牵引变电所与降压变电所,同时主变电所内设置了保护装置及开关柜等对系统运行进行保护,预防与减少系统故障,缩小系统故障范围,保护其他设备不因设备故障产生损伤。

2.2.1.2 中压供电网络

中压供电网络的功能是在纵向上将上级主变电所和下级变电所连接起来,以及在横向上把全线的各个变电所连接起来,形成轨道交通输电网络,向牵引供电系统和动力照明系统供电。

2.2.1.3 牵引供电系统

牵引供电系统的功能是将交流中压 35 kV 或 10 kV 电源经降压整流变成直流 1500 V 电压,再通过牵引网不间断地供给轨道交通列车电机,以保证列车安全、可靠、快速地运行(图 2-2)。它包括牵引变电所与牵引网。

牵引变电所可以分为正线牵引变电所、车辆段牵引变电所、停车场牵引变电所。正线牵引变电所又可以分为车站牵引变电所、区间牵引变电所。

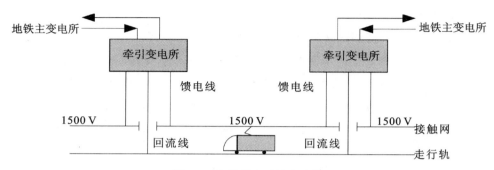

图 2-2　牵引供电系统示意图

牵引网包括接触网与回流网。回流网分为走行轨兼作回流网和第三轨专用回流网等。目前南昌轨道交通供电系统的牵引网地下段采用刚性架空接触网,高架段和场段采用柔性架空接触网,利用走行轨兼作回流网。

牵引供电系统的运行方式有以下两种。

(1) 正常运行方式:双边供电。

正线各供电区间均由相邻牵引变电所双边供电,车辆段内接触网由车辆段牵引变电所供电,停车场内接触网由停车场牵引变电所供电(图 2-3)。

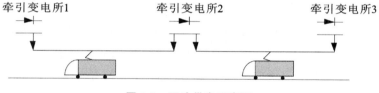

图 2-3　双边供电示意图

(2) 任一牵引变电所解列时的运行方式:大双边供电。

当任一牵引变电所解列(不含线路端头的牵引变电所)时,由相邻牵引变电所越区大双边供电。当正线线路端头的牵引变电所解列时,分别由相邻的牵引变电所单边供电(图 2-4)。

图 2-4　大双边供电示意图

2.2.1.4 动力照明系统

动力照明系统的功能是将交流中压电压降压变成交流 220/380 V 电压,为车站和区间的各类照明设备,扶梯、风机、水泵等动力机械设备,以及通信、信号、自动化等设备提供电源。它包括降压变电所、动力照明配电系统。

每个车站设降压变电所 1~2 座。根据设置的位置不同,降压变电所可以分成车站降压变电所、车辆段降压变电所、停车场降压变电所、控制中心降压变电所。根据主接线的形式不同,降压变电所又可以分成一般降压变电所、跟随式降压变电所。当降压变电所与牵引变电所合建时,将形成牵引降压混合变电所。

2.2.1.5 杂散电流腐蚀监测与防护系统

杂散电流腐蚀监测与防护系统的功能是减少因直流牵引供电引起的杂散电流并防止其对外扩散,尽量避免杂散电流对城市轨道交通本身及其附近结构钢筋、金属管线产生电化学腐蚀,并对杂散电流及其腐蚀与防护情况进行监测。

2.2.1.6 电力监控系统

电力监控系统的功能是实时对城市轨道交通各变电所、接触网设备进行远程数据采集和监控。在城市轨道交通控制中心,经调度端、通信通道和执行端(变电所综合自动化系统),对主要电气设备进行遥控(含遥调、遥信、遥测),实现对整个供电系统的运营调度和管理。

2.2.1.7 继电保护系统

供电系统各级保护配置应考虑相互之间的关联,并满足正常、故障运行的要求。南昌地铁主要采取以下保护措施。

(1) 主变压器的主保护有光纤差动保护、重/轻瓦斯保护、过电流保护、过负荷保护。

(2) 35 kV SVG(static var generator,静止无功发生器)配置:三相两段式相间电流保护、零序电流速断保护、零序过流保护、过负荷保护。

(3) 35 kV 并联电抗器配置:三相两段式相间电流保护、零序电流速断保护、零序过流保护、过负荷保护。

(4) 35 kV 进线、出线配置:纵联差动保护、过电流保护、零序电流保护、数字通信保护。

(5) 35 kV 母联断路器配置:电流速断保护、零序电流保护;

(6) 整流机组配置:整流变压器电流速断保护、过电流保护、过负荷保护、零序电流保护、逆流保护、负荷零序保护、整流器内部保护(温度保护、过电压保护)。

（7）DC 1500 V 进线（含制动能量逆变回馈装置出线）配置：大电流脱扣保护（断路器本体保护）、逆流保护。

（8）直流馈线配置：大电流脱扣保护、过电流保护、di/dt 和 ΔI 保护、热过负荷保护、双边联跳保护。

（9）动力变压器配置：电流速断保护、过电流保护、过负荷保护、温度保护、零序电流保护。

（10）牵引降压混合变电所（也称牵降所、牵混所）直流设备设置两套框架泄漏保护设施，一套安装于负极柜内，一套安装于制动能量逆变回馈装置内。

2.2.1.8 防雷和接地系统

对城市轨道交通沿线容易受到雷电过电压、操作过电压侵入而损坏，从而影响系统运行的供电系统电气设备，设置过电压保护装置。同时全线设置统一的高低压兼容、强弱电合一的接地系统，为设备及人身安全提供防护。

南昌地铁采取以下过电压保护措施。

110 kV 侧设有出线避雷器；35 kV 侧设有出线避雷器；35 kV 母线上设有避雷器。采用在屋顶设避雷带的方式防直击雷。

接地网采用以水平接地体（铜带）为主，加部分垂直接地极组成的复合环形封闭式接地网。

变电所每段 35 kV 母线分别设置避雷器。

牵引变电所整流器正、负极母线之间设置避雷器。

地下牵引变电所 DC 1500 V 正极母线对地之间分别设置避雷器。地上牵引变电所及邻近地上的地下牵引变电所 DC 1500 V 正、负母线对地之间分别设置避雷器。

隧道洞口处的接触网设置避雷器。

地上区段接触网每隔约 250 m 设置避雷器；将接触网架空地线抬高兼作避雷线，每隔约 200 m 通过地电位均衡器接地。

在地上牵引变电所 DC 1500 V 馈电缆上网处设置避雷器。

停车场出入线的接触网每套平腕臂绝缘子处安一台带串联间隙的金属氧化物避雷器。

2.2.2 供电系统主要功能选型、技术要求

2.2.2.1 城市轨道交通供电模式选型

1. 集中式供电

在城市轨道交通沿线，根据用电容量和线路长度，建设专用的主变电所。主变电所

进线一般为 2 路独立 110 kV 电源,经降压后变成 35 kV 或 10 kV 电源,供给牵引变电所与降压变电所(图 2-5)。集中式供电有利于城市轨道交通形成独立的供电体系,便于管理和运营。

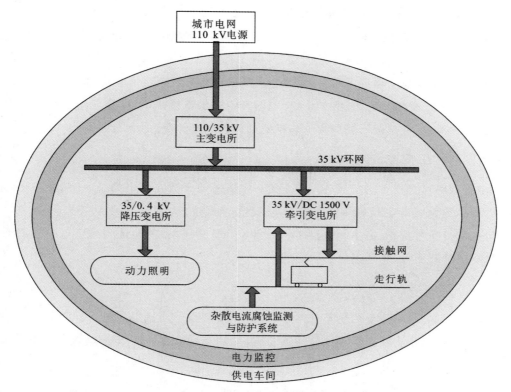

图 2-5　集中式供电系统构成示意图

2. 分散式供电

在城市轨道交通沿线直接由城市电网引入多路电源(电压一般为 10 kV)构成供电系统。分散式供电要保证每座牵引变电所和降压变电所均有双路电源,这要求城市轨道交通沿线有足够的电源引入点及备用容量,城市电网分布较密集且均匀,一般在电网建设较好的特大城市才具备分散式接入条件,如北京、上海、武汉。

3. 混合式供电

混合式供电是将前两种供电模式结合起来的一种供电模式。一般以集中式供电为主,个别地段引入城市电网电源作为集中式供电的补充,使供电系统更加完善和可靠。北京、武汉、青岛地铁的部分线路采用混合式供电模式。

南昌地铁目前采用的是集中式供电模式(110 kV),主要是因为南昌城市电网发展不充分、分布不均匀,对应的 35 kV 或 10 kV 中压网络可接入的电源点较少。除此之外,采用集中式供电也有优势。

(1) 从 220 kV 电源点接入 110 kV 进线专线,可靠性高,受城市电网停电影响小。

(2) 便于地铁统一调度和集中管理。

(3) 抑制谐波的效果较好。为减少谐波对电网的影响和危害,选用 110 kV 电压的电源。大容量、高电压电网的承受能力强,同时国标规定的总谐波畸变率和谐波电压含有率比小容量、低电压电网要低得多,而且也有利于集中采取高次谐波防治措施。

(4) 计费方便、简单。采用 110 kV 电压集中式供电模式,在主变电所上级接入电源点设置总计量表,完成运行管理单位与电业部门的电量计费。

2.2.2.2　中压网络选型

中压网络可选择 35 kV 或 10 kV 网络,如果采用分散式供电模式,一般选用 10 kV 中压网络,因为城市电网 10 kV 网络丰富,便于就近接入。由于南昌城市电网的中压网络不充分、分布不均匀,南昌地铁目前均采用 35 kV 中压网络,而且 35 kV 电压供电半径更大,电压损耗更低,电压谐波、畸变更少。

2.2.2.3　牵引网供电制式选型

牵引网向城市轨道交通列车供电,每隔 3~5 km 设一座牵引变电所。牵引网供电制式是指牵引网向电力机车供电所采用的方式,主要涉及电流制式、电压等级和馈电方式。

1. 电流制式

城市轨道交通地下线路的牵引网毫无例外地都采用较低电压等级的直流供电制式。采用直流供电制式的原因主要有以下几点。

(1) 直流供电由于无电压降,因而相较于交流供电电压损失小。

(2) 单段牵引网的供电距离、电动车辆的功率都不大,不需要太高的供电电压。

(3) 城市轨道交通的牵引网线路都处于隧道内或建筑群之间,牵引网电压不宜过高,以确保安全。

(4) 直流供电不影响电动车辆牵引特性。

需要注意的是,采用直流供电制式时,杂散电流较大,会对油气管道、建筑物钢筋等产生电化学腐蚀。

2. 电压等级

国际电工委员会(International Electrotechnical Commission,IEC)拟订的电压标准为 600 V、750 V 和 1500 V 三种。我国标准规定的电压为 DC 750 V 和 DC 1500 V 两种。

在地铁建设早期,机车采用的是直流电机。直流电机的转矩比较大,启动和调速性能好,调速范围广,过载能力较强,维修费用低,所以早期地铁采用 DC 600 V 或 DC 750 V 电源直接向机车供电。

近年来,由于交流变频调速技术的发展,车辆的牵引电机已逐步采用结构简单、运行可靠、价格低廉的鼠笼式交流异步电机替代原先的直流电机。目前在城市轨道交通中通常采用"交-直-交"(AC-DC-AC)变频调速方式,来灵活地控制车辆交流异步电机。采用了"AC-DC-AC"双向逆变方式,地铁供电的电压等级理论上可以任意选择。但从绝缘距离要求、技术经济指标、供电质量、客流密度、车辆的选型等方面考虑,经综合技术论证,通常采用 DC 1500 V 电源。

南昌地铁目前采用的是 DC 1500 V 电源。

3. 馈电方式

馈电方式又分取流方式和回流方式。

(1) 牵引网的馈电取流方式有架空接触网和第三轨(接触轨)两种。

架空接触网供电:地铁隧道上方架设刚性或弹性装置,悬挂接触网,车辆通过受电弓从接触网中获取电流。架空接触网供电安全、可靠性高,但造价高、易磨损、维护检修较困难。目前新建地铁大都采用此方式供电。

第三轨供电:单独设置与轨道平行的第三轨,通常用较轻的工字型钢供电。车辆通过集电装置与接触轨接触取电,接触轨外设有防护罩,用以保障安全。根据接触面的位置不同,接触轨可分为上部授流接触轨、下部授流接触轨和侧部授流接触轨。第三轨供电安全性低,但价格低廉,不易磨损,便于检修维护,易于铺设。建造较早的地铁基本都采用第三轨供电。

(2) 回流方式分走行轨回流和第三轨回流。

走行轨回流会产生较大的杂散电流,需配置杂散电流监测系统,可能还会引发干扰地震监测、腐蚀油气管道等问题。

第三轨回流是单独设立与轨道平行的第三轨,专门用来收集直流回流,车辆通过集电装置与接触轨接触回流。采用第三轨回流易于维护、直流电阻小、钢轨电位低、安全系数高,且杂散电流小。但相较于走行轨回流,第三轨回流的建设费更高。

南昌地铁目前采用架空接触网供电和走行轨回流结合的馈电方式,以后可能会考虑采用架空接触网供电和第三轨回流结合的馈电方式,以减少杂散电流带来的危害。

2.2.2.4 主变电所 110 kV 侧接线方式选型

目前,国内地铁主变电所 110 kV 侧主要采用内桥接线和线路变压器组接线两种接线方式。这两种接线方式的技术经济性对比详见表2-4。

表2-4 主变电所110 kV侧接线方式技术经济性对比

方式	内桥接线	线路变压器组接线
供电可靠性	供电可靠性高	供电可靠性较高
供电灵活性	比线路变压器组接线灵活,两路电源互为备用。一路电源出现故障退出运行时,通过断路器,实现一路电源承担两台主变压器的用电负荷,不影响地铁设备用电。倒闸作业时,地铁供电系统不需要停电	当一路电源出现故障退出运行时,通过主变压器35 kV母联断路器实现两台变压器之间的相互支援,但另一路电源只能满足主变电所原供电范围内的一、二级负荷的用电需求。采用此接线方式的地铁服务水平相对更低
倒闸作业复杂程度	操作相对复杂	操作简单
继电保护时限配合	简单,但一路电源承担两台变压器的用电负荷时,保护选择性差	简单
供电设备数量	供电设备相对较多	供电设备数量少
投资	投资稍多	投资少
维修	一路电源维修时,不影响地铁供电	一路电源维修时,需要切除地铁的三级负荷,对地铁供电有一定的影响

通过以上比较分析发现,内桥接线的供电可靠性要比线路变压器组接线稍高。在一路电源出现故障的情况下,内桥接线通过倒闸作业可以使地铁供电系统正常运行,但其倒闸作业稍显复杂。

上述两种接线方式的选用还受制于外部电源条件。目前,城市电网向地铁110 kV主变电所提供的进线电源主要分为"两回专线"和"一专一T"两种。"两回专线"是指主变电所的两回进线均引自城市电网中220 kV或者110 kV开关站的110 kV出线间隔;而"一专一T"则是一回进线引自城市电网中的110 kV出线间隔,另一回从其他城市电网中的110 kV线路上T接。由于"两回专线"方式不与地方用电负荷关联,供电可靠性要比"一专一T"方式高。因此,若地铁主变电所进线采用"两回专线",推荐采用线路变压器组接线方式;若采用"一专一T"方式,为了提高地铁供电系统供电可靠性、稳定性,推荐采用内桥接线方式。

由于南昌地铁进线电源均为"两回专线",南昌地铁目前采用的是线路变压器组接线方式。

2.2.2.5 主变压器等重要设备选型

1. 110 kV 主变压器选型原则

根据 GB/T 1094.7—2008,主变电所主变压器(110 kV 主变压器)应具有 130%(2 h)的过负荷能力。

确定主变电所主变压器的容量应综合考虑各种运行方式的近、远期高峰小时负荷。

正常运行时,主变压器容量应满足供电区域内高峰小时牵引负荷及全部动力照明负荷需求;一台主变压器退出运行时,另一台主变压器应能负担供电区域内高峰小时牵引负荷及动力照明一、二级负荷;一座主变电所解列时,相邻主变电所应能承担全线高峰小时牵引负荷及动力照明一、二级负荷。主变压器容量的确定需结合轨道交通线网规划及工期相近的交叉线路上可能的共享负荷的供电需求。

南昌地铁主变电所 110 kV 主变压器容量为 25 kV·A 至 50 MV·A,远期配置容量为 63 MV·A。

2. 电缆选择原则

(1) 电缆载流量应满足各种运行工况下最大负荷需要,并留有一定余量。

(2) 电缆应能承受系统在各种运行方式下的短路电流。

(3) 电缆类型的选择应考虑工程实施的方便性。

(4) 电缆选型应满足地铁安全性要求和不同敷设环境的要求。

(5) 同一供电区的电缆宜选用相同截面的电缆。

3. 无功补偿装置选型

电网对重要用户有功率因数大于 0.9 的考核要求,城市轨道交通供电网全部采用电缆,充电无功功率大,需要采取无功补偿措施。

电力系统的无功补偿装置主要有电容器、电抗器、SVC、SVG 等。有源滤波装置也能起到一定的无功补偿作用。电容器、电抗器、SVC 主要应用于区域大电网,SVC 的响应速度无法满足城市轨道交通对实时响应的要求。而 SVG 双向无功补偿的响应速度小于 5 ms,充分满足了城市轨道交通的需求,近年来获得了大量应用。SVG 的缺点是造价较高。

南昌地铁目前主要采用 SVG、单个或组合并联电抗器等方式来实现无功平衡。

2.2.2.6 再生制动能量吸收装置选型

1. 电阻耗能型

地面电阻消耗装置主要由制动控制柜(IGBT 多相斩波器)和制动电阻柜组成,实质就是将车辆上的制动电阻移至地面,同时在电阻前设置电子开关,在车辆需要再生制动时,在电阻上消耗再生能量。制动控制柜安装在牵引变电所内,制动电阻柜安装于地面通风处。地面制动电阻装置一般设置在牵引变电所内。

优点:控制简单、直观,可以取消或减少列车车载制动电阻装置,降低车辆投资,提高列车动力性能;对降低隧道温度,减少采用闸瓦制动时对闸瓦的消耗和闸瓦制动粉尘,净化隧道环境比较有利;国内有比较成熟的产品,价格较低。

缺点:再生制动能量在吸收电阻上集中发热消耗,不能有效利用再生电能;电阻散热导致环境温度上升,因此当该装置设置在地下变电所内时,制动电阻柜需单独放置,而且该房间需采取措施保证有足够的通风量,需要设置相应的通风动力装置,相应会增加电能消耗。

电阻耗能型装置不能利用制动能量,将被淘汰。

2. 电容储能型

电容储能型装置主要采用 IGBT 逆变器将列车的再生制动能量吸收到大容量电容器组中,当供电区间内有列车启动、加速需要取流时,该装置将储存的电能释放出来并进行再利用。该装置具有储能(储存列车再生电能)和稳压(稳定牵引网电压)两种工作模式,并可以自动切换。

优点:有效利用了列车再生制动能量,节能效益好;再生制动能量直接在直流系统内转换,对系统不会造成影响;该装置为静态电容储能装置,维护和更换元器件较为方便,并可减少或取消列车车载制动电阻装置。

缺点:目前超级电容储能装置产品价格较高且容量一般较低;对于运量较大的轨道交通线路,不能很好地满足完全吸收列车再生制动能量的需要。

电容储能型装置受制于存储量不足,不适合大规模应用。

3. 飞轮储能型

飞轮储能型装置通过对变电所直流空载电压、母线电压的跟踪判断,确定是否有列车的再生制动能量不能完全被本车辅助设备和相邻列车吸收。当判断变电所附近的列车有再生制动能量需要吸收时,飞轮加速转动,储存能量;当判断变电所附近有列车启动需要用电时,飞轮转速降低,作为发电设备向牵引网反馈电能。该装置类似电容储能型装置,除具有电能吸收功能外,还具有稳压功能。

优点:有效利用了列车再生制动能量,节能效益好;再生制动能量直接在直流系统内转换,对系统不会造成影响。

缺点:飞轮是高速转动的机械产品,而地铁系统特殊的工况决定了制动装置必须频繁启动,这就要求旋转电机高速运转时在发电状态与电动状态之间频繁切换,因此其使用寿命是否能满足要求及维修是否方便有待考证。

现阶段,国外的飞轮储能型产品一般容量较小,实际应用效果有待进一步验证。国内无成熟产品,国外产品价格较高,投资经济效益差。

4. 逆变回馈型

逆变回馈型装置主要采用电力电子器件构成大功率晶闸管三相逆变器,该逆变器的直流侧与牵引变电所的整流器直流母线相连,其交流进线接到交流电网上。当再生制动能量使直流电压超过规定值时,逆变器启动并从直流母线吸收电流,将再生直流电能逆变成工频交流电能回馈至交流电网。

目前,逆变回馈型装置根据逆变回馈原理主要划分为纯逆变型和双向变流型,根据回馈路径划分为回馈至 0.4 kV 侧和回馈至 35 kV 侧。

(1) 纯逆变型在国内已经发展成熟,可将能量回馈至 0.4 kV 侧,但由于 0.4 kV 网络的容量和抗冲击能力有限,最大功率仅能达到 500 kW 左右,剩余部分能量需由外置电阻吸收,节能效益不明显。

(2) 纯逆变型在国内外的另一个发展方向是直接回馈至 35 kV 侧,35 kV 系统的容量较大,可以接收较大容量的反馈能量,且抗干扰能力强、对供电系统中的其他负荷影响较小。逆变回馈至中压网络的产品在国内外已经成熟,已经投入运营的工程很多,节能效果比较明显,运行情况良好。

(3) 双向变流型在国内尚处于应用推广阶段,但在国外已经有应用实例。该方案不需要增加土建面积,技术发展成熟后可以实现整流、逆变装置一体化,是城市轨道交通逆变回馈型再生制动能量吸收技术领域的发展方向,有待在工程实践中进一步验证应用效果。

四类再生制动能量吸收装置的比较见表 2-5。

表 2-5　四类再生制动能量吸收装置的比较

项目	电阻耗能型	电容储能型	飞轮储能型	逆变回馈型
能否适应地铁再生能量负荷	能够适应	容量有限,需要多套并联运行	容量小,需要多套并联运行	能够适应
节能效果	无	较好	较好	较好
对系统的影响	无	无	无	会产生一定谐波及冲击影响,但在可控范围内

续表

项目	电阻耗能型	电容储能型	飞轮储能型	逆变回馈型
产品成熟度	成熟	国外成熟,国内基本成熟	国外成熟,国内不成熟	纯逆变型在国内成熟,双向变流型处于应用推广阶段
国产化	成熟	可以	不能	纯逆变型有成熟产品,双向变流型处于应用推广阶段
工程应用经验	较多	较少	无	逐渐增多
对环控的影响	置于地面,可减少车辆环控的制冷容量	可减少环控的制冷容量	可减少环控的制冷容量	可减少环控的制冷容量
设备投资	低	高	高	高
设备寿命	25 年	10 年	10 年	25 年

南昌地铁 1、2 号线采用的是电阻耗能型装置,在后续的线路中都已采用逆变回馈型再生制动能量吸收系统。

2.2.3　供电系统运行方式

目前,南昌地铁的供电系统运行方式如下。

2.2.3.1　正常运行方式

(1) 供电电源正常送电,每个主变电所的两台主变压器分列运行,主变电所承担各自供电分区内的供电负荷,35 kV 环网分段开关断开。

(2) 继电保护和安全自动装置处于良好状态,出现故障时能确保系统进入故障运行状态,保证主要设备(一、二级负荷)的供电不间断。

2.2.3.2　故障运行方式

(1) 供电系统外部发生一般电气故障,如一路外部电源故障,通过闭合主变电所内桥开关或闭合主变电所 35 kV 母联开关,来保证对用户的不间断供电。

(2) 供电系统外部发生严重电气故障,如两路外部电源故障,通过改变运行方式来保证重要用电设备的供电,以维持轨道交通的运营。

(3) 供电系统内部发生一处电气故障,如一条电缆发生故障或一台变压器发生故障退出运行时,通过闭合变电所 35 kV 母联开关,来保证所有或部分用电设备的正常运行。供电系统内部发生两处电气故障,通过改变运行方式,来保证重要用电设备的正常运行。

2.2.3.3　检修运行方式

供电设备按计划进行检修和维护,当部分供电设备停运检修时,通过改变系统的运行方式来满足各类用户的正常用电要求。

2.2.3.4　灾害情况下的运行方式

(1) 供电系统外部发生严重灾害,如地铁车站发生火灾,应根据火灾地点的情况,尽快将灾害现场与消防无关的供电回路切断,同时满足消防设施工作及现场人员疏散对电源的需要。

(2) 供电系统内部发生严重灾害,如供电线路发生火灾,应立即将发生事故的部分停电并进行隔离,以避免事故扩大,减小事故影响范围。

2.2.4　供电系统发展趋势与思考

2.2.4.1　践行绿色出行,发展节能降碳

在国家做出"2030 年前实现碳达峰、2060 年前实现碳中和"的重大战略决策后,有关部门陆续出台了《关于加快推动新型储能发展的指导意见》《关于进一步完善分时电价机制的通知》等系列政策文件,推动电力领域"双碳"目标落地,交通领域要求"加快推进绿色低碳发展,交通领域二氧化碳排放尽早达峰"。

轨道交通领域多年来一直致力于探索如何更好地践行绿色发展社会责任,在绿色低碳发展中起到示范引领作用。地铁相较于其他城市公共交通,具有运量大、速度快、安全、准时、节能、环保等优点,据统计,百公里人均能耗仅为小汽车的 5%、公共汽车的 60%,是践行绿色出行、实现节能减排的首选。

轨道交通只有在充分发挥节能优势的基础上,坚持走技术创新、管理变革的双轮驱动节能路线,才能进一步真正助力绿色出行。

(1) 以坚持技术创新、设备升级为手段,极力挖掘地铁二次节能潜力。

在部分场段闲置屋顶和高架车站顶棚布设光伏发电装置,开发清洁能源,回馈轨道交通供电系统。未来可在以太阳能、风能、氢能为代表的清洁能源领域继续深耕,为轨道交通行业清洁能源应用铺路。

提升能效等级,令设备效率更高、能耗更低。引入非晶合金铁芯变压器,降低变压器的空载损耗。发展智慧照明,全部采用低功耗的 LED 灯,构建动力照明系统的节能运转模

式,在保证客运服务质量的前提下,所有待机设备能及时进入低功耗待机模式,杜绝空转。

注重废能利用,将废电、废热、废水变废为宝。引入再生制动能量吸收装置,对原先被浪费的电能进行收集,供车辆和车站设备重新利用。引入热泵热回收技术,对废热进行收集,用于车站公共区及办公用房供热,既减少了降温能耗,又减少了供暖能耗。在场段设置污水处理系统,对生产生活废水进行处理,形成再生水,用于卫生清洁和绿化灌溉,实现水资源循环利用等。

(2) 以坚持机制创新、管理变革为依托,竭力减少地铁无用能源消耗。

健全制度体系,保证节能工作的规范性、长期性。印发能源管理规定,实现能源购入、使用、供出的全过程管理;制定服务设备节能运行规范,统一线网设备节能运行规范要求;细化运行要求,满足节能工作的差异化需求,提升节能工作的精细化水平。

基于南昌地铁设计与实施的思考:南昌地铁在新能源拓展、节能降碳设备应用、用电精细化管理等方面还有很大的提升空间。

2.2.4.2 城市轨道交通 3000 V 牵引供电制式的探讨

我国的轨道交通以铁路及地铁为主,其中铁路的牵引供电制式为 AC 25 kV,地铁的牵引供电制式为 DC 1500 V 或 DC 750 V。AC 25 kV 供电制式适用于运量大、负荷大、速度高、运输距离长的铁路线路,采用该供电制式可以大量减少牵引变电所及城市电源引入数量,牵引网载流截面小,可以节约供电系统投资。但该供电制式电压高、绝缘距离大,不适合用于地铁。DC 1500 V 或 DC 750 V 供电制式适用于列车功率不大、供电半径较小、行车密度高、站间距小、启动频繁的地铁工程。

市域轨道交通的功能及定位介于铁路和地铁之间。目前很多城市开始规划和建设市域轨道交通,相比地铁而言,市域轨道交通具有站间距大、速度快、容量大的特点,牵引供电负荷也更大。当采用地铁的供电制式时,需要设置较多牵引变电所,不仅会增加初期建设投资,也会增加后期的运营维护成本。铁路和地铁的牵引供电制式对于市域轨道交通工程而言,均有不足之处。针对市域轨道交通的特点,DC 3000 V 是一种比较可行的供电制式,具有供电电压更高、牵引变电所数量较少的特点。

在保持其他条件不变的情况下,电压增大一倍,供电距离也相应提高一倍。将 DC 3000 V 供电系统与 DC 1500 V 供电系统做比较,在客流量、线路条件、车辆设备特性、列车速度等因素一致,列车牵引功率相同时,若采用 DC 1500 V 供电制式,牵引变电所间距一般为 2~2.5 km,区间牵引变电所大双边供电距离为 6~6.5 km,考虑末端牵引变电所解列时只能采用单边供电,末端牵引变电所供电距离在 1.5 km 左右;若采用 DC 3000 V 供电制式,牵引变电所间距一般为 4~6 km,区间牵引变电所大双边供电距离为 12 km 左右,末端牵引变电所供电距离在 3 km 左右。可以估算出,相较于 DC 1500 V 供电制式,采用 DC 3000 V 供电制式时牵引变电所的数量可以减少 40%～50%,区间牵引变电所的数量可以减少 50%左右,相应的设备数量和隧道等会大幅减少。这对降低建设成本和运营维护费用,尤其是对减少运营维护工作量很有益处。

参考国外相关标准的规定,DC 3000 V 接触网的电气绝缘水平和国内 DC 1500 V 接触网基本相当,即接触网绝缘子泄漏距离为 250 mm,静态空气间隙为 150 mm。在其他方面,如在行车安全可靠性、导线磨耗及使用寿命、运营管理、环境适应性等方面,DC 3000 V 接触网与 DC 1500 V 接触网基本无差别。

国产化设备供电制式由 DC 1500 V 转为 DC 3000 V 不存在技术问题。但在隧道内 DC 3000 V 接触网绝缘距离是否充分,还有待实际验证。DC 3000 V 供电制式产生的杂散电流危害是否远超 DC 1500 V 供电制式也是值得思考的问题。

DC 3000 V 供电制式比较适合定位于铁路与地铁之间,具有速度快、站间距大等特点的市域轨道交通应用。未来,不仅是市域轨道交通,DC 3000 V 供电制式也许会在城市轨道交通中得到广泛应用。

基于南昌地铁设计与实施的思考:市域轨道交通是城市轨道交通的有力补充,在市域轨道交通中采用 DC 3000 V 供电制式,对接触网来说,行车电流会减少一半,弓网电气损耗可能会减少很多,更有利于弓网的维护。若将 DC 3000 V 供电制式应用于城市轨道交通供电系统,对城市轨道交通降本增效会有一定的促进作用。

2.2.4.3 城市轨道交通供电系统智能运维

智慧地铁建设如火如荼,供电系统的智能运维是其内在的迫切需求。

供电系统的智能运维主要体现在如下几方面。

(1) 建立供电设备健康数据模型和数据采集系统。

(2) 供电设备由计划修转向状态修,减少运维人力成本。

(3) 建立供电设备数据分析管理中心,下辖供电智能调度、智能巡检、智能供电故障应急响应、智能设备健康预警、智能维护派单等模块。

(4) 逐步实现智能负荷倒切及供电运行模式倒切。

基于南昌地铁设计与实施的思考:南昌正在开展智慧地铁顶层规划,供电系统智能运维属于南昌智慧地铁顶层规划不可缺失的组成部分。尤其是面临地铁建设融资困难的局面,降本增效显得更加重要。

南昌地铁现状设备基本不具备智能运维的条件,设备状态数据采集还限于电压、电流等少量数据的采集。后面需逐步进行技术改造,增加数据采集装置等,建立智能运维的硬件基础。在后续线路建设时可考虑直接采购具备智能运维条件的设备,为全面开展智能运维做好铺垫。

2.3 通信系统

2.3.1 通信系统概况

通信系统是运营地铁、管理企业、服务乘客和传递各种信息的网络平台，是一个可靠、易扩充、组网灵活，并能传递语音、文字、数据、图像等各种信息的综合业务数字通信网。通信系统在正常情况下应保证列车安全高效运营、为乘客提供高质量的出行服务，在异常情况下应能迅速转变为可支持防灾救援和事故处理的指挥通信系统。

通信系统分为三部分：专用通信系统、公安通信系统和民用通信系统。

公安通信系统包括公安无线引入系统、消防无线引入系统、公安数据网络系统、公安视频监控系统、公安专用电话系统、公安通信电源与接地系统等。

民用通信系统主要包括移动电话引入系统、传输系统、集中监测告警系统、电源与接地系统等。

2.3.2 专用通信系统

专用通信系统主要包括传输系统、公务电话系统、专用电话系统、专用无线通信系统、视频监控系统、广播系统、时钟系统、乘客信息系统、办公自动化系统、电源与接地系统、集中告警系统等。

2.3.2.1 传输系统

1. 系统功能

传输系统不仅为专用通信系统的其他子系统提供语音、数据、图像的传输通道，而且还为信号系统（signal system，SIG）、自动售检票（automatic fare collection，AFC）系统、门禁系统（access control system，ACS）等系统提供可靠的、冗余的、可重构的、灵活的通信通道，是地铁交通系统运行所必需的信息传输媒介，是地铁通信网络的基础。传输系统的主要功能如下。

（1）能承载工程所需信息内容且满足其传输容量和通道使用方式的要求，对所传信息提供环路保护功能，并预留一定的扩展余量，同时具有扩容、升级的能力。

（2）采用光纤数字通信设备，光传输系统从逻辑上提供保护通道，并利用隧道中的两条光缆，从物理上构成自愈环，确保传输系统的可靠性。

（3）传输系统关键部件及板卡采取1∶1或1∶n保护，所有关键板卡可热插拔，便于设备维护，故障时具有自动切换功能；不同方向的线路光口采用不同板卡，关键支路板卡可提供冗余。

（4）通信网的各节点可提供点对点直通式、一点对多点总线式等信道，以及 E1、10 Mb/s、100 Mb/s、1000 Mb/s 等以太网接口。

（5）满足轨道交通传送信息类型的需要，充分利用带宽资源，提高传送效率。

（6）支持 10 Mb/s、100 Mb/s、1000 Mb/s 以太网业务透传、二层汇聚、交换、组播、广播，可实现对以太网业务的带宽共享、统计复用、带宽管理和环路保护功能。

（7）系统具有自诊断功能，可进行故障管理、性能管理、系统管理、配置管理，并具有对站级设备板卡的软启动功能，以及网元级以上网络管理功能。

（8）对于重要信息如 AFC、PIS（passenger information system，乘客信息系统）信息等，根据使用性质及要求提供主通道、备用通道。

（9）系统具有扩展性，并能平滑升级，组网安全、可靠、灵活、易维护。

（10）预留与其他轨道交通线路及上级管理中心的通信接口。

2. 系统制式

城市轨道交通通信传输网的特点是需要承载的业务信息种类多，业务接口多样，需要传输技术对业务的承载能力由单一化向多元化发展。传输系统网络将不再只是在承载某种业务或某些业务方面具备优势，而是向多元化发展，为 TDM（time division multiplexing，时分复用）业务、数据业务以及视频业务等提供一个完善的、综合的、一体化的承载网络平台。

传输系统构建技术方案，根据轨道交通传输网络所需承载业务的系统功能要求和特点，考虑为不同的业务分别提供最适合的承载方式，并将这些承载方式合理地集成一体，最大限度地满足所承载业务的需求及节省项目投资。

根据当前通信技术的发展及轨道交通工程传输系统的组网特点，满足上述功能需求的通信传输系统主要有基于 SDH（synchronous digital hierarchy，同步数字系列）的多业务传送平台（multi-service transport platform，MSTP）、OTN（optical transport network，光传送网）、PTN（packet transport network，分组传送网）、增强型 MSTP 等。

（1）基于 SDH 的多业务传送平台。

SDH 同步数字传输系统采用矩形块状帧结构、段开销，引入净负荷指针技术，实现不同速率等级数字流的接入。其不同设备的光电接口在同一标准下可以互联，有较强的系统网络管理能力，可灵活地对不同方向的数据流进行分出和插入。

SDH 网络结构和设备简单、配置灵活、调度方便，具有强大的网络管理功能，能保证网络的可用性。特别是基于 SDH 的多业务传送平台[内嵌 RPR（resilient packet ring，弹性分组环）］，使 SDH 技术的适用范围进一步扩大。嵌入式 RPR 是基于 SDH 的 MSTP 的主要技术特征之一，可根据应用需要，设定 TDM 的通道和传送 IP（internet protocol，互联网协议）等数据业务的 RPR 通道，使以太网的保护收敛时间小于 50 ms，并解决了业务分类等 QoS（quality of service，服务质量）问题。基于 RPR 保护的以太网业务带宽不能大于 1.25 Gb/s，不支持以太网跨环保护，随着移动数据等大带宽业务的不断增长，RPR 技术已不能满足需求。

（2）OTN。

OTN 是德国西门子（Siemens）公司开发的光纤传输技术。它仍然采用了时分复用技术，属于同步传输体系，但其帧结构与传统的 SDH 不同，帧的长度为 31.25 μs，速度为 32000 帧/s。OTN 采用一次复用机制，在占用较少开销比特数的情况下，综合不同的网络传输协议，集成多种用户接口，一体化地实现低速和高速信息的接入和传输。它可以直接提供标准的通信协议接口，如语音接口、E1 接口、RS-232 接口、RS-422 接口、RS-485 接口、高质量音频接口、FE 接口、4/16 Mb/s token ring 接口、视频接口等，而无须借助接入设备。同时它还具有设备简单、组网灵活、集中维护方便等优点。OTN 在国内外地铁工程中应用较为广泛。

（3）PTN。

PTN 是一种光传送网络架构。PTN 在 IP 业务和底层光传输媒介之间设置了一个层面，针对分组业务流量的突发性和统计复用传送的要求而设计，以分组业务为核心并支持多业务提供，具有更低的总拥有成本（total cost of ownership，TCO），同时拥有光传输的传统优势，包括可用性和可靠性高、带宽管理机制和流量工程高效、OAM［operation（操作）、administration（管理）、maintenance（维护）］和网管便捷、可扩展、安全性较高等。

PTN 是面向分组的、支持传送平台基础特性的下一代传送平台，其最主要的两个特性是分组和传送。PTN 以 IP 为内核，通过以以太网为外部表现形式的业务层和 WDM（wavelength division multiplexing，波分复用）器件等光传输媒介设置一个层面，为 L2、L3 乃至 L1 用户提供以太网帧、MPLS(IP)［multi-protocol label switching(IP)，基于 IP 技术的多协议标签交换］、ATM VP(asynchronous transfer mode virtual path，异步传输模式的虚拟路径）、ATM VC(asynchronous transfer mode virtual channel，异步传输模式的虚拟通道）、PDH（plesiochronous digital hierarchy，准同步数字系列）、FR（frame relay，帧中继）等符合 IP 流量特性的各类业务。

PTN 技术能够实现对分组业务的高效传送，兼容传统 TDM、ATM（asynchronous transfer mode，异步传输模式）等业务，它保持了 SDH 传送网面向连接、良好的网络扩展性、丰富的操作管理维护、快速的保护倒换、端到端资源指配、强大的生存能力、同步定时等运营及网络方面的基本特性，同时增加了适应数据业务的分组交换、统计复用、智能信令控制协议、分组 QoS 机制、多业务支持等数据网络的灵活高效特性。

（4）增强型 MSTP。

增强型 MSTP 是将 MSTP 设备平滑升级，增加 PTN 特性，不仅具备传统 MSTP 的传送能力，而且具备基于 MPLS（multi-protocol label switching，多协议标签交换）、MPLS-TP（multi-protocol label switching-transport profile）技术的全分组传送能力，支持高效分组传送的网络运维。增强型 MSTP 的核心是交叉板具备 TDM 和 PTN 两套内核，实现 TDM 与分组业务的同时处理。增强型 MSTP 具备分组数据、TDM 业务、窄带业务的全接入功能，简化了系统设备。

增强型 MSTP 采用软硬管道统一传送架构，在兼容现网 SDH 的基础上实现多业务承载。硬管道承载调度电话、SCADA（supervisory control and data acquisition，监控与数据采集系统）等敏感业务；软管道承载 PIS、监控、上网等大带宽业务。智能线路技术实现单对光纤统一承载敏感业务和大带宽业务，简化了网络结构，避免了分别组网带来的设备和光纤投资浪费。智慧线路技术使得带宽可以平滑演进到 40 Gb/s 及更大。

（5）方案比选。

PTN 在国内运营商网络中已大规模部署，并逐渐取代 MSTP 成为运营商新建传输网络的主流技术。但 PTN 网络技术自身的成熟性、相关标准的成熟性、可靠性、价格等方面还有待进一步观察和验证。对于专业性强且相对独立的轨道交通通信网，OTN 能可靠地传送轨道交通所需的各种信息，本身具有各种适用的接口，具备视频通道共享和动态分配功能，具有网络可靠、维护方便等优点。OTN 在广州、北京、深圳等地的轨道交通工程中都得到应用，是一种成熟的专用通信技术，在轨道交通等领域具有重要的地位，但存在技术独有性、厂商唯一性、国产化率低及价格高等不利因素。

增强型 MSTP 结合了常规 MSTP 和 PTN 的优势，在 TDM 业务和 IP 分组数据业务的支持上做到了最优，且支持窄带业务接入，简化了系统设备。

综合以上分析，结合近期轨道交通建设的实际经验，为了提高系统的先进性和可靠性、降低管理成本、满足运营维护对备品备件的长期需要，传输系统推荐采用增强型 MSTP。

3. 传输系统架构图

传输系统架构图如图 2-6 所示。

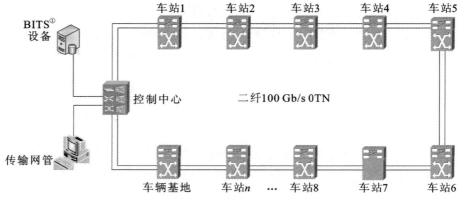

图 2-6 传输系统架构图

2.3.2.2 公务电话系统

公务电话系统主要用于地铁内部各部门之间的电话联系,为地铁的运营、管理、维修等部门的工作人员提供服务。南昌地铁公务电话系统能与南昌公用电话网连接,实现地铁用户与公网用户间的通信,可向地铁用户提供语音、数据、传真等通信服务业务。

公务电话系统可作为专用电话系统的冗余手段,在专用电话系统不可用时,公务电话系统可作为替代专用电话系统的应急通信手段。公务电话系统可叠加专用调度功能,实现应急调度。

1. 系统功能

(1) 交换功能。

① 公务电话系统的内部呼叫及出入局呼叫功能。

② 对市话局的自动呼入和呼出,以及国内、国际长途的自动呼入和呼出功能。

③ 与无线移动交换机的受控呼入、呼出,以及话费立即通知功能。

④ 各种特服呼叫功能,包括各类查询、申告业务。

(2) 服务功能。

① 用户传真、数据传输等非话业务功能。

② ISDN(integrated services digital network,综合业务数字网)功能。

③ 多方会议电话功能。

(3) 呼叫处理功能。

① 具有本局呼叫、出局呼叫、入局呼叫的功能。

---

① BITS:building-integrated timing supply,大楼综合定时供给。

② 能与投币话机、磁卡话机、IC卡（integrated circuit card，集成电路卡）话机、带有计费装置的话机等终端配合工作。

③ 对用户具有鉴权能力，包括用户是否有权进行国内、国际长途全自动去话，是否有权进行某些业务的呼叫，如信息服务台的呼叫。

④ 公务电话交换设备在接续过程中，如遇空号、改号、临时闭塞、用户使用不当，能自动通知录音设备，不送应答信号，遇空号时可送空号音。

⑤ 具有维护操作呼叫功能。

⑥ 对于用户的呼叫，在收到被叫挂机事件后，能立即启动监控功能，监控时间：专网内及市话接续60 s，国内长途接续90 s，国际长途接续120 s。

⑦ 具有送出带有长途区号和不带长途区号主叫号码的能力。

(4) 计费功能。

① 能对全网范围内的呼叫计费，并进行分类统计。

② 当公务电话系统主备切换或瞬间停机时，计费系统应能保存和输出完整的计费信息，不允许丢失话单。

③ 所有计费信息保留不少于一年。

(5) 维护管理功能。

① 局数据修改。

② 故障诊断。

③ 性能测试及自动记录并打印。

④ 话务统计及自动记录并打印。

⑤ 在控制中心能对系统进行集中监控告警、维护和管理。

2. 系统方案

(1) 组网方案及其比选。

目前国内地铁的公务电话系统组网主要采用以下两种方式。

① 方案一：单独建设地铁公务电话系统。

在控制中心设置公务电话交换机，在各车站设置用户交换机，控制中心公务电话交换机与车站用户交换机之间通过以太网中继通道互连。控制中心公务电话交换机同时采用数字中继方式与公网连接，采用单点出入局的方式。

② 方案二：公务、专用一体化建设。

公务、专用一体化建设即使公务电话、专用电话两网合一，在控制中心仅设置一台交换机（公务、专用电话系统合用），在车站、车辆段、停车场仅设置一台车站、车辆段、停车场电话交换机，利用一套系统来实现公务电话交换和专用电话交换双重功能。

③ 方案比选。

a. 方案一。优点：单独设置公务电话系统，与专用电话系统互不影响，单独维护管理，网络安全性高于公务、专用一体化建设方案。缺点：独立设置了两套系统，设备投资较高，无法实现统一管理。

b. 方案二。优点：实现了公务、专用电话系统的一体化，集成度高，便于集中维护管理，减少了设备投资和维护投入。缺点：对交换机的综合技术性能要求较高，网络安全性稍差，出现故障时会影响两套系统，公务电话系统在专用电话系统发生故障时不具备应急通信功能。

综合分析，推荐采用方案一。

(2) 系统制式及其比选。

① 方案一：电路交换技术（程控交换设备）。

电路交换的基本特点是采用面向连接的方式，在双方进行通信之前，需要为通信双方分配一条具有固定带宽的通信电路，通信双方在通信过程中将一直占用所分配的资源，直到通信结束，并且在电路的建立和释放过程中都需要利用相关的信令协议。这种制式的优点是在通信过程中可以保证为用户提供足够的带宽，并且实时性强，时延小，交换设备成本较低；缺点是网络的带宽利用率不高，一旦电路被建立，不管通信双方是否处于通话状态，分配的电路都一直被占用。

② 方案二：IP 交换技术。

Internet 网络是基于 IP 协议的技术，属于分组交换技术，采用"尽力而为"的方式，对每个分组根据路由信息和网络情况独自进行传输和选路。Internet 网络主要用来传送数据，伴随着 Internet 网络的巨大成功，IP 技术成为办公自动化的支柱技术。基于 TCP/IP (transmission control protocol/internet protocol，传输控制协议/互联网协议）的网络技术不仅成为传送数据业务的主导技术，而且传统的电信运营商开始尝试使用 IP 技术来传送语音。最早出现的在分组传送网上传送语音的应用就是 IP 电话技术。

IP 电话技术主要采用 H.323 系列协议，包括负责呼叫建立的信令协议 H.225 和负责建立媒体通道的 H.245 协议，语音采用 RTP 分组的方式在 IP 网中进行传输。虽然 IP 电话的语音质量没有传统电路交换网向用户提供的语音质量高，但 H.323 系列协议被普遍认为是目前在分组传送网上最成熟的支持语音、图像和数据业务的协议，目前在 IP 电话领域得到广泛应用。

③ 方案三：软交换技术。

软交换技术是基于包交换的技术，其信道利用率高。系统在控制中心设置软交换中心控制设备，包括软交换（softswitch）网元设备、中继网关（trunk gateway，TG）、信令网关(signaling gateway,SG)、应用服务器、网络管理设备和用户终端接入设备等。各车站设置用户终端接入设备,包括综合接入设备(integrated access device,IAD)、智能终端或接入网关(access gateway,AG)等。经传输系统的 100 Mb/s 接口建立承载网,构成完整的公务电话网。

从技术的角度来讲,软交换技术的提出有着深厚的历史背景和技术背景,目前软交换技术已经形成了一套比较完整的体系,可以预见,软交换技术必定会成为未来网络发展过程中的重要技术。

根据目前的应用情况,城市轨道交通公务电话系统除了承担少量的传真业务,几乎是一个纯语音交换网络。为了保证轨道交通安全、准时和高效地运送乘客,轨道交通公务电话网络必须是功能专一的高安全性和高可靠性网络。

软交换系统组网非常灵活,由于采用分散控制的方式,系统扩容也非常方便,基本上不存在系统容量的限制,仅需要足够可靠的承载网络,而且宽带传输系统为公务电话系统预留了充足的带宽。对于轨道交通来说,时效性很高的运营指挥和管理联络主要依靠专用电话和无线电话,公务电话的重要性远低于专用电话和无线通信系统,公务电话的故障对轨道交通运营的影响相对较小。此外,传输系统采用环形自愈结构,其安全性、可靠性可以满足要求。

综上所述,推荐采用方案三。

3. 公务电话系统架构图

公务电话系统架构图如图 2-7 所示。

2.3.2.3 专用电话系统

专用电话系统是调度员和车站、车辆段、停车场值班员指挥列车运行和下达调度命令的重要通信工具,是为列车运营、电力供应、日常维修、防灾救护、票务管理提供指挥手段的有线电话系统。该系统可为控制中心指挥人员进行行车调度、电力调度、防灾调度、维修调度等提供专用直达通信,并且具有单呼、组呼、全呼、紧急呼叫和录音等功能,同时可为站内各有关部门提供与车站值班员之间的直达通话,以及提供车站值班员与邻站值班员的直达通话。该系统设备应高度安全可靠,操作方便快捷。

1. 系统功能

专用电话系统包括调度电话,站、段、场内直通电话,站间电话,轨旁电话,数字录音设备、区间电缆线路及用户电缆线路。

(1)调度电话。

根据地铁运行组织和业务管理、指挥的需要,调度电话分为 3 级:控制中心、设备集

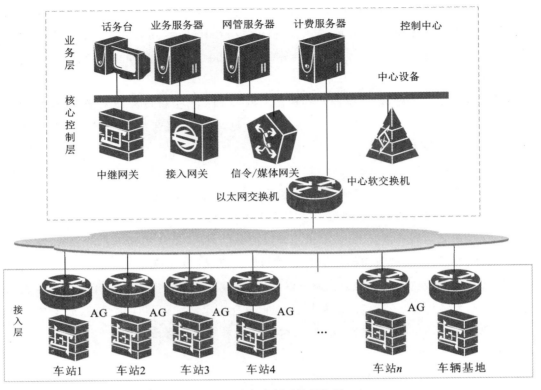

图 2-7　公务电话系统架构图

中站、一般车站。正常情况下由控制中心运营调度员指挥线路所有车站值班员,故障情况下设备集中站值班员可以指挥其控制区内的车站值班员。

根据调度类别,调度电话系统设置如下:行车调度电话、电力调度电话、防灾调度电话、维修调度电话、总调度电话。

(2) 站、段、场内直通电话及站间电话。

站、段内直通电话分机可直接呼叫本站、段值班台。

站间电话可直接呼叫上行或下行车站值班员(即呼即通功能)。

站间电话具有紧急呼叫邻站及邻站呼入显示功能。

站间电话不得出现占线(优先级高于站内直通电话)或通道被其他用户占用等情况,站间电话应有强插功能。

(3) 轨旁电话。

轨旁电话可为列车司机、区间工作人员提供与相邻车站值班员的直达通信,并提供与地铁内各部门的公务通信,用于日常区间维护作业和发生突发事故时在相应区间的人员的对外通信联络。

(4) 数字录音设备。

在控制中心设置数字录音设备,对与调度台相关的通话进行录音,同时将录音设备提供给无线通信系统、广播系统等使用。

在车站、车辆段、停车场设置数字录音设备,对与车站、车辆段、停车场值班台相关的通话进行录音,同时将录音设备提供给无线通信系统、广播系统使用。

控制中心的录音控制设备可调用本地录音,也可远程调用各车站、车辆段、停车场的录音。

2. 组网方案及其比选

专用电话作为直接服务于生产运营的通信工具,用户数量有限,扩容需求低,功能要求相对固定,因此采用数字程控交换系统组网设计。

① 方案一:单独建设地铁专用电话系统。

专用电话系统由控制中心专用电话交换机,控制中心调度台,车站、车辆段、停车场专用电话交换机,车站、车辆段、停车场值班台,调度电话分机,站内直通电话分机等设备组成。

控制中心调度台采用带多个直通键式调度台接入控制中心专用电话交换机;控制中心调度台通过控制中心专用电话交换机,传输设备,车站、车辆段、停车场专用电话交换机与车站、车辆段、停车场值班台,调度电话分机进行调度通信。

车站、车辆段、停车场值班台采用带多个直通键式值班台接入车站、车辆段、停车场专用电话交换机。由于车站、车辆段、停车场专用电话交换机具有交换功能,因此采用该系统时,可不另设站内、站间电话总机,只需通过车站、车辆段、停车场专用电话交换机接入分机即可实现站内直通电话功能。

② 方案二:公务、专用一体化建设。

在控制中心设置具有调度功能的数字程控交换机,接入终端(包括本地公务电话用户、控制中心调度台及专用用户),在各车站、车辆段、停车场分别设置小容量交换机,接入终端(包括本地公务电话用户,车站、车辆段、停车场操作台及专用用户)。

在该方案中,在控制中心设置的具有调度功能的数字程控交换机既具有公务通信系统功能,又具有调度电话功能。

③ 方案比选。

a. 方案一。优点:单独设置专用电话系统,与公务电话系统互不影响,单独维护管理,网络安全性高于公务、专用一体化建设方案。缺点:独立设置了两套系统,设备投资较高,无法实现统一管理。

b. 方案二。优点:实现了公务、专用电话系统的一体化,集成度高,便于集中维护管理,减少了设备投资和维护成本。缺点:对交换机的综合技术性能要求较高,网络安全性稍差,出现故障时会影响两套系统,公务电话系统在专用电话系统发生故障时不具备应急通信功能。

综合分析,推荐采用方案一。

3. 专用电话系统架构图

专用电话系统架构图如图 2-8 所示。

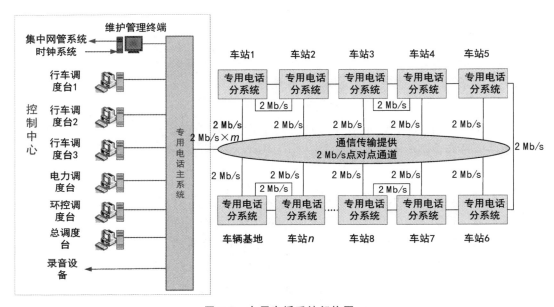

图 2-8 专用电话系统架构图

2.3.2.4 专用无线通信系统

专用无线通信系统是为了保证地铁安全、高密度、高效运营,为地铁固定用户(控制中心调度员、车辆段调度员、停车场调度员、车站值班员等)和移动用户(列车司机、防灾人员、维修人员)及相互之间的语音和数据信息交换提供的可靠通信手段。它为保障行车安全、提高运输效率和管理水平、改善服务质量提供了重要保证。同时,在地铁运营出现异常情况和有线通信出现故障时,它能迅速提供防灾救援和事故处理指挥等所需要的通信手段。

专用无线通信系统设置 6 个子系统,具体如下。

① 行车调度子系统:供行车调度员、列车司机、车站值班员进行通信联络,满足行车需求。

② 总调度子系统:供总调度员、车站值班员和电力维修人员进行通信联络,满足行车

需求。

③ 防灾调度子系统：供防灾环控调度员、车站值班员、站台值班员、现场指挥人员及相关人员进行通信联络，满足事故抢险及防灾需求。

④ 维修调度子系统：供维修调度员与车站值班员、站台值班员、现场维护人员进行通信联络，满足线路、设备日常维护及抢修需求。

⑤ 车辆段调度子系统：供车辆段信号楼值班员、列检库运转值班员、列车司机、段内作业人员进行通信联络，满足段内调车及车辆维修需求。

⑥ 停车场调度子系统：供停车场信号楼值班员、列检库运转值班员、列车司机、场内作业人员进行通信联络，满足场内调车及车辆维修需求。

1. 系统功能

专用无线通信系统能满足营运的基本需求，提供无线调度通信服务，确保语音、数据通信功能与调度管理功能的实现。系统主要用于地铁固定用户与移动用户及相互之间的通信，同时可提供数据传输、辅助业务功能，并可完善网络管理功能。

专用无线通信系统的功能如下：具有单呼、组呼、通播组呼叫和全呼功能，以及普通呼叫、紧急呼叫功能；具有中心调度员对运行中的某列车或全部列车进行广播的功能；行车调度员可按车次号或车组号对列车司机进行呼叫；中心调度员可监听本部门通话，并能进行自动录音；能根据实际的使用情况提供分管区呼叫、动态重组呼叫等功能。

2. 系统方案及其比选

（1）系统制式及其比选。

根据目前无线通信技术的发展，专用无线移动通信系统制式主要可分为常规无线通信、模拟集群移动通信、数字集群移动通信等。

常规无线通信系统采用专用频道方式进行通信，各调度通话组独自使用频道，互不干扰、互不占用，采用简单的随路信令，功能比较单一，设备简单，造价低廉，但由于频谱和设备资源利用率不高，不能达到平均话务负荷，且保密性不好、冗余功能差、所能提供的业务种类有限及控制管理能力不足等，已逐渐被其他系统所取代。

模拟集群移动通信网采用频率共用的理念，与常规无线通信系统相比，增加了很多通信和控制功能，可以实现很多调度功能和简单、低速的数据通信功能。但是，模拟集群移动通信网也存在着频谱利用率低、所能提供的业务种类有限、数据传输速率较低、保密性差、设备体积大、网络管理控制能力较差等问题。在数字技术快速发展的今天，选用模拟集群制式已明显不合适。

数字集群移动通信网的多址方式可采用时分多址（time-division multiple access，TDMA）和码分多址（code-division multiple access，CDMA），一个载波可同时传输多路语音。系统具有频谱利用率高、信号抗信道衰落能力强、保密性好、网络管理灵活有效等特点。同时系统还可提供集群语音、非集群语音、电路数据、短数据信息、分组数据等多种业务，能够很好地满足用户日益增长的语音和数据业务需求。

因此，推荐专用无线通信系统采用数字集群制式。根据目前技术的发展，我国主要应用的数字集群技术包括欧洲的 TETRA（terrestrial trunked radio，陆地集群无线电）、美国的 iDEN（integrated digital enhanced network，集成数字增强型网络）、国内自主知识产权的 GoTa（global open trunking architecture，全球开放式集群架构）和 GT800，以及基于 LTE（long term evolution，长期演进技术）的集群调度。

① 方案一：TETRA［图 2-9（a）］。

TETRA 是由欧洲电信标准组织（European Telecommunications Standards Institute，ETSI）推荐的标准。TETRA 系统是一个空中接口信令开放的系统，并大量借鉴了 GSM（global system for mobile communications，全球移动通信系统）的概念。它基于 TDMA 制式，在 25 kHz 带宽内分 4 个信道，采用较先进的 ACELP（algebraic code excited linear prediction，代数码激励线性预测）语音编码方式和（π/4）QPSK（quadrature phase-shift keying，四相移相键控）数字调制技术。它支持连续覆盖和大区覆盖，并且支持脱网直通和端到端加密功能，调度功能比较完善。

② 方案二：iDEN。

iDEN 是由摩托罗拉公司推出的，它也采用 TDMA 制式，在 25 kHz 带宽上分 6 个时隙（目前已开发出在 25 kHz 带宽上分 12 个时隙的技术）。它的 VSELP（vector sum excited linear prediction，矢量和激励线性预测编码）语音编码和 16QAM（16 quadrature amplitude modulation，包含 16 种符号的正交振幅调制）调制技术都比较先进。iDEN 系统集调度指挥、双工互联、分组数据传输和短消息通信于一体。

③ 方案三：GoTa。

GoTa 是由中兴通讯自主研发的，是基于 CDMA 1X 技术面向新技术演进的数字集群系统。GoTa 系统基于 CDMA 多址方式，采用 16QAM 和 QPSK 调制技术以及 QCELP（Qualcomm code excited linear predictive，高通码激励线性预测编码）语音编码技术，频分双工，上下行各 1.25 MHz 带宽，间隔 45 MHz。GoTa 的空中接口在 CDMA 2000 技术基础上进行了优化和改造，核心网采用独立的分组数据域，基于 A8/A9 和 A10/A11 标准接口，可以公开并标准化。

④ 方案四:GT800。

GT800 系统是由华为公司研发的基于 GSM 技术的数字集群系统。GT800 是基于 GPRS(general packet radio service,通用分组无线业务)和 GSM-R(global system for mobile communications-railway,铁路数字移动通信系统)技术开发的系统,其第二阶段与 TD-CDMA(time-division CDMA,时分码分多址)技术结合。GT800 通过 GPRS 技术,实现可变速率的数据传输功能。

⑤ 方案五:基于 LTE 的集群调度[图 2-9(b)]。

LTE 技术是 3GPP(3rd generation partnership project,第三代合作伙伴计划)大力发展的新一代宽带无线通信技术,属于国际准 4G 标准。它采用 OFDM(orthogonal frequency division multiplexing,正交频分复用)和 MIMO(multiple-input multiple-output,多输入多输出)技术作为其无线网络演进的标准,在 20 MHz 频谱带宽下能够提供下行 100 Mb/s 和上行 50 Mb/s 的峰值传输速率。LTE 系统采用全 IP 网络架构,网络结构扁平化,有效地缩短了控制面和用户面时延。LTE 系统支持良好的移动性,要求移动速率在 120～350 km/h 时移动终端能与网络保持连接,确保其不掉线。

⑥ 方案比选。

TETRA 系统指挥调度功能齐全,可实现脱网直通功能,设备及终端更加成熟,在国内城市轨道交通中应用广泛;iDEN 系统不具备脱网直通功能,在指挥调度功能上较 TETRA 系统略为逊色,目前主要应用于大规模的城市集群共网;GoTa 和 GT800 是在 CDMA、GSM 技术基础上发展起来的我国拥有自主知识产权的数字集群通信系统,但尚无在城市轨道交通线路中应用的先例,且无二次开发经验;LTE 集群系统与现有集群通信系统相比,具备语音调度、数据调度、视频调度等多种业务协同的融合调度能力。

综合以上分析,数字集群通信系统推荐采用方案五。

(2) 基站设置方案及其比选。

专用无线通信系统基站设置可以采用两种组网方案:多基站小区制方案和多基站中区制方案。

① 方案一:多基站小区制方案(全基站方案)。

该方案是在全线设置多个覆盖区:在各个车站设置车站集群基站,在地下车站站厅、设备层、出入口通道采用室内全向小天线进行覆盖,站台区域采用漏泄同轴电缆与全向小天线相结合的覆盖方式;在车辆段设置车辆段集群基站及直放站,采用天馈系统对车辆段区域进行覆盖。

该方案在正线区间利用漏泄同轴电缆,以上下行合缆的方式加以覆盖,在过长的隧道区间,增加放大器,提高信号增益。

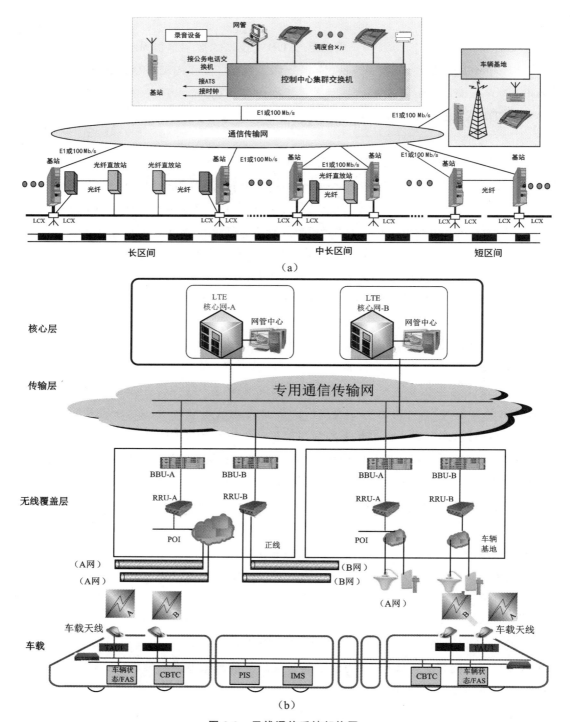

图 2-9 无线通信系统架构图

(a)基于 TETRA 技术的方案;(b)基于 LTE 技术的方案

② 方案二：多基站中区制方案（基站＋光纤直放站方案）。

该方案在控制中心设集群交换机，在车辆段、停车场各设置一个集群基站，覆盖车辆段、停车场区域。例如南昌地铁 1 号线在 10 个车站设置 10 套集群基站，其他 19 个车站设置光纤直放站远端机。采用集群基站或光纤直放站＋漏泄同轴电缆覆盖全线车站及区间。其他覆盖方式同方案一。

③ 方案比选。

a. 方案一。优点：系统功能较强，稳定性较高，组网和开通较容易，同时可进行统一的网络管理，集群基站自身在冗余基站控制器、多收发信机、控制信道备份、干扰检测与保护方面具有优势。缺点：投资较大。但随着系统建设的推进，基站系统的造价越来越低。

b. 方案二。优点：系统投资较低。缺点：容量比多基站小区制方案小，在组网灵活性、抗干扰性、稳定性、通信质量等系统性能方面较弱，不利于无基站车站的站厅和办公区域的场强覆盖。

综合以上分析，推荐采用方案一。

3. 无线通信系统架构图

无线通信系统架构图如图 2-9 所示。

2.3.2.5 视频监控系统

视频监控系统是城市轨道交通维护和保证运输安全的重要手段。它能够为控制中心的调度员、各车站值班员、列车司机等提供有关列车运行、防灾救灾、乘客疏导及社会治安等方面的视觉信息。视频监控系统由控制中心控制设备，车站、车辆段、停车场控制设备，图像摄取设备，图像显示设备，录制设备及视频信号传输设备等组成。车辆段视频监控系统相对独立，视频信息不上传控制中心，其设备纳入正线系统网管。

1. 系统功能

根据地铁运营的实际情况和其他相关专业的需求，视频监控系统具备如下功能。

（1）监控功能。

本系统具备控制中心、车站、车辆段、停车场监控功能，且监控功能相互独立，互不影响。

控制中心综合监控系统控制台可为控制中心调度员提供视频监控功能。

车站值班员可对显示终端图像进行以下两种模式的选择：自动循环监控模式（可对已设置的固定组合监控区域进行自动循环监控，循环扫描时间间隔可人工设置）和人工监控模式（可对设定的监控区域进行人工选择监控）。

列车司机可通过显示屏监控车站站台乘客上下车情况。

本系统图像监控范围为：车站站厅、站台、自动扶梯、出入口、升降电梯、换乘通道、闸机、票务管理室、票务处(售、补票亭)、自动售票机(ticket vending machine,TVM)、站台端头、区间防淹门和变电所,以及车辆段出入口、周界、咽喉区、单体入口、重要机房等。

(2) 图像控制功能。

控制中心调度员通过监控终端对全线各站进行图像控制。控制中心调度员可选择调看全线管辖区内任一摄像机摄取的图像,可用各种时序自动循环切换,也可由操作人员手动切换;能够对云台摄像机进行控制,可调整摄像机视场角、进行角度倾斜或图像拖动,并可设定优先级。

车站、车辆段、停车场值班员和站台监控亭值班员通过监控终端实现对本站(段、场)的图像控制,可选择调看本站(段、场)任一摄像机摄取的图像,可设置为各种时序自动循环切换,也可由操作人员手动切换;能够对云台摄像机进行控制,可调整摄像机视场角、进行角度倾斜或图像拖动,并可设定优先级。

司机可通过设置在两侧站台发车位置的监视器,监控本侧站台乘客上下车情况。

(3) 优先级控制功能。

可根据运营单位需求调整优先级。

(4) 录像功能。

车站、车辆段、停车场对本地所有摄像机摄取的视频信号进行实时不间断录像,并保存不少于 90 天。

控制中心可根据时间、地点等信息对全线任何一路图像信号进行检索及查询,并可对所观看图像进行本地录像,录像资料应便于日后检索及查询。

(5) 异地存储备份功能。

线路在控制中心配置了独立磁盘冗余阵列(redundant arrays of independent disks,RAID),实现站级与中心的 $N+1$ 存储备份功能,可以在站级主存储失败的时候快速启用异地备用存储功能。

当某一站点的存储设备出现故障告警,无法完成视频图像录像时,系统可以自动通过视频图像回放通道将各摄像机摄取的视频自动存储至预先配置好的备用存储设备(控制中心存储设备)中。

当某站或某路图像无法录像而转由控制中心设置的备用存储设备录像时,将在中心网管设备上实时声光告警,同时能显示图像已被备用存储设备录像,以便维护人员处理。

(6) 摄像范围控制功能。

车站值班员能够在本地控制镜头焦距和云台摄像机,并可设定优先级。

控制中心调度员能够远程控制各车站云台摄像机,并可设定优先级。

(7) 网管功能。

控制中心网管终端能够监测中心级和各车站级设备的运行状态信息,可完成自动检测、遥控检测、故障定位、故障报警及远端维护等,出现故障时控制中心网管终端能够发出声光报警信号。

(8) 字符叠加功能。

系统能将摄像机的号码及位置、摄像日期和时间等信息进行叠加,以便在监控器上显示。

(9) 远程电源控制功能。

控制中心调度员可对各车站、车辆段、停车场的摄像机、监控器的电源进行远程遥控,在列车停止运营后关闭电源,在列车开始运营前开启电源,也可通过系统定时自动实现开关机,必要时可以手动开关机。

(10) 联动功能。

车站、车辆段、停车场火灾报警系统(fire alarm system,FAS)的火灾探测器与视频监控系统联动控制,视频监控系统可根据公共区火灾探测器报警位置自动将画面切换到报警位置。此位置限在摄像机所能监控的视区。

(11) 车载监控功能。

在控制中心,通过与乘客信息系统连接,共享车载摄像机的图像信号,实时调看车载监控图像。

2. 系统方案及其比选

根据轨道交通视频监控系统的需求,并结合技术的发展,主要就整体架构方案进行比选。

① 方案一:全数字高清方案。

车站、车辆段、停车场采用高清网络摄像机作为前端,通过高清网络摄像机内置视频编码器输出高清数字视频信号,接入本站以太网交换机,用于图像实时调用和图像录像。

以太网交换机输出的数字视频信号,可进行本地视频解码,解码后在值班员处的监控器上显示;还可通过传输设备的以太网通道进行共线传输,上传至控制中心供控制中心调度员调用。

控制中心调度员通过视频监控终端调看全线各站实时图像,对其进行切换和控制,并将解码器处理后的实时图像显示在控制中心监控器及大屏上。

在各车站、车辆段设置高清网络摄像机(含高清编码器)、高清解码器、视频存储设备、视频管理服务器、视频分析设备、车站以太网交换机、视频控制终端和监控器等设备。

在控制中心设解码器、视频管理服务器、视频存储服务器、视频分析服务器、监控终端、网管服务器等设备。

② 方案二:全数字标清方案。

在车站、车辆段、停车场设置摄像机、以太网交换机、编码器、解码器、视频存储设备、视频管理服务器、视频分析设备、视频控制终端和监控器等设备。

在车站、车辆段对所有图像进行数字化,通过编码器将摄像机获取的模拟图像转换成数字信号,接入本站(段)以太网交换机,供本站(段)值班员实时调看并存入视频存储设备,同时远距离传输至控制中心,供控制中心调度员调看。

车站、车辆段值班员通过视频监控终端调看实时图像,对其进行切换和控制,并将解码器解码后的实时图像显示在监控器上。

控制中心调度员的控制方式同方案一。

③ 方案三:车站模拟+数字传输方案。

车站、车辆段、停车场采用模拟方式:在车站、车辆段、停车场设置模拟摄像机、模拟视频切换矩阵、视频控制终端、视频编码器、视频存储设备、视频管理服务器、视频分析设备、以太网交换机、监控器等设备。所有摄像机获取的图像经视频分配器处理后分别接入模拟视频切换矩阵和视频编码器。车站、车辆段、停车场值班员通过视频控制终端对模拟视频切换矩阵进行图像的控制切换,切换后图像输出至监控器供实时观看。

图像至控制中心的传输采用数字方式:将车站、车辆段、停车场图像经数字压缩编码后通过传输系统传送至控制中心。控制中心设数字解码器、视频管理服务器、视频存储服务器、视频分析服务器等设备,接收各站(段、场)的数字视频信号并通过解码器恢复成模拟图像,将模拟图像送至各调度员处的模拟显示器上。各调度员通过视频监控终端对全线进行图像监控。

④ 方案比选。

方案一为全数字高清方案,随着数字视频高清技术的发展,已经有地铁线路开始采用高清视频监控方案。该方案搭建了全数字化的图像平台,图像的监控调看更加灵活、网络扩展方便、图像质量最清晰,是未来视频监控的发展方向。

方案二为全数字标清方案,近几年已经逐步在地铁中应用。该方案搭建了全数字化的图像平台,图像的监控调看更加灵活、网络扩展方便,除前端摄像机及编解码部分外,与方案一的平台架构基本相同。

方案三为车站模拟+数字传输方案,国内大部分已开通地铁线路均采用了此方案,如南京地铁1、2号线,北京地铁5、6、9、10号线,沈阳地铁1、2号线,上海地铁9号线等。本方案是一种技术及应用都比较成熟、可靠的方案。

从价格上看,由于高清数字视频产品的迅速发展及国内厂家的积极推进,方案一的价格已经较为便宜,但相较于方案二、方案三仍稍高。南昌地铁4号线开通时间较晚,今后系统设备仍有降低造价的空间,高清数字视频产品画面清晰的优点比较明显,前景更加广阔。

综上所述,从调用灵活性、技术先进性、网络扩展性等方面综合考虑,南昌地铁4号线推荐采用方案一。

3. 视频监控系统架构图

视频监控系统架构图如图 2-10 所示。

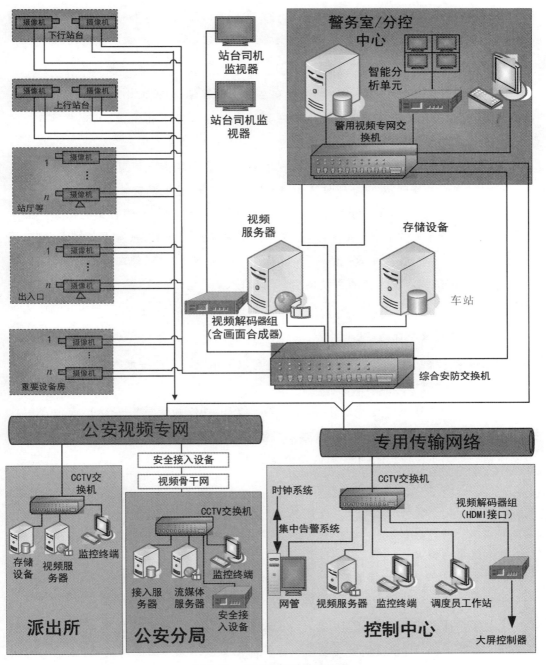

图 2-10 视频监控系统架构图

2.3.2.6 广播系统

广播系统是控制中心调度员和车站值班员向乘客通告轨道交通列车运行信息以及安全、向导等服务信息，向工作人员发布作业命令和通知的通信设备，并可在发生紧急情况时引导乘客疏散。广播系统由正线广播系统和车辆段、停车场广播系统组成。

1. 系统功能

正线广播系统包括控制中心广播系统和车站广播系统，由控制中心调度员和车站值班员使用，为乘客播放列车信息，对上、下车乘客进行安全提示和向导，以及提供紧急状态下的安全服务信息，为工作人员播放作业命令及管理信息等。

正线广播系统兼有消防广播的功能，在发生火灾的紧急情况下可由消防值班员（通常由车控室值班员兼任）对现场工作人员及乘客进行广播，达到防灾救灾的目的。

车辆段、停车场广播系统独立于正线广播系统，包括与行车运营有关的行车广播系统和与行车运营无关的消防广播系统，这两套广播系统独立设置，只用于车辆段、停车场行车值班员，停车库、检修库运转值班员，以及消防值班员对车场、停车库、运用库等广播区的广播，其设备纳入正线广播系统网管。车辆段、停车场行车广播系统也兼作消防广播系统。

2. 系统方案及其比选

根据目前广播技术的发展，地铁广播系统可以采用以下三种技术方案。

（1）方案一：模拟广播系统。

传统的模拟广播系统处理的都是模拟语音信号，功率放大器一般采用模拟定压功放。控制中心到各个车站的语音和数据分路传输，广播语音信道一般为总线式 15 kHz，控制信道一般为 RS-422、RS-485 等低速数据信道。

（2）方案二：数模结合广播系统。

数模结合广播系统控制设备处理的都是数字信号，经数字功放放大后通过广播电缆传输至各扬声器。控制中心至各车站的语音及控制信号通过压缩编码变成 IP 信号，通过以太网通道传输。

（3）方案三：全数字广播系统。

全数字广播系统均通过以太网总线传送信息，功率分散到各个扬声器。

全数字广播系统基于 TCP/IP 的网络传输方式，广播信号、控制数据、网管数据的传输均基于数字方式，IP 语音信号通过双绞线传输至各数字扬声器的解码器（含功放），由解码器将数字信号转为音频信号后驱动终端扬声器。

(4) 方案比选。

模拟广播系统技术成熟,但需要传输系统提供音频及控制通道,影响传输设备选型,技术应用的灵活性有限,采用的模拟定压功放体积大、效率偏低。

数模结合广播系统采用数字信号处理(digital signal processing,DSP)技术,控制更灵活,结构更简单,采用的数字功放体积小、效率高,系统应用更符合未来通信系统基于以太网通道的技术发展方向。

全数字广播系统采用了功率分散处理技术,由于扬声器需配备解码器(含功放),需考虑远程供电问题,系统整体投资相对较高。

模拟广播系统和数模结合广播系统均为应用较为广泛的系统,同时能够很好地满足地铁需求,而且数模结合广播系统减少了通道类型,更有利于搭建传输系统。根据目前广播技术的发展,广播系统推荐采用方案二。

3. 广播系统架构图

广播系统架构图如图 2-11 所示。

2.3.2.7 时钟系统

时钟系统是为控制中心调度员、车站值班员、与行车相关的工作人员及乘客提供统一标准时间信息的设备。同时它还可对工程的其他系统设备提供统一的时间信号,使各系统的定时设备与本系统同步。时钟系统的设置对保证地铁运行准确计时、提高运营效率起着非常重要的作用。

1. 系统功能

时钟系统由一级母钟、二级母钟、子钟、网管设备和传输通道组成。时钟系统的主要功能如下。

在控制中心为信号、AFC、ISCS(integrated supervisory control system,综合监控系统)、FAS、PIS、OA(office automation,办公自动化)等系统办公区,以及 AFC 网络室、通信项目部和维护部等提供标准时间显示。

在车站上、下行站台以及与行车运营有关的办公场所(车站控制室、警务室、票务室、变电所控制室、站台门控制室、会议交接班室、站长室、站区长室等)提供标准时间显示。

在车辆段、停车场的信号楼运转室、值班员室、停车列检库、联合检修库等场所提供标准时间显示。

2. 系统方案及其比选

(1) 校时信号获取方案及其比选。

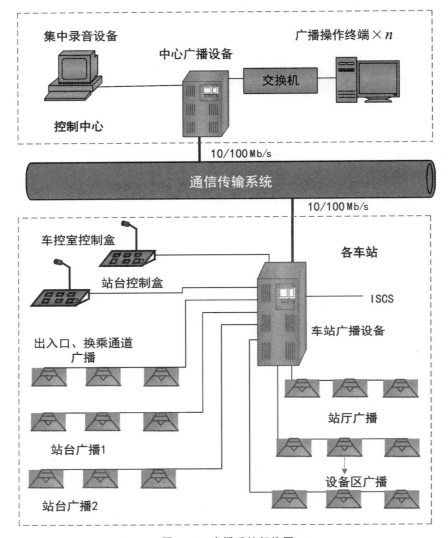

图2-11 广播系统架构图

① 方案一:单独设置GPS(global positioning system,全球定位系统)方案。

时钟系统单独设置控制中心一级母钟并布设GPS天线。

② 方案二:从其他线路一级母钟处获取校时信号方案。

时钟系统在控制中心单独设置一级母钟,但不再设置GPS天线,从其他线路一级母钟处获取同步信号。

③ 方案比选。

考虑到资源共享及南昌轨道交通线网时间信息的统一,推荐采用方案二。

(2) 授时技术方案及其比选。

① 方案一：RS-422 校时协议。

时钟系统的一级母钟与二级母钟间通过 RS-422 校时协议（以太网传输通道）进行时间信号传送。

② 方案二：网络时间协议（network time protocol，NTP）。

时钟系统的一级母钟与二级母钟间通过 NTP（以太网传输通道）进行时间信号传送。

③ 方案三：IEEE 1588 V2 时间同步协议。

时钟系统的一级母钟与二级母钟间通过 IEEE 1588 V2 时间同步协议（以太网传输通道）进行时间信号传送。

④ 方案比选。

传统的时钟系统采用 RS-422 校时协议（基本为厂家内部协议），校时精度较差，时延较大，且延时难以补偿。

NTP 目前已发展到 V4 版本。SNTP（simple network time protocol，简单网络时间协议）为 NTP 的简化版，标准为 RFC 2030（SNTP V4）。该协议最大的缺点是只能达到毫秒级别的时间传递精度，这对于高精度时间同步所需的纳秒级时间精度来说是远远不够的。

与传统授时技术相比，IEEE 1588 V2 时间同步协议有着明显的优势：其采用双向信道，精度为纳秒级，费用低，能适应不同的接入环境等。在对精度要求不断提高的行业背景下，采用 IEEE 1588 V2 时间同步协议已成为一种必然趋势。

采用 IEEE 1588 V2 时间同步协议，时钟系统可以向乘客信息系统的 LTE 系统提供 IEEE 1588 V2 时间同步协议，LTE 系统不再另行设置 GPS 天线进行校时。

根据目前时钟技术的发展及 LTE 技术需求，推荐采用方案三，方案二作为备选。

3. 系统架构图

时钟系统架构图如图 2-12 所示。

2.3.2.8 乘客信息系统

乘客信息系统是依托多媒体网络技术，以计算机系统为核心，以车站和车载显示终端为媒介向乘客提供信息服务的系统。乘客信息系统在正常情况下，提供乘车须知、服务时间、列车到发时间、列车时刻表、运营公告、政府公告、出行参考、股票信息、媒体新闻、赛事直播、广告等实时动态的多媒体信息；在发生火灾、阻塞等非正常情况下，提供动态紧急疏散辅助显示。车载设备接收无线传输的信息，经处理后实时在列车车厢 LCD（liquid crystal display，液晶显示器）上进行音视频播放，通过正确的服务信息引导乘客安

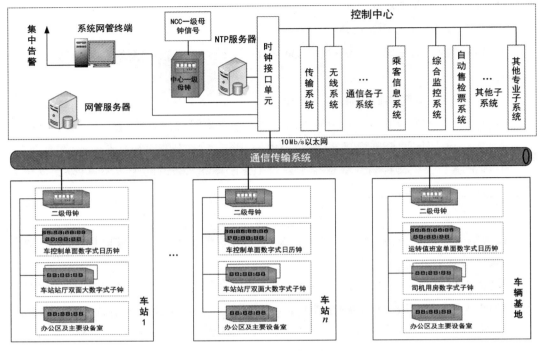

图 2-12 时钟系统架构图

全、便捷地乘坐轨道交通。

1. 系统功能

（1）信息显示功能。

乘客信息系统可以以多样化的方式显示信息。

（2）定时自动播出的功能。

乘客信息系统具备定时自动播出的功能，可以根据事先编辑好的播出列表自动播出资讯。播出列表可以以日播出列表、周播出列表、月播出列表的形式定制，播出过程无须人为操作。

（3）多语言支持功能。

乘客信息系统可支持简体中文、繁体中文、少数民族语言、英文等同时混合输入、保存、传输、显示。

（4）区域屏幕分割功能。

终端显示屏幕可根据要求划分为多个区域，不同区域可同时显示不同的资讯，文字、图片和视频信息可分区域同屏幕显示，不同区域的信息可采用不同的显示方式。播出的版面可以根据需要随时进行调整，各子窗口可以独立制定时间表，通过控制时间表，每个子窗口可以单独用于显示列车服务信息、乘客引导信息、商业广告信息、一般站务信息、公共信息、多媒体时钟等,同时可用于对某一信息进行全屏播放。

2. 系统方案及其比选

系统方案比选主要涉及多媒体信息制式、车载视频监控模式和车—地无线传输模式三方面。

(1) 多媒体信息制式及其比选。

乘客信息系统的多媒体信息制式分标准清晰度和高清晰度两种。

① 方案一:标准清晰度制式(简称标清制式)。

标准清晰度制式是物理分辨率在 720P 以下的一种视频格式。具体来说,VCD、DVD、电视节目等视频文件的分辨率通常为 720×576 像素,画面比例为 4:3,传输带宽通常为 6~8 Mb/s。

② 方案二:高清晰度制式(简称高清制式)。

高清晰度制式是指物理分辨率在 720P 以上的制式。国际上公认的有关高清的标准有两条:视频垂直分辨率超过 720P 或 1080i;视频宽纵比为 16:9,传输带宽一般为 25~30 Mb/s。

由于图像质量和信道传输所占的带宽不同,从视频效果上看高清视频的效果最好,其图像质量可达到或接近 35 mm 宽银幕电影的水平,视频分辨率达到 1280×720 像素。

③ 方案比选。

从画质来看,高清制式的分辨率大致相当于标清制式的 4 倍,画面清晰度、色彩还原度均远优于标清制式。但是高清制式的设备要求较高,投资较大,早期采用高清制式的投资明显高于采用标清制式的投资。早期开通的地铁线路乘客信息系统基本采用标清制式。随着时间的推移和技术的成熟,高清设备逐渐普及,高清制式系统的投资与标清制式系统已经相当接近,近期开通的地铁线路乘客信息系统多采用高清制式。

综合以上分析,推荐方案二,车站子系统采用高清制式。

(2) 车载视频监控模式及其比选。

车载视频监控模式分为实时回传模式和非实时回传模式两种。

① 方案一:实时回传模式。

采用实时回传模式时,车载视频监控信息可以实时传至控制中心。在控制中心能实时监控车厢内的情况,若发生紧急情况,控制中心能够及时、准确了解现场状况,及时下发应急方案。一路实时视频的上传码流为 4~6 Mb/s。目前的技术能够满足实时回传的需要。

② 方案二:非实时回传模式。

列车车厢内的视频暂存于车载存储设备内,不实时上传至控制中心,定时通过人工或自动上载至控制中心。

③ 方案比选。

实时回传模式时效性更强,在紧急情况发生的第一时间,控制中心就能掌握现场情况;而非实时回传模式下只能在事后回放视频,不利于处理突发事件。实时回传模式对车—地无线传输网络的带宽要求较高,但现有技术条件已经可以解决带宽问题。虽然采用实时回传模式的投资要高于采用非实时回传模式的投资,但二者已经相差不大。

为了提高运营安全水平,并考虑到处理突发事件的需求,推荐采用方案一。

(3) 车-地无线传输模式及比选。

① 制式一:无线局域网(wireless local area network,WLAN)。

基于 IEEE 802.11 系列标准的无线通信系统,也称无线局域网,是计算机网络与现代无线通信技术相结合的产物,WLAN 正逐渐由开始的有线局域网的延伸,发展成为公共无线局域网,为各类用户提供高速的无线接入功能,以满足用户对数据、图像通信的需求。

目前在带宽上可满足 WLAN 技术的需求,但是在列车快速移动时,系统需要较大的控制信息开销以克服因快速移动带来的频移、衰落等,有效带宽较低;在电磁环境较为复杂的建筑密集的市区地面、高架线路等区域,系统容易受到外部干扰,导致系统功能衰减。

② 制式二:DVB-T(digital video broadcasting-terrestrial,地面数字电视广播)技术体制。

DVB-T 为固定和移动用户提供单向传输无线宽带视频数据业务,满足人们对数字电视业务的需求。

DVB-T 采用 COFDM(coded orthogonal frequency division multiplexing,编码正交频分复用)信道调制技术,同时通过强大的纠错码功能,实现频谱利用效率与传输可靠性的平衡。COFDM 信道调制技术提供 2K 和 8K 模式的 2 种子载波、3 种调制方式[QPSK、16QAM、64QAM(64 quadrature amplitude modulation,包含 64 种符号的正交振幅调制)],支持小范围和大范围的单频网(single frequency network,SFN)运行,同一路数字图像节目可以通过多个发射机的同一频率同时接收,以提高接收效果,可以支持 6~8 MHz 频率带宽组网。

③ 制式三:LTE 技术体制。

LTE 移动通信技术的目标是建立一个能够获得高传输速率、低时延,支持增强型多媒体广播组播业务(enhanced multimedia broadcast multicast service,E-MBMS),基于包优化的可演进的无线接入架构。为了达到以上目标,LTE 系统采用接近全 IP 化的扁平化网络结构,集成了适用于宽带移动通信传输的众多先进技术,如 OFDM、MIMO、HARQ(hybrid automatic repeat request,混合自动请求重传)、AMC(adaptive modulation and coding,自适应调制编码)、ICIC(inter cell interference coordination,小区间干扰协调)等。

TD-LTE(time division long term evolution,分时长期演进)技术还具备频谱申请灵活、上下行资源可调配的特点,可根据业务需要灵活配置上下行业务比例。根据 LTE 网络承载的业务量可选择支持相应带宽的设备,支持 5 MHz、10 MHz、15 MHz 和 20 MHz 带宽组网。

④ 系统方案比选。

LTE 技术对高速移动性环境的适应性强,更加符合轨道交通的具体需求,因此将 LTE 技术作为车-地无线传输系统的推荐方案。考虑到今后对车-地无线传输系统的大带宽需求,将 WLAN 技术作为备选方案。

3. 系统架构图

乘客信息系统全网系统架构图如图 2-13 所示。

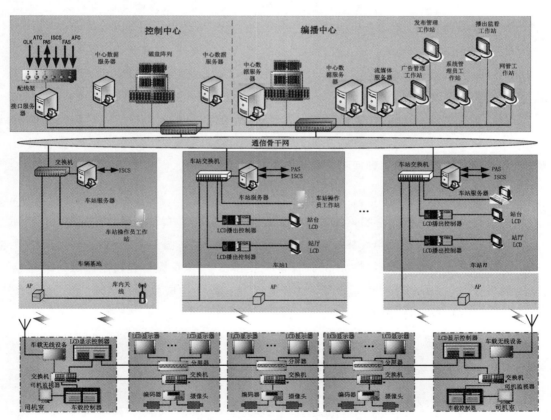

图 2-13 乘客信息系统全网系统架构图

2.3.2.9 办公自动化系统

办公自动化系统采用 Internet/Intranet 技术，基于工作流的概念，使企业内部人员方便快捷地共享信息，高效地协同工作，改变过去复杂、低效的手动办公方式，实现迅速、全方位的信息采集和信息处理，为企业的管理和决策提供科学的依据。在地铁中应用办公自动化系统，有利于提高地铁运营的办公自动化水平，提高地铁运营工作效率。

1. 系统功能

（1）办公自动化应用功能。

显示系统中各功能模块的最新更新或当前状态，为用户提供一个便捷且有序的工作平台；提供工作日志记录功能，可进行日常办公的工作摘要记录，并提供强大的检索功能；提供对收文、发文、会议、传阅、签报、人事及实物案卷和档案的检索及借阅管理方案；员工可以更加有效地共享单位的公共资产（如车辆、办公设备、图书等），可以查询可预约的资产状况，并可跟踪预约的整个审批过程，每一种资产均可设置不同的访问团队，使资产共享局限于特定的团队；提供各部门、人员之间的办公协同处理功能，包括公文处理（各类公文的准备、起草、汇报、下达、审批、批转等）、会议管理、档案管理、资产管理、安全认证（签名认证、控制面板）等。

（2）系统管理功能。

系统具有自诊断功能，能进行系统性能管理、故障管理、配置管理、安全管理等，并具有网络流量管理、虚拟网络划分等功能，同时具有用户组管理、权限类型管理、管理员账号口令管理、系统访问日志管理和公共信息维护管理等功能。

2. 网络组网方案

办公自动化系统的计算机网络能覆盖全部车站、主变电站、车辆段、停车场及控制中心。计算机网络系统应采用可靠性较高的产品和容错能力较强的网络结构，以使网络具有高度的可靠性。应采取多层次的冗余备份手段和技术，保证设备在发生故障时能在最短时间内恢复，以最大限度地保证网络的正常运转。网络构成应层次清晰、数据交换能力强，同时应具有连接广域网的能力。

3. 系统架构图

办公自动化系统架构图如图 2-14 所示。

2.3.2.10 电源与接地系统

轨道交通通信系统设备的电源供给是十分重要的，一旦电源发生故障而停止供电，必将造成各通信系统的中断，从而影响行车。因此，轨道交通通信系统不但要求外供交流电

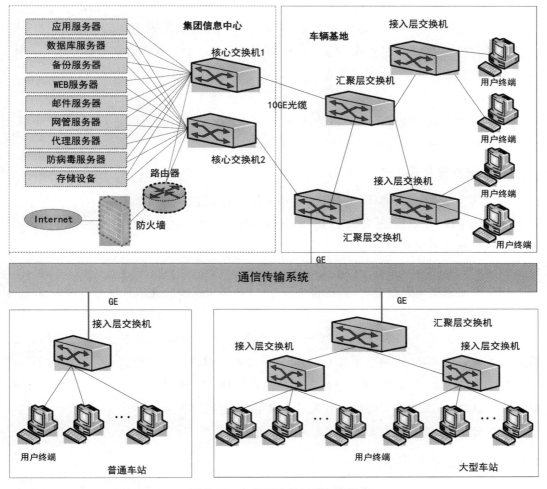

图 2-14　办公自动化系统架构图

源十分可靠,而且要求电源供给系统稳定可靠。当外供交流电源停电时,能够自动启动备用蓄电池为系统设备提供不间断电源。通信系统设备要求按照一级供电负荷设计。

接地系统应确保人身和通信系统设备的安全,并保证通信系统设备正常工作。南昌轨道交通 4 号线一期工程在各车站设置综合接地网。

1. 系统功能

(1) 通信设备供电。

在外供交流电源正常供电的情况下,通信电源设备应能为通信系统设备提供高质量的电源,并具有输出短路保护功能;在外供交流电源中断或发生超限波动的情况下,仍能保证通信系统在规定的时间内正常工作,直至外供交流电源恢复正常供电。

(2) 通信设备接地。

通信设备接地主要用于避免通信设备受到强电的冲击和电磁干扰,保证通信系统及人身安全,提高通信系统的服务质量。接地电阻应小于 1 Ω。专用通信设备室内接地排应安装在抗静电地板上,以便于检查。

(3) 防雷。

防雷系统应能对通信系统的各子系统及区间电缆、光缆、漏泄同轴电缆、射频电缆、室外独立体等采取不同的措施进行过压过流保护。

2. 系统方案及其比选

① 方案一:独立设置 UPS(uninterrupted power supply,不间断电源)。

各弱电系统(通信系统、ISCS、PIS、ACS 等)独立设置 UPS 及蓄电池,各专业向动力照明专业提出用电需求。

② 方案二:UPS 整合。

通信系统对弱电系统 UPS 进行整合设置,其他弱电系统向通信系统提出供电需求。

③ 方案比选。

a. 方案一。优点:独立设置 UPS 时,各弱电系统安全可靠,便于独立管理监控,不影响其他系统供电。缺点:独立设置 UPS,无法实现统一管理,投资略高。

b. 方案二。优点:UPS 整合系统集成度高,便于集中维护管理,减少了设备投资和维护投入。缺点:出现故障时会影响其他系统供电,管理监控复杂。

综合分析,推荐采用方案一。

2.3.2.11 集中告警系统

集中告警系统用于对网络进行统一的、一体化的管理,是一个收集、传输、处理和存储有关网络维护、运营和管理信息的综合管理系统。该系统利用计算机网络技术和计算机的数据处理能力,对通信系统中的各子系统进行管理,将各子系统的运行状态集中反映到网管终端设备上,使维护人员能够及时、准确地了解整个通信系统设备的运行状况和故障信息。建立集中告警系统的目的是最大限度地利用网络资源,提高网络的运行质量和效率,简化多厂商混合网络环境下的管理,降低控制网络的运行成本。

集中告警系统可以进行故障管理、资源管理等。集中告警系统具备拓扑显示、告警采集、告警过滤、告警定位及显示、告警提示、告警处理、故障相关性分析及系统安全管理等功能。

集中告警系统的功能实现可以分成以下两个阶段。

第一阶段:将传输、无线通信、公务电话、专用电话、视频监控、广播、时钟、电源与接地等子系统纳入集中告警系统中,组成最基本的集中告警系统,能够实现既有网络资源的拓扑显示及告警采集、过滤、提示、处理等功能。集中告警功能在轨道交通通信网中已经有较多应用实例,易于实现。

第二阶段:在集中告警系统的基础上增加资源管理、性能管理、故障管理、配置管理等功能模块,构建较为完善的综合网管系统。该系统实现了对全网的控制与管理,但由于各子系统网络的异构性和设备的多样性,要完全实现通信系统中各子系统网管之间的互通和互操作需要相关设备厂家提供必要的接口说明及通信协议(难度高),还需要对硬件层进行升级和对软件进行二次开发(投资大)。目前第二阶段的综合网管系统在轨道交通通信网中尚无应用实例,实施起来有一定的风险。

从实施和投资两方面考虑,现在工程通用做法是仅按第一阶段实施,同时预留升级至第二阶段的空间。

2.3.3 公安通信系统

公安通信系统将公安通信网引入地铁,将视频监控系统等通信设施纳入地铁新线建设的总体规划,为市民的出行安全、地铁列车的运行安全提供通信保障,为地铁派出所及公安警务站的公安人员开展各项警务工作服务,为公安部门及时发现、处理突发事件提供技术支持,为地铁内公安部门的日常工作提供技术保障。公安通信系统是各级公安机关统一指挥、快速反应的必要装备,以契合公安机关快速反应机制为根本。

南昌轨道交通公安通信系统包括公安无线引入系统、消防无线引入系统、公安数据网络系统、公安视频监控系统、公安专用电话系统、公安通信电源与接地系统等。

2.3.3.1 公安无线引入系统

建设公安无线引入系统是为了加强地铁管辖范围内的日常治安管理,以及确保各车站范围内在出现重大案情、治安事件时,南昌市公安局各级公安指挥人员能够对现场各警务人员进行统一的指挥调度。

公安无线引入系统是南昌轨道交通公安无线通信系统的一部分,该系统应与公安无线通信系统在使用功能及系统构成等方面保持一致,并能与公安无线通信系统现有集群通信系统联网。

1. 系统功能

公安无线引入系统主要是将南昌市公安局的地面无线调度专网信号引入地下车站、区间,覆盖地铁站厅、站台、出入口通道,并最大限度覆盖隧道区间,实现地下车站之间、车站与地面之间、在车站上执勤的民警与指挥中心或派出所之间、现场执勤民警与指挥中心以及与南昌市公安局其他警种之间的无线通信。公安无线引入系统将延续和保持地面系统的既有功能，同时对新增设备具备完善的网管功能。公安无线引入系统应能支持用户在引入系统内部进行通话。

系统除应保障城市轨道交通内执勤民警之间、执勤民警与派出所之间、执勤民警与公安局之间的正常通话外，如果发生各种突发情况，或涉及大型活动保卫，还应保障现场指挥的调度通信以及地面多警种在地铁内的通信。在发生火灾时，市消防救援支队指挥中心能与现场消防人员进行联络及指挥。

系统具备从指挥中心或现场任意一台手持机到各个分部门的全呼、一对多组呼、一对一单呼、PABX/PSTN（private automatic branch exchange，专用自动交换分机；public switched telephone network，公共交换电话网）呼、状态呼、短数据呼、跨前缀跨对呼，以及在紧急情况下的强拆、强插等集群调度功能。

在地铁分站设点，天线信号全方位覆盖。分站自身发生的本地呼叫不占用中心主站信道。公安无线引入系统仅覆盖全线车站及地下线路区域，不覆盖地面区域（含分局、车辆段、停车场）。

2. 系统方案

（1）系统制式选择。

公安无线引入系统是南昌轨道交通公安无线通信系统的一部分，为充分利用公安无线通信系统，保证与公安无线通信系统的良好衔接，公安无线引入系统在系统制式上须与公安无线通信系统保持一致，因此公安无线引入系统采用 350 MHz PDT（police digital trunking，警用数字集群）通信技术制式。

公安无线引入系统所采用的设备也应符合公安部标准，并可以接入南昌轨道交通公安无线通信系统集群交换机（地铁分局）。

（2）无线信号引入。

利用公安数据传送网络系统提供的以太网通道，各基站设备直接与集群中心交换机连接，实现有线链路集中引入。

在全线部分站点设置无线引入设备，当有线路由发生故障时，系统自动切换为无线链路引入，通过无线引入点的室外天线，经语音信道与既有公安局中心集群系统连接。

（3）场强覆盖方案。

站厅、设备层及换乘通道属于不太规则的空旷区域，采用吸顶小天线覆盖。

对于隧道区间和站台，场强覆盖可采用天线和漏泄同轴电缆两种方式。其中漏泄同轴电缆场强覆盖和分布的质量好且受外界环境影响小，由于其场强是沿漏泄同轴电缆呈带状分布的，可实现整个隧道区间场强无缝覆盖，其缺点是造价高，施工难度大。如果采用天线方式,虽然造价低,安装方便,但无法实现隧道区间的场强无缝覆盖,不能满足公安无线通信的要求。因此,采用漏泄同轴电缆上下行合缆方式对隧道区间和站台进行覆盖,利用一条漏泄同轴电缆对隧道区间和站台进行覆盖。

3. 系统架构图

公安无线引入系统架构图如图 2-15 所示。

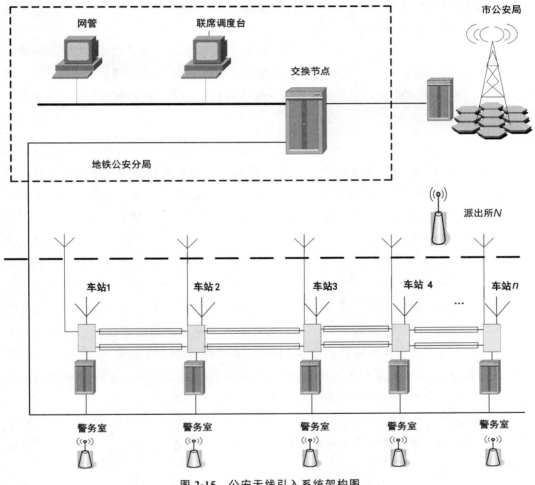

图 2-15　公安无线引入系统架构图

2.3.3.2　消防无线引入系统

南昌轨道交通消防无线引入系统是南昌市地面消防系统的一个组成部分,是地面消防无线通信网络通信能力的重要延伸和补充,是提高南昌轨道交通安防管理水平的有力保障,是南昌公共交通安全防范体系的有机组成部分。

1. 系统功能

消防无线引入系统仅覆盖全线车站及地下线路区域,不覆盖地面区域(含分局、车辆段、停车场)。

消防无线引入系统的功能主要是完成地面消防 350 MHz 数字集群系统的地下引入,并对相关系统设备进行管理。

系统建成后,应能实现地面消防调度网和地下消防网的互通,满足市消防救援支队指挥中心对地上、地下消防人员的统一指挥调度。

系统必须覆盖站厅、站台、出入口通道,并最大限度地覆盖隧道区间,实现全线地下车站之间、车站与地面之间的无线通信。系统将延续和保持地面系统的既有功能,同时完善对新增设备的网管功能。消防无线引入系统应能支持用户在系统内部进行通话。

2. 系统方案

(1) 系统制式选择。

为充分利用消防无线通信系统,保证与南昌市消防救援支队消防无线通信系统良好衔接,消防无线引入系统在系统制式上须与南昌市消防救援支队消防无线通信系统保持一致。目前南昌轨道交通消防无线通信系统采用 350 MHz PDT 通信技术制式。

消防无线引入系统所采用的设备还应符合公安部标准,并可以接入南昌轨道交通消防无线通信系统集群交换机。

(2) 引入方案。

消防无线引入系统采用有线集中引入、无线备用的方案。有线集中引入通道作为主要引入通道,外部干扰小,可靠性高。消防无线引入系统通过公安数据传送网络系统提供的通道与在地铁大厦站设置的集群系统连接,当有线路由发生故障时,系统自动切换为无线链路引入,通过无线引入点的室外天线,经语音信道与既有公安局中心集群系统连接,目前,暂按全线每站均设置无线引入点考虑。

(3) 覆盖方式。

消防无线引入系统的天馈系统与公安无线引入系统共享,并由公安无线引入系统统筹设置。

3. 系统架构图

消防无线引入系统的架构图与公安无线引入系统的架构图一致,可以参考公安无线引入系统架构图。

2.3.3.3 公安数据网络系统

公安数据网络系统是公安信息化建设的重要组成部分,是地铁公安与地面公安的重要联络手段,是提高公安办公效率和安全保卫水平的重要手段。公安数据网络系统为派出所与车站之间的网络通信及安防图像监控系统提供数字传输平台,可应用于各种业务,包括对内信息浏览、处理,以及对外信息发布、查询等,同时为与线网指挥中心及市公安通信网络互联提供了条件。

1. 系统功能

(1) 公安数据网络系统是为公安局地铁分局、派出所、车站警务室提供数据及视频信息传送服务的网络平台,同时与市公安局计算机网络互联,进行数据信息交流。由于公安部门的特殊性,必须保证该系统的独立性、保密性、安全性。公安数据网络系统应能传输公安系统的管理信息、视频监控信息等。

(2) 公安数据网络系统应提供符合 IEEE 标准的外部接口。

(3) 公安数据网络系统具有系统管理功能,包括安全管理、故障管理、配置管理、性能管理。

(4) 公安数据网络系统具有良好的扩展功能,可通过增加板卡、修改软件实现扩容。

2. 系统方案及其比选

公安数据网络系统采用交换式以太网组网技术。从数据的交换方式来看,主要有二层交换、三层交换及路由器三种组网方案。其中路由器方案由于设备价格较高,不能做到对数据包的线速转发,时延较大,且路由器的配置和维护管理较为复杂,因此不推荐在专用信息网络中采用。对于派出所和公安局地铁分局,节点间存在大量的数据汇聚和交换,并须与市公安局信息网络联网,建议采用三层交换方案。各车站属于公安数据网络的接入层,可采用二层交换或三层交换方案。

① 方案一:二层交换方案。

方案一为公安数据网络系统的车站接入层采用二层以太网交换机进行组网。

二层以太网交换机可以实现数据包的线速转发,且设备较为便宜,但由于二层以太网交换机本质上是一个多端口网桥,用它构筑的网络存在一些问题。

首先是广播问题。二层交换基于网卡的 MAC 地址(media access control address,物理地址),即交换机通过自己建立 MAC 地址,并使用交换机端口间的对照表来转发数据帧。对于信宿地址在对照表中查不到的帧及信宿地址为全"1"的帧,将向除源端口以外的所有端口转发。这不仅会降低网络的传输效率,而且有引发广播风暴的危险。

其次是拥塞问题。采用交换矩阵的二层交换允许多对输入、输出端口同时交换数据帧。但是当多个输入端口向同一个输出端口发送数据帧时,就会导致拥塞,而拥塞可能导致丢帧。

最后是安全问题。MAC 地址是平面型的,没有层次结构,很难用它来建立过滤机制等安全机制。

② 方案二:三层交换方案。

方案二为公安数据网络系统的车站接入层采用三层以太网交换机进行组网。

第三层以太网交换机能使用第二层或第三层协议,与二层以太网交换机的吞吐量、时延特性相同,价格相近。相比二层以太网交换机,三层以太网交换机具有跨网段的高效组播、线速交换和路由、支持动态的基于端口和基于 MAC 地址的 VLAN(virtual local area network,虚拟局域网)划分等优点,但三层以太网交换机的设备价格较高。

③ 方案比选。

三层以太网交换机具有更高效的跨网段组播能力,这一能力对于地铁公安数据网络尤为重要。地铁公安数据网络系统承载的主要业务是视频数据传输,而视频数据存在多方调看、资源共享等需求,因此地铁公安数据网络系统对组播能力的要求非常高。采用三层以太网交换机组网,可以更好地在网络中实施视频组播业务,并有效限制网络流量。

此外,目前三层以太网交换机与二层以太网交换机的价格相差不大,因此,推荐采用方案二。

3. 系统架构图

公安数据网络系统架构图如图 2-16 所示。

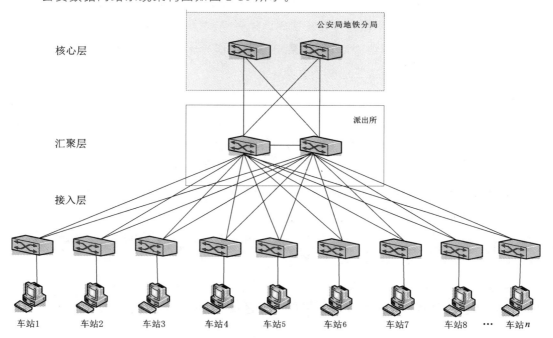

图 2-16 公安数据网络系统架构图

2.3.3.4 公安视频监控系统

立足于南昌轨道交通"整体防控"的指导思想,本着"资源共享、经济实用、技术合理"的原则,综合考虑公安部门需求和运营部门需求,在专用通信视频监控系统的基础上,建设公安视频监控系统,实现资源共享。希望二者的有机结合可以达到安防有效、运营服务良好的双重目的。

专用通信视频监控系统和公安视频监控系统作为地铁运营管理的辅助手段,也是公安部门进行地铁安全防范的重要手段。南昌地铁4号线考虑对专用通信视频监控系统、公安视频监控系统进行整合,从视频监控系统设备、机房、用电量等各方面降低工程投资,并且减少地铁开通运营后的设备维护工作量。

根据南昌市公安视频监控系统的功能需求,公安视频监控系统由警务站(如车站、车辆段)、派出所、公安局地铁分局三级监控系统组成,除警务站级监控属于本地监控外,另两级监控均属于远程监控。

1. 系统功能

地铁的地理环境和治安情况复杂,为满足地铁快速发展和安全保卫工作的需要,公安视频监控系统不可或缺。公安视频监控系统应具备以下功能。

(1) 图像监控功能。

① 车站警务人员监控本站站厅、站台及出入口等公共区域的治安情况。

② 车辆段警务人员监控出入段线、车辆段出入口、车库出入口等的情况。

③ 派出所警务人员监控所管辖车站、车辆段情况。

④ 公安局地铁分局警务人员监控全线车站、车辆段情况。

(2) 图像选择功能。

① 车站警务人员可选择将本站公安摄像机的图像在任一监控器上显示,既可用各种时序自动循环切换,也可由操作人员手动切换。

② 派出所警务人员可将管辖车站内任一公安摄像机的图像在任一监控器上显示,既可自动循环切换,也可由操作人员手动切换。

③ 公安局地铁分局警务人员可将全线任一摄像机的图像在任一监控器上显示,既可自动循环切换,也可由操作人员手动切换。

(3) 录像功能。

车站设置公安数字录像机,对本站所有公安摄像机摄取的视频进行实时不间断录像;录像保存时间不小于90天。

公安局地铁分局及派出所警务人员可根据时间、地点等信息对全线任何一路图像进行检索及查询。

(4) 摄像范围控制功能。

公安局地铁分局及派出所和各车站警务人员分别能够远程和在本地控制云台摄像机,并可设定优先级。

(5) 图像分析功能。

分析系统应能实时将摄像机的图像与预先设定在系统内的正常行为程序进行比较,当发生异常情况时,系统自动中断正常图像的显示,将异常图像弹出至本站和控制中心的监控器上,同时发出报警声音。

2. 系统方案及其比选

(1) 方案一:公安视频监控系统单独建设。

公安视频监控系统单独建设摄像、视频处理、传输、控制系统。

(2) 方案二:公安视频监控系统与专用视频监控系统结合建设。

公安视频监控系统与专用视频监控系统共用摄像机、前端视频处理设备,公安视频监控系统在专用视频监控系统的基础上增补摄像机,并单独建设视频控制、传输及存储设备。

(3) 方案比选。

① 方案一。优点:完全独立,可以高度满足公安部门的需求,公安部门、运营部门的监控系统相互具备备份作用。缺点:建设投资大,实施复杂。

② 方案二。优点:投资小,实施简单,能基本满足公安部门的需求。缺点:二者有时候会相互影响。

综合考虑,推荐采用方案二。

3. 系统架构图

公安视频监控系统架构图如图 2-17 所示。

2.3.3.5 公安专用电话系统

1. 系统功能

公安专用电话系统作为公安部门的内线电话系统,能为市公安局、公安局地铁分局、派出所和警务站提供电话通信渠道。公安专用电话系统应具有以下功能。

(1) 承担基本电话业务。

(2) 基本呼叫处理功能。

(3) 计费功能。

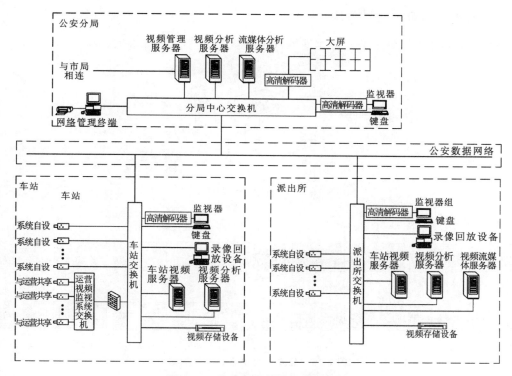

图 2-17 公安视频监控系统架构图

(4) 维护管理功能。

2. 系统方案及其比选

由于用户需求数量较少,因此不在公安局地铁分局单独设置电话交换机,可以采用以下两种方案。

(1) 方案一:利用专用电话系统与市话网连接,从而接入市公安局专用电话网。

在车站警务站及派出所设专用电话系统的电话机,利用专用电话系统与市话网连接,通过市话网与市公安局专用电话网连接。

(2) 方案二:利用 IP 电话方式接入市公安局专用电话网。

在公安局地铁分局、派出所及车站警务站设公安有线调度电话分机及 VoIP(voice over internet protocol,互联网电话)模块,在市公安局设置 VoIP 网关设备,通过公安数据网络系统提供的 IP 通道实现地铁公安电话分机的接入。

(3) 方案比选。

分析上述两个方案,考虑公安有线调度电话作为公安部门的内线电话,使用及维护相对独立,推荐采用方案二。

3. 系统架构图

公安专用电话系统与公安数据网络系统的架构图一致,如图 2-18 所示。

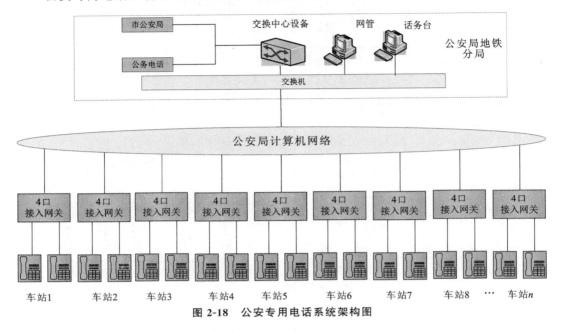

图 2-18 公安专用电话系统架构图

2.3.3.6 公安通信电源与接地系统

为保证地铁公安通信系统的正常工作,一个安全可靠的通信电源系统是必不可少的;同时,接地系统的正常运行对通信设备的正常工作及维护人员的人身安全也是至关重要的。

1. 系统功能

公安通信电源系统负责为公安通信设备提供稳定、可靠的电源。在外供交流电源发生故障的情况下,公安通信电源系统在一定的时间内仍能向各系统提供稳定、可靠、不间断的电源,使公安通信系统设备仍能继续工作一段时间,等待主电源恢复正常。

接地系统能防止公安通信设备受到强电的冲击和电磁干扰,保证通信系统正常工作,同时也能保证通信系统设备和工作人员的安全。公安通信设备室接地排应安装在抗静电地板上方,以便于检查。

2. 系统方案

公安通信电源与接地系统自设 UPS 及蓄电池组,为相关公安通信设备供电。

各车站、派出所的公安通信设备均要求按一级负荷供电,需要供电系统提供三相五线制交流电源,配置 UPS 不间断电源设备(含蓄电池)进行保护。交流输入电压的波动范围为 380×(1±5%)V。

2.3.4　通信系统发展趋势与思考

随着国内 5G 技术快速发展及城市轨道交通智能化发展的迫切需求,5G 与轨道交通正在深度融合。受制于政策、行业、技术等综合因素,5G 无线网技术方案和建设模式还处于快速的变化之中。5G 公专网和 5G 自建专网将是 5G 发展的两个阶段。未来 5~10 年,城轨 5G 网络的架构建议采用 5G 自建专网＋5G 公专网的共用模式,即优先使用 5G 自建专网满足安全业务或者重点区域的需求,并将 5G 公专网作为补充。

在未来 3~5 年内,LTE-M（long term evolution-metro,地铁长期演进系统)、WLAN、毫米波、EUHT(enhanced ultra high throughput,超高速移动通信系统)等技术在特定条件下,也可以适应智慧城轨大带宽、低时延、广连接等通信需求。LTE-M 和 1.8 GHz EUHT 完全可以满足安全业务的需求;WLAN、5.8 GHz EUHT 可以很好地满足非安全业务对低时延、大带宽的要求。

通信系统的发展将集中在以下几个方面。

(1) 移动通信技术:5G、5G 增强(5G-A)。

(2) 移动互联网技术:WiFi 6、WiFi 7(IEEE 802.11be)。

(3) 毫米波无线通信技术:5 GHz 毫米波、38 GHz 毫米波。

(4) 上述无线技术与物联网、云计算、大数据、AI(artificial intelligence,人工智能)等新一代信息及网络技术融合发展。

(5) 融合通信平台,利用 5G(5G 公专网)等技术打通不同系统不同行业的语音数据通道,保障应急指挥、线路运营和维护等需要的各种语音、视频、数据呼叫通信和管理业务。

2.4　信　号　系　统

2.4.1　信号系统功能定位及组成

城市轨道交通信号系统是保证列车运行安全,实现行车指挥和列车运行现代化,提高运输效率的关键系统设备。城市轨道交通信号系统的主要组成部分为列车自动控制系统。列车自动控制系统包括三个子系统:列车自动监控系统、列车自动防护系统和列车自动运行系统。这三个子系统通过信息交换网络构成闭环系统,实现地面控制与车上控制结合、现地控制与中央控制结合,构成一个以安全设备为基础,集行车指挥、运行调整及列车驾驶自动化等功能于一体的列车自动控制系统,实现迅速、及时、准确的行车调度指挥和现代化的运输管理,可以增强轨道交通运营系统对客流冲击的承受能力,并为乘客提供舒适、快捷、现代化的运输服务。信号系统主要结构示意图如图 2-19 所示。

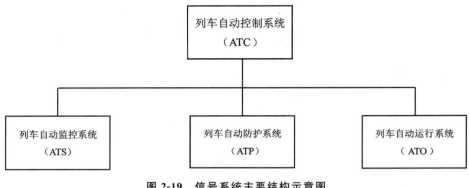

图 2-19 信号系统主要结构示意图

列车自动监控系统是根据列车时刻表为列车设定自动运行线路、指挥行车、实施列车运行管理等技术及设备的总称。

列车自动防护系统是对列车运行自动实施追踪列车时间间隔和超速防护控制技术及设备的总称。作为列车自动控制系统的安全核心,列车自动防护系统的设计应遵循安全的原则。

列车自动运行系统是自动实行列车加速、减速、惰行、制动停车,以及车门开闭、提示等控制技术及设备的总称。

2.4.2 信号系统选型及架构

目前国内城市轨道交通线路所采用的信号系统制式可分为三种类型:固定闭塞 ATC 系统、准移动闭塞 ATC 系统、移动闭塞 ATC 系统。

2.4.2.1 固定闭塞 ATC 系统

固定闭塞 ATC 系统是基于轨道电路的固定自动闭塞方式的 ATC 系统。通常轨道电路按预先设定的长度,检测列车位置和列车间距,其闭塞分区划分根据线路条件、列车参数及追踪间隔要求经牵引计算确定,一旦划定将保持不变。列车以闭塞分区为最小行车间隔,ATP 系统根据每个闭塞分区的限速命令,监控列车的运行速度。由于列车定位是以固定区段为单位的,因此固定闭塞 ATC 系统的速度控制模式通常为分级控制模式,即速度-距离制动曲线呈多段式(阶梯式),如图 2-20 所示。

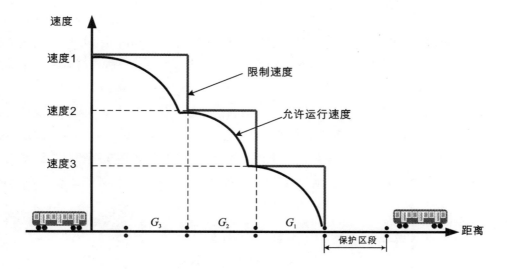

图 2-20　固定闭塞 ATC 系统速度-距离制动曲线

2.4.2.2　准移动闭塞 ATC 系统

准移动闭塞 ATC 系统本质上是一种固定闭塞 ATC 系统,它也进行闭塞分区的划分,但由根据列车前方目标距离、线路状态、列车性能等因素所确定的速度-距离控制曲线,对列车的速度进行监控。列车前方的目标点为前车所占用闭塞区段的入口边界点。由于准移动闭塞 ATC 系统同时采用列车移动和固定分区的定位方式,其速度控制模式既有连续控制的特点,又有分级控制的性质,其速度-距离制动曲线如图 2-21 所示。

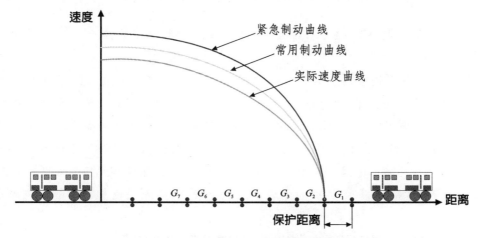

图 2-21　准移动闭塞 ATC 系统速度-距离制动曲线

2.4.2.3 移动闭塞 ATC 系统

移动闭塞 ATC 系统是基于通信的列车控制(communication based train control, CBTC)系统。该系统不依靠轨道电路向列控车载设备传递信息,而是利用通信技术实现车-地信息传输,并可实时进行列车定位。移动闭塞 ATC 系统采用地面无线电台、交叉感应电缆、漏泄同轴电缆、裂缝波导管等介质向列控车载设备传递信息,实现车-地双向数据传输,使地面设备获得每一列车的连续位置等运行信息,据此计算出每一列车的运行权限,并将其信息发送给列车。列车根据接收到的移动授权命令和本列车运行状态计算出列车运行的速度-距离制动曲线。移动闭塞 ATC 系统速度-距离制动曲线如图 2-22 所示。

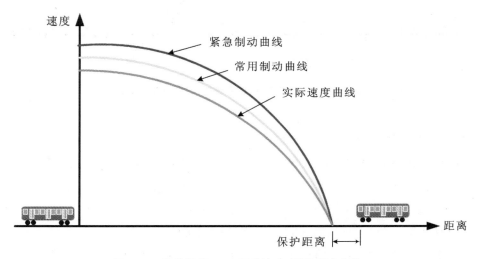

图 2-22 移动闭塞 ATC 系统速度-距离制动曲线

相较于固定闭塞 ATC 系统和准移动闭塞 ATC 系统,移动闭塞 ATC 系统具有如下技术优势和特点。

(1) 可实现实时连续的车-地双向通信,不间断地对列车速度进行监控,系统控制对象是列车本身而不是列车占用的轨道区段,可以更好地保障列车行车安全和运行效率。

(2) 采用移动闭塞 ATC 系统时,线路无固定的闭塞分区,列车间隔是动态的,行车间隔较短,在保证行车安全的前提下,提高了线路的通过能力,也更有利于运营间隔的调整。运营组织具有更高的操作灵活性,可以实现更灵活的运输组织和应急处理。

(3) 可方便地实现完全防护的列车双向运行模式,而无须增加附加的室内外系统设备。

(4) 与准移动闭塞 ATC 系统相比,移动闭塞 ATC 系统的轨旁及车载子系统设备较少,易于维护、安装,可节约成本并减少维护工作量,大大降低了地铁公司日后运营维护的压力。

（5）可实现全程自动驾驶，减少定员和劳动强度，实现运营管理自动化。

（6）运营调度人员可通过工作站随时查看在线列车的驾驶模式、运行状态、运行速度等信息，有利于行车组织及运行调度。

（7）系统可针对高峰和非高峰时期制定不同的能源优化方案，更加节能。

信号技术近几年飞速发展，各种制式和类型的设备快速进入信号领域。根据南昌轨道交通发展规划的要求，信号系统应采用先进可靠的计算机技术、网络技术、数据传输技术，以适应南昌轨道交通现场电磁环境要求。考虑到系统配备的经济性，合理降低系统投资，减少运营维护成本等各方面的实际需求，南昌地铁信号系统制式采用了基于通信技术的移动闭塞 ATC 系统，即 CBTC 系统。

CBTC 系统设备按物理位置主要分为中心设备、轨旁设备和车载设备。其中，中心设备包括调度监控设备 ATS、网络设备 DCS（distributed control system，分散控制系统）等；轨旁设备主要包括车站设备[联锁设备 CI（computer interlocking，计算机联锁）、区域控制设备 ZC（zone controller，区域控制器）]、道旁设备（转辙机、信号机、计轴设备、应答器设备）等；车载设备主要包括车载 ATP、车载 ATO、测速设备等。CBTC 系统整体架构如图 2-23 所示。

2.4.2.4　信号系统通信方式选择及关键设施选型

1. 车-地通信方式选择

CBTC 系统实现车-地双向数据通信的方式主要包括两种：基于交叉感应环线的 CBTC 系统和基于无线通信的 CBTC 系统。

基于交叉感应环线的 CBTC 系统车-地双向数据通信采用主从应答方式，地面轨旁设备为通信主站，各个车载设备为通信从站。地面轨旁设备按顺序轮流向所管辖区域内的所有列车车载设备发送控制命令，并要求相应车载设备应答，传输速率较低。

基于无线通信的 CBTC 系统车-地双向数据通信采用无线通信技术，实现列车与地面双向实时通信，地面设备可以直接向无线通信网络发送信息，无线通信网络传输信息容量较大，能够满足大容量的传输要求。

对比两种通信方式，基于交叉感应环线的 CBTC 系统存在以下不足：采用此方式时，需要在道床上安装大量的感应环线，受土建安装条件的限制和人为因素的影响，在轨道或感应板维修更换后，信号维修人员应检查感应环线是否损坏或是否在规定的范围内，这使得设备现场维修的频率和时间都会增加，势必会影响列车的运行甚至正常运营，设备维护费用高；系统车-地信息数据传输速率较低；系统供货商的选择受限较大。因此，结合信号技术发展趋势，南昌地铁信号系统均采用了基于无线通信的 CBTC 系统。

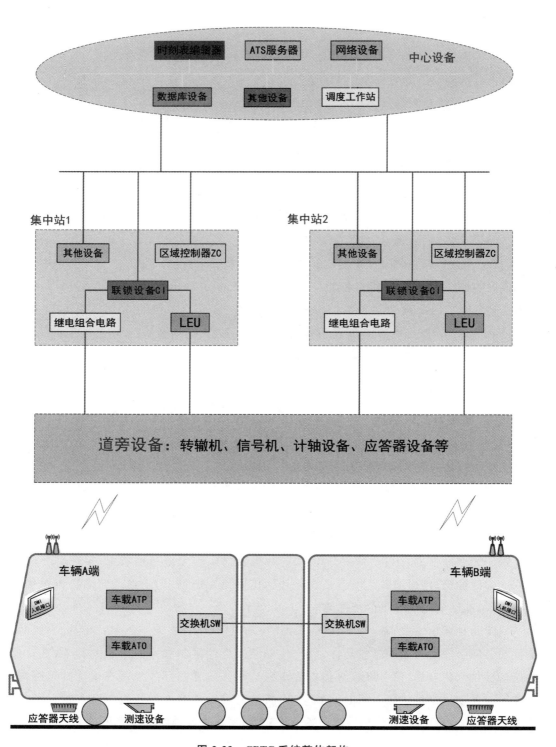

图 2-23　CBTC 系统整体架构

在无线通信制式上,在 2016 年 6 月以前,CBTC 系统大部分采用 IEEE 802.11 标准进行无线传输,并均工作于 2.4 GHz ISM 频段。由于 2.4 GHz ISM 频段为开放频段,为解决 WLAN 受干扰的问题,中国城市轨道交通协会于 2016 年 5 月 31 日发布了《关于推荐城轨交通项目新建 CBTC 系统使用 1.8 G 专用频段和 LTE 综合无线通信系统的通知》,建议新建线路采用 1.8 GHz LTE-M 专有频段承载信号业务。相比于 WLAN 无线技术,LTE 无线技术具有以下优点。

(1) 在列车高速运行的情况下可进行正常的数据通信。

(2) 覆盖范围大大超过 WLAN 无线接入点的覆盖范围,约为其 3 倍。

(3) LTE 系统采用先进的抗干扰技术,可减少或避免无线干扰的影响。

(4) LTE 系统采用先进的业务优先级调度算法,可以根据业务的优先级对不同的业务进行调度。

综合分析,南昌轨道交通 3、4 号线(2016 年 6 月以后建设的线路)信号系统均采用了基于 LTE 技术的无线通信 CBTC 系统,未来规划建设的线路也将继续沿用此制式搭建信号系统。

2. 正线后备系统选型

为了保证正线 CBTC 系统的可用性,当 CBTC 系统地面设备发生局部故障时维持全线运营不中断,当发生车载信号设备故障时使故障列车尽快退出运营,以及为救援列车、工程车、转线作业列车等非车载装备车的运行提供一定的信号设备安全保障,信号系统应配置后备系统。目前,后备系统设计可采取以下两种方案:基本联锁方案和点式 ATP 方案。

基本联锁方案采取固定闭塞的方式,由司机根据信号机显示,手动驾驶列车运行,列车的间隔控制及速度保护由司机负责。点式 ATP 方案是在基本联锁方案的基础上,增加 ATP 超速防护功能,在设备锁需增设点式 ATP 地面设备和点式 ATP 车载设备。

点式 ATP 系统具备在信号机处防止司机误操作导致"闯红灯"的功能,在列车经过地面专设的点式 ATP 应答器时,信号机可接收到反映地面信号显示状态的信息,点式 ATP 车载设备可据此计算出速度安全防护曲线,对列车的运行速度实施监督和安全防护,确保在前方地面信号机未开放的情况下,司机因操作失误而导致列车运行速度超出限制时,系统可立即实施制动停车,保证行车安全。因此,南昌地铁信号系统采用点式 ATP 方案,使列车运行模式有更多的选择,提高信号系统的安全性、可靠性。

3. 场段信号系统方案

地铁场段站场规模大、进路多,承担列车停泊、整备任务,考虑到独立作业任务较多,场段信号系统一般按联锁单独设置,不纳入控制中心的控制范围,由 DCC(depot control center,车辆场/段控制中心)值班员独立进行人工控制,运转状况可由控制中心监测。场段信号系统主要包括场段 ATS 分机设备、联锁设备、信号基础设备、试车线信号设备、电源设备等。在具体选型方面,联锁设备采用二乘二取二安全冗余结构型计算机联锁系统,轨道占用检测一般采用 50 Hz 微电子轨道电路,试车线信号设备与正线保持一致,与场段联锁设备进行接口对接。

2.4.3 信号系统发展趋势与思考

近年来,随着通信技术、传感技术、集成电路技术等技术的高速发展,信号系统也取得了长足的进步,围绕降本增效、提高安全的主要目的,涌现了以全自动运行系统、全接入通信系统(total access communication system,TACS)、信号系统互联互通等为代表的新型信号系统。下面简要介绍这些系统的基本情况及南昌地铁的有关思考。

2.4.3.1 全自动运行系统

随着上海地铁 10 号线(2014 年升级为 GoA3 级)、北京市轨道交通燕房线全自动运行系统(FAO)国家自主创新示范工程(2017 年开通,等级为 GoA3 级)的陆续投运,国内越来越多城市的地铁开启了全自动运行实践,如上海地铁 14、15、18 号线,北京地铁 3 号线、新机场线,武汉地铁 5 号线,南京地铁 7 号线,苏州地铁 5 号线均按照 GoA4 的全自动运行等级完成招标并实施,全自动运行逐渐成为地铁建设的"风口"。

全自动运行系统是一套基于信号系统的综合自动化系统,并非单纯地进行信号系统功能升级,而是涉及控制中心、场段、正线土建、车辆、通信、综合监控、站台门等多个系统的功能升级,采用自动调度、自动控制、大客流管理、障碍物识别、自动故障应对、车场自动管理等技术手段,在安全性、效率和可靠性方面均优于传统 CBTC 系统,大幅度提高了系统的作业效率,减少了人为因素对列车运营的影响,提高了乘客服务质量。

在信号系统的功能升级方面,全自动运行系统较传统 CBTC 系统,主要在如下功能上进行了提升。

(1) 正线和车辆段、停车场自动区域具备全自动运行功能,具备列车唤醒与休眠、库内发车、场内运行、站台停站、站台发车、站台清客、折返、回库、洗车等正常作业,以及车辆火灾、站台火灾、障碍物检测激活等异常事件处理的全自动控制功能。

(2) 全自动运行系统具有降级运营控制模式,在系统发生故障时,能够保持一定的自动控制功能,以减小对运营的影响。

(3) 车载系统具备全自动运行模式(full automatic mode,FAM)和蠕动运行模式(creep automatic mode,CAM)。在全自动运行模式下,车载设备在检测到车辆通信故障、非预期紧急制动(多次超速)等情况时,向控制中心 ATS 申请进入蠕动运行模式,中心确认后,以蠕动运行模式直接控制车辆的牵引制动系统,使车辆低速运行至站台。

(4) 车辆段、停车场内的信号系统配置需要满足车辆段、停车场内的全自动运行和有人驾驶作业需要,包括自动洗车。

(5) 正线、车辆段、停车场具备全自动运行和人工驾驶的转换功能,并提供防护。

(6) 当停站误差超过规定的精度时,信号系统可与车辆配合实现自动对位调整,替代人工驾驶的对位调整操作。

(7) 与车辆配合,实现车辆及其他车载设备的发车前测试、运行工况控制等。

(8) 增强列车运行全过程的安全防护功能。增强运营人员防护功能,在车站、车辆段、停车场增设人员防护开关,对进入正线及车场自动化区域的人员进行安全防护;增强乘客防护功能,对乘客上下车及车内安全进行防护;扩大了信号ATP子系统的防护范围,在车场自动化区域内对列车运行进行ATP防护;增加了轨道障碍物检测功能,车上加装脱轨、障碍物检测器。

(9) 试车线设备配置满足全自动运行相关测试的需要。

(10) 信号与综合监控、车辆等专业配合实现正常运营及故障处置情况下的相关联动控制。控制中心具备远程控制列车运行及故障处置的手段,必要时可对列车运行实施远程干预。

(11) 系统的RAMS[可靠性(reliability)、可用性(availability)、可维修性(maintainability)、安全性(safety)]要求应适应全自动运行的需求,提高系统冗余设计和ATO/ATS的安全完整性等级要求。

(12) 信号系统需增强维护监测功能并配置智能运维系统,信号系统车载设备和车辆设备的状态应实时上传至维护监测系统。

除了信号系统功能的提升外,为模拟无人工况下自动运营的场景,全自动运行系统的线路较传统CBTC系统的线路在土建接口、车辆、其余机电系统接口方面均提出了更高的要求,具体参见表2-6。

表2-6 全自动运行系统线路较传统CBTC线路的变化或升级

	工点/系统	变化或升级
	控制中心	应增加备用控制中心,涉及选址、增加运营人员
	正线土建	考虑满足全自动运行救援等需求,影响正线配置
土建	车站	(1) 需要增设综合服务室,供应急人员使用; (2) 增加有人区和无人区隔离设施,将设备区和无人区隔开
	场段	(1) 设置有人区、无人区; (2) 停车列检库库长、库宽需要扩大,牵出线长度、转换轨长度需要加长; (3) 研究人员登乘方式

续表

机电	车辆	（1）涉及升级各系统远程控制、网络冗余、制动及门控系统安全完整性等级（safety integrity level，SIL）等 12 项功能； （2）涉及新增障碍物及脱轨检测、休眠与唤醒、走行检测、照明空调等辅助系统的远程控制、远程缓解等 14 项功能
	信号	（1）涉及新增列车休眠与唤醒、自动洗车、对位调整、对位隔离、停车列检库及洗车库库门防护、建立防护区、列车工况管理、远程功能等 30 项功能； （2）涉及新增控制中心设备、车站及轨旁设备、场段设备及车载设备等 14 类设备
	通信	涉及新增专用无线、专用电话、专用视频监控、乘客信息系统、广播系统等 15 类功能
	综合监控	涉及新增与备用控制中心、乘客服务设备、自动停送电设备、站台门等 12 类设备的联动功能
	站台门	涉及新增对位隔离、对位调整、端门控制等 5 项功能

在项目管理方面，全自动运行系统增强了信号系统外部接口的功能，或增加了信号系统的外部接口，各专业融合性更强，在项目建设、调试等方面周期延长，且对通信、综合监控、站台门等专业增加了安全评估要求；在运营管理方面，增加了乘客调、车辆调、维修调等调度岗位要求，车站设置综合服务室，车站服务人员从单专业向多专业转变，应急能力要求提高；在建设投资方面，从目前的情况看，采用全自动运行系统的线路的总投资比采用传统 CBTC 系统的线路上浮约 3%。

基于南昌地铁设计与实施的思考：全自动运行系统本质上是进行控制与调度功能的再分配，通过模拟和完善全过程、全天候的无人驾驶运营场景，提高了系统的自动化水平、安全效率及运营服务质量。南昌将在新一轮线路建设中充分考虑采用全自动运行系统的可行性，进一步提高地铁运营安全及服务水平。

2.4.3.2 全接入通信系统

全接入通信系统（图 2-24）也称列车自主运行系统，是轨道交通系统智能化和自主化程度不断提高过程中的产物。列车自主运行既不是指列车脱离运行计划自由运行，也不是指列车不受轨旁约束自主前行，而是指列车基于运行计划和实时位置实现自主资源管理并进行主动间隔防护。该系统以车地联锁和车车协同的方式达成了更安全、更高效、更经济的目标。

传统信号系统与全接入通信系统的区别主要表现在以下几个方面。

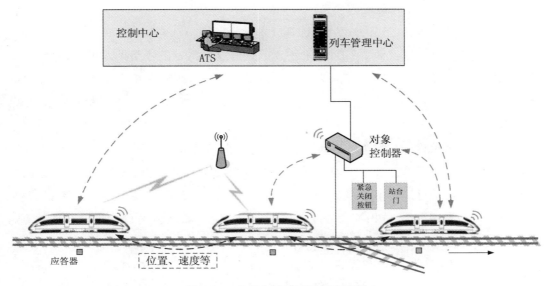

图 2-24 全接入通信系统基本原理

（1）传统信号系统数据流交互路径复杂、安全控制信息更新慢，系统运行效率受到了制约。全接入通信系统精简系统架构，缩短数据链的长度，使得系统扁平化、设备简约化。

（2）传统信号系统中线路和道岔资源采取打包管理的方式，空间利用率低；在间隔防护上，由轨旁设备统一收集数据并计算后再提供给车载设备，时间利用率低。全接入通信系统对列车和线路的资源从时间和空间维度进行更加精细的管控，更加安全、高效。

基于南昌地铁设计与实施的思考：全接入通信系统的核心是将传统信号系统的联锁进路概念转变为资源概念进行处理，部分机理突破了传统进路联锁原则，特别是在折返功能部分，这也是其能够大幅缩短追踪间隔的核心所在。由于全接入通信系统尚处于发展的初级阶段，实际应用此系统的轨道交通线路并不多，在系统安全、项目管理、运营管理等方面可借鉴的经验较少。在南昌地铁规划、设计中将持续关注列车全接入通信系统的发展状况，综合各方因素考虑其实际运用的可行性。

2.4.3.3 信号系统互联互通

信号系统互联互通的本质是实现信号系统（主要是 ATC 系统设备）的标准化，使得车载信号设备能够适应不同厂家提供的地面设备，实现车辆的跨线运营。轨道交通多条线路实现信号系统互联互通具有以下优点。

（1）更大限度实现资源共享。

（2）运营组织方式更加灵活。

（3）可以满足网络化运营的需求。

（4）可以降低建设、运营、维护、培训等成本。

重庆轨道交通互联互通的 CBTC 系统示范应用项目将 4 条线路纳入试点，分别由 4 家信号集成商实施，4 家信号集成商对各自的信号系统进行兼容性开发研究，形成标准化体系。目前，中国城市轨道交通协会已发布互联互通行业规范，用以指导相关系统的设计与实施。

基于南昌地铁设计与实施的思考：信号系统互联互通概念可分为三个层级，第一层级指的是主要设备设施互换互用，第二层级指的是线路间相互支援、救援，第三层级指的是载客列车混线运营。要真正实现第三层级的互联互通，除了需要实现重要基础设施（如信号系统、车辆系统）的相互兼容，还应考虑土建系统（如联络线、通道）的合理规划，在前期规划中就应充分考虑这些因素。结合南昌地铁的实际以及信号系统互联互通的核心目的，南昌地铁考虑在重点区域实现部分线路的互联互通，重点实现第二层级的相互支援、救援功能，并持续关注信号系统互联互通技术的发展，研究实际运用的可行性。

2.5 综合监控系统

综合监控系统是一个高度集成的综合自动化监控系统，其目的是通过集成多个主要弱电系统，形成统一的监控层硬件平台和软件平台，从而实现对地铁主要弱电设备的集中监控和管理，实现对列车运行情况和客流统计数据的关联监控，最终实现相关各系统之间的信息共享和协调互动。通过综合监控系统的统一用户界面，运营管理人员能够更加方便、有效地监控整条线路的运作情况。

2.5.1 系统功能

2.5.1.1 通用功能

综合监控系统主要有以下几类通用功能。

（1）具有统一的层次化、生动丰富的通用图形人机界面。可将系统和子系统接线图、总貌图、流程图、趋势图等显示出来。人机界面设计应遵循色彩一致、菜单层次化、操作风格一致、文字显示统一、操作方式一致等原则。

（2）具有集中统一的用户注册管理和合理的操作权限管理功能。为保证系统安全和控制命令的唯一性，需要具备集中统一的用户注册管理功能，各种工作站根据注册用户的权限,开放不同的功能;系统具有完备的硬件、软件信息安全防范措施;系统具有完整可行的系统操作与维护权限管理功能;系统在极限负荷下具有抵御数据"雪崩"的能力;系统可确保与相关接口系统的隔离;互联的相关系统能够独立工作,且与综合监控系统互不干扰。

（3）具有完善的报警机制和报警功能,可实现报警信息分类、筛选、重组等。各级操作员工作站都具备完善的报警功能,可将报警信息进行分类、筛选、重组,建立一个完善的报警体系。在各种灾害报警工况下各系统启动灾害模式,进行联锁联动,组成涵盖全系统的安全防护体系。

（4）具有高效的历史数据记录、处理、分析、统计和查询功能。系统可对历史数据记录进行处理、分析和统计,具有趋势图显示、日志记录等功能。系统具备文件处理、归档及报表打印功能。

（5）具有节能控制功能。系统可对被控设备定期进行能耗统计、能耗分析,并制定时间表,实现被控设备的节能运行。

（6）具有强大的报表管理、生成和打印功能。系统具有对各类文件的处理功能,可对各类数据和文件进行归档,并可制作用户所需的各类报表,具备图形打印、文件打印和报表打印功能。

（7）具有高效的在线帮助和辅助决策功能。在各种人机界面中,在正常工作模式下,系统具备联机操作帮助功能。非正常事件及报警事件发生时,人机界面能自动切换到应急处理画面,显示报警性质、等级、位置和处理措施提示等,为操作员提供指导和帮助。基于预先输入的处理流程和逻辑,系统自动发出操作建议,帮助操作员做出正确的决策。

（8）具有 Web 浏览功能。系统支持采用浏览器通过 Web 方式远程访问服务器,界面友好、操作方便,能远程监控管理服务器操作。

（9）具有完善的时间同步功能。综合监控系统从时钟系统中心、车站获得标准时间信号。综合监控系统的各个服务器、操作站均具备时间同步功能,用于统一各子系统现场控制器的时钟。

（10）可在大屏幕上对全线信号、CCTV（closed-circuit television,闭路电视）画面、AFC 客流、供电系统、车站环控系统和隧道通风系统等的运作状况进行监控。

2.5.1.2 监控功能

1. 电力监控功能

综合监控系统负责实现变电所综合自动化（power supervisory control and data acquisition,PSCADA）系统、电气火灾监控系统、杂散电流监控系统的中央和变电所两级集成控制与管理功能。综合监控系统通过 PSCADA 实现各变电站设备的监控,进行数据采集和实时控制。调度人员可以通过综合监控系统实时地监控供电系统设备的运行情况,及时掌握供电系统的各种事故和警报事件,准确实施调度指挥、事故抢修和事故处理,满足变电所无人值班的运行要求,保证供电的安全性和可靠性。综合监控系统的主要电力监控功能如下。

(1) 控制功能,包括单控、程控、紧急状态控制、定时控制、自动控制等。
(2) 遥信及信息处理功能。
(3) 遥测及数据处理功能,能量统计。
(4) 遥调功能。
(5) 模拟操作功能。
(6) 调度事务管理功能。
(7) 供电系统运行情况的数据归档和统计报表功能。
(8) 信息查询功能。
(9) 用户主要画面显示功能。
(10) 数据打印及画面拷贝功能。
(11) 大屏幕投影显示功能。
(12) 被控设备的屏蔽功能。
(13) 远方接入功能。

另外,站级综合监控系统对本车站相关变电所设备、接触网设备运行状态和运行参数进行实时监控,车控室综合监控系统工作站具有遥信、遥测、用户画面显示(含控制权限状态显示)和数据打印等功能。

2. 环境与设备监控系统(building automation system,BAS)监控功能

综合监控系统负责实现环境与设备监控系统的中央级及车站级监控功能,对车站、区间、车辆段、停车场的机电设备进行数据采集、监控和控制。

(1) 设备监控与节能运行管理功能。
① 监控全线车站的通风空调系统、给排水系统、配电照明系统、电扶梯设备等。
② 根据通风空调系统的环控工艺要求,对所有通风空调设备进行点动控制、模式控制及时间表控制。
③ 根据地铁运行环境及车站其他系统的监控要求,可修改和增加控制模式时间表内容,并可修改环境参数预设值。
④ 可对机电设备进行模式控制和时间表控制。
⑤ 监控、记录各车站站厅、站台和管理设备用房的温度、湿度等环境参数。

⑥ 监测环境参数,对能耗进行统计分析,优化通风、空调设备,提高整体环境的舒适度及降低能源消耗。

(2) 正常显示功能。

① 能在环调工作站显示车站综合画面、车站机电设备分类画面等。

② 能在大屏幕指定区域显示区间隧道风机的工作状态、区间水位状态等。

(3) 故障显示功能。

① 对环境与设备监控子系统故障进行报警。

② 具有声光报警功能,可以弹出报警画面以供确认。

(4) 运营统计功能。

① 对操作、报警等进行实时记录,记录时间为 1 年。

② 可进行故障查询,自动生成日、周、月报表。可记录和存储档案资料。

③ 能打印设备数据统计报表、操作和报警记录。

④ 利用不同的操作密码,控制不同级别的操作权限。

⑤ 站级综合监控系统可对本站及所辖区间进行设备监控、状态显示、故障显示及运营统计,记录时间为 1 个月。

3. 火灾自动报警系统监控功能

综合监控系统负责实现火灾自动报警系统的中央级及车站级监控功能,并根据火灾报警信息进行相应的联动。

(1) 接收并存储全线 FAS 系统设备的主要运行状态信息;接收全线各车站、车辆段、停车场、主变电站的火灾报警信息并显示具体报警部位。

(2) 发生火情时,操作员工作站自动弹出相应火灾报警区域的平面图。火灾报警具有最高优先级,当同时存在火灾及其他报警时,优先报火警,并自动弹出相应报警区域的平面图。

(3) 火灾报警信息及故障数据的存储时间不少于 12 个月。

(4) 支持进行 FAS 相关报警信息和状态信息的报表分类查询及打印。

(5) 站级综合监控系统实现对本站及所辖区间的火灾报警,记录时间为 1 个月。

4. 隧道温度探测系统监控功能

综合监控系统负责实现隧道温度探测系统的中央级及车站级监控功能,并根据隧道温度探测信息进行相应的联动。

(1) 接收并存储全线隧道温度探测系统设备的主要运行状态信息;接收全线各区间隧道温度探测信息并显示具体温度探测部位。

(2)区间隧道发生火灾时,操作员工作站自动弹出相应火灾报警区域的平面图。火灾报警具有最高优先级,当同时存在火灾及其他报警时,优先报火警,并自动弹出相应报警区域的平面图。

(3)隧道温度探测信息及故障数据的存储时间不少于12个月。

(4)支持进行隧道温度探测系统相关报警信息和状态信息的报表分类查询及打印。

(5)站级综合监控系统实现对本站所辖区间隧道的火灾报警,记录时间为1个月。

5. 站台屏蔽门[platform screen door(PSD),以下简称"站台门"]监控功能

综合监控系统负责实现站台门的中央级及车站级监控功能,并根据站台门状态进行相应的联动。

(1)接收并存储全线PSD设备的运行状态信息;接收并显示全线PSD设备报警信息。

(2)PSD设备的报警信息及故障数据存储时间不少于12个月。

(3)具备PSD报警信息、状态信息的报表打印功能。

(4)站级综合监控系统实现对本站站台门状态的监控,记录时间为1个月。

6. 防淹门(flood gate,FG)监控功能

综合监控系统负责实现防淹门的中央级及车站级监控功能,并根据防淹门状态进行相应的联动。

(1)接收并存储全线FG设备的运行状态信息;接收并显示全线FG设备报警信息。

(2)FG设备的报警信息及故障数据存储时间不少于12个月。

(3)具备FG报警信息、状态信息的报表打印功能。

(4)站级综合监控系统实现对本站FG状态的监控,记录时间为1个月。

7. 信号系统监控功能

综合监控系统通过与信号系统互联,获得相关信息,实现对行车的监控功能,并根据行车情况进行相应的联动。

(1)接收信号系统传来的计划运营时刻表,可在环控控制模式选择时作参考。

(2)显示列车位置信息,并根据列车实时位置信息(包括不同的列车车次号对应的列车的实时位置信息、实时列车区间运行时间、列车停站时间等)进行进站列车自动广播、车站信息显示和列车阻塞时的相关联动。

(3)显示和存储信号系统重要设备的故障信息。

8. 闭路电视系统监控功能

综合监控系统与闭路电视系统互联,中央级综合监控系统的相关调度员工作台(行调、环调和值班调度)具备 CCTV 控制及 CCTV 重要设备状态的监控功能,联动时可切换 CCTV 画面。中央级综合监控系统可以实现如下闭路电视系统监控功能。

(1) 控制、选择设置在中央控制室内大屏幕上的 CCTV 监控区域,能控制、选择本操作台显示器监控图像。

(2) 对中央控制室大屏幕上的 CCTV 监控区域编程设置自动循环监控模式(对已设置的固定组合监控区域进行自动循环监控,自动循环监控有三种方式,即全部车站、全部车站站台、全部车站站厅的上传图像)和人工监控模式(对设定的监控区域进行人工选择监控)。

(3) 对设置在中央控制室各相关调度员工作台显示器的显示图像进行人工单选监控(对任意一个车站内的任一上传图像进行人工单选监控)。

(4) 对显示图像进行自动循环监控(自动循环监控有三种方式,即全部车站、全部车站站台、全部车站站厅的上传图像),循环扫描周期可人工设置。

(5) 对中央级 CCTV 的重要设备的运行状态进行监控。

(6) 站级综合监控系统实现对站内的 CCTV 的监控功能,包括自动循环监控及对重要 CCTV 设备的监控,联动时可切换 CCTV 画面。

9. 广播系统(public-address system,PAS)监控功能

综合监控系统与广播系统互联,中央级综合监控系统的相关调度员工作台(行调、环调和值班调度)具备 PA 控制及 PA 重要设备状态的监控功能,联动时可播放相应的广播。

中央级综合监控系统可以实现如下广播系统监控功能。

(1) 中央级综合监控系统调度员工作站(含行调、环调和值班调度)具有控制中心调度员广播控制功能,主要可以进行如下模式的选择。

① 编组广播模式(组选模式)。

② 单选广播模式(站选模式)。

③ 话筒、语音合成广播模式(信源选择)。

④ 人工编程模式。

⑤ 监听选择模式。

⑥ 显示模式。

(2) 具备相关广播系统设备运行状态的监控功能,能显示以下内容。

① 全线各站的工作、空闲、故障状态(以站内各区为单位,分为工作、空闲两种状态;以站为单位,分为正常、不正常两种状态)。

② 单个车站的广播占用状态(以站内各区为单位,分为工作、不工作两种状态)。

③ 各站广播区的播放内容。

站级综合监控系统对站内的广播进行控制,监控广播区状态,联动时可播放相应的广播。

10. 自动售检票系统监控功能

综合监控系统与自动售检票系统互联,中央级综合监控系统监控 AFC 客流信息和设备故障信息,车站级综合监控系统监控本站 AFC 主要设备故障信息,可提醒调度员注意车站的运营组织,并根据时间表及 AFC 提供的数据(如客流信息等),实现车站早间开站前对 AFC 系统的启动控制、车站晚间关站前对 AFC 系统的关闭控制及紧急情况下的相关联动控制功能。

11. 门禁系统监控功能

综合监控系统与门禁系统在车站集成,主要对门开关状态进行监控,门禁授权功能由门禁系统实现。监控门禁设备状态包括通信状态、设备故障告警、非法卡使用报警、开关门使用记录统计等。

12. 与乘客信息系统信息互通功能

综合监控系统与乘客信息系统互联,综合监控系统将信号系统传来的与列车相关的 ATS 信息和编辑好的文本信息(分车站显示和车载显示两类)等与运营相关的信息提供给 PIS,并通过 PIS 接收车载故障信息、火灾信息。PIS 具有车站和车载播出画面的显示、播放控制和车站/车载终端显示等功能。综合监控系统发送车载视频画面选择命令,PIS 负责切换视频并将视频显示到行调工作台上。

13. 通信集中告警系统(telecommunication alarm system,TEL/ALARM)监控功能

综合监控系统与通信集中告警系统互联,接收通信系统各子系统维护管理终端选择(重要)输出的故障报警信息,将通信系统上传的故障信息进行汇集和存储,并显示在综合监控系统的相关维护工作站的人机界面上;可实现不同等级故障的分级显示,具有声光告警功能,并能显示、记录和打印,有助于迅速组织力量进行维修,确保通信畅通。

14. 时钟(clock,CLK)对时功能

综合监控系统根据主时钟系统提供的时钟信号,统一网络时间,并在车站将该时钟信息传送给各相关集成系统,从而实现全线时钟对时功能。

15. 消防电源监控系统

综合监控系统集成消防电源监控系统,接收消防设备的主电源和备用电源实时检测信息,从而判断电源设备是否有过压、欠压、过流、断路、短路及缺相等故障。当故障发生时，消防电源监控系统能快速在工作站上显示并记录故障的部位、类型和时间，从而在火灾发生时有效保证消防联动系统的可靠性。

16. 电气火灾监控系统

综合监控系统集成电气火灾监控系统，当被保护线路中的被探测参数超过报警设定值时，综合监控系统工作站能显示报警信息、发出控制信号，并能显示报警部位。

17. 安防系统

综合监控系统与安防系统在车辆段和停车场互联，实现对车辆段、停车场周界报警系统、视频监控系统、电子巡更系统的统一监控管理。

2.5.1.3 联动功能

综合监控系统联动功能包括正常工况、灾害工况及设备出现故障工况的联动功能。综合监控系统根据运营管理需求进行配置，中央级综合监控系统主要负责全线联动，车站级综合监控系统负责站内联动。

1. 正常工况下的联动功能

正常工况下，综合监控系统保持正常工作模式，联动功能涉及以下几个方面。

(1) 车站早间开站前准备时的联动。

(2) 车站在列车开始服务时的联动。

(3) 晚间停止运营服务前进行预报时的联动。

(4) 晚间停运时的联动。

(5) 列车到站时的联动。

(6) 车站暂停服务后恢复运营时的联动。

2. 灾害工况下的联动功能

灾害工况下，综合监控系统进入灾害工作模式，涉及以下联动功能。

(1) 车站站厅公共区发生火灾时的联动。

(2) 车站站台公共区发生火灾时的联动。

(3) 车站设备管理用房发生火灾时的联动。

(4) 主变电站发生火灾时的联动。

(5) 车辆段发生火灾时的联动。

(6) 停车场发生火灾时的联动。

(7) 区间隧道进水时的联动。

3. 设备出现故障工况下的联动功能

设备出现故障工况下,综合监控系统进入设备故障工作模式,涉及以下联动功能。
(1) 站台门发生故障时的联动。
(2) AFC 闸机发生故障时的联动。

2.5.1.4 后备功能

设置车站综合后备盘(integrated backup panel,IBP)的目的是在中央级或车站级综合监控系统发生故障时,保证车站具有紧急后备装置,以免影响安全。在每个车站的车站控制室内均设置综合后备盘,用以实现紧急情况下的手动后备操作控制。这些后备控制功能主要涉及以下方面。
(1) 信号系统的紧急停车、扣车和放行控制。
(2) 车站环控系统和隧道通风系统紧急情况下的模式控制。
(3) 紧急情况下,车站专用防排烟救灾设备的单点控制。
(4) 自动售检票系统的闸机解锁控制。
(5) 门禁系统门锁的解锁控制。
(6) 站台门系统的开关门控制。
(7) 防淹门系统的开关门控制。
(8) 自动扶梯的停机控制。
(9) 消防水泵的启停控制。
(10) 区间排水泵的紧急启停控制。
(11) 时钟显示。

2.5.1.5 辅助系统功能

1. 培训管理系统(training management system,TMS)

在车辆段综合监控系统的培训室内设置培训管理系统,目的是使学员处于模拟仿真的综合监控系统的操作环境中,对学员进行各种操作培训,包括仿真单点的设置、遥控、组控、模式控制等。培训管理系统按独立子系统设计,配置有独立的培训系统软件。

2. 软件测试平台(software test platform,STP)

在车辆段设置软件测试平台,可对整个综合监控系统的软件功能进行测试和修改,以满足综合监控系统的接口测试和软件安装测试及软件修改等需求。

3. 网络管理系统(network management system,NMS)

在中央级综合监控系统设置网络管理系统,配置相应的网管服务器和网管终端等设备,通过网络管理系统可对综合监控系统的网络进行灵活配置、对网络设备进行集中监管,并起到对外接入其他系统时的网关作用等。

4. 维护管理系统(maintenance management system,MMS)

在车辆段设置维护管理系统,配置相应的维护管理服务器,并在车辆段维修工区设置维护管理终端设备。维护管理系统主要针对综合监控系统、电力监控系统、环境与设备监控系统、站台门、火灾自动报警系统、门禁系统等系统的设备配置、监控、设备维修、网络管理、维护管理等,根据设备的运行状况对可能出现的设备故障作预防性的提示,提醒系统维护工程师及时地对相应的设备进行维护,以保障综合监控系统及其集成子系统运行的安全、可靠。

维护管理系统针对的设备主要如下。

(1) PSCADA 控制器及现场设备。

(2) BAS 控制器及现场设备。

(3) FAS 及气体灭火系统控制盘与现场设备。

(4) 站台门系统控制器及现场设备。

(5) 其他设备,如 UPS、大屏幕等。

(6) 网络硬件设备,如交换机等。

(7) 所有服务器、工作站、磁盘阵列、磁带机和打印机等。

(8) 前端处理器(front-end processor,FEP)。

(9) 门禁主控制器及就地控制器。

5. 隧道温度探测系统

南昌轨道交通 4 号线一期工程地下区间、折返线和停车线设隧道温度探测系统。隧道温度探测系统采用分布式光纤测温系统(distributed temperature sensor,DTS),能实时、有效地对地下车站区间隧道进行火灾探测。

分布式光纤测温系统由感温光纤终端机、感温光纤探测器及相关附件组成。

隧道温度探测系统可对地铁区间隧道的温度、火灾进行可靠的监控及预警、报警,以使地铁正常、有序地运营,尽可能将火灾消除在萌芽状态,减少或避免火灾造成的人员伤亡和财产损失。

2.5.2 系统方案与比选

2.5.2.1 集成范围方案与比选

综合监控系统通过对车站各相关机电系统进行集成和互联,实现信息互通和协调互动。

综合监控系统集成：综合监控系统取代了各接入子系统的监控层系统，各子系统的数据处理、监控功能、人机界面设置等均通过综合监控系统完成。集成的相关系统完全依赖综合监控系统实现各项监控和操作功能。

综合监控系统互联：综合监控系统与各子系统之间存在数据交换，但数据处理相对独立，各子系统具有独立的传输网络，是独立系统。综合监控系统与各子系统在不同的监控级别设计接口，交换必要的信息，实现联动等功能，互联的各子系统能脱离综合监控系统独立运行。

根据目前国内外城市轨道交通综合监控系统设置情况来看，虽然系统集成构成有较大的差异，但就集成范围来说主要有两种比较典型的系统集成模式：信号系统相对独立的综合监控系统集成模式和集成信号系统 ATS 的综合监控系统集成模式。

1. 方案一：信号系统相对独立的综合监控系统集成模式

目前国内已建成和正在建设的大多数综合监控系统都采用这种集成模式，该模式也是目前国内外采用得最多的一种方案。该方案构成示意图如图 2-25 所示。

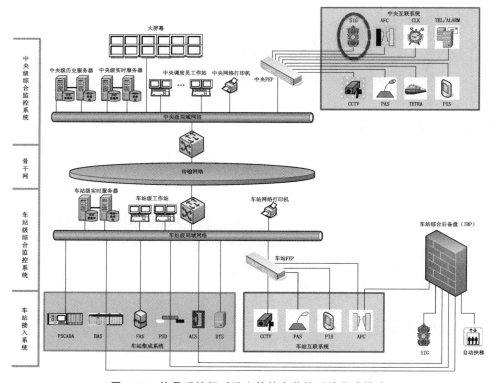

图 2-25　信号系统相对独立的综合监控系统集成模式

在该方案中,地铁最重要的系统——行车调度系统独立构建,而其他系统则在一个统一的平台上进行集成。综合监控系统可与变电所综合自动化系统、环境与设备监控系统、火灾自动报警系统、站台门等集成,与广播系统、闭路电视系统、乘客信息系统、信号系统、自动售检票系统、时钟系统等互联。在此模式下,综合监控系统与 ATS 分开,但通过通信接口与 ATS 进行信息交换,ATS 的必要信息全部接入综合监控系统。综合监控系统可利用这类信息实现必要的联动功能,基本满足运营管理的需要。这一做法与当前我国地铁管理实际相适应。

2. 方案二:集成信号系统 ATS 的综合监控系统集成模式

采用该集成模式的综合监控系统在国内外地铁建设中已有范例,例如新加坡地铁等。该方案构成示意图如图 2-26 所示。

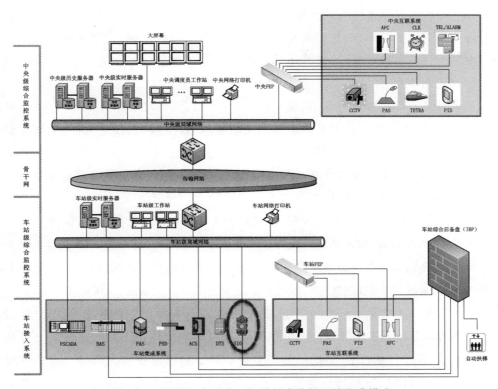

图 2-26　集成信号系统 ATS 的综合监控系统集成模式

该集成模式的特点是在方案一的基础上将信号系统的 ATS 也纳入综合监控系统的集成范围,ATS 原有上位机监控功能由综合监控系统来实现。车站信号系统轨旁设备和 ATP/ATO 控制设备独立构成一个相对完整的系统,信号系统车站控制器通过通信接口接入车站级综合监控系统。综合监控系统的监控管理范围加大,车站级和中央级综合监控系统成为车站和中央的全面管理中心,行调、环调、电调、值班调度等调度工作界面统一。集成信号系统 ATS 的综合监控系统能实现 ATS 原有的上位机的监控功能,主要包括监控列车位置信息、列车在轨道发生故障信息、列车到站和离站信息、列车门故障信息、站台门关闭预报警信息、信号系统设备的运作信息等;对列车日常运行进行管理,包括扣车、越站、退出服务和停运等;为列车日常运行提供辅助功能;通过决策支持系统发出决策控制命令等。

3. 方案比较

方案一可保证行车调度系统独立运行,不会因为集成平台出现问题而受影响。通信系统的 CCTV、广播、调度电话等数据信息独立传输,不影响数据通道的带宽。该方案是一种风险较小的集成方案,且与当前我国地铁管理实际相适应。

方案二可提高综合监控系统的集成度,使综合监控系统和信号系统能更加紧密有机地结合在一起并协调工作,运营管理人员只需通过统一的软硬件平台就可实现多个弱电系统原有的上位机监控功能,从而推动城市地铁的整体自动化水平迈上一个新的台阶,达到国际领先水平。

方案一和方案二在集成范围、实现功能、软件平台、调试难度等方面各有不同,集成信号系统 ATS 受到各城市轨道交通运营的实际需求、投资成本、技术水平、工程周期和工程难度等方面因素的影响,应根据线路的实际情况进行选择。根据目前南昌轨道交通的实际情况和国内外集成技术发展水平,总结出在城市轨道交通工程综合监控系统中集成信号系统 ATS 存在以下难点。

(1) 从技术水平和投资成本上来看,根据我国地铁国产化的发展水平,信号系统 ATS 的国产化尚需时日,具备 ATS 功能的国内软件平台还不成熟,而且具备 ATS 功能的国外软件平台种类也不多,潜在的集成商较少。因此,如果需要集成信号系统 ATS,则只能采用国外成熟的具备 ATS 功能的软件平台,这样会造成投资成本大大增加,性价比不高。

(2) 从工程实施难度上来看,由于集成 ATS 的前提条件是信号系统完全开放协议。目前几大信号系统的潜在供货商(例如西门子、阿尔卡特、阿尔斯通等)的通信协议基本都是专有协议,非国际或行业标准,一般不对外公开。目前潜在的几家综合监控系统软件集成商(例如 THALES 和新科电子等)也只是在之前国外的项目中与个别厂家的信号系统集成过,可能导致开发难度和现场调试难度增大,工程风险大为增加。

(3) 从工程周期控制上来看,根据国外潜在集成商的成功经验,如采用方案二,综合监控系统与信号系统的接口的开发量很大,占接口开发总量的 1/3～1/2,接口点为 5 万～6 万个(以新加坡地铁东北线为例),这样应用软件整体开发及调试周期必然较长,为 4～5 年(以新加坡地铁东北线为例)。而根据目前南昌地铁建设速度,工期安排很紧,一般要求集成商的软件开发及调试周期压缩到 3 年以内。软件开发周期与工期安排不适应会导致工程难度加大，若处理不好会对全线的正常开通造成一定影响。

（4）从地铁运营的实际需求上来看，方案二对运营管理人员的素质要求更高，而目前我国运营管理人员的水平与全能型操作员或跨专业操作员还存在一定的差距。通过控制中心的接口，综合监控系统与信号系统进行信息交换，ATS 的信息有选择性地接入综合监控系统，综合监控系统利用这类 ATS 信息可实现一些必要的联动功能，也可满足国内地铁运营管理的日常需要。在国内地铁项目的综合监控系统中集成信号系统 ATS 的必要性值得进一步研究探讨。目前暂不推荐采用集成信号系统 ATS 的综合监控系统集成模式。

信号系统相对独立的综合监控系统集成模式与集成信号系统 ATS 的综合监控系统集成模式的具体比较见表 2-7。

表 2-7　系统集成范围方案比选

比较内容	方案一：信号系统相对独立的综合监控系统集成模式	方案二：集成信号系统 ATS 的综合监控系统集成模式
集成范围	ATS 独立，系统集成范围适中	集成 ATS，系统集成范围较大
实现功能	实现除行车调度功能外运营管理所需的基本功能，功能满足运营的基本需要	在方案一的基础上，实现 ATS 行车调度功能，功能更加强大
软件平台	软件集成平台可采用国内或国外集成平台，可选集成商的范围广	软件集成平台主要为国外具备 ATS 功能的集成平台，可选集成商的范围窄
系统软件开发难度	分界面简单，易于实施；适合综合监控系统与各集成系统设备分开招标的情况；软件开发周期短，工程难度较低	在方案一的基础上还需要信号系统供货商开放专有通信协议，软件开发周期长，工程实施难度大
调试难度	由于环节较多，接口调试频繁，现场联调次数较多，调试周期较长	增加了与车站信号控制设备的接口调试，调试频繁、复杂，调试周期长
工程风险	保证行车调度系统独立运行，安全性高，各系统之间的界面清晰，工程实施风险小	在统一的软件平台上实现行车调度功能，安全性降低，工程实施风险高
总体投资	各系统部分网络设备和软件平台重复建设，总体投资较高	由于集成平台要具有 ATS 功能，软件开发周期长、调试时间长，整体造价相应提高，总体投资较高
结论	性价比较高	性价比一般

综上所述,考虑到系统的可实施性、实现的功能、工程风险、对运营的影响、工程投资等各方面的因素,暂推荐综合监控系统在集成范围上采用信号系统相对独立的集成模式。

2.5.2.2 集成互联系统接入方案与比选

1. 方案描述

基于目前国内轨道交通自动化系统的技术水平和实施经验,根据系统接口方式的不同,采用的方案主要分为以下三种。

（1）方案一:FEP隔离式接入方案。

该方案基于地铁中最重要的系统——行车调度系统独立构建,而其他系统在一个统一的平台上直接集成。综合监控系统通过FEP实现与PSCADA、BAS、FAS、ACS、DTS、PSD、PAS、CCTV、PIS、AFC和CLK的数据交换。国内外早期建设的地铁的综合系统皆采用FEP隔离式接入方案。典型工程实例为广州地铁3号线和4号线主控系统（即综合监控系统）等。FEP隔离式接入方案如图2-27所示。

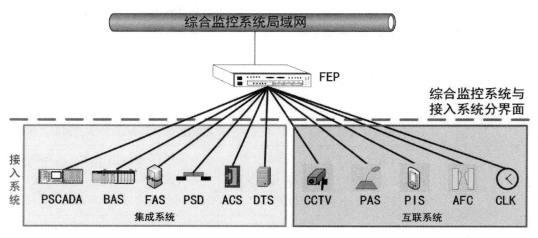

图2-27 FEP隔离式接入方案

（2）方案二:网络交换机无缝接入方案。

该方案基于地铁中最重要的系统——行车调度系统独立构建,而其他系统在一个统一的平台上直接集成。综合监控系统通过交换机实现与PSCADA、BAS、FAS、ACS、DTS、PSD、PAS、CCTV、PIS、AFC和CLK的数据通信,服务器实现数据的格式转换。各集成系统和互联系统均通过以太网接口直接接入综合监控系统局域网。部分设备需要进行接口转换,如CLK、PAS等。网络交换机无缝接入方案如图2-28所示。

（3）方案三:混合式接入方案。

该方案基于地铁中最重要的系统——行车调度系统独立构建,而其他系统在一个统

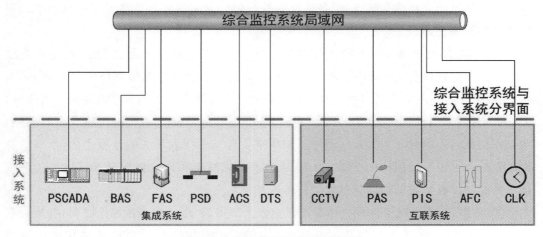

图 2-28　网络交换机无缝接入方案

一的平台上直接集成。综合监控系统通过交换机实现与 PSCADA、BAS、FAS、ACS、DTS、PSD、PAS、CCTV 等系统通信；集成系统共享网络资源。综合监控系统通过 FEP 实现与 PIS、AFC 和 CLK 的互联。混合式接入方案如图 2-29 所示。

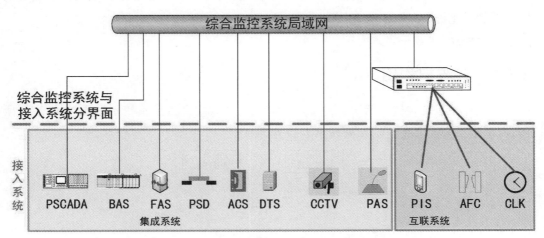

图 2-29　混合式接入方案

2. 方案比选

① 方案一：此方案中各个系统均通过 FEP 接入综合监控系统。FEP 采用嵌入式操作系统，并进行冗余配置。此种接入方案的实质就是将早期分立监控模式下各子系统的上下位机结构拆分成为两个独立的部分进行设计、实施和调试。其特点是在各站点将原来分立的各子系统分为两部分，上位机监控部分功能由综合监控系统来完成，下位控制器部分功能由各集成系统完成，建立在此结构上的综合监控系统通过 FEP 来实现与各接

入系统的数据通信和信息隔离,但是这样的系统划分方式将导致综合监控系统独享上层已搭建的网络资源。

② 方案二:此方案中各系统接口均采用以太网接口。接入综合监控系统时,各系统直接接入车站级综合监控系统交换机,同时,在车站级综合监控系统网络中仍设置 FEP,由 FEP 完成后台通信协议转换。其特点是在各站点将原来分立的各子系统分为两部分,上位机监控部分功能由综合监控系统来完成,下位控制器部分功能由各集成系统完成,建立在此结构上的综合监控系统通过交换机来实现与各接入系统的数据通信,所有信息传送到综合监控系统的车站 FEP,由 FEP 实现数据隔离和通信协议转换。这样的系统接入方式使得各系统都能享用综合监控系统的网络资源。

③ 方案三:此方案中各系统接口均采用以太网接口,接入综合监控系统时,各集成系统直接接入车站级综合监控系统交换机。同时,在车站级综合监控系统网中仍设置 FEP,由 FEP 负责通信处理,实现数据分类、重新打包的功能。其特点是采用透明接入集成模式的综合监控系统在接入方式上进行了优化设计,多个控制层设备(例如 PSCADA 控制器、BAS 控制器等)皆可直接连接到综合监控系统的站级局域网上,互联系统接入 FEP。这样的设计在简化网络层次的同时,还可满足相关子系统设备异地通信和远程访问等功能需求。

综上所述,推荐采用方案三。

2.5.3 系统架构图

综合监控系统构成示意图如图 2-30 所示,中央级综合监控系统示意图如图 2-31 所示,典型站综合监控系统示意图如图 2-32 所示。

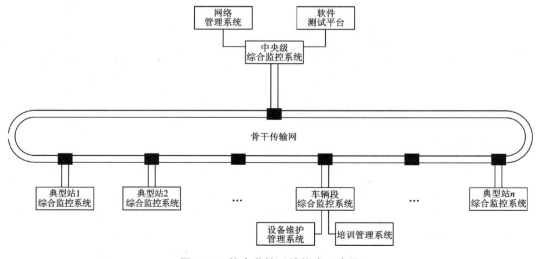

图 2-30 综合监控系统构成示意图

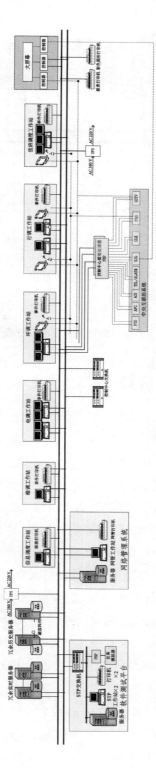

图2-31 中央级综合监控系统示意图

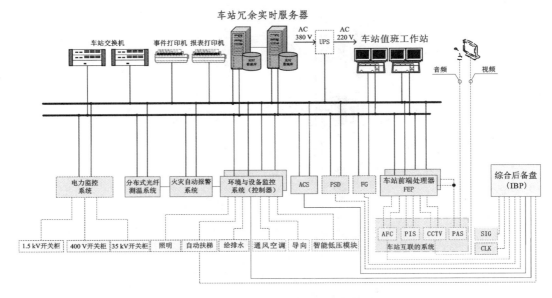

图 2-32 典型站综合监控系统示意图

2.5.4 综合监控系统发展趋势

传统的城市轨道交通综合监控系统围绕乘客服务、行车指挥、防灾和安全、设备监控和维护管理等进行设计，采用分层分布式体系结构，两级管理、三级控制运行方式。其特点是以建立统一的软硬件平台为基础，集成多个机电系统，与信号系统、AFC 等互联，实现资源共享、互联互通，为设备的集中管理和维护提供了较高的便利性。

近年来，云计算技术的快速发展为城市轨道交通综合监控系统整体性能飞跃提供了支撑点。广泛运用云计算、大数据、人工智能等新兴技术，构建一个自主可控、功能完备、技术领先、安全可靠、可持续发展的城轨云和大数据平台，形成城轨融合云平台是未来的发展趋势。云平台的建设将有助于城轨业务从粗放式、离散化的建设模式向集约化、整体化的可持续发展模式转变，可以从系统集成、运营管理、投资共享、高效运维的角度助力城轨智能化、智慧化发展。云平台通过重新划分资源和全局调度管理，为用户提供服务，能够根据工作负载动态调整资源。云化架构方案能降低综合监控系统业务对服务器硬件资源的耦合度，促使综合监控系统业务由传统的双机热备向集群分布式发展。同时，云化架构方案将各专业资源集中部署在控制中心，利用云计算技术实现服务器的虚拟化部署，从而提高设备的资源利用率，可在一定程度上节约硬件投资，并可根据实际使用情况，在后期进行云平台扩容，进一步实现资源复用。

未来城市轨道交通综合监控系统应进一步挖掘决策支持方面的潜力，利用视频分析自动触发突发事件的决策支持程序,将视频与事件、设备状态相结合;实现以开关站、巡站等场景为核心的站级智能监管。探索无人驾驶模式下综合监控系统的构建模式,实现以 ATS 为核心的深度集成。预测、分析客流,发挥综合监控系统在线网客流组织决策方面的作用。统计、分析设备能耗,调节环控模式,实现节能运行。同时,综合监控系统还为各专业机电设备的智能运维提供了数据支撑。

2.6 自动售检票系统

2.6.1 自动售检票系统定位、架构及功能

2.6.1.1 自动售检票系统定位

乘客乘坐轨道交通出行的过程包括进站、购票、检票、乘车和出站几个阶段,在这个过程中车票是乘客的乘车凭证,车票记载了乘客从购票到完成一次行程所产生的费用、花费的时间、乘车区间等信息。城市轨道交通自动售检票系统是围绕车票体系的发展,为售检票服务提供设备及后台支持的一整套系统的统称。

国内轨道交通运营初期采用纸质车票、单一票价、人工识别的方式。随着车票媒介的发展,轨道交通开始使用磁卡车票和 IC 卡车票,并采用计程、计时票价制。现如今,随着计算机、通信网络、自动控制等技术的发展,车票媒介更新换代,多采用非接触式 IC 卡、图像识别技术等。自动售检票系统是基于计算机、通信、网络、自动控制等技术,实现轨道交通售票、检票、计费、收费、统计、清算等全过程自动化的系统。

2.6.1.2 自动售检票系统架构

自动售检票系统自上而下可以分为五层:清分中心(AFC clearing center,ACC)、线路中央计算机(line central computer,LCC)系统、车站计算机(station computer,SC)系统、车站终端设备(station level equipment,SLE)、车票,如图 2-33 所示。

2.6.1.3 自动售检票系统功能

(1)第一层:清分中心的主要作用为实现轨道交通系统整个路网的互联互通、一票换乘;收集轨道交通系统全线网车票交易数据,进行线路之间的票款清分和客流统计;实现轨道交通系统的票卡发行和票卡管理;实现轨道交通系统新开通线路 AFC 系统与清分中心的接口管理。

(2)第二层:线路中央计算机系统的主要作用为采集、处理并存储本线路的售检票数据、设备状态数据和其他运营数据;接收从 ACC 下发的参数并向 ACC 上传本线路的运

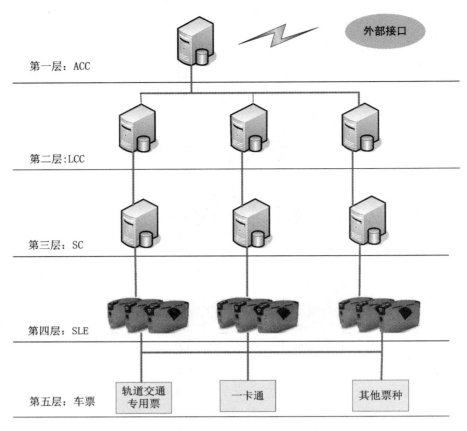

图 2-33　自动售检票系统五层架构示意图

营数据;监控本线路自动售票机设备的运行状态,根据需要向一个或者多个车站、单个或多个终端设备发送运营参数和设备控制指令。

(3) 第三层:车站计算机系统的主要作用为采集、处理并存储与车站票务相关的各类运营数据;接收从 LCC 下发的参数并向 LCC 上传本线路的运营数据;完成车站票卡和现金库存管理;监控车站自动售检票设备的运行状态,根据需要向单个或多个终端设备发送运营参数和设备控制指令。

(4) 第四层:车站终端设备主要包括自动售票机(ticket vending machine,TVM)、自动检票机(automatic gate machine,AGM)和半自动售票机(booking office machine,BOM),各设备主要功能如下。

① 自动售票机设置于车站非付费区,用于乘客自助式购买单程票。自动售票机支持硬币、纸币等支付方式,并在乘客购票操作时以硬币或纸币形式找零。

② 自动检票机布置于付费区与非付费区的交界处,可对各类车票进行读写操作和合

法性确认。入站时在车票上写入入站信息,出站时读取车票信息后回收车票或扣除车费、显示余额。地铁所采用的自动检票机大多为剪式回缩门式,分为进站检票机、出站检票机、双向检票机和宽通道检票机四种。

③ 半自动售票机设置于车站售票室或客服中心,其主要功能为:人工售票、补票、退票、车票充值、车票分析、车票处理等。BOM 可按照安装位置的不同采取不同的操作模式,如单独为非付费区服务的售票模式,单独为付费区服务的补票模式,兼顾非付费区及付费区的售票、补票兼顾模式等。

(5)第五层:车票。供乘客持有、使用的轨道交通专用票、市民卡、二维码电子票及其他票种统称为车票。车票是乘客乘车的凭证,记载了乘客从购票到完成一次行程所产生的费用、花费的时间、乘车区间等信息,与车站终端设备共同完成自动售票、检票的功能。如今地铁领域使用的车票主要为非接触式 IC 卡和二维码电子票。

2.6.2 主要设备选型及架构

2.6.2.1 线路中央计算机系统方案

线路中央计算机系统根据各地线网建设规划及资源共享方案,主要考虑两种方案。

1. 方案一:独立设置

各线路单独设置 AFC 线路中央计算机系统,分别实现线路 AFC 系统的运营和管理,线路中央计算机系统接入线网清分系统,如图 2-34 所示。

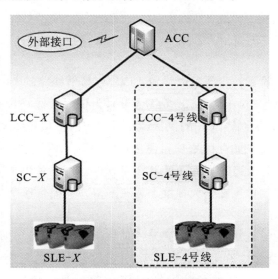

图 2-34 LCC 系统独立设置方案

2. 方案二：多线合设

绝大多数线网控制中心都采用合设模式，从资源共享等方面考虑，可对控制中心内规划的地铁线路的 AFC 线路中央计算机系统进行整体规划，选择有条件的线路的 AFC 系统设置多线路合设的线路中央计算机系统，并可由前期建设的线路搭建多线路合设的线路中央计算机系统，后期建设的线路直接接入。LCC 系统多线合设方案如图 2-35 所示。

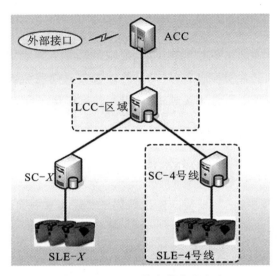

图 2-35　LCC 系统多线合设方案

3. 方案优劣势对比

（1）接口方面。

对于方案一（独立设置），由于独立设置 LCC，与其他线路的 LCC 分别接入 ACC，因此在线路级无任何接口。对于方案二（多线合设），为使后续线路设备可接入多线路合设 LCC 中，需由搭建多线路合设 LCC 的供货商提供相应的接口技术文件。同时，后续线路的设备状态、可控制项及初始化配置项目需由后续线路 AFC 系统供货商提供，以便搭建多线合设 LCC 的供货商改造数据库设计及应用软件。由于各供货商均有其长期习惯的设计思路和方法，接口的难度在很大程度上取决于双方的配合程度。

（2）工程适应性方面。

对于方案一（独立设置），各线路之间无任何关系，无任何接口协调工作，系统可以通过招投标方式获得较优的性价比。对于方案二（多线合设），由先建线路的供货商承担的工作无法通过招投标方式获得较优的性价比，只能通过谈判确定合同价，后建线路的车站设备可以通过招投标方式获得较优的性价比。另外，由于各线供货商可能不同，各方之间存在接口协调工作。

(3) 运营管理方面。

对于方案一(独立设置)，各线车站 AFC 系统均有各自独立的 LCC，且无数据交换，运营完全按照独立线路来管理，为之后各轨道交通线路的独立经营和管理创造了条件。对于方案二(多线合设)，车站 AFC 系统均接入一个多线合设的 LCC 中，方便总体运营和管理，但不利于各轨道交通线路的独立运营和管理。

(4) 工程投资方面。

对于方案一(独立设置)，需新建一套 LCC，软、硬件设备初期投资较高。对于方案二(多线合设)，由于可以利用多线合设的 LCC，各线初期投资较低，但由于存在不同供应商之间接口关系的处理等，加之后期接入时对前期搭建多线合设 LCC 的供货商的议价能力减弱，整体投资与方案一(独立设置)相比无明显优势。

(5) 实施难度及风险方面。

对于方案一(独立设置)，工程实施时对其他线路工程系统无任何影响，因此实施难度和风险较低。对于方案二(多线合设)，在后期线路接入时可能已有先建线路投入运营，后建线路接入时可能会对已运营线路产生一定的影响。

4. 南昌地铁的选择

通过以上比较，方案一(独立设置)和方案二(多线合设)各有优劣，南昌地铁 1 号线建设的时候，主要采用当时各城市地铁采用较多的独立设置方式，因此，在第一轮线网规划的线路内，基本上都沿用独立设置方式。未来，将根据实际线网规划、运营管理需求考虑采用多线合设方案。

2.6.2.2 车站设备组网方案

AFC 系统车站局域网一般有工业环形以太网和商业星形以太网两种可行的方案。

1. 方案一：工业环形以太网

工业环形以太网是将车站级的所有工业以太网交换机连接成一个完整的环形网络。这些工业以太网交换机根据 AFC 终端设备分布就地布置，各组车站终端设备通过通信线与就地的工业以太网交换机相连，如图 2-36 所示。

2. 方案二：商业星形以太网

商业星形以太网是按照车站终端设备的布置划分区域，通过 2 台或 2 台以上二层以太网交换机连接站厅 AFC 终端设备，二层以太网交换机再与 AFC 主交换机连接(车站计算机系统直接与主交换机相连)，由主交换机与通信传输网连接，如图 2-37 所示。

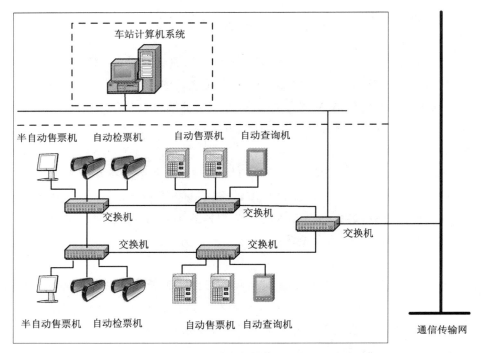

图 2-36　工业环形以太网车站设备组网方案

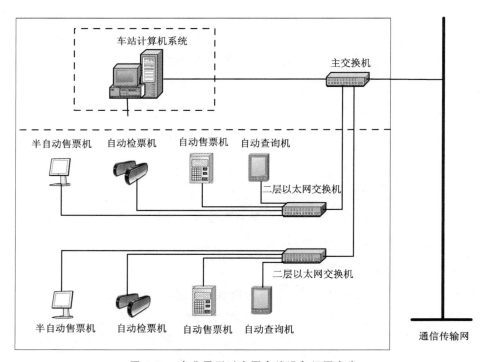

图 2-37　商业星形以太网车站设备组网方案

3. 方案优劣势对比

① 方案一（环形网络）。优点：可扩展性强；若环形网中出现一个断点，不会影响整个系统的运行，可靠性强；连线较少、较短，施工及安装相对简单，网络调试工作量小。缺点：用了较多工业以太网交换机，设备成本较高。

② 方案二（星形网络）。优点：交换机数量较少，成本较低。缺点：若其中一台二层以太网交换机与主交换机的连接发生故障，与其相连的所有 AFC 设备将不能与主交换机进行通信，影响范围较大；交换机与现场设备连线距离较长，通信易受干扰，网络调试工作量大；交换机和设备之间的连线较多，需要在地下铺设大量的管槽；现场设备扩展时（如需增加检票机），线缆走行距离较长，对系统影响较大，不容易扩展。

4. 南昌地铁的选择

通过以上比较，考虑到工业环形以太网可靠性强、施工简单、易维护、线缆行走距离短、发生故障时对系统影响小等优点，南昌地铁 AFC 系统车站设备组网方案采用方案一。

2.6.2.3 自动售票机选型

自动售票机选型要考虑如下因素：模块化设计，防静电设计，易于升级，具备安全性、可靠性、耐用性，操作简单、直观、人性化，能辨识多种纸币，并具有找零功能。

(1) 从操作形式角度分析，宜采用触摸屏型，在触摸屏上直接显示地铁线路图，乘客根据目的站来选择票价进行购票。触摸屏制式多样、技术复杂，是人机交互界面的特殊类型，推荐选用红外线扫描式触摸屏或表面声波式触摸屏。

(2) 从支付及找零方式角度分析，自动售票机的支付方式应满足绝大多数乘客的需求。大多数乘客习惯采用二维码支付，很少采用纸币、硬币支付，因此自动售票机均支持二维码支付，采用硬币、纸币组合找零方式，组合找零时的币种分配可由系统参数设置。

(3) 从售票机安装方案角度分析，可以采用嵌入式安装和离墙安装，分别如图 2-38 和图 2-39 所示。

① 嵌入式安装。优点：设备背后的维护通道直接通过管理区或设备区内部进入，提高了钱箱、票箱更换和维修的安全性。缺点：需要车站建筑提供相应的安装条件；需单独为维修通道设置配套的照明装置、空调等设施；产品设计应与土建、装修等专业紧密结合，充分考虑相互之间的约束关系。

② 离墙安装。优点：设备布置灵活，受车站建筑影响小；无须单独为维修通道设置照明装置、空调等设施；产品设计较为灵活，设备本身无须与土建、装修等专业接合。缺点：更换钱箱、票箱等时，设备暴露在公共区，存在一定的安全隐患。

图 2-38 嵌入式安装

图 2-39 离墙安装

南昌地铁 1 号线、2 号线采用的是离墙安装方式;在 3 号线、4 号线建设的时候,运营单位提出自动售票机采用封闭维修区域的形式,采用了嵌入式安装方案。

2.6.2.4 自动检票机选型

自动检票机按出入功能可分为进站检票机、出站检票机和双向检票机。双向检票机分为标准通道检票机和宽通道检票机两种。由于门式检票机使用方便、通过能力强、便于紧急疏散,目前国内轨道交通自动检票机通常选用门式检票机。门式检票机按开启方式可分为剪式扇门(图 2-40)和摆式扇门(图 2-41)。二者的对比见表 2-8。

图 2-40 剪式扇门

图 2-41 摆式扇门

表 2-8 剪式扇门与摆式扇门比较

比较项目	剪式扇门	摆式扇门	备注
通过能力	强	强	两种类型检票机均有非常强的通过能力,通过能力主要受车票检验设备的制约
设计可靠度	一般	好	剪式扇门结构相对复杂,故障率较高,机械寿命为 1000 万次;摆式扇门结构简单、可靠、机械寿命为 2000 万次
防止逃票的能力	强	较强	摆式扇门在物理结构、逃票间距、逃票识别、逃票警示、阻挡能力、安全性方面优于剪式扇门,整体防止逃票的能力强于剪式扇门
对乘客的安全性（最大打击力）	≤250 N	≤150 N	摆式扇门打击力更小
机箱宽度	280 mm	180 mm	摆式扇门安装占用空间小,外形相对美观
峰值功率	≤250 W	≤80 W	摆式扇门更加节能
采购成本	约 17000 元	约 27000 元	仅从模块角度考量,剪式扇门采购成本更低,摆式扇门价格较高。但由于闸机结构轻量化,从整机角度考量,摆式扇门总体费用比剪式扇门高约 10%

综合以上分析,门式检票机的人机界面较友好,便于乘客理解和接受,采用摆式扇门,除可满足基本运营要求外,还可以使得检票机结构紧凑、功耗更低、寿命更长。

2.6.2.5 读写器选型

非接触式 IC 卡读写器是线网 AFC 系统的重要部件之一,用于实现对票卡的读写,在轨道交通 AFC 系统的自动检票机、自动售票机、半自动售票机、自动查询机中大量使用。

城市轨道交通线网 AFC 系统通常由多家 AFC 系统集成商完成建设。在线网 AFC 系统建设中,各线路集成商对读写器与终端设备之间的接口定义和对票卡的处理方式可能存在不同。在此情况下,如需对票制、票价、票种进行调整,就必须依靠所有的集成商及配套设备供应商来实现,技术难度大,协调工作量巨大。集成商对线网 AFC 系统的制约力度较大。同时由于读写器由各集成商自行开发,ACC 系统不得不向各集成商公布密钥算法。随着线网规模的扩大,公开范围会更大。系统安全存在隐患,票卡很容易被复制。因此,很有必要进行线网非接触式 IC 卡读写器的统一。

目前轨道交通非接触式 IC 卡读写器有两种设计方案。

1. 方案一：票务处理流程软件与读写器分离

在该方案中，票务处理流程软件与读写器分离，部署于 AFC 系统终端设备工控机中，由工控机控制读写器对非接触式 IC 卡进行操作。

2. 方案二：票务处理流程软件内置于读写器

在该方案中，票务处理流程软件内置于读写器中，AFC 系统终端设备工控机只需发送业务操作命令（如进站、出站等），并接收读写器返回的处理结果，票务操作流程由读写器独立完成。

3. 方案优劣势分析

① 方案一。优势：开发流程简单，较为常见，读写器易于采购。劣势：随着轨道交通网络化建设的发展，该票务处理流程软件与读写器分离的缺陷日趋暴露，不能满足网络化运营的要求，如当票务处理流程软件升级时，需要对不同线路集成商的终端设备工控机进行测试、改造、升级；由于票务处理流程软件布置在终端设备工控机中，某些与票卡交易安全相关的敏感数据也需要保存在工控机中，存在一定的安全隐患；由于不同线路集成商在各自系统中编程形成票务处理流程软件，因此很难达到完全统一，影响线网不同线路的互联互通。

② 方案二：票务处理流程软件内置于读写器中，只接收终端设备工控机的票卡处理命令并返回票卡处理结果，无须与工控机频繁交换数据，与方案一相比，缩短了交易时间。其优势为：通过硬件装置实现对票卡处理这一核心业务的封装和固化，并实现票卡交易流程的统一管理和维护，确保不同线路 AFC 系统对核心业务处理的一致性，保证轨道交通技术规范的严格执行；票务处理流程软件置于读写器内部，与设备软件无关，当票卡处理业务发生变化时，可通过参数或票务处理流程软件程序的在线更新实现业务的处理，避免对设备软件的修改，降低了因票卡处理程序更新而带来的维护成本；将票卡数据结构、安全密钥、处理流程、交易数据生成、交易验证码计算、交易审计数据生成等处理过程封装在装置内部，避免敏感数据的外泄，有效地保护了轨道交通核心数据的安全；终端设备工控机将业务操作命令发至读写器，读写器对票卡处理完毕后，将交易结果发送至工控机，与方案一相比，减少了终端设备工控机与读写器的数据交互次数及交互量，提高了业务处理速度，保证了交易处理的完整性；作为独立的票卡读写设备，票务处理流程软件内置于读写器的非接触式 IC 卡读写器可以提供交易记录的日志文件，对交易数据进行审计，保证交易数据的安全。

4. 南昌地铁的选择

综上所述，南昌地铁所有线路非接触式 IC 卡读写器采用方案二。上述方案保证了轨道交通 AFC 系统密钥体系的封闭管理，使密钥体系得到足够的安全保证；保证了线网业务功能的一致性及各线路的互通性；减少了 AFC 系统集成商或分包商的开发工作量及降低了对开发人员配置的要求；保证了产品的通用性和可替代性；综合了降低建设及运营维护成本。

2.6.3　自动售检票系统发展趋势与思考

2.6.3.1　基于云平台的智慧城轨自动售检票系统

2020 年 3 月，中国城市轨道交通协会发布的《中国城市轨道交通智慧城轨发展纲要》，对乘客服务和售检票的智慧化提出更高的要求，提出到 2025 年实名制乘车、生物特征识别、无感支付、语音购票等普遍采用，各城市间乘车畅行无阻，智能票、检合一的新模式普遍应用。城轨云平台建设标准体系日臻完善、建设方案逐渐成熟，为 AFC 系统业务创新和架构优化提供了基础底座。

云计算（cloud computing）是一种按使用量付费的模式，这种模式提供可用的、便捷的、按需的网络访问，有可配置的计算资源共享池（资源包括网络、服务器、存储、应用软件、服务），这些资源能够被快速提供，只需进行很少的管理工作，或与服务供应商进行很少的交互。云平台可凭强大的运算能力做到集中处理，凭强大的网络能力做到运算能力输送，凭完备的虚拟化能力（软件能力）做到随需取用。

结合城轨云发展趋势，AFC 系统当前逐步向扁平化方向演进，正通过优化自动售检票系统架构，建立 MLC（multiple line center，多线路中心）直连车站终端设备，精简系统架构，提升系统运维效率。AFC 云架构发展趋势如图 2-42 所示。

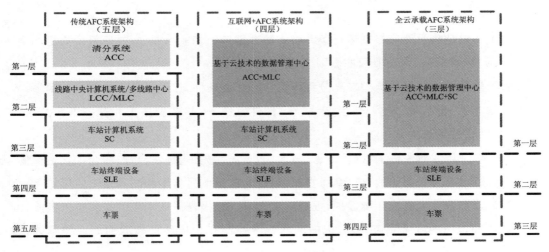

图 2-42　AFC 云架构发展趋势

2.6.3.2 南昌地铁的思考

AFC 系统区别于其他弱电系统的一个较明显的特质就是它是"天然的"线网级系统,一个站点的功能变化可能引起整个线网的变化。而且,AFC 系统是一个偏重业务的系统,软件层面的开发工作较多。结合升级改造当中的痛点,当前很多城市在考虑统一线网各线路 AFC 软件,包括底层读写器软件等各层级软件,以统一的标准进行全线网管理,而云方式是实现该功能较好的方式,且贴合城轨云发展的主流趋势。因此,南昌地铁在新一轮线路建设过程中,将重点考虑 AFC 的云架构方式,其核心是统一线网 AFC 系统各业务软件,将技术和流程掌握在自己手中,以便于维护升级,减少卡脖子痛点。

2.7 轨道系统

2.7.1 主要技术要求

2.7.1.1 设计原则

轨道是轨道交通运营的基础,直接承受列车荷载并引导列车运行,因此轨道设计应符合以下原则。

(1) 轨道结构方案满足本线工程近远期各线设计年限及输送能力的要求。

(2) 轨道结构应具有足够的强度、稳定性、耐久性和适量弹性,保证列车运行安全、平稳、快速和乘客舒适。

(3) 轨道结构设计应根据运行条件确定轨道整体结构的承载力,并应符合质量均衡、弹性连续、结构等强、合理匹配的原则。

(4) 轨道结构部件的选型应充分考虑既有段线路条件,在满足使用功能的前提下,应有利于少维修、标准化、系列化,且全线轨道部件宜统一,并减少施工和养护维修的工作量,延长轨道使用寿命。

(5) 应采用成熟先进的材料、工艺、技术,力求技术先进、经济合理、综合工程造价低。

(6) 轨道应具有良好的电气绝缘性能,以满足轨道信号传输和防杂散电流要求。

(7) 轨道设计应重视环境保护,根据环境影响评估报告采取相应的减振技术措施,满足沿线不同地段的减振降噪要求,把振动和噪声控制在相应环保标准的允许范围内,减少对周围环境的干扰。

2.7.1.2 主要技术参数

轨道主要几何技术参数包括轨距、轨底坡、曲线超高、轨道结构高度等,需根据车辆类型、设计速度及上述设计原则综合研究确定。

1. 轨距

标准轨距为 1435 mm,小半径曲线地段按表 2-9 加宽。

表 2-9　曲线地段轨距加宽值

曲线半径/m	加宽值/mm	轨距/mm
200≤R<250	—	1435
150≤R<200	5	1440
100≤R<150	10	1445

2. 钢轨

正线、配线、出入线采用 60 kg/m、U75V 普通热轧钢轨;$R \leqslant 400$ m 的曲线地段,采用热处理钢轨。

3. 轨底坡

采用 1/40 轨底坡,道岔及道岔间不足 50 m 的地段不设轨底坡。

4. 扣件

整体道床地段采用弹性分开式扣件,碎石道床地段采用弹性不分开式扣件。

5. 道岔

正线和配线采用 60 kg/m 钢轨、9 号曲线尖轨道岔,停车场采用 50 kg/m 钢轨、7 号单开道岔。

6. 道床

地下正线、配线及出入线 U 形结构地段均采用预应力长枕式整体道床。线路通过环境敏感点时,根据振动超标情况,采取相应的减振措施。

7. 轨枕铺设密度

轨枕铺设密度:正线及配线一般地段 1680 根/km;车场线 1440 根/km;出入线地面段 1680 根/km。

8. 曲线超高

超高值的计算：曲线地段的超高值根据列车通过曲线段的平均速度计算出该曲线的平衡超高（$h = 11.8V_c^2/R$）后，以尽量减小未被平衡的超高为目标，设置实设超高，降低轮轨磨耗，提高运营质量。

地下线隧道及 U 形槽整体道床曲线超高采用外轨抬高超高值的一半、内轨降低超高值一半的方法设置。车站站台计算长度范围内曲线超高不应超过 15 mm。正线曲线地段超高值应满足表 2-10 的规定。

表 2-10　曲线超高设置规定

类型	最大值
超高	120 mm
欠超高	61 mm，困难时 75 mm
超高顺坡率	一般 2‰，困难时 2.5‰

注：同一条曲线的超高设置方式应一致。

9. 轨道结构高度

综合考虑轨道自身及限界等方面的要求，全线不同地段的轨道结构高度可参考表 2-11、表 2-12。

表 2-11　正线及配线轨道结构高度

隧道类型		轨道类型	轨道结构高度/mm
地下线	矩形隧道	一般及中等减振地段	580
		高等减振地段	620
		特殊减振地段	820
	圆形隧道	一般及中等减振地段	780
		高等减振地段	780
		特殊减振地段	820

表 2-12　停车场轨道结构高度

地段类型		轨道结构高度/mm	备注
库外线一般地段		625	
库内线	一般整体道床	500	轨面下 500 mm,宽度 2200 mm 范围内由轨道专业设计
	立壁式检查坑整体道床	500	下部基础由结构专业设计,下部结构钢筋高出分界面 120 mm
	立柱式检查坑整体道床	187	立柱由结构专业设计,钢轨+扣件高 187 mm

注:立壁式、立柱式检查坑下部基础由结构专业设计,轨道结构高度即轨道与结构专业设计界面。

10. 线路类型

正线采用温度应力式区间无缝线路,出入线和车场库外线采用有缝线路。

2.7.1.3　南昌地铁既有轨道方案

南昌地铁既有轨道方案见表 2-13。

表 2-13　南昌地铁既有轨道方案

类别	1 号线	2 号线一期及南延线	3 号线	4 号线
标准轨距	1435 mm	1435 mm	1435 mm	1435 mm
钢轨型号及材质	正线:60 kg/m、U75V 车场线:50 kg/m、U71Mn	正线:60 kg/m、U75V 车场线:50 kg/m、U71Mn	正线:60 kg/m、U75V 车场线:50 kg/m、U71Mn	正线:60 kg/m、U75V 车场线:50 kg/m、U71Mn
扣件	正线:DZⅢ型扣件、双层非线性减振扣件 车场线:CZI 型扣件,弹条Ⅰ、Ⅱ型扣件	正线:弹条Ⅲ型分开式扣件、双层非线性减振扣件 车场线:弹条Ⅰ型扣件和弹条Ⅰ型分开式扣件	正线:DTⅢ2 型弹性分开式扣件、双层非线性减振扣件 车场线:弹条Ⅰ型扣件和 DJK5-1 型弹性分开式扣件	正线:DTⅢ2 型弹性分开式扣件、DTⅦ2 型弹性分开式扣件、双层非线性减振扣件 车场线:弹条Ⅰ型扣件和 DJK5-1 型弹性分开式扣件

续表

类别	1号线	2号线一期及南延线	3号线	4号线
线路类型	正线：按条件铺设无缝线路 车场线：有缝线路	正线：按条件铺设无缝线路 车场线：有缝线路	正线：按条件铺设无缝线路 车场线：有缝线路	正线：按条件铺设无缝线路 车场线：有缝线路 车辆段库内线、试车线：无缝线路
轨枕及道床	正线：长轨枕整体道床 车场线：库外碎石道床，库内整体道床	正线：长轨枕整体道床 车场线：库外碎石道床，库内整体道床	正线：长轨枕整体道床 车场线：库外碎石道床，库内整体道床	正线：地下长轨枕整体道床、高架短轨枕整体道床 车场线：库外碎石道床，库内整体道床
道岔及道床	正线：9号曲尖轨道岔，长轨枕整体道床 车场线：7号道岔，混凝土枕碎石道床	正线：9号曲尖轨道岔，长轨枕整体道床 车场线：7号道岔，混凝土枕碎石道床	正线：9号曲尖轨道岔，长轨枕整体道床 车场线：7号道岔，混凝土枕碎石道床；9号道岔，混凝土枕碎石道床	正线：9号曲尖轨道岔，长轨枕整体道床 车场线：7号道岔，混凝土枕碎石道床；9号道岔，混凝土枕碎石道床
减振措施	一般减振：DZⅢ型扣件 中等减振：双层非线性减振扣件 高等减振：中档钢弹簧浮置板、减振垫浮置板 特殊减振：高档钢弹簧浮置板	一般减振：弹条Ⅲ型分开式扣件 中等减振：双层非线性减振扣件（道岔区采用隔离式减振垫） 高等减振：中档钢弹簧浮置板 特殊减振：高档钢弹簧浮置板	一般减振：DTⅢ2型弹性分开式扣件 中等减振：双层非线性减振扣件 高等减振：中档钢弹簧浮置板、减振垫浮置板 特殊减振：高档钢弹簧浮置板	一般减振：DTⅢ2型弹性分开式扣件、DTⅦ2型弹性分开式扣件 中等减振：双层非线性减振扣件 高等减振：中档钢弹簧浮置板、梯形轨枕 特殊减振：高档钢弹簧浮置板

2.7.2 轨道形式选择

道床是轨道的基础,选择合理的道床结构形式是保持轨道结构稳定的前提,也是保证列车行车安全的关键。

目前铁路轨道主要分为有砟轨道(碎石道床)和无砟轨道(整体道床)。有砟轨道经过一百多年的发展,技术已较为成熟,其道床结构简单,弹性好,减振、降噪效果好,维修方便,造价相对较低。但轨道几何状态不易保持,道床本身容易变形和破损,后期养护维修工作量大。由于城市轨道交通只能利用夜间较短的休车时段维修,并且地下作业空间狭小,所以养护维修相对比较困难。

有关地下线的轨道结构选择,国内外已基本达成共识,即选用维修量少、轨道高度低,且结构整体性能好、稳定性好的无砟整体道床轨道,而不再选用维修量大、轨道结构高度高、整体性差的有砟碎石道床。目前,国内轨道交通地下线的整体道床形式一般有以下几种。

2.7.2.1 长枕式整体道床

长枕式整体道床是将预应力混凝土长轨枕埋在整体道床内,道床纵向钢筋贯穿轨枕,现场灌注混凝土形成的整体道床,如图2-43所示。长轨枕为预应力混凝土轨枕,在工厂预制,长度为2.1 m,轨枕混凝土强度为C60,道床混凝土强度为C40,纵向排水沟设在两侧。

图 2-43 长枕式整体道床

长枕式整体道床结构有以下特点。

(1)优点:①采用双侧水沟,与中心水沟式道床相比,长枕式整体道床整体性好;②长轨枕由工厂预制,制造精度较高,易于保持左右股钢轨的相对位置及轨底坡;③轨枕预留

5个圆孔,设纵向钢筋贯穿,增加了道床的稳定性,道床的整体强度大;④用轨排法施工,便于轨道几何尺寸的调整和铺设精度的提高,施工进度快;⑤施工精度高,可降低运营后的养护工作量。

(2) 缺点:造价略高,混凝土长轨枕一般为预应力结构,目前的发展趋势是采用普通钢筋混凝土结构,造价有所降低。每根预应力混凝土长轨枕的造价约为一对普通钢筋混凝土短轨枕的 1.3 倍。

由于长枕式整体道床便于施工调整、施工速度较快、易于保证施工精度等,国内地铁有扩大应用的趋势,目前上海、广州、苏州等城市的新建轨道交通线路,以及南昌 2、3、4 号线均采用长枕式整体道床。

2.7.2.2 短枕式整体道床

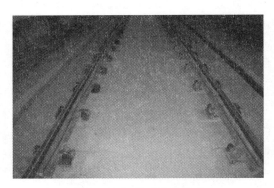

图 2-44 短枕式整体道床

短枕式整体道床实际上是在原无枕整体灌注式道床基础上改良的一种整体道床结构,为方便施工及保证施工精度,它将预制好的短轨枕埋入混凝土整体道床内,形成一个整体结构,如图 2-44 所示。短轨枕在工厂或基地预制,不设轨底坡,混凝土强度等级为 C50,底部外露钢筋钩,以加强与现浇道床混凝土的连接,道床表面设有 3% 的横向排水坡度。

短枕式整体道床具有以下的特点。

(1) 优点:①结构简单,技术成熟;②短轨枕采用非预应力钢筋混凝土结构,可在工厂或基地预制,价格较低;短轨枕底部外露钢筋,便于加强与道床的连接;③道床可采用中心或双侧排水沟,排水沟设置的灵活性对道床排水布置有利,便于轨道系统设计;④便于道岔区轨道结构设计和施工,有利于全线轨道结构形式的统一。

(2) 缺点:短枕式整体道床轨排调整较困难,轨底坡较难保证,相对于长枕式整体道床,其施工精度略差、进度慢。

2.7.2.3 无枕式整体道床

无枕式整体道床又称直联式整体道床,其结构简单,轨道高度低。无枕式整体道床采用 C40 混凝土现场直接浇筑,自下而上施工,设置中心水沟排水,轨底坡设在道床表面,轨道高度低,如图 2-45 所示。由于现场施工作业多,进度慢,目前无枕式整体道床多用于个别土建超限地段,在地铁的其他地段较少采用。

2.7.2.4 双块式整体道床

双块式整体道床由钢轨、分开式扣件、C50 双块式轨枕、C40 混凝土道床组成,如图 2-46 所示。

图 2-45　无枕式整体道床

图 2-46　双块式整体道床

双块式整体道床有以下特点。

(1) 优点:①轨枕采用简易钢筋桁架连接两个短枕块,质量轻,每根轨枕的质量仅 120 kg,方便制造和运输;②双块式轨枕兼具预应力长轨枕的施工优势,即施工时,一旦组成轨排,轨距及轨底坡就被确定,无须进行调整,现场施工速度快;③双块式轨枕外露的钢筋桁架与现场浇筑的混凝土牢固结合,增加了道床板的整体性,避免了预应力长轨枕存在的与现浇混凝土道床结合差的缺陷。

(2) 缺点:双块式整体道床短枕块下的钢筋桁架须由专业工厂焊接,精度要求高,造价高。目前大多用于国内外客运专线和高速铁路的无砟轨道。

2.7.2.5 预制板式整体道床

预制板式整体道床是在高速铁路板式轨道的基础上研发的适用于城市轨道交通的整体道床,是满足列车运营安全、平顺、稳定及设计美观等要求的新型轨道结构形式,可以极大提高城市轨道交通工程轨道的铺设质量,如图 2-47、图 2-48 所示。该轨道结构自上而下依次为:钢轨、扣件、预制轨道板、调整层、底座等。预制板式整体道床具有施工进度快、轨道板定位精度高、现场施工简单、养护及维修更换便捷等优点。

轨道板为预制混凝土结构,板底预留连接钢筋,轨道板下灌注自密实混凝土,通过轨道板与自密实混凝土之间的黏结作用以及连接钢筋的抗剪作用限制轨道板纵横向位移;底座上表面设置限位凹槽,与灌注自密实混凝土形成的凸台咬合实现上部结构限位;底座顶面设置隔离层,协调层间变形;凹槽周围设置弹性缓冲垫层。预制板式整体道床已

图 2-47 洞内拼装预制轨道板　　　　图 2-48 预制板式整体道床

在上海地铁 12 号线、上海地铁 9 号线三期、深圳地铁 7 号线等线路铺设完成,应用效果较好。

2.7.2.6 方案对比

由于无枕式整体道床施工较复杂、进度慢,双块式整体道床短枕块下的钢筋桁架需专业工厂焊接、精度要求高、造价高,预制板式整体道床施工进度慢、造价高,三者均不作推荐。下面仅对长枕式整体道床和短枕式整体道床进行对比(表 2-14)。

表 2-14　地下正线长枕式与短枕式整体道床方案比较

项目	C50 钢筋混凝土短轨枕	C60 预应力混凝土长轨枕
轨枕形式	C50 钢筋混凝土; 轨枕下部伸出钢筋与道床连接	C60 预应力混凝土; 轨枕预留 $\phi50$ 纵向孔,供道床钢筋穿过
结构性能	道床整体性相对较差,尤其是采用中心排水沟时,因水沟部分道床较薄,道床结构整体性更差	横向通长的长枕,可大大提高道床横向刚度,有利于抑制隧道仰拱变形
道床排水	可设中心排水沟,也可设两侧排水沟; 在高等、特殊减振地段采用浮置板式轨道结构时,排水沟过渡方便	设两侧排水沟; 当排水沟由高等、特殊减振地段向普通地段过渡时,需采用特殊设计,必要时采用短轨枕过渡
	当隧道结构出现渗水现象时,设中间排水沟的道床面易产生碳酸钙沉淀,导致道床面脏污、打滑,不利于检修人员行走;中间排水沟需加盖板,否则影响疏通; 因此,中间排水沟实际上没有优势,两种道床方案在道床排水方面无明显差异	

续表

项目	C50 钢筋混凝土短轨枕	C60 预应力混凝土长轨枕
可施工性	轨排架较复杂； 需同时控制两根轨枕的轨底坡、超高； 施工精度较难控制，导致后期养护维修工作量较大	只需调整超高，施工精度易控制； 纵向钢筋可在轨排组装时预先装好； 纵向穿筋孔混凝土密实度难保证，新旧混凝土接触面多，但不影响轨道结构
可维修性	可只更换一侧轨枕	需抬起 2 根钢轨进行抽换
	轨枕的寿命相对较长，轨枕更换不频繁； 更换时均必须凿开道床混凝土，凿开半边道床混凝土的方式欠合理，实际上两种道床方案的可维修性差不多	
经济性	相较于短枕式整体道床，单线长枕式整体道床每千米造价仅高约 8 万元； 轨枕价格增加额约占轨道造价的 1%	
应用情况	北京、上海地铁的早期线路； 广州地铁 1、2、3 号线； 深圳地铁早期线路； 长沙地铁 1、2 号线	上海、广州地铁近期线路； 深圳地铁 9 号线、南京地铁 6 号线； 苏州、无锡、东莞地铁各线； 长沙地铁 3、4、5、6 号线

综上所述，虽然从经济角度上看，长枕式整体道床的投资比短枕式整体道床稍有增加，但其在提高轨道施工精度、加快施工进度方面优势明显，得到了诸多运营部门的认可，也在近期轨道交通轨道选型时得到推广应用。

2.7.3 轨道减振形式及发展

2.7.3.1 轨道减振降噪设计原则

（1）线路越出城市规划道路红线范围时，对穿越及紧邻建筑物根据振动预测采取有效、合理的减振措施，并留有适当的余量。

（2）进行综合经济比较分析，充分考虑地铁轨道减振设计情况及轨道结构养护维修条件，尽量减少轨道减振类型。

（3）根据线路与建筑物关系、环评要求及环评预测超标量，采取不同级别的减振措施，把全线分为三个级别的减振地段：中等减振地段、高等减振地段、特殊减振地段。

（4）减振轨道结构满足相应地段的限界要求，排水设施与全线排水系统贯通。

（5）在环评要求的基础上，根据线路的调整情况按照环评报告中的减振设计原则动态调整减振等级。

2.7.3.2 常用的轨道减振措施

根据国内地铁轨道减振产品现状、相关单位测试成果及各城市地铁工程设计经验，国内轨道分级减振工程措施见表 2-15。

表 2-15 国内轨道分级减振工程措施

减振等级	中等减振	高等减振	特殊减振
扣件类减振措施	Lord 扣件、轨道减振器扣件、双层非线性减振扣件	Vanguard 扣件	—
道床类减振措施	弹性短轨枕	梯形（纵向）轨枕、隔离式减振垫浮置板、中档钢弹簧浮置板	高档钢弹簧浮置板

2.7.3.3 轨道综合减振降噪措施

轨道专业针对轨道的振动源和振动路径采取减振、隔振及降噪措施，可使列车在运行中产生的振动及噪声得到有效控制，采取的综合措施如下。

(1) 正线铺设无缝线路。

(2) 采用耐磨钢轨并定期对钢轨顶面进行打磨，使轨面平顺，轮轨接触良好，减少振动和噪声。

(3) 在一般地段与高等减振或特殊减振地段之间设置过渡段。

(4) 在 $R \leqslant 400$ m 的曲线地段外股钢轨侧面安装自动涂油器。

(5) 严格控制轨道设备（如扣件、道岔等）的制造公差。

(6) 制定并严格执行施工技术标准，确保轨道质量优良。

(7) 开通前进行动态轨检、精调及预防性钢轨打磨。

(8) 运营期间，对轨道进行经常性的养护维修。

2.7.3.4 轨道结构分级减振工程措施

1. 一般减振措施

(1) 采用 60 kg/m 的重型钢轨无缝线路。

(2) 整体道床地段采用弹性分开式扣件。

2. 中等减振措施

中等减振措施一般采用下列三种扣件。

(1) 轨道减振器扣件。

轨道减振器扣件又称科隆蛋，为弹性分开式、无挡肩减振扣件，如图 2-49 所示。此减振器是将承轨板、底座与橡胶硫化为整体，承轨板与底座的连接面均设计了一定的倾斜度，利用橡胶的剪切变形能力达到降低扣件刚度的目标。

早期广州和上海地铁经多年运营，使用的国产第一代减振器因橡胶配方、制造工艺等原因，减振性能有较大衰减。目前第二代轨道减振器扣件的材料及橡胶配方改进较大，减振性能控制

图 2-49　轨道减振器扣件

得较好，铺设和养护维修也方便。有关资料表明，轨道减振器扣件较一般整体道床轨道可减振 8～10 dB。这种扣件在北京、上海、苏州、无锡、长沙等地的地铁工程中得到应用。

(2) 双层非线性减振扣件。

双层非线性减振扣件采用分离式结构设计，由轨下橡胶垫板、上铁垫板、中间橡胶垫板、下铁垫板和自锁机构等组成，利用两层低刚度橡胶垫板的压缩变形降低扣件刚度，实现减振。

第一代双层非线性减振扣件（图 2-50）采用下部耦合结构，更换中间胶垫时需破坏限位尼龙套，采用专用工具将上下层铁垫板重新组装在一起，必须在基地维修。

新型双层非线性减振扣件（图 2-51）将自锁装置改为上部自锁，将自锁钩放置在下铁垫板，优化了锁紧扣设计，可现场拆卸组装。调距盖板锯齿部分直接扣压在下铁垫板上，同时外圈无锯齿部分用于扣压锁紧扣，若发生中间橡胶垫离缝现象，可在调距盖板无锯齿部分加调整片。

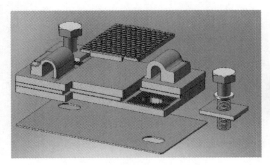

图 2-50　第一代双层非线性减振扣件

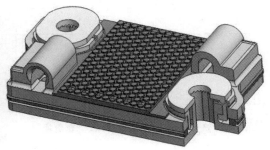

图 2-51　新型双层非线性减振扣件

该扣件减振效果约 8 dB。目前该类扣件已在上海地铁 3、4、6 号线及广州、成都、深

圳等城市的地铁工程中应用。

(3) Lord 扣件。

Lord 扣件(图 2-52)是由洛得公司开发的一种扣件,其主要特点是将承轨板、带孔橡胶和底板硫化为整体,与轨道减振器扣件不同的是,它利用橡胶孔的变形进行减振。这种扣件在近年的使用过程中性能较稳定,未发现明显的问题。

(4) 方案对比。

对上述三种减振扣件进行技术、经济指标对比,见表 2-16。

图 2-52 Lord 扣件

表 2-16 中等减振扣件技术对比表

扣件类型	轨道减振器扣件	双层非线性减振扣件	Lord 扣件
道床类型	普通整体道床	普通整体道床	普通整体道床
结构特点	用橡胶把椭圆锥形内外圈硫化在一起,利用橡胶剪切变形来减振	分离式结构,利用双层非线性弹性垫板减振	利用橡胶压缩变形进行减振
扣件总高度/mm	67~90	58	42
调高量/mm	0~20	0~20	0~20
轨距调整量/mm	-16~14	-18~14	-12.5~12.5
绝缘电阻/Ω	>108	>108	>108
静刚度/(kN/mm)	8~14	10~14	15~23
动静刚度比	<1.2	<1.3	<1.4
减振效果/dB	8~10	约 8	约 6
互换性	钉孔距及扣件高度与普通扣件相同,可直接互换	钉孔距与普通扣件相同,可直接互换	钉孔距大于普通扣件,无法实现互换
可维修性	失效后需全套更换	橡胶垫失效后,可在基地单独更换橡胶垫	橡胶失效后需全套更换
使用情况	上海、北京、广州等城市的轨道交通项目	上海、广州、深圳、东莞、重庆等城市的轨道交通项目	广州、北京、上海、深圳、南京、苏州、无锡等城市的轨道交通项目

3. 高等减振措施

高等减振措施一般包括以下技术措施。

(1) Vanguard 扣件。

Vanguard 扣件(图 2-53)又称先锋扣件,是英国 PANDROL 公司开发的一种低刚度减振弹性扣件,通过在轨腰设置弹性支撑块固定钢轨几何状态,使钢轨悬浮于轨下基础上。Vanguard 扣件的刚度设计得很低(7～10 kN/mm),允许钢轨产生较大的竖向位移(3～4.5 mm),以较低的轨道结构高度实现较好的减振降噪效果。

Vanguard 扣件为 PANDROL 公司的专利产品。据运营部门反馈,该扣件形体较大,扣件之间净距小,安装标准钢轨急救器较困难;扣件安装需采用专用配套设备,养护维修时调整轨道几何形位时工效较低;采用该扣件的地段易出现啸叫声。但该扣件结构高度低、减振性能好,主要适用于既有轨道交通改造工程。

(2) 隔离式减振垫浮置板。

隔离式减振垫浮置板(图 2-54)的减振原理是通过在整体道床下及两侧满铺橡胶隔振垫来与道床板形成质量弹簧系统,提高系统参振质量,从而起到减振效果,其结构自振频率为 8～14 Hz。

图 2-53　Vanguard 扣件

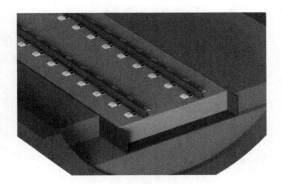

图 2-54　隔离式减振垫浮置板

隔离式减振垫浮置板在欧洲有成功应用的案例,国内在成灌线高架以及深圳地铁蛇口西停车场地面线、2 号线西延线、5 号线等项目中已经铺设并应用,在杭州地铁 1 号线地下、高架线均有敷设,实测效果良好。

隔离式减振垫浮置板轨道属于质量-弹簧系统,其减振性能有保证,但是由于隔振垫更换比较困难,对橡胶垫的寿命要求较高,需加强橡胶垫的质量控制。根据深圳地铁公司实测,其减振性能可达到 10～18 dB,造价适中,综合性价比较高。

(3) 梯形轨枕。

梯形轨枕(图 2-55)是一种预制钢筋混凝土纵梁支撑轨道结构,由预应力混凝土纵向长梁和钢轨形成复合轨道,两个纵向长梁中间用钢管连接形成框架,在预应力混凝土纵向长梁下设置弹性聚氨酯高弹支垫,使其浮于混凝土基础之上。梯形轨枕轨道是一种轻型化的浮置板轨道结构。

图 2-55 梯形轨枕

梯形轨枕纵横向刚度较大,稳定性好;弹性垫层更换方便;铺设速度快、精度高;水沟便于检查、清理。北京、上海等城市的地铁大量采用了该结构。

传统梯形轨枕轨道的曲线地段以直代曲,小半径地段曲线矢度稍差,目前,优化后的梯形轨枕性能得到了提升,例如小半径地段采用专用扣件,优化了曲线矢度,提高了轨道平顺性;增大轨枕截面以降低固有频率,提高了减振性能;设置了承轨台并改进了施工工艺等。

(4) 中档钢弹簧浮置板。

中档钢弹簧浮置板(图 2-56)是将浮置板置于螺旋钢弹簧隔振阻尼器上,采用固体阻尼,浮置板的质量设计得越大,减振性能越好,减振效果为 $10 \sim 18$ dB,低频段减振效果更明显。

其减振原理和结构形式与现在已经在特殊减振地段广泛使用的高档钢弹簧浮置板相同,同属于质量-弹簧系统。钢弹簧浮置板道床维修更换方便,更换隔振阻尼器无须动用大型设备,不影响行车,适用于各种隧道结构。隔振阻尼器使用寿命长,可中置、也可侧置,但其造价较高。

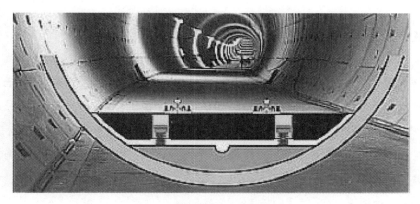

图 2-56 中档钢弹簧浮置板

(5) 方案对比。

对上述四种高等减振技术措施进行对比,见表 2-17。

表 2-17 高等减振技术措施比较

项目	Vanguard 扣件	隔离式减振垫浮置板	梯形轨枕	中档钢弹簧浮置板
减振效果/dB	10~15	10~18	10~15	10~18
施工速度/m	75	50	50	50
单线每千米增加造价/万元	400	700	700	800
优点	安装更换方便,适用于既有线路改造	施工方便、减振效果好、性价比高	弹性垫板更换方便,水沟便于检查、清理	减振效果好,便于维修
缺点	钢轨动态下沉量大,啸叫声较明显,钢轨急救器安装困难	须严格控制道床垫质量,排水困难	属于轻型质量-弹簧系统,减振效果略差	排水困难,轨道结构高度较大,价格高
应用	广州、北京、南京等城市的轨道交通项目	深圳、杭州、宁波、南昌、长沙、重庆、福州等城市的轨道交通项目	北京、上海、深圳、广州等城市的轨道交通项目	国内大部分城市的轨道交通项目

从上述对比可见，Vanguard 扣件安装维修方便，但因钢轨动态下沉量大，钢轨振动大，带来车内噪声、钢轨磨耗、动弯应力较大等一系列问题。隔离式减振垫浮置板道床为道床下减振，属于质量-弹簧系统，安全性及减振性与钢弹簧浮置板接近，其施工方便快速，尤其适用于道岔区，不影响过轨管线，但道床垫更换困难，须严格控制产品质量。梯形轨枕弹性垫板更换方便，水沟便于检查、清理。中档钢弹簧浮置板属于道床下减振的类型，减振效果较好，可维修性强，性能稳定，但水沟不易检测、清理，对盾构施工精度要求高，造价较高。

4. 特殊减振措施

特殊减振措施目前仅有高档钢弹簧浮置板轨道结构，它将浮置板置于螺旋钢弹簧隔振阻尼器上。隔振系统是一个质量-弹簧系统，其参振质量越大、弹性越高，隔振效果就越好。因此，可以增大振动体的振动质量和增加振动体的弹性，利用惯性力吸收冲击荷载，从而起到隔振作用。钢弹簧浮置板可以提供足够的惯性质量来抵消车辆产生的动荷载，只有静荷载和少量残余动荷载会通过弹性组件传到基础结构上。此系统阻尼性能好，可消除固体声，自振频率可设计得更低（5～8 Hz），减振性能好，可减振 20 dB 以上，低频段减振效果明显；结构比较简单，没有橡胶垫老化问题，弹簧使用寿命很长，可达 50 年；目前已形成较完整的施工及维修方案，如若损坏，更换也较方便，可维修性强。高档钢弹簧浮置板轨道结构的缺点是造价昂贵；施工工艺和精度要求很高；水沟设置和排水方案设计困难。高档钢弹簧浮置板轨道结构只适合用于对减振有特殊要求的特别敏感点。

2.8 场段系统

2.8.1 南昌地铁现有场段概况

车辆基地主要包括车辆段（停车场）、综合维修中心、物资总库、培训中心，以及其他生产、生活、办公等配套设施。其中车辆段（停车场）主要是负责地铁车辆的停放、清洁、维护、检修；综合维修中心主要是负责地铁建（构）筑物和设备系统的管理、维护、检修。

目前南昌地铁已开通运营场段主要为 1 号线瑶湖定修段、蛟桥停车场，2 号线生米南车辆综合基地，3 号线莲塘车辆段、高新停车场，在建场段有 4 号线望城车辆段（大架修车辆段)和高新停车场,各线路场段分布示意图如图 2-57 所示。

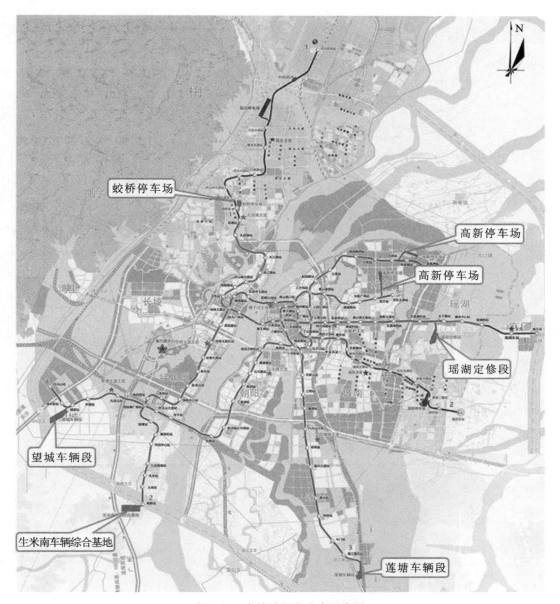

图 2-57 各线路场段分布示意图

2.8.2 既有线路和在建场段规模

1号线瑶湖定修段位于线路东端,在艾溪湖东站(原紫阳大道站)双线接轨。车辆段布置在紫阳大道以南、尤氨公路西侧,氨厂家属区北侧地块内。车辆段总用地面积约 23.60 hm²。

1号线蛟桥停车场位于线路西端,在一期工程终点站双港站双线接轨,场址地处南昌经济技术开发区,位于 105 国道以东、双港东大街以北的地块内。停车场总用地面积约 13.27 hm²。

2号线生米南车辆综合基地位于线路南端南路村站附近,西环货运铁路线北侧,国体大道西侧地块内,与轨道交通 2 号线南路村站双线接轨,占地面积约 51 hm²。

3号线莲塘车辆段位于南昌市南昌县银三角区域,用地位于向塘北大道以东,铁路公安学校以北,京九铁路以西的地块内。车辆段用地呈刀状,南北长约 1373 m,东西宽约 240 m,总占地面积约为 17.8 hm²。

3号线高新停车场位于南昌市青山湖区,用地位于高新大道以东,火炬三路以北,高新五路以西的地块内,地块为江铜集团二期工程建设用地,其北侧为江铜集团一期用地。停车场用地呈南北向的长条形,南北长约 706 m,东西宽约 146 m,占地面积约 6.9 hm²。

4号线望城车辆段位于南昌市九龙湖片区,地块位于绕城高速及铁路西环线以东,在建龙兴大街(原希望大道)以南,规划杨岐山大道以西的地块内。车辆段用地呈西南—东北向的长方形,东西长 1260～1380 m,南北宽约 368m,总占地面积约 23.86 hm²。

4号线高新停车场位于南昌市艾溪湖周边地区,位于灰场路以东,火炬六路以南,规划吴公庙路以西,规划四路以北的地块内。停车场用地呈西北—东南向的长条形,东西长 410～1020 m,南北宽 120～190 m,总占地面积约 15.98 hm²。

各条线路场段基地功能定位及设计规模见表 2-18。

表 2-18 各条线路场段基地功能定位及设计规模

线路	场段	功能定位	用地面积/hm²	设计规模(列位)/个				建设状态
				停车列检	周月检	定临修	大架修	
1号线	瑶湖定修段	1号线定修段	23.60	24	3	3	—	已建成
1号线	蛟桥停车场	1号线停车场	13.27	28	2	—	—	已建成
2号线	生米南车辆综合基地	1、2号线大架修段	51	48	4	3	3	已建成
3号线	莲塘车辆段	3号线定修段	17.8	32	4	2		已建成
3号线	高新停车场	3号线停车场	6.9	16	—			已建成
4号线	望城车辆段	3、4、5号线大架修段	23.8	32	4	3	5	在建
4号线	高新停车场	4号线停车场	15.9	40	2	1		在建

2.8.3 主要系统设备概况

2.8.3.1 车辆工艺设备

1. 工艺设备概况

车辆段工艺设备种类繁多,根据各场段规模,设备总投资概算为 0.3 亿~1.5 亿元,各场段工艺设备主要类别见表 2-19。

表 2-19　各场段工艺设备主要类别

序号	类别	备注
1	轮对及受电弓在线检测系统	—
2	不落轮镟床	含公铁两用车
3	内燃机车类	包含大型工程车、调机车、轨道车、平板车、平板吊车等
4	架车机、转盘、移车台类	—
5	自动化立体材料仓储设备	包含重型货架
6	列车自动清洗机	包含淋雨试验装置
7	车辆检修类设备	含工作台架、空压机、运输车、车辆通用检修工具、蓄电池检修设备、通用仪器仪表及试验台、救援设备、工建及机电类设备
8	大架修类	车辆大架修类设备
9	接触网工程车类	接触网放线作业车、接触网检修作业车、刚性接触网作业专用平板车

上述 9 大类设备主要由建设部门按照上述类别进行分包招标,部分与土建直接相关的设备(如蹬车梯、检修平台、起重机等)放在土建总承包中实施,以便于降低成本,进行风险管控、接口管理和设备产品质量把控。

由于工艺设备技术差异悬殊,潜在供货商较多,设备招标工作量大,周期较长,为了经济、合理地使用建设资金,高效利用采购资源,招标采购工作应总体策划,建立符合工程特点的规范运作模式,同时根据工程节点、检修修程、采购周期等特点进行分批采购。

2. 关键工艺设备类别及设备选型

结合南昌地铁各线运营经验,参考国内各地铁使用情况,总结了有关工艺设备选型要点,具体如下:

（1）不同于国内大部分城市整体采用钢结构形式检修平台，南昌地铁既有及在建线路均采用钢筋混凝土结构检修平台，并由土建总承包实施，造价相对较低，节省了工程投资，后期维护简单。在严控施工质量的前提下，检修平台能较好地满足运营人员检修需求。

（2）参考国内动车及地铁的使用情况，转向架清洗主要采用清洗机自动清洗或人工清洗两种方式。结合南昌地铁运营要求，2号线生米南车辆综合基地、4号线望城车辆段均采用清洗机自动清洗＋人工补洗的模式。

（3）构架检修区的主要工艺设备包括构架翻转机、构架测量平台、打磨机、移动式磁粉探伤机等。相关实践经验表明，相比抛丸法，采用钢丝轮角向打磨机在去除油漆层方面效果更佳和成本更低。

（4）轮对检修区的主要工艺设备包括轮对退卸压装机、数控车轮车床、轮对超声波探伤机、轮对荧光磁粉探伤机、轮对清洗除锈机、轮对尺寸自动测量机、车轴磨床等。轮对退卸压装机不仅能实现轮饼、大齿轮及车轴的冷压组装和高压油组装，同时还能实现其组装后的压力检查测试。数控车轮车床选用摩擦驱动车轮车床，能适应踏面制动及盘形制动的轮对镟修，且既能加工车轮踏面，又能加工制动盘端面。轮对超声波探伤机采用超声相控阵和常规超声组合探伤技术，能对车轴的轮座和轴颈、轮对的踏面轮辋等部位进行无损探伤，工艺适用性较强。

（5）转向架试验区的转向架静载试验台选型时采用世界先进的机械心轴加载技术，可以实现自动对中定位，选择高精度传感器，施加载荷及自动控制移动位置，以保证高测试精度及重复测试精度，提高检测效率。

（6）其他专用工艺设备主要包括转向架提升台、旋臂起重机、桥式起重机（天车）、齿轮箱支撑小车、轴承跑合试验台、轴箱清洗机、随车设备等。转向架提升台可将转向架举升到一定高度，但由于转向架较重，出于安全考虑，其提升速度较慢，导致检修效率降低，且限制了检修工位。设置检修地沟相对于采用转向架提升台来说成本较低，同时工作效率较高，但存在一定的安全隐患。南昌地铁根据各地配置情况及运营部门意见最终采用转向架提升台。

2.8.3.2 污水处理设备

场段污水处理站主要用于对场段的生产废水（以含油废水为主）进行处理。处理后达标的水经提升后最终排入城市市政污水管网。剩余污泥经脱水处理后外运到经环保部门同意的地点另行处理（堆埋或焚烧）。

污水处理设备产生的污泥经管道收集后接入污泥泵井，经提升泵提升至污泥浓缩池，经螺杆泵加压、板框压滤机脱水处理，产生的泥饼定期外运处置。

2.8.3.3 通风空调设备

场段大库一般利用屋顶电动排烟窗进行自然排烟,内部采用机械通风和自然通风相结合的措施,在人员主要工作区域设置工业壁扇进行通风。

场段综合办公楼、综合维修楼、公寓、食堂等人员较集中的场所或对温度有要求的设备用房采用变频多联机,较分散的办公设备用房采用冷暖型分体空调。

有易燃、易爆及腐蚀性气体挥发的房间,采用特殊的防腐、防爆通风设备进行通风。

2.8.4 场段发展趋势

近年来,随着我国城市化进程的不断加速,轨道交通系统得到了迅猛发展。与此同时,如何保障轨道交通安全、可靠、高效运营,成为各城市地铁场段面临的主要问题。目前,地铁车辆场段主要朝以下三个方向优化。

1. 车辆检修制度的优化

目前国内地铁公司的车辆检修制度各有特色,但整体来看,普遍采用预防性计划检修(计划修)制度和技术状态检修(状态修)制度。但随着轨道交通车辆检修规模的扩大,预防性计划检修制度因检修周期的保守和僵化,容易造成车辆设备的过修和欠修。个别城市的地铁公司已尝试采用均衡维修(均衡修)模式,以提高车辆利用率、提升车辆可靠性。

2. 全自动运行技术的应用

随着地铁全自动驾驶技术在国内的推广,场段也需要进行相应的升级,以实现全线范围车辆的全自动运行。建设全自动车辆基地,不仅能提高轨道交通的运营效率,降低运营成本,而且可靠性更高,是未来城市轨道交通发展的必然趋势。

3. 车辆智能运维技术的应用

建立在硬件基础上的、以技术状态检修制度为主要发展目标的智能化、数字化系统,依托大数据中心,结合设备履历数据,并借助实时监控设备,采集和分析城市轨道交通车辆的运行与检修数据,预测设备故障趋势,诊断设备的健康状态,以实现故障预警和分级报警,指导关键设备现场维修作业的智能化管理。

以下着重从车辆检修制度角度分析场段设计优化方向。

2.8.4.1 车辆检修模式的优化

技术状态检修制度是一种偏被动的方法,它虽然避免了预防性计划检修制度可能出现的过修,但会产生较大的公共损失与社会影响风险。因此车辆检修通常采用二者相结合的方法。

国内地铁并没有统一不变的检修修程，一般以日检、双周检、月季检、定修、架修、大修等预防性计划检修为主。南京地铁和上海地铁采用了双周检、三月检和定修相结合的均衡修模式。

1. 预防性计划检修

预防性计划检修是目前国内各地铁公司设置检修修程的依据，各地铁公司按车辆制造商（系统分供商）提供的车辆使用维护说明书及检修手册等技术文件，并根据各地实际运用情况做了相应的调整和优化，所采用的检修修程基本沿用干线铁路的经验，按照运营里程和运营时间设置。计划修有计划性强、管理结构相对简单等优点，但同时存在以下缺点。

（1）维修成本较高。在计划修模式下，因为轨道交通车辆作为大运量交通工具，安全性要求极高，故地铁车辆检修修制、修程的制定往往偏于保守，较为依赖车辆及设备制造厂家提供的维护手册、蓝图等技术文件资料。

（2）容易造成车辆设备的过修和欠修。在传统计划修模式下，为配合某个修程，方便检修，在未达到部件使用寿命时，需要进行部分或全部更换，造成一定的浪费。

（3）定期维修需要长期扣停车辆，占用台位，对车辆基地设备设施的要求较高，初期投资较大，且不利于提高列车运用效率。

2. 技术状态检修

得益于轨道交通机电设备和计算机控制网络技术的飞速发展，轨道交通车辆设备状态的检测也愈加完善。区别于传统的预防性计划检修，新型维修模式——技术状态检修应运而生。技术状态检修又称诊断性维修，是指根据先进的状态检测和诊断技术提供的设备状态信息，判断设备的异常，预知设备的故障，在故障发生前进行检修，即根据设备的健康状态来安排检修计划，实施设备检修。

技术状态检修根据车辆的实际状态按需维修，可以避免目前城轨车辆检修体制下的大量过修；同时也避免了不时出现的故障失修，避免了不必要的拆装与零部件更换，可真正做到适度维修。

智能化的检测和诊断技术，使得维修人员在维修车辆时，能够及时发现车辆设备的故障和缺陷，从而极大提高故障排查效率。由于对故障和缺陷已有应对措施，可提前对相应的检修设备和场地进行配置，增加车辆的运用时间。

但由于车辆机械设备、电子设备繁多，不管是在技术上，还是在成本上，目前的检修水平还无法实现对车辆所有部件的实时监控，状态修目前仅能作为传统计划修的补充手段。随着现代化检测技术的发展，状态修的重要性会越来越高。

状态修是新兴的检修方式，主要依赖智能化的检测技术和设备，监控轨道交通车辆的状态，提前对车辆设备的缺陷和故障进行预防性维修。状态修的主要优势在于提高了维修工作的计划性和设备的运用效率。但由于过于依赖检测设备等，状态修存在以下缺陷。

(1) 前期投资较大，且目前取定设备的检测方式、检测点并没有可靠的方法，车辆维修单位往往只将状态修作为一种辅助手段，造成了一定的浪费。

(2) 需要新增检测设备，同样新增了故障点，给车辆检修造成了额外负担和成本。

目前车辆智能化检测设备更适合不宜解体检查的重大关键设备，如牵引、制动、车门、轮轨、转向架等系统设备。

智能化检测设备的应用可以适当延长车辆相关部件的检修周期，起到节省成本的作用。车辆智能化检测设备目前仍处于不断发展和完善之中，智能化检测作为车辆维修的辅助手段，虽道路曲折但前景广阔。车辆基地作为车辆维修管理单位，应大力推进车辆智能化检测设备的应用，从不同角度、不同维度探索车辆设备的检测关键点，以推动车辆维修管理的进步。

3. 均衡维修

随着车辆制造技术的发展，车辆电子电气设备和检测设备逐渐增多。设备部件的划分越来越细致。不同设备有不同的维修周期和使用寿命，即使是相同的部件、同样的维修周期，维修内容也可以继续细分，并不完全相同。采用预防性计划检修制度时停扣车辆较多，容易造成车辆运用产生空窗期，降低了车辆使用效率，故传统计划修的修制、修程已越来越不满足现在车辆维修精细化管理的要求。

上海申通地铁集团有限公司等在多年经验积累的基础上，通过调研、论证、试点等一系列举措，探索采用新的预防性检修制度——均衡修，以代替传统的双周检、三月检、定修等计划修。

均衡修是建立在充分掌握车辆运用可靠性程度、零部件故障率与零部件寿命周期的基础上，适应性调整车辆的检修修程，以最大限度地延长车辆及其零部件的可靠使用周期，同时在管理上发挥最大效能，创造合适的维修条件，从而缩短车辆的维修停扣时间，提高车辆的利用率和运行可靠性的一种修程。传统计划修将若干小时的维修工作集中在几天内完成，车辆需停运数日，而均衡修则将若干小时的维修工作分布在较长时间内完成，车辆每天仅需停运数小时，并不是全天。这给车辆上线运营和下线维修提供了更大的调整空间。与传统计划修相比，均衡修具有下述特点。

(1) 在传统的计划修制度下，车辆维修工作主要集中在几天内完成，而均衡修则将维修工作进行分包,可以充分利用车辆运用窗口时间(车辆非运营时间)进行检修维护工作。

(2) 传统的计划修需在几天内全面扣停车辆,期间车辆无法上线,并且占用台位。均衡修则可以利用车辆运行窗口时间将车辆检修内容分散到不同的阶段和不同的场地,实现了检修作业的分散化、均匀化,避免了检修力量和检修设备忙闲不均现象,使检修能力得到最大化发挥。

(3) 维修更为精细,不再简单地按照时间进行维修,而是根据零部件部位、工作强度、故障影响,区别化制定检修周期,并在后期根据实际运营效果不断修正。

均衡修属于新兴的检修方式,相对于传统的计划修,均衡修在提高车辆利用率、检修精细化水平方面有着无可比拟的优势。但由于均衡修修程及管理较为复杂,对检修、维修现场人员素质要求较高,需要进一步加强人员培训,明确人员职责,细化分工,并增设验收环节,以保证均衡修制度的顺利执行。均衡修特别适用于地铁线路较多,车辆运用较为紧张,且车辆技术性能和零部件质量状态稳定的城市。

2.8.4.2 各检修模式对比分析

轨道交通车辆检修的最终目的是达到可靠性、经济性、高效性、风险管控的最优平衡。各车辆检修模式对比见表 2-20。

表 2-20 各车辆检修模式对比

项目	计划修	状态修	均衡修
车辆可靠性	计划修的周期设置较为僵化,无法有效对车辆部件进行检修	当前无法对车辆的所有部件进行检测,仅能作为辅助维修手段	根据零部件部位、工作强度、故障影响,区别化制定维修周期,并在后期根据实际运营效果不断修正,提高了车辆可靠度
车辆利用率	需长期占用停车股道检修,车辆利用率不高	降低了扣车检修频率,提高了车辆利用率	可以利用车辆运行窗口时间将车辆检修内容分散到不同的阶段和不同的场地,实现了检修作业分散化、均匀化,避免了检修力量和检修设备忙闲不均现象,检修能力得到最大化发挥
人员管理	交叉作业较少,人员管理较为简单	降低了人员管理难度	维修更为精细,对人员能力要求较高

续表

项目	计划修	状态修	均衡修
检修管理	计划性较强,有利于妥善安排维修计划及准备工作	降低了检修管理难度	车辆的检修计划较为复杂,检修管理难度较高
人员成本	设置固定的检修人员	有效降低了人员成本	与计划修差别较小
设备设施成本	需设置专门维修股道及相关设施	增加智能化检测设备,增加初期投入	需设置专门维修股道及相关设施

通过对比可以发现,计划修在人员管理、检修管理方面有较大优势;状态修在降低人员成本、降低人员及检修管理难度、提高车辆利用率上表现突出;均衡修在提高车辆利用率、提升车辆可靠性上优势突出,但对检修单位管理能力要求较高。随着地铁高速发展及车辆检测技术的不断进步,未来可考虑采用均衡修或状态修模式对当前的检修模式进行优化。总而言之,地铁车辆检修采用状态修和均衡修是未来发展的方向,对提高车辆基地的运作效能、提升管理水平都有着积极的意义。

2.9 通风空调系统

2.9.1 通风空调系统的定位与选型

城市轨道交通通风空调系统是指对车站站厅、站台、隧道、设备管理用房等处的环境进行处理的系统,如图 2-58 所示。轨道交通尤其是地下线路,处在相对封闭的狭长地下空间里,必须通过通风空调系统创造人工环境,以满足列车、设备、人员和防灾的需要。列车牵引系统、制动系统、车载空调、人员、设备、照明系统等的散热,以及土壤、人员的散湿均需要通过通风空调系统处理或排放。地下发生火灾事故时,烟气必须通过通风系统进行排放,为人员疏散和救援提供条件。通风空调系统按功能可分为风系统和水系统两大类。其中,风系统按控制区域又可划分为隧道通风系统、车站公共区通风空调系统(以下简称"大系统")、车站设备管理用房通风空调系统(以下简称"小系统")、备用空调系统[variable refrigerant volume(VRV),变制冷剂流量多联式空调系统]。这几个系统的各类设备独立存在,但又密不可分,通过互相配合对指定区域内的空气温度、湿度等进行调节,为乘客及工作人员提供良好的环境。

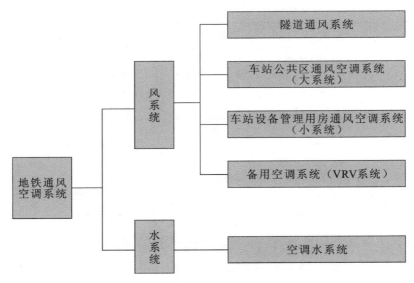

图 2-58 地铁通风空调系统

一般大系统的主要设备包括组合式空调器、回排风机、排烟风机、小新风机以及相关电动风阀。系统正常运行模式一般设小新风空调、全新风空调、通风三种工况。水系统的主要设备包括冷水机组、冷冻水泵、冷却水泵、冷却塔及相关电动调节阀。

2.9.1.1 隧道通风系统

隧道通风系统主要由隧道风机、射流风机、风阀、消声器、活塞风道、活塞风井及相关附属设施组成。它的功能是通过隧道风机、风阀的转换,实现对隧道环境的控制。隧道通风系统运行分为早晚通风运行模式、闭式运行模式、活塞通风模式、阻塞运行模式、火灾模式等。一般由系统根据预先设定的时间表或具体事故情况来执行不同的运行模式,同时可以通过计算机进行人工干预。地铁车站隧道通风系统原理图如图 2-59 所示。

1. 早晚通风运行模式

早间车站运营前半小时、夜间收车后半小时内以及隧道需要夜间通风蓄冷时,隧道通风系统执行早晚通风运行模式,开启相应的隧道通风机,进行纵向推挽式机械通风,隧道风机按车站间隔送、排风,通风完毕后进入正常运行状态。采用此方式通风,各站运行风机及送排风方向应定期调换。

2. 闭式运行模式

闭式运行模式为所有隧道风机及活塞风井均关闭,隧道内空气交换通过车站出入口进行。通风完毕后打开风道内的所有风阀,利用自然通风的方式进行通风换气。

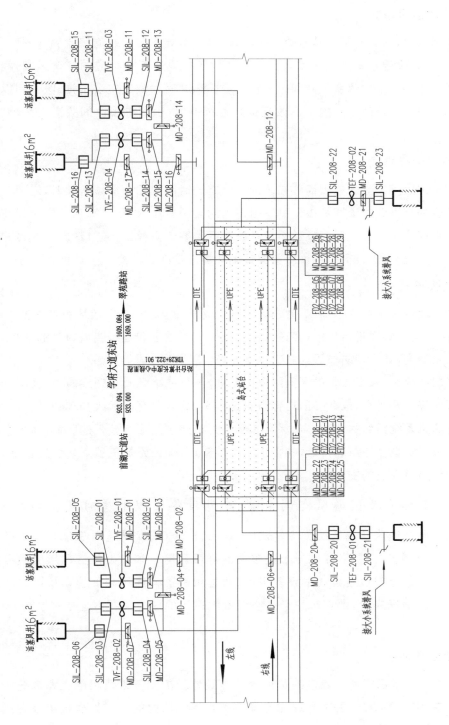

图2-59 地铁车站隧道通风系统原理图

3. 活塞通风模式

正常运行时，车站屏蔽门基本处于关闭状态，使得隧道与车站的气流隔开，列车运行时产生的余热、余湿基本排在隧道内。活塞通风模式通过开启相应的隧道风阀，利用列车行驶通过车站两端的活塞风井和区间隧道中间风井时对隧道气流的推、吸作用以及列车在区间隧道内运行时产生的活塞效应进行通风换气，达到排出区间隧道内余热、余湿的效果。

4. 阻塞运行模式

当列车因故障或其他原因而停在区间并确定短时间内无法继续行驶时，隧道内因活塞效应产生的空气流的流速将由于列车阻碍作用逐渐减小，位于列车顶部的空调冷凝器周围环境温度迅速上升。此时隧道通风系统执行阻塞运行模式，通过送入一定量的新风控制隧道内的温度，保证列车空调冷凝器周围环境温度在正常的工作温度范围内。

5. 火灾模式

当列车发生火灾并无法继续前进而停在区间隧道内时，隧道通风系统执行火灾模式，对发生火灾的隧道进行排烟，并送入新风稀释烟气浓度和延缓隧道内升温速度，确保乘客的安全撤离，并为消防员灭火救灾加压送风。

线路配线复杂、长度较长的区间隧道由于上、下行线路之间多处连通，以及同一区间隧道内可能停有两列车，或存在前方停有着火列车、后方停有非着火列车的最不利情况，要求隧道通风系统组织的气流必须保证非着火列车处于无烟气蔓延的区域，使大多数乘客撤离路线上的烟气被迅速排除，并提供足够的新风，保证无烟气侵入非着火隧道，保证救援列车和所有人员的安全。

2.9.1.2 车站公共区通风空调系统、车站设备管理用房通风空调系统

车站公共区通风空调系统负责对站厅、站台、出入口、换乘通道等公共区的空气温度和湿度进行调节，为乘客提供一个过渡性的舒适环境。车站设备管理用房通风空调系统的主要功能是对设备区内的设备用房、管理用房进行通风和降温。从目前国内轨道交通的实施情况来看，地下车站通风空调系统采用的形式主要为全空气系统和空气-水系统。

1. 全空气系统

全空气系统是指空调区域内的负荷全部由经处理的空气来负担的空调系统。在全空气系统中，空气的冷却、去湿处理完全集中由空调机房内的空气处理机组来完成。全空气系统的特点是风道与机房所占空间大，设备集中，易于检修和管理。

2. 空气-水系统

空气-水系统是由空气和水共同承担室内冷、热负荷的系统,除了向室内送入经处理的空气,还在室内设有以水作介质的末端设备,对室内空气进行冷却或加热。空气-水系统的特点是风道、机房所占空间小,无须设回风管道,可独立调节或开停单台末端设备,而不影响其他区域(房间)。

3. 两种系统的对比

(1) 空气-水系统较全空气系统所占空间小,土建投资较低。

(2) 空气-水系统在过渡季节不能采用全新风模式,且部分负荷运行时除湿能力不足,舒适度不如全空气系统。

(3) 全空气系统的设备集中,易于检修和管理。空气-水系统末端设备较为分散,维修工作量大且不易管理,同时存在漏水隐患。

(4) 空气-水系统易于实现分区分组管理,可以根据负荷情况灵活调节局部区域的空调运行,而不影响其他区域。

4. 南昌地铁的选择

目前,我国商场、影(剧)院、宾馆大堂、体育馆等大型公共场所普遍使用全空气系统,空气-水系统多应用于客房、办公楼、商业建筑等。通过以上比较,考虑到全空气系统舒适性高、易于维护和管理,南昌地铁公共区和设备管理用房的通风空调系统采用全空气系统。

2.9.1.3 备用空调系统

根据目前国内已建成的轨道交通的运营情况,为保证部分重要设备用房(24 h 运行)在设备故障检修时能实现连续供冷,设置变制冷剂流量多联式空调系统作为备用空调系统。备用空调系统设置范围通常为:车控室、综合监控设备室、通信设备室、信号设备室、公安通信设备室、民用通信设备室、站台门设备室和变电所控制室。备用空调系统按空调负荷的 100% 实现完全备用。该套备用空调系统在主用空调系统因故障或设备检修而无法实现正常供冷、极端气象条件下房间温度出现异常时投入运行。备用空调系统室外机原则上放置于室外,且与冷却塔合建。

1. 备用空调系统的优点

(1) 备用空调系统在各个季节都可以满足不同房间的温湿度要求,保证系统的安全性。

(2) 简化了通风空调系统,取消送风管。使用备用空调系统后,房间内的余热、余湿主要通过备用空调系统来消除,房间内只需要按照人员新风量要求或不小于总送风量

10%的要求设置新风管和回（排）风管，取消了全空气系统中尺寸较大的送、回风管，通风空调系统管网大大简化。

（3）备用空调系统减少了冷水机组的装机容量，节省了冷水机房的面积，也降低了土建系统的投资。

（4）备用空调系统取代全空气系统，小系统的空调机房仅需设置部分新风机、排风机及排烟风机，机房面积显著减小。同时，备用空调系统管线体量小，显著降低了综合管线布置的难度。

2. 备用空调系统的不足

（1）当冷媒管过长时，系统冷量会出现不同程度的衰减。目前市场上不同的备用空调系统供应商对冷媒管总长度均有一定的限制（如冷媒管水平管和竖直管的当量长度一般不超过 120 m，少数能做到 150 m），对单个系统中冷媒管从第一个分歧管到该系统中最远端设备的当量长度也有一定的限制（如不超过 50 m），在一定程度上限制了备用空调系统在地铁车站中应用的灵活性。

（2）冷媒管存在氟利昂泄漏检修困难的问题。在实际使用中，由于施工不严格，备用空调系统的冷媒管有泄漏氟利昂的可能。

（3）在近期车站隧道排热系统可能不投入运行时，室外机散热量可能在区间隧道截面突变处产生热堆积，造成局部温度超标，影响车载空调使用。需要结合隧道的建筑特点、小系统散热量和隧道通风系统的运行工况采用 CFD（computational fluid dynamics，计算流体力学）作进一步的模拟分析。

2.9.1.4 空调水系统

空调水系统主要负责向地铁车站大、小系统的空调末端设备提供低温冷水。空调水系统的形式按空调系统冷源设置的集中程度分为分散式供冷和集中式供冷。

1. 分散式供冷

分散式供冷是指每个车站独立设置冷水机组，通过冷冻水泵将二次冷源提供给整个车站空调系统，空调末端采用组合式空调柜、小空调柜及风机盘管等设备。冷水机组、水泵和冷却塔均分站设置，独立运行。

2. 集中式供冷

集中式供冷是指集中设置冷水机组、联动设备及其他辅助设备，通过室外管廊、架空地沟、区间隧道敷设冷冻水管，用二次水泵将冷冻水长距离输送到车站空调大系统末端，以满足多个车站所需的冷量。

3. 两种供冷方式对比

(1) 系统管道：分散式供冷系统管道短而简单,阻力损失可忽略不计;集中式供冷系统管道长而复杂,管道阻力大。

(2) 机房面积：分散式供冷系统的机房建筑面积较小,为集中式供冷系统机房的 1/3~1/2。

(3) 水泵能耗：分散式供冷系统的水泵总运行时间较短,管道阻力小,水泵扬程低,总耗电量小;集中式供冷系统的管道长、阻力大,水泵扬程高,总耗电量大。

(4) 运营管理：分散式供冷系统自控程度高,管理简单,故障容易处理;集中式供冷系统管理范围大,故障寻找困难,且如果出现冷冻水管爆管,受影响的区域大。

(5) 项目投资：集中式供冷系统采用大型化设备,总投资较分散式供冷系统低。

(6) 建设周期：分散式供冷系统设计工艺简单,接口较少,现场安装调试工作量小,建设周期较短;集中式供冷系统设计工艺复杂,接口较多,现场安装调试工作量大,设计不易定型和标准化,建设周期长。

4. 南昌地铁的选择

通过以上比较,分散式供冷系统对水力平衡的要求较低,具有系统简单、运行灵活、控制方便的技术优势,同时还具有运行费用低、易于检修和管理、全寿命周期内总费用低的经济优势。因此,南昌地铁空调水系统选择分散式供冷系统,其冷水机房设备布置如图 2-60 所示。

图 2-60　冷水机房设备布置

2.9.2　主要设备技术要求

地铁车站通常包含站厅、站台等公共区,车站办公设备区及列车隧道(地下站)区等多个区域,是功能明确的公共交通场站建筑。与普通办公楼、商场等建筑相比,地铁车站的运行使用时间更长,多为全年运行且全天运行时间近 18 h,因此,地铁车站对通风空调系统各设备的要求更高。地铁车站通风空调系统的主要设备有组合式空调箱、柜式空调器、风机、冷水机组、冷却塔等。

2.9.2.1　组合式空调箱、柜式空调器

(1) 组合式空调箱和柜式空调器的能效等级应满足国家相关规范、标准的要求。

(2) 工频运行时,在额定风量下,组合式空调箱内总压力损失应小于 400 Pa;柜式空调器内总压力损失应小于 120 Pa。

(3) 过滤网应采用可拆洗型。

(4) 地下空间有限,为保证运输,设备尺寸不可过大且应易于拆装运输。

2.9.2.2　风机

(1) 风机的能效等级应满足国家相关规范、标准的要求。

(2) 正反转设备应能在不大于 4 倍额定电流的情况下,14 s 内启动并达到额定转速,在 60 s 内能完成从正转到反转(正转额定转速—关—反转启动—反转额定转速)或反转到正转(反转额定转速—关—正转启动—正转额定转速)的切换。

(3) 排烟风机选用耐高温润滑脂润滑,耐高温轴承。非排烟类风机选用常温润滑脂润滑,常温轴承。轴承更换周期不小于 75000 h,第一次维护应在累计运行时间不少于 10000 h 后进行。

2.9.2.3　冷水机组

(1) 冷水机组的能效等级应满足国家相关规范、标准的要求。

(2) 冷水机组中冷凝器、蒸发器的换热铜管宜采用外径 $\phi 19$ mm、内外壁双螺纹管,且水侧阻力损失不大于 5 mH_2O,承压不大于 1.6 MPa。

(3) 冷水机组具有较宽的冷量调节范围,机组的整机能量可在 25%～100%的范围内连续无级调节,正常运行。

2.9.2.4　冷却塔

(1) 冷却塔的能效等级应满足国家相关规范、标准的要求。

(2) 采用超低噪声冷却塔,且建议逼近度为 3 ℃。

(3) 冷却塔集水盘出水管应设置滤网。

(4) 冷却塔应设置均匀布水装置。

2.9.3　通风空调系统发展趋势与思考

随着城市轨道交通建设速度的加快,通风空调系统也取得了较大的进步,从建设和运营管理角度来看,通风空调系统发展的趋势依然从节能、环保、运维三个维度考虑。

2.9.3.1　节能

城市轨道交通能耗居高不下,一些城市的轨道交通在运营初期营收甚至无法抵扣日常电费。对于南方城市轨道交通的通风空调系统而言,其能耗约占运营能耗的 40%。根据目前南昌地铁已运营的1、2号线的实际情况,有些人流量少、空调负荷低的车站出现了站内温度太低的问题,在特别炎热的夏天,站内外温差太大,乘车舒适性差,对乘客身体健康也不利。针对这些问题,在地铁新线通风空调系统中增加了节能控制系统。节能控制系统可以根据车站实际空调负荷实时调节,使车站内空气温湿度接近设计值,避免站内出现过冷情况,大大提高车站舒适度。同时采用节能控制系统,可以根据地铁车站负荷情况让各设备获得最佳运行效率,在满足需求的同时,可以最大限度减少通风空调系统耗电量,节约能源。除此之外,还可以考虑从以下几个方面实现节能。

(1) 设备选型应考虑采用适应当地负荷特点的高效设备。

地铁地下车站的空调负荷特性与一般地上公共建筑不同,其与车站客流量密度密切相关,负荷率变化主要受客流量变化的影响,受室外环境变化的影响较小,而客流量变化又分为初期、近期和远期的长周期变化及每天的早、晚高峰和平峰的短周期变化。根据当地地铁车站负荷特性选择相匹配的冷水机组是实现节能的关键。

南昌某地铁车站冷水机组负荷率与车站客流随时间的变化如图 2-61 所示,可以看出,8:00、18:00 左右分别为客流早、晚高峰期,地铁车站冷水机组负荷率同样整体在早、晚呈现 2 个高峰的状态,车站冷水机组的负荷率变化规律与客流的变化曲线几乎一致。车站冷水机组负荷率基本保持在 30%~90%,因此选择在负荷 30%~100% 阶段平均能效最高的冷水机组更能起到节能的作用。

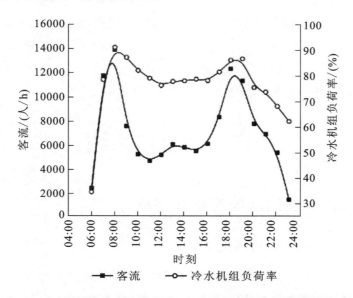

图 2-61　南昌某地铁车站冷水机组负荷率与车站客流随时间的变化

(2) 设置易操作、有效的高效节能控制系统,而且节能控制系统应细化控制策略,如对于同一个城市，不同规模的车站的控制策略可能不一样。

（3）采取相应的措施减小出入口渗透风的影响。

（4）组合式空调箱采用可自动开启式风道表冷器。

2.9.3.2　环保

地铁的环境相对闭塞，随着人们健康意识的提高，对地下空间的空气环境的要求也越来越高。可在以下几个方面采取措施，促进地铁建设及运营更加环保。

（1）针对地下线路含尘量大，列车运行中轮轨摩擦、刹车过程中刹车片和轨道及车轮摩擦等产生大量粉尘，以及日常运维对空调过滤器的清理难度大等实际问题，增加自动清洗过滤装置，在新风道安装空气过滤装置。

（2）采用新型风管或者保温材料。通常风管保温采用玻璃棉，但地下较潮湿，玻璃棉受潮就容易失效，产生冷凝水，甚至脱落。玻璃棉本身无毒，但是玻璃纤维进入人体肺部，可对肺部造成不良影响。

（3）室外冷却塔可采用新型鼓风式冷却塔，以减小室外噪声。

2.9.3.3　运维

通风空调系统是一个涉及热力学、自动控制、空气动力学等多个学科的系统。车站设备、阀门多，位置分散，巡检需花费大量的时间，可在智慧平台建立一套空调运维系统，通过增加传感器（温度、压力、电流等）对系统状态做出预判，以便运维人员及时维护空调系统设备。运营人员可以通过平台清楚看到各设备的运行情况和用电情况，平台自带的数据采集和分析软件，可以为运营人员提供各个系统和设备的实时运行数据和累计运行数据，为运营人员分析及判断问题提供便利。

2.10　站台门系统

2.10.1　站台门系统的功能定位与组成

2.10.1.1　站台门系统的功能定位

站台门系统在工程上的主要作用是保护乘客安全，保障运营的准时性，体现以人为本的设计理念，对改善乘客候车环境、增进社会效益、节省劳动力资源等均有贡献。随着社会的不断发展，站台门系统在轨道交通中的应用越来越广。

站台门系统的功能定位主要从以下几方面考虑。

1. 提高地铁运营的安全性

在站台边缘设置站台门后可有效防止乘客因拥挤或意外掉下轨道,防止乘客因物品掉下轨道捡拾物品产生危险,保证了乘客候车安全。同时,站台门的安装可以帮助乘客克服心理恐惧,乘客可涉足的范围得到扩大,充分利用了站台的有效宽度。

2. 提高运营可靠性

站台设置站台门后,避免了一些安全事故的发生,列车也不会因乘客入轨事故而延误,列车可以较快速度进站,为确保列车班次的准时性提供了有利条件,从而大大提高了整个地铁系统的运营可靠性,并为以后地铁实现无人驾驶创造了条件。同时,站台门系统设置后还可节省每个车站投入的人力资源,从而节约运营成本。

3. 节约通风空调能耗

站台门沿地铁站台边缘设置,将列车与地铁站台候车室隔离,能有效避免列车从站台通过时产生的巨大活塞风将车站的大量冷气带入隧道的情况。南昌地铁1~4号线地下车站采用全封闭式屏蔽门,可以大大减少车站的冷气通过隧道时的散失量,减少了站台区与轨行区之间冷热气流的交换,降低了环控系统的运营能耗,起到节约能源的作用。

4. 提高车站环境的舒适度

全封闭式站台门系统将站台公共区与行车隧道完全隔开,减少了列车行驶噪声和活塞风对站台候车乘客的影响。站台环境条件得到改善,使乘客感觉更舒适,地铁服务水平更高。

站台门作为站台区与轨行区的隔离设备,是站台装修的一部分,与车站装修协调一致,而屏蔽门的顶箱前盖板作为站台上面积最大的装修面,可以为导向标识展示提供基础平台。

2.10.1.2 站台门系统的组成

站台门系统由机械和电气两部分组成,机械部分包括门体结构和门机系统,电气部分包括控制系统和电源系统。

1. 门体结构

门体是车站站台公共区与轨行区的隔离屏障,门体结构主要由支撑结构、门槛、滑动门(automatic sliding door, ASD)、固定门(fixed panel, FIX)、应急门(emergency escape door, EED)和端门(manual secondary door, MSD)等组成。另外,全高封闭站台门还设有顶箱,半高站台门设有固定侧盒。

(1) 支撑结构。

支撑结构是确保门体结构强度、刚度和整体使用寿命的关键部件,其材质必须采用钢结构,设计需保证站台门满足结构强度、刚度及寿命等方面的要求。支撑结构应能承受站台门全部荷载的最不利组合,同时满足限界要求;还应安装调节方便,满足工程安装的需要。

(2) 门槛。

滑动门、应急门、固定门、端门均设置门槛,门槛要求采用不锈钢材质,门槛面与站台的装修完成面齐平。门槛结构中有滑动导槽,应与滑动门配合滑动自如,导槽应便于清扫,不藏杂物与灰尘。门槛结构应具有合理的强度,能承受门体自重及乘客荷载,同时还要满足耐磨、防滑、安装拆卸方便等要求。

(3) 全高封闭站台门顶箱及上部钢结构。

全高封闭站台门的顶箱内设置有门体的所有驱动、控制和供电设备,包括门单元的驱动机构、门锁紧及解锁机构、门控单元、配电端子、导轨、顶梁、门状态指示灯(door open indicator,DOI)、就地控制盒等部件。顶箱的结构设计应便于在站台侧安装、调试、使用、维护和检修,同时对上述部件应起密封保护作用。顶箱的前盖板兼作车站导向指示牌。

全高封闭站台门上部钢结构与站台顶部土建结构通过穿透螺栓连接,连接安装时应进行绝缘安装,同时应有保护底部绝缘件的措施,以防止运营过程中的水及灰尘降低绝缘效果。

(4) 半高站台门固定侧盒。

滑动门两侧设固定侧盒,其内设置半高站台门单元的驱动机构、门锁装置、门控单元、配电端子、门状态指示灯等部件。固定侧盒对以上部件应起密封保护作用,并应便于安装、调试、使用、维护和检修。

(5) 滑动门。

滑动门关闭时可作为车站站台公共区与轨道区域的屏障;打开时为乘客提供上、下列车的通道;也是列车在车站隧道内发生火灾或故障时乘客的疏散通道。滑动门在轨道侧设有开门把手,当系统级控制和站台级控制失效时,乘客可从轨侧用开门把手将门打开;滑动门在站台侧设钥匙孔,站台工作人员可用钥匙进行手动操作。滑动门的数量和开度与列车车门的数量及开度相匹配。

(6) 固定门。

固定门是车站与列车轨行区的隔离屏障,主要由金属门框、钢化玻璃构成,设置在滑动门与滑动门之间、滑动门与端门之间。

(7) 应急门。

应急门设置数量与列车编组数量一致。应急门除具有类似固定门的隔离作用外,在紧急情况下,还是列车进站无法对准滑动门时的乘客疏散通道。应急门向站台侧旋转

90°平开，门打开后不能自动复位关闭，其上设门锁装置，站台工作人员可用钥匙开门；轨道侧设有开门推杆，推杆与门锁联动，乘客在轨道侧可推压开门推杆将门打开。

（8）端门。

端门在车站宽度方向上将站台公共区与轨行区隔开，是列车在区间隧道发生火灾或故障时的乘客疏散通道，也是车站人员进出隧道维修的通道。端门向站台侧旋转90°平开，其上设门锁装置，可在站台侧用钥匙开门；站台人员和乘客可从轨道侧推压开门推杆开门。端门上还设有闭门器，使门在开启角度小于90°（未在全开位置时）的情况下能自动复位至关闭。

2. 门机系统

门机系统由驱动电机、传动装置、门锁、门机梁等组成，是站台门的执行系统，拖动滑动门进行开门、关门等运动。

（1）驱动电机。

站台门驱动电机安装在顶箱或固定侧盒内，通过联轴器与执行机构或减速器相连，它的机械特性及功率必须与系统性能要求相匹配。驱动电机采用直流永磁电机，直流电机包括微电机、位置传感装置等。驱动电机由门控单元（door control unit，DCU）进行控制。

（2）传动装置。

门机的传动装置一般分为齿形同步带传动和螺旋副传动两种方案，主要为门体开、关传递动力。

（3）门锁。

端门、滑动门和应急门均设有不同形式的门锁作为安全装置。乘客在紧急或故障情况下可以在轨道侧将门手动打开，同时站务人员可在站台侧用钥匙解锁开门；滑动门还配有电磁式锁紧装置，可以接收门控单元解锁指令自动解锁。门锁紧后门的锁闭信号通过中央控制盘反馈至信号系统。

（4）门机梁。

门机梁主要用来固定门控单元、驱动装置及传动装置等门机设备，其包括导轨、就地控制单元、门锁等重要部件。滑动门通过滚轮直接放置在固定于门机梁的导轨上，并通过皮带（或螺杆）完成对它的牵引。为了保证门机梁的稳定，可将门机梁与立柱、上部结构件相连接来固定。

3. 控制系统

站台门控制系统主要是对站台门的开关门进行控制，保证滑动门的开关门与列车车门的开关门动作一致。控制系统主要由控制系统的网络、通信设备中央控制盘（platform screen doors central control panel，PSC）、门控单元、就地控制盘（platform screen doors local control panel，PSL）、就地控制盒（local control box，LCB）、监控装置、通信介质及通信接口组成。

4. 电源系统

站台门的电源系统包括驱动电源和控制电源两部分，用电均为一级负荷，通过设在站台门设备室内的双电源切换箱（由动力照明专业提供）提供驱动电源（AC 380 V）和控制电源（AC 220 V）各一路，一用一备。

控制电源和驱动电源采用相互独立的 UPS，在供电系统的两路电源进行切换或出现故障时，可以保证站台门系统正常工作。UPS 的设计容量应保证每侧站台所有门单元在 1 h 内动作 5 次，以及控制设备持续运行 1 h。

用电设备终端供电回路采用交叉的供电方式，每个终端回路均包括每节车厢所对应的其中一对滑动门，可以保证在某一个供电回路出现供电故障时，对每节车厢来说只影响其中一个乘客上下车通道。

2.10.2 主要设备选型与技术要求

2.10.2.1 门体结构设计方案

1.门体配置原则

站台门门体设置在站台边缘，根据车辆的基础资料确定站台门的长度、门体规格。站台门系统中滑动门的数量及开度应与列车乘客门的数量及开度相匹配。滑动门的净开度应保证列车在有效停车范围内时列车乘客门的净开度不受影响，同时也要保证列车司机门不受阻挡。站台门纵向组合长度的设计以列车长度为基础，考虑站台门系统及列车自身的功能需求来确定。

应急门的设置原则是根据列车的初期、近期、远期编组数量要求及 GB 50157 的相关要求设计，保证列车停在站台任何一个位置，均能提供乘客疏散至站台的通道，每扇应急门的净开度不小于 1100 mm。

端门的设置是根据运营模式、日常设备管理及维修需求进行确定的。每侧站台的两端均设置端门，以方便运营人员开展相关工作、隧道内的乘客通过端门进行疏散。端门的宽度根据站台边缘至设备房外墙间的宽度确定，端门活动门的净开度不小于 1100 mm，其余为固定门部分。

固定门设置在除滑动门、应急门、端门以外的区域，以保证站台公共区与隧道行车区的密封。

站台门系统分为全高封闭站台门（地下站）和半高站台门（高架站），如图 2-62、图 2-63 所示。

图 2-62　全高封闭站台门

图 2-63　半高站台门

站台门的类型应根据气候、环境条件、车站建筑形式、服务水平、通风与空调制式等因素综合选定。

2. 支撑结构

站台门系统的支撑结构包括结构梁、结构立柱、门槛及底部支撑件等,全高封闭站台门还包括门机梁及上部钢结构。上述部件的连接均应采用对地绝缘安装。

支撑结构承受车站环境内的活塞风、乘客挤压力和冲击力、地震力等荷载,是评价站台门系统可靠性的重要部分。支撑结构作为站台门系统的主体结构,其设计寿命不小于30年。

全高封闭站台门的上部钢结构与车站站台顶板之间通过穿透螺栓连接(顶梁设置有预埋件),下部与车站站台板上的预埋件或预留孔进行螺栓连接。半高站台门通过穿透螺栓与车站站台板上的预埋件或预留孔进行螺栓连接。选择连接件时,除了考虑承受荷载的可靠性,还需易于安装,并能实现必要的三维调节功能,以适应地铁工程的要求。

站台门系统的滑动门、固定门、应急门、端门均设置门槛。门槛有固定门门槛和滑动门门槛等。门槛表面与站台装修完成面处于同一平面上,门槛通过底部支撑结构用螺栓安装固定于车站站台板上。固定门门槛承受固定门的垂直荷载,滑动门门槛还需承受乘客荷载,要求门槛采用不锈钢材质。

3. 标准滑动门的设计方案

根据南昌轨道交通既有 B 型车的车辆资料,参考信号系统的发展现状,发现信号系统 ATO 对车辆的停车精度控制范围达到±300 mm 的概率为 99.998%,列车乘客门全开净开度均为 1300 mm。在考虑停车误差的情况下,站台门系统标准滑动门单元的净开度设计尺寸为 1900 mm。每道站台门标准滑动门单元采用对称中开式的两扇平面滑动门体,每扇滑动门开度为 950 mm,并与每道列车乘客门的位置保持一致。根据这种设计理念,即使列车的停车误差出现最恶劣的情况,也能保证列车乘客门全开,对乘客的通行不会构成影响。

4. 首、尾滑动门的设计方案

首、尾滑动门与紧邻列车司机室的列车乘客门相对应且间距一定。设计思路是在任何情况下都要保证列车司机能够从车厢内方便地走上站台,实现对上下车乘客的巡视。

目前大部分线路采用大小门方案,技术较为成熟。此方案为一侧滑动门采用标准滑动门,另一侧滑动门根据司机门的位置加以确定。在保证滑动门开启后不影响司机正常开门的前提下,尽量采用较大的门体尺寸。

5. 滑动门门体防夹人功能的设计方案

在地铁的实际运营过程中曾发生过乘客被夹在关闭的站台门与列车门中间的事故,为了避免此类事故再次发生,在站台门系统设计中可采取以下解决方案。

(1) 障碍物探测保护。

为防止站台门在关闭过程中夹住乘客或其他物品,滑动门应具有障碍物探测功能,站台门的障碍物探测装置应能探测到的最小障碍物为 5 mm(厚)×40 mm(宽)的钢板。

当滑动门关门受阻时,滑动门的门操作机构应能通过探测器检测到有障碍物存在并释放关门力,后退一定距离,后退距离应当可以调节。门停顿约 2 s 后再重新关门,重复关门三次门仍不能关闭时,滑动门全开或后退一定距离并进行报警,等待站务人员去现场处理。

(2) 站台门限界尺寸的优化。

尽早明确车辆限界资料,稳定车辆限界,并按照全线行车的最大速度进行全线限界的计算,站台门专业按照车站限界值进行设计;与限界专业确定安全系数的取值,综合考虑站台门的弹性变形量与限界专业的安全系数;协调站台门与线路专业的接口,车站有效站台范围应布置在线路的直线段上;车辆限界的计算需按照工程的运营模式,依据车站段车辆最大速度计算。

(3) 滑动门门体底部设置安全挡板,门体边缘设置橡胶挡板。

对于站台门,在滑动门门体底部的机械结构上设置安全挡板和橡胶挡板,并结合滑动门在关门过程中遇到障碍物时停止关闭动作的功能,有效防止乘客夹于列车与站台门之间。安全挡板的底部完全覆盖于门槛的表面,同时也增加了站台门门体障碍物探测的范围。

当乘客进入列车时,列车门正处于关闭过程中,或者被车厢内的乘客往外挤,上车的乘客将无意识地往后退而站立于站台门的门槛上,或者往两侧的固定门方向移动,滑动门的安全挡板将碰撞到乘客,阻止滑动门的关闭。当阻力大于 150 N 时,滑动门的关门力将释放并停止关闭动作。根据站台门系统与信号系统的接口原理,两者之间设置了安全互锁功能,如果所有站台门中的任一滑动门没有关闭并锁紧,站台门系统将无法向信号系统反馈"关闭且锁紧"的信号,信号系统将不允许列车驶离车站,这样可以避免因列车启动而伤害乘客。

6. 应急门的设计方案

考虑到列车在站台停车最不利的情况下也能提供乘客从列车疏散至站台的应急通道,应急门的设置遵循以下规则。

(1) 应急门在两滑动门间的固定区域设置,兼作固定门,在整列站台门系统中分散布置。

(2) 如在站台侧应急门的对应位置有设备房,在设计过程中应通过向各车站设计工点提出应急门对车站站台建筑布置的相关要求,以保证应急门的功能完备。

(3) 一道应急门可设计为一扇门或多扇门,保证每扇门的净开度不小于 1100 mm。

应急门的开门形式一般有对开和背靠背两种,开门形式应结合站台门系统本身的结构和车站的布置来确定。

(4) 在轨道侧应保证所有人均可以手动打开应急门,开门力不大于 133 N,在站台侧工作人员可以用专用钥匙打开应急门。

(5) 应急门自带门锁,门锁的开关状态与滑动门的开门状态一起纳入与信号系统的接口功能中,作为站台门系统锁闭回路的一部分。

(6) 在满足功能需求的前提下,应兼顾整个系统的运行稳定性,尽可能减少应急门的数量。

7. 端门的设计方案

端门单元包括端门固定门部分及端门活动门部分,位于站台门起点、终点里程。端门活动门部分布置在车站站台内侧,开向站台一侧;端门固定门部分与整个纵向站台门单元结合。端门顶箱用于控制电缆的引入和引出,还用于端门锁定装置的安装。每侧站台设计两套端门单元,以方便站务人员出入站台,以及紧急状态下乘客从隧道内疏散至站台。端门设置状态指示灯。

端门设置定位器,使端门可向站台侧旋转 90°平开,并能定位在 90°开度。端门同时设置闭门器,以便在设备区作业人员进出端门一定时间后自动关闭,避免乘客通过端门进入轨行区带来安全隐患。同时端门开启超过一定时间(在 0~5 min 范围内可调)时可报警。

端门的打开、关闭状态信息可发送到 PSC,再由 PSC 上传至综合监控系统,由综合监控系统在车站控制室和全线调度中心进行显示。为确保乘客安全,端门原则上不纳入安全回路进行监管,但应加强对端门单元的人工管理和监控。

端门单元安装在正线站台门与设备用房外墙之间,而各车站土建布局往往存在差异——各站站台端部设备用房外墙到站台边缘的宽度尺寸不统一,因而给端门单元的规格确定和生产制作带来一定影响。为减少端门固定门种类,减少备品备件规格和数量,方便端门单元的设计和制造,以及减少与现场土建的配合工作量,同时便于后期运营维护,应在全线所有车站内设计统一标准的端门单元(包括固定门、活动门的规格,与车站结构的接口形式等)。

8. 固定门的设计方案

固定门位于滑动门与滑动门之间、滑动门与端门之间。根据其结构形式,固定门通常可采用拼装式和整体式。拼装式即将一扇固定门分为两块;整体式是在玻璃有足够的刚度和强度的前提下,为了增加固定门的通透性,将两块固定门合二为一。整体式和拼装式门体的比较见表 2-21。

表 2-21 整体式和拼装式门体的比较

序号	比较项目	整体式	拼装式
1	玻璃厚度	厚	薄
2	通透性和视觉效果	好	一般
3	美观性	好	一般
4	广告效应	好	一般
5	安装周期	短	长

根据以往的设计经验，对应列车第 2、3、4、5 辆车之间的车钩连接面的固定门的尺寸较宽，若仍采用整体式结构，则固定门尺寸较大，对强度和刚度的要求非常高，需增加玻璃厚度，门体重量将大大增加，不方便运输、安装和更换，同时价格更高，而采用拼装式固定门则更为经济、合理。因此该部分固定门可以采用拼装式结构，即采用两扇门体，中间设置立柱，其余固定门均采用整体式结构。

9. 门槛的设计方案

滑动门、应急门、固定门均设置门槛。门槛面与完工后的站台装饰面齐平。门槛应至少能承受乘客荷载 225 kg(按 75 kg/人，共 3 人计)。滑动门导靴在门槛中应滑动自如，且导槽应便于清扫，不藏杂物与灰尘。门槛采用不锈钢(综合性能不劣于 304L)或铝合金材料(表面采用阳极氧化处理，厚度不小于 25 μm)，表面处理应满足 30 年以上使用寿命的要求，同时门槛要满足耐磨、防滑、安装和拆卸方便等要求。

门槛与站台的安装应采用绝缘安装，门体结构对地绝缘值不小于 0.5 MΩ(用 500 V 兆欧表测试)。应有保护底部绝缘件的措施，以防止运营过程中水及灰尘影响绝缘效果。绝缘件应方便更换。

门槛表面应设防滑齿形槽，并具有足够的耐磨性能，满足防滑要求。在结构设计上，应保证残留垃圾能够自行清除或易于排除。

10. 门状态指示灯的设计方案

滑动门、端门上方均设置门状态指示灯，可实时反映滑动门的状态。为使整列屏蔽门外观效果统一，应急门不单独设置门状态指示灯，其运行状态通过相邻的滑动门的门状态指示灯进行显示。

为清晰反映滑动门的状态，DOI 具有如下功能：在滑动门开、关过程中，DOI 按一定频率闪烁；当滑动门全部打开时，DOI 常亮；当滑动门关闭时，DOI 熄灭；当滑动门故障时，DOI 按照故障频率进行闪烁。滑动门的所有状态信号均反馈到门控单元和中央控制盘,并且门已开、已锁闭等重要状态信号还由 PSC 上传到车站综合监控系统,由车站综合监控系统在车站控制室及全线控制中心进行显示,以满足运营需要。

每道端门上方均设置门状态指示灯,当端门打开时 DOI 被点亮,当端门关闭时 DOI 熄灭。若端门打开 2 min 未锁闭,则进行声音提示。端门状态通过首末滑动门 DCU 上传至 PSC。

11. 顶箱的设计方案

顶箱转换装置的结构设计应在满足通风空调系统设置需求的情况下注意与整个门体协调统一。

门机运行导轨或导槽应耐磨并设计科学,各种水平荷载不应造成门机梁在水平方向变形;门机梁上的各种电气组件及机械部件应合理固定,并符合相关标准规范要求,在列车运行和滑动门工作时,顶箱和固定侧盒及内部元器部件不应产生振动。

屏蔽门顶箱的设计应有足够的强度,前盖板打开固定后,开启角度不小于 70°,且不能因其重力而产生扭曲和永久变形。顶箱前盖板与顶箱的固定应合理,接触应严密。前盖板上应配锁,并应设置伸缩定位的支撑装置,以方便维修、维护工作,在锁定后不能由于风压作用而松动。

顶箱横截面的宽度尺寸应保证屏蔽门整体外形美观,并应满足屏蔽门横向限界要求。顶箱盖板间的分缝宽度在满足装配精度要求的前提下应尽量小。后盖板应能承受列车活塞风荷载。盖板与顶箱间应密封完好,顶箱内不能发出风哨声,并应便于箱内各部件的安装调试和维护维修。

2.10.2.2 门机系统设计方案

1. 门驱动系统的设计方案

一道滑动门的两扇门共用一套驱动设备和一套 DCU 来控制。驱动设备主要包括电机、减速机、机械传动装置、行程开关、门锁、导轨、门机梁等。门机梁还应提供电缆敷设空间、设备固定措施等。目前站台门系统的驱动方式主要有两种。

(1) 方案一:螺旋副传动方式。

螺旋副传动是利用螺杆与螺母组成的螺旋副来实现传动,电机轴通过减速器与螺杆连接,每一个门扇配有一套螺母与螺杆相配合,在确保螺母不发生逆转的情况下,利用螺杆的转动使与螺母相连的门体产生位移,如图 2-64 所示。

当电机带动螺杆进行不同方向的转动时,螺杆上的螺母可拖动门体按照既定的速度进行开门、关门动作。螺旋副传动的主要特点如下。

① 螺旋副装置由两根螺杆和两套螺母组成,由螺纹之间的相互配合来进行传动,传

图 2-64 丝杠螺旋副传动示意图

动比精确。

② 运转平稳,启动时无颤动,低速时无爬行,噪声稍大。

③ 螺母和螺杆经调整预紧,可得到很高的定位精度($5~\mu m/300~mm$),并可提高轴向刚度。

④ 传动效率较低(约 80%)。

⑤ 工作寿命长,不易发生故障,维护工作量少。

⑥ 螺杆由旋转运动变为直线运动并带动门进行往复运动,完成滑动门的开关动作,为了防止螺旋副受载后发生逆转,需要设置防逆转装置。

⑦ 抗冲击性能较差。

⑧ 结构复杂,制造费用高。

⑨ 螺旋副传动要求密封性能好,润滑好,以免影响螺杆的寿命,需要周期性(约 3 年)地对传动螺杆清理污渍和添加润滑油。

(2) 方案二:皮带传动方式。

皮带传动方式采用啮合类传动装置同步带传动。利用皮带与带轮轮缘之间的齿间配合来传递驱动力,门体通过夹板分别与带轮主动边及从动边相连接,以实现带轮的转动并带动两扇门扇向不同的方向运动;通过带轮的正反转实现滑动门的开门、关门动作,如图 2-65 所示。

皮带传动的特点如下。

① 两个皮带轮无须设置张紧轮,只需适当调整轴间距以调节皮带张紧力,从而防止皮带由带轮脱开。

图 2-65　皮带传动示意图

② 皮带的预紧力对传动可靠性、皮带寿命和轴压力都有一定影响。预紧力不足,噪声增大;预紧力过大,皮带寿命降低,轴承发热,加速磨损。

③ 皮带传动结构简单、传动平稳、噪声小。

④ 皮带传动不会出现打滑现象,保证了传动比的准确性。

⑤ 在皮带传动装置中,各带轮轴线要保证相互平行。

⑥ 皮带传动装置价格较低。

⑦ 皮带的设计寿命约 8 年。

⑧ 带轮两边存在拉力差及变形差,会引起从动边门体的微小速度损失。

⑨ 皮带传动对两带轮的中心距要求比较严格。

⑩ 顶箱的密封性相对较低,需要定期对齿形带的张弛度进行调节、矫正。

(3) 南昌地铁的选择。

对国内外设置了站台门的地铁线路进行分析,发现皮带传动及螺旋副传动在地铁站台门系统工程中均属于成熟的、经过工程考验的技术方案,均可以应用于南昌轨道交通,目前南昌既有线路站台门均采用皮带传动。

2. 门机梁及导轨的设计方案

通常门机梁采用铝合金挤制而成,材料为 6063T5,表面进行阳极氧化,氧化层厚度不小于 30 μm;门机梁预留有固定电机、传动机构、电源模块等部件的螺栓孔或槽。导轨固定在门机梁内,导轨表面与导轮行走面啮合,导轮与导轨间有防倾覆设计,保证门体在受到风压作用后,导轮与导轨间的啮合行走不受影响。

铝型材导轨与内部镶嵌带防尘盖的深沟槽向心型球轴承的尼龙滑轮之间的滚动摩擦系数在 0.007 以下,静态和动态摩擦差异小,速度引起的变化小,尼龙自身的强度高、润滑性良好、可靠性高、寿命长,可以长期免维修保养,具有高静态负载能力(耐冲击性),维修方便、快捷。

门机梁应有较强的抗弯能力,在承受两扇滑动门及门机自重和风压的情况下,能够保证门机梁及导轨本身的稳定性,并且门机梁及导轨能够承受滑动门带来的疲劳负载。

2.10.2.3 电源设计方案

1. 供电方式

站台门系统的供电方式有直流供电与交流供电两种方式。

(1) 方案一:直流供电方式。

直流供电方式的电源由单相和三相隔离变压器、整流器、蓄电池组、UPS 等设备组成,分为驱动电源与控制电源两部分,直流供电方式示意图如图 2-66 所示。

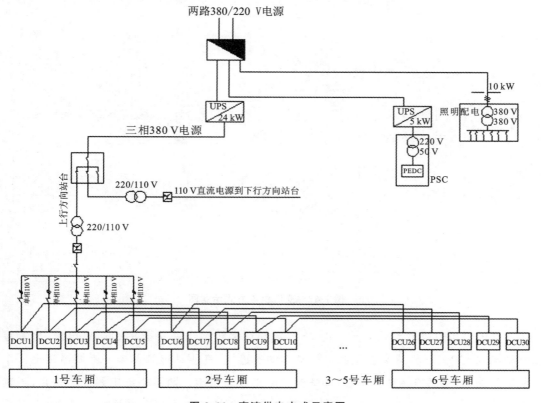

图 2-66 直流供电方式示意图

直流供电时驱动电源运行方式:电源自动切换箱输出两路 380 V 电源,分别经三相隔离变压器和整流器至两段直流母线,两段直流母线分别馈出 4 个供电回路,以交叉方式(可保证一路电源线路故障时,每节车厢的车门所对应的 4 个滑动门中有 3 个门可正常动作)送至站台,向站台门驱动装置供电。两路驱动电源互为备用,当其中一路电源发生故障时,由另一路电源驱动;当两路交流电源均发生故障时,UPS 自动切入,保障整个系统的正常运行。

直流供电时控制电源运行方式:电源自动切换箱输出一路单相 220 V 电源,经单相隔离变压器、UPS 和整流器向 PSC、PSL 和 DCU 供电。当系统电源发生故障时,UPS 可保证用电设备连续工作。

(2) 方案二:交流供电方式。

交流供电方式的供电系统由驱动电源 UPS、控制电源 UPS、驱动电源屏、控制电源变压器、LPSU(local power supply unit,就地供电单元)等设备组成,分为驱动电源和控制电源两部分,交流供电方式示意图如图 2-67 所示。

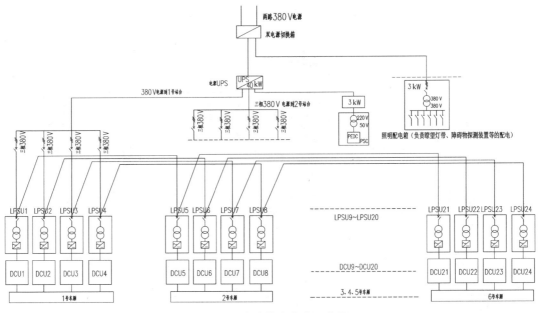

图 2-67 交流供电方式示意图

交流供电时驱动电源运行方式:电源自动切换箱输出两路三相 380 V 电源,分别经驱动电源 UPS、三相隔离变压器与驱动电源屏连接,在驱动电源屏内经断路器馈出 4 个供电回路,以交叉方式送至站台,向站台门驱动装置供电。两路驱动电源互为备用,当其中一路电源产生故障时,由另一路电源驱动;当两路交流电源均产生故障时,UPS 自动切入,保障整个系统的正常运行。

交流供电时控制电源运行方式:电源自动切换箱输出一路单相 220 V 电源,通过控制电源 UPS 和控制电源变压器(在 PSC 中)连接,经整流变压向 PEDC(platform emergency door controller,屏蔽门站台单元控制器)、PSL 供电。当系统电源发生故障时,UPS 可保证用电设备连续工作。

(3) 方案推荐。

直流供电方式与交流供电方式各具特色,性能上也分不出优劣,两种方式在世界范围内已有的地铁站台门工程中均有应用。对直流供电方式与交流供电方式进行比较,站台门系统负载均采用了直流电机,只是在整流、降压的物理位置不同,有分散整流及集中整流两种方案。分散整流降压方案是从站台门设备室至门机的供电电压为 380 V/220 V 三相四线制,集中整流降压方案是从站台门系统设备房至每个门机的供电电压为 DC 110 V。两种方式的供电可靠性都较高,工程实施时可根据供货商的设备配置确定,均可以应用于南昌轨道交通。

2. 蓄电池的容量要求

蓄电池的放电曲线应满足"站台门按正常行车组织运行,其中开门时间为 2.5~3.5 s,关门时间为 3.0~4.0 s,异常情况下,其容量保证断电后屏蔽门系统能持续工作 30 min,并满足断电后 30 min 内本车站所有站台门开关门操作至少 3 次"的要求。

因此,驱动蓄电池必须满足如下要求。

(1) 断电后车站站台所有站台门可开关门操作 3 次。

(2) 断电后站台门带电静止 30 min。

(3) 站台门动作时,考虑一侧站台门处于开门瞬间,另一侧站台门处于开门过程中。

(4) 每个开关门周期分为 6 个部分:开门瞬间—开门过程—开门保持—关门瞬间—关门过程—关门保持。

2.10.2.4 控制系统设计方案

站台门控制系统以每个车站为一个独立的系统,可以对车站内每侧站台的站台门进行单独控制及状态监控。站台门系统与综合监控系统间的接口以车站为单位,站台门系统与信号系统间的接口以每侧站台为单位。按照站台门系统的运营需求,站台门控制系统包括每侧站台设置的一套就地控制盘、每侧站台设置的一套屏蔽门站台单元控制器、每道门单元设置的一套门控单元、每座车站至少设置一套的监控主机(通过手提电脑可以进行系统状态查询)。监控主机可以实现每个车站两侧或多侧站台的每个站台门系统单元的状态查询、参数修改及下载。另外,每个车站需配置相关的接口设备,以及电缆、光纤、线槽等。

站台门控制系统的设计必须根据站台门系统运营模式及相应的功能需求进行,在满足功能要求的前提下,尽量提高系统的先进性、可靠性、经济性。站台门控制系统主要由控制局域网、中央控制盘、门控单元、就地控制盘、监控装置、报警装置,以及网间通信协议转换器、安全继电器回路设备、通信介质及通信接口模块组成。控制系统原理图如图 2-68 所示。

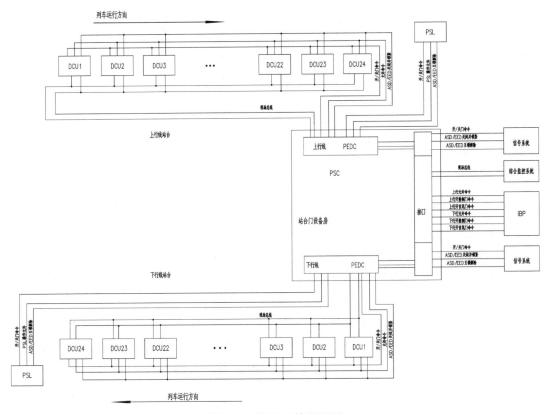

图 2-68 控制系统原理图

1. 控制局域网

在每个控制子系统中,系统的控制采用了现场总线(CAN、LonWorks、RS-485 等)局域网来实现 PSC 与被控的各个 DCU 的通信。PSC 属于整个控制系统的主设备,能够通过网络监控 DCU 的状态,也可以通过网络进行软件下载、参数更改。控制局域网具有自诊断功能。根据系统内部通信的需要,每个 DCU 之间没有通信需求,单个控制系统中只存在 PEDC 向每个 DCU 进行广播式通信,每个 DCU 向 PEDC 反馈每个门机状态信息。

根据系统设置特性,每个门的状态信息采用总线型的控制局域网进行传输。网络协议应采用标准通用、开放的通信协议,并方便与其他专业进行接口。每个 DCU、PSC 都作为一个网络节点挂接在网络现场总线上,PSC 作为每侧站台门的中央控制器,DCU 作为网络节点。总线上其中一个节点发生故障时,其他网络节点不会受影响。

除采用现场总线作为网络的数据传输总线外,站台门控制系统也部分采用点对点的通信线路进行命令及响应信息的传输。对于一些关键信号,如 PSC 与信号系统间、PSC 与 PSL 间及 PSC 与各个 DCU 之间关键信号的传送,都采用点对点的硬线控制信号。

2. 中央控制盘

中央控制盘安装在站台门设备房内,包含有屏蔽门站台单元控制器、监控装置及接口设备。PSC 通过控制局域网与 DCU 进行通信,能够通过 PSC 进行软件版本更新、参数修改、状态监控等。通过专用手提电脑,利用 PSC 的接口,可以实现站台门系统设备的维修、状态查询、记录下载、参数修改等。PSC 负责提供与综合监控系统、车控室 IBP 的接口。PSC 是系统级控制、状态监控的重要设备,是站台门控制系统的核心单元。

每座车站均设置一套 PSC,其中包含两套独立的逻辑控制系统 PEDC 及至少一套监控主机,并有人机界面及外围接口,负责两侧站台门的监控。每套 PEDC 分别控制一侧站台,并配备有与相应侧信号系统进行接口的设备。整个车站站台门控制系统通过以太网接口与综合监控系统进行通信。

PSC 应采用高性能安全继电器控制。PSC 输入电源应具有过流、过压保护。PSC 内的逻辑控制部件 PEDC 由继电器组、物理接口等组件组成,是站台门系统内部、外部关键命令执行及反馈的重要部件,是对系统安全可靠指标有重大影响的零部件。每侧站台需配置至少一套单独的逻辑控制单元(采用冗余设计)。

PSC 应具有抗震、防尘、防潮及抗电磁干扰功能,并应能在轨道交通环境中正常运行,防护等级应不低于 IP31。

3. 屏蔽门站台单元控制器

每座车站配置两套屏蔽门站台单元控制器(每侧站台各一套),每套内配置与信号系统接口、与就地控制盘接口、与车控室 IBP 接口的继电器组,且三套接口设备相互独立,设备不能互用,在接收到开关门的关键命令后,能正确地控制相应侧门单元动作。PEDC 硬件示意图如图 2-69 所示。

4. 门控单元

门控单元安装在每个门单元的门机梁内。除与中央控制盘进行通信外,DCU 作为现场设备,可根据人工设定的参数对门单元的执行机构进行控制,可以采集门单元每个

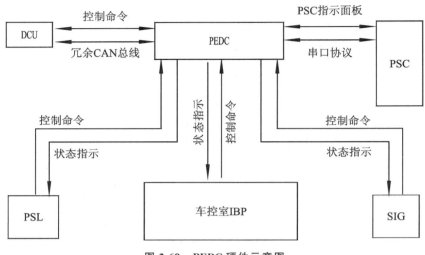

图 2-69 PEDC 硬件示意图

传感器的状态及其他设备状态,从而可以判断门体状态及位置。

DCU 应具有足够存放数据和程序的存储单元,在运行的任何时刻存放数据和程序的空间不得超过设备存储空间的 70%。CPU 处理能力应预留 50%,以确保系统能够正常运行。DCU 应具有自诊断功能。DCU 硬件示意图如图 2-70 所示。

图 2-70 DCU 硬件示意图

5. 就地控制盘

就地控制盘作为站台门系统必须具备的站台级控制设备,供站台门系统在系统级控制失效（信号系统发生故障或未投入运营）时由列车司机或站台工作人员向各 DCU 发出开、关门指令，实现站台级控制。其面板上主要设置：PSL 操作允许和开关门开关、开关门状态指示灯、关闭且锁紧指示灯、互锁解除开关、互锁解除指示灯等。

为方便正常运营时列车司机在驾驶室掌握站台门的开关状态，PSL 上的开关门状态指示灯应能够实时地反映滑动门、应急门的运行状态。

PSL 的输入电源应具有过流、过压保护。PSL 应具有抗震、防尘、防潮及抗电磁干扰功能，并能在轨道交通环境中正常运行，防护等级不得低于 IP55。

列车靠出站端停靠，单向行驶的站台原则上每侧站台在发车端端门以外设置一套 PSL，位于列车前进方向的司机门对应的站台上方便列车司机操作的地方。当行车组织有双向行车的要求时，除出站端 PSL 以外，还应在车尾司机室位置增设一套 PSL，两套 PSL 之间应具备互锁功能。

在站台发车端端门以外的地方，PSL 安装方式有三种：与端门单元（一般是端门立柱）结合安装、独立柱安装、安装在司机室对面的设备用房外墙上。三种安装方式各有利弊，推荐采用与站台门端门单元结合的安装方式，以节省安装空间，同时更美观，操作也更方便，如图 2-71 所示。

图 2-71　PSL 与端门单元结合安装

6．就地控制盒

在 DCU 附近方便站台工作人员操作的地方设置一个门单元就地控制盒，用于转换模式。LCB 应位于靠近 DCU 的顶箱、固定侧盒内。

就地控制盒包括一个可以自动、隔离、手动关、手动开的四位钥匙开关。四位钥匙开关的安装位置应方便站台侧工作人员通过钥匙转换模式。钥匙在自动位和隔离位可取出。

每个门单元中发生网络通信故障、电源故障、DCU 故障、门机故障及其他故障，均可通过就地控制盒使此单元隔离，切断电源，从而不影响整个系统的正常工作。LCB 的设置需充分考虑系统的运行安全。

工作人员可通过自动、隔离、手动关、手动开的四位钥匙开关选择下列操作模式。

（1）"自动"位：当转换开关处于"自动"位置时，由系统控制滑动门开关门。

（2）"隔离"位：当转换开关处于"隔离"位置时，单个滑动门单元与系统隔离，隔断本单元的电力供应,不影响整个系统的正常工作,便于维修。在此模式下,此档门的安全回路不被旁路。

(3)"手动关""手动开"位：当转换开关处于"手动关"或"手动开"位置时,可使该道滑动门动作。在此模式下,该滑动门的开关门状态脱离了安全回路,不影响地铁的正常运营。

7. 控制回路

为保证站台门系统控制命令传输的有效性、可靠性,所有控制回路及重要的状态反馈回路全部采用点对点的继电器回路。如在中央控制盘与信号系统间、中央控制盘与就地控制盘间,以及中央控制盘与各个单元控制器之间开门、关门命令的传送,都采用点对点的硬线控制信号。其中,开门、关门回路和锁闭状态反馈回路采用双断回路。

站台门控制系统与其他专业间的接口考虑到系统的可靠性及节约成本,其原则是控制接口以每侧站台的站台门系统为单位进行接口;通信接口以每个车站为单位进行接口。

8. 通信介质及其他设备

为保证通信质量及减少传输错误,距离站台门设备房超过 100 m 的接口介质需采用光纤传输。站台门系统内的通信电缆采用屏蔽双绞线、控制电缆采用低烟无卤电缆。控制线、通信线应与配电电缆采用不同的金属线槽敷设。

其他设备包括光电转换器、继电器组、端子排、控制系统电源模块等。

9. 控制系统指标

控制系统采用 RAMS 技术及模块化设计原则,每一个控制子系统由每侧站台门的 DCU 及 PEDC、PSL 组成。

每个控制子系统中共有 24 个滑动门单元在收到开关门指令后能够同步开关门,同步误差不大于 100 ms;从中央控制盘发出站台门系统开关门命令,至滑动门开始动作,响应时间不大于 250 ms;站台门系统门已关闭信号反馈至中央控制盘的时间不大于 250 ms;站台门系统控制主机状态更新时间不得大于 500 ms,故障更新时间不得大于 300 ms。

10. 控制系统软件

控制系统软件包括中央控制盘综合自动化软件、门控单元综合自动化软件、现场总线控制系统软件。

中央控制盘综合自动化软件包括接口软件、控制软件、综合测试和诊断软件;门控单元综合自动化软件包括组态软件、数据库、控制软件等;现场总线控制系统软件是现场总线控制系统集成、运行的重要组成部分,包括组态软件、维护软件、仿真软件、现场设备管理软件、监控软件等。

2.10.2.5 门体绝缘设计方案

由于站台门与钢轨进行等电位连接,而钢轨是列车供电的回流轨,为保证系统设备安全,站台门门体与土建结构之间采用绝缘安装方式。绝缘安装的部分包括站台门门体所有与土建结构连接的位置,即站台门上部与站台顶梁间、下部与站台板结构层、门槛与站台板装修完成面间采用绝缘安装方式。特别是立柱、门槛底座等承重部件,在站台板上安装时,必须加绝缘垫或采用绝缘基础,以使整个站台门系统对地绝缘安装。单侧站台站台门安装完毕后,门体对地绝缘电阻不小于 0.5 MΩ。

1. 门体绝缘安装方案

站台门的门体绝缘主要采用在支座与门体结构的连接螺栓之间增加绝缘套筒或垫片的方案。

门体绝缘属于门体设计和安装的一部分,在门体设计过程中已经考虑了绝缘方案,在施工过程中同其他专业无交叉,绝缘效果容易保证。

2. 站台绝缘层敷设方案

根据规范要求,为保证正常候车乘客的安全,南昌轨道交通 4 号线工程每座车站站台侧一定范围内敷设绝缘地板,绝缘地板的选择遵循国家相关标准的要求。地铁工程中绝缘地板的实施有两种方案:方案一是直接敷设绝缘层;方案二是在花岗岩地板下部敷设绝缘层。

(1)方案一:直接敷设绝缘层。

在门槛侧敷设宽度为 1200 mm 的绝缘地板,此绝缘地板可以直接作为站台装修完成面。此方案工程施工较为方便,同时也便于检测、验收及维护;能够达到对地绝缘电阻不小于 0.5 MΩ 的绝缘要求,且在运营过程中对地绝缘电阻不会下降。直接敷设绝缘层示意图如图 2-72 所示。

(2)方案二:在花岗岩地板下部敷设绝缘层。

在花岗岩地板下部敷设绝缘层,在绝缘层上进行垫层及花岗岩的施工;绝缘层和花岗岩的敷设分别由站台门厂商和建筑专业实施。

采用此方案,在花岗岩铺设时容易划伤绝缘层,在后期检测和验收时不容易通过;若绝缘电阻下降,需撬开花岗岩来检测并修补,维护不方便,而且影响运营。在花岗岩地板下部敷设绝缘层示意图如图 2-73 所示。

(3)南昌地铁的选择。

上述两种方案在国内各个城市的轨道交通工程中均有实施,绝缘效果均能达到规范

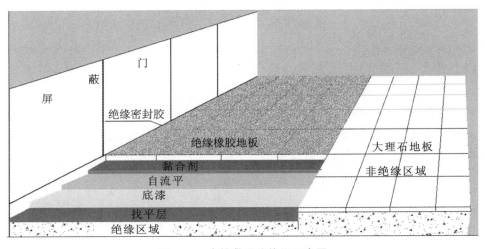

图 2-72　直接敷设绝缘层示意图

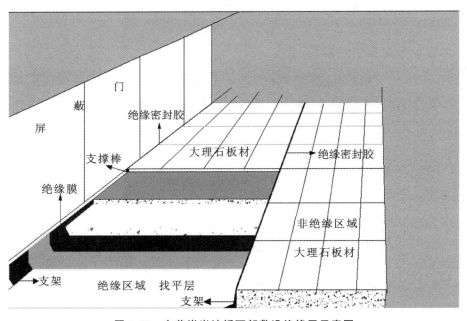

图 2-73　在花岗岩地板下部敷设绝缘层示意图

要求，不过方案选择必须满足地方消防部门的验收要求。站台绝缘层材料的燃烧性能等级应不低于 A_1 级，根据对国际上绝缘地板的调研，橡胶绝缘地板的燃烧性能等级普遍为 B_1 级，不满足地铁消防验收相关规范的要求。目前南昌地铁选择采用在花岗岩地板下部敷设绝缘层的方案。

2.10.2.6　门体材料设计方案

1. 门体材料选择原则

（1）站台门的整体钢结构使用寿命不应少于 30 年。

（2）各个部位的产品所选的材料在性能、功能上要满足要求。在满足设计要求的前提下，尽量采用价格适中的材料，降低站台门的造价。

（3）门体外观宜与车站建筑风格相协调。门体应由金属框架、安全玻璃等组成，框架外露面宜采用铝合金或不锈钢等金属材料制成；玻璃应选用通透性好的安全玻璃。

（4）所选材料必须是经过工程经验验证过的、成熟的产品。

2. 门体表面装饰材料

门体表面装饰材料通常有不锈钢及铝合金型材两种。

（1）不锈钢。

站台门门框由不锈钢板材模弯而成，同时加上加强板，横框与竖框间进行焊接。结构模型中受力件采用性能不低于 Q235A 的优质碳素钢。如 304L 的国内牌号为 00Cr18Ni10，其化学成分及机械性能见表 2-22。

表 2-22　304L 的化学成分及机械性能

牌号	化学成分/(%)							抗拉强度 /MPa	屈服强度 $\sigma_{p0.2}$/MPa	延伸率 δ_5/(%)
	C	Si	Mn	S	P	Cr	Ni			
304L	≥0.03	≥1.00	≥2.00	≥0.03	≥0.035	17.00～19.00	8.00～12.00	≥500	≥180	≥40

（2）铝合金型材。

采用可热处理的强化型的变形铝合金制作的门框，具有密度小、强度高、导电性能良好等特点。比较各种不同铝合金材料的特点，可以发现适合制作各种规格型材的铝合金主要为 6063 合金（即 LD31），它的主要化学成分及其室温下的机械性能见表 2-23。

表 2-23　6063 合金的主要化学成分及其室温下的机械性能

牌号	化学成分/(%)									抗拉强度 /MPa	屈服强度 σ_s/MPa	伸缩率 /(%)	硬度 /HB
	Si	Fe	Cu	Mn	Mg	Cr	Zn	Ti	其他	Al			
6063	0.2～0.6	0.35	0.1	0.1	0.45～0.9	0.1	0.1	0.1	0.15	余量	≥160	≥110	≥8	≥58

（3）方案推荐。

不锈钢材料和铝合金材料的性能比较详见表 2-24。

表 2-24　不锈钢材料和铝合金材料的性能比较

比较项目	材料的屈服强度/MPa	装饰性能适用情况	防腐性能	维护情况	价格/(元/t)
不锈钢（304L）	≥180	色泽恒久	无须进行表面处理，满足防腐要求	易清洁	23000
铝合金（6063）	≥110	色彩丰富	表面进行氟碳喷涂，涂层厚度不小于35μm	防腐处理后的表面易出现划痕	19000
比较结果	不锈钢优	均满足要求	不锈钢优	不锈钢优	铝合金优

由于地铁隧道内，尤其是轨道侧门体易产生腐蚀，在抗腐蚀及抗氧化性上不锈钢材料有一定优势，在可维修性上不锈钢具有良好的塑性，可多次修复，对刮痕可用手提布轮、纤维轮抛光等措施现场施工，成本较低。铝合金出现刮痕或涂层脱落时则处理困难，但可在工艺上采用铝合金扣板，每次只更换表面扣板，如发生变形则可采取整体更换的方式。南昌多雨潮湿，推荐站台门系统的滑动门、固定门、应急门、端门单元的门框装饰材料采用304L。

3. 门玻璃选择

站台门系统的滑动门、固定门、端门、应急门均应采用通透性好的安全玻璃。对钢化玻璃、热浸处理钢化玻璃、钢化夹层玻璃、超白浮法钢化玻璃进行比较，见表 2-25。

表 2-25　各类玻璃比较表

玻璃类型	工艺	强度	性能	自爆率	价格
方案一 钢化玻璃	将普通玻璃进行加热（高于380℃）并急速冷却处理	可达95 MPa	安全性高、强度高、挠度大、热稳定性好	3‰	10 mm厚约200元/m²
方案二 热浸处理钢化玻璃	将钢化玻璃放在热浸炉内进行处理（加热、保温、降温）	可达95 MPa	安全性高、强度高、挠度大、热稳定性好	小于3‰，约为5‱	10 mm厚约230元/m²
方案三 钢化夹层玻璃	两层玻璃中间夹上坚韧的聚乙烯醇缩丁醛，经高温加工制成	可达95 MPa	安全性高，可防飓风与地震，具有防爆性、降噪性及防紫外线特性	小于3‰，约为5‱	10 mm厚约400元/m²

续表

玻璃类型	工艺	强度	性能	自爆率	价格
方案四 超白浮法 钢化玻璃	对超白浮法玻璃原片进行钢化工艺处理（目前只有部分厂家有此类型玻璃）	可达 95 MPa	通透性好、安全性高、强度高、挠度大、热稳定性好	据厂家介绍可达 0.5‰	10 mm 厚约 300 元/m²
比较结果	方案一工艺简单	均满足要求	方案三优，方案二次之	方案一差，方案四最优	方案一低，方案二稍高于方案一，方案三、四高

从站台门实际性能要求方面考虑，站台门门体所采用的玻璃应具有以下功能：破碎后不散落；机械强度满足使用环境要求；平整度、透明度高，具有降噪功能。通过比较各种类型玻璃的性能，结合经济上的考虑，推荐站台门系统门体玻璃采用热浸处理钢化玻璃。

2.10.2.7 安全防护设计方案

站台门系统除在控制系统、电源系统等主要设备方面采用高安全性和高可靠性的产品提高系统的可靠性和安全性以外，还应从门体结构、电气接地和绝缘等方面采取措施以提高站台门系统的安全性，确保乘客乘坐的安全。在结构和电气两方面可采取的安全措施如下。

1. 站台门安装限界优化

直线车站站台采用小限界安装提高安全性。从限界即站台门安装位置上尽可能减小门体与列车车体之间的间隙，以避免乘客无意之中被夹在该间隙中。实践证明这是最根本也是最有成效的措施之一。参考现有规范以及正在编制或修编中的规范的要求，南昌地铁从 2 号线工程开始站台门限界设计为 1530 mm，此时站台门滑动门门框与 B 型车静态车体的最小间隙是 130 mm（直线车站）。该间隙已基本可避免乘客或大件物品被夹在站台门与列车车体之间。

2. 滑动门设置防护挡板

滑动门门扇底部设置防护挡板，如图 2-74 所示。

在滑动门轨道侧门扇底部设置倾斜防护挡板，一是可以使乘客无法站立在滑动门轨道侧，二是可以避免乘客越过滑动门轨道侧进入固定门、应急门轨道侧。

此种措施实现方式比较简单，也可在开关门过程中比较方便地阻止乘客进入站台门与列车之间的间隙中。此措施在上海等城市轨道交通中均有应用，国内各轨道交通线路

图 2-74 滑动门防护挡板示意图

近期建设的新线及早期建设完成的线路（如北京地铁 5 号线、10 号线一期工程等）也都加装了滑动门防护挡板。

3. 电气设计安全措施

（1）站台门关闭时具备障碍物检测功能，从而避免乘客被夹。

（2）每侧站台所有滑动门、应急门均接入安全回路，只有所有以上门均关闭且锁紧后才允许列车发车。

（3）系统控制模式确保任何情况下乘客均可从轨道侧通过站台门到达站台进行疏散。

（4）与信号、车辆专业配合确定合理的车门、站台门开关顺序，因此要求车门具有一定的延时功能。考虑滑动门和列车车门的开关先后顺序以提高安全性。滑动门的开关门行程时间设计为可调整，这对站台门运行有所助益。

4. 设置车尾软灯装置

为避免乘客被夹在站台门与列车车体之间，特别是在运营高峰时段，乘客在滑动门和列车车门即将关闭时强行挤上车而被夹等安全事故，借鉴国内部分城市的经验，可在地下车站列车进站端（即车尾部）站台门端门位置设置软灯便于司机瞭望，如图 2-75 所示。

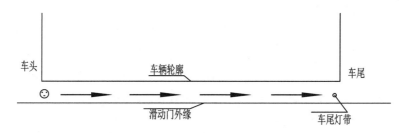

图 2-75 软灯方案原理示意图

在列车启动之前，司机从车头往车尾方向（软灯处）观看，如果司机能看见完整的灯带，则表示站台门与车体间隙内无障碍物遮挡，此时可以启动列车；如果发现灯带被全部或部分遮挡，则说明间隙内存在障碍物，须排除障碍物后方可启动列车。

2.10.2.8 曲线站台站台门折线方案

针对个别曲线车站站台，站台门的设计需按折线方案进行设计，具体曲线站台的处理方案如下。

1. 当曲线曲率半径较大时

当曲线曲率半径较大时,站台门以每节列车为单位进行折线设计,在列车接缝的单元进行特殊设计,如图 2-76 所示为特殊设计的站台门单元。

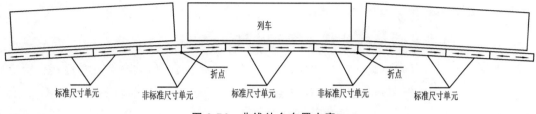

图 2-76　曲线站台布置方案一

2. 当曲线曲率半径较小时

当曲线曲率半径较小时,站台门以每个单元为单位进行折线设计,如图 2-77 中的站台门折点。

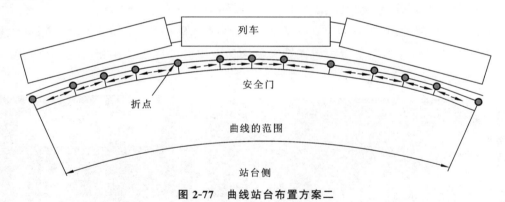

图 2-77　曲线站台布置方案二

具体到每个曲线车站站台,在工程实施阶段,应根据现场测量的实际尺寸,按以上两种方法进行分段设计,并且满足站台门的限界要求。

2.10.3　站台门发展趋势与思考

2.10.3.1　增设防踏空装置的建议

为避免乘客在上下车过程中掉入站台门门槛与列车车体之间的间隙中,建议站台门系统在门槛的外侧(即轨道侧)安装梳齿形夹钢防撞橡胶条作为防踏空装置,同时可以避免刚性装置对列车外壳的剐蹭。防踏空装置如图 2-78 所示。

防踏空装置固定于滑动门门槛侧面，上端低于门槛平面 30 mm，其总厚度根据各处安装完成后门槛边缘到轨道中心线的距离确定，原则上安装完成后距离列车车体的净宽度为 60～70 mm。防踏空装置最终安装方案需经限界专业确认后实施。

为了乘客上下车安全，推荐在防踏空胶条上方设置一条灯带，可以起到警示效果，提醒乘客注意脚下安全，另外也可以进一步提高整体美观度。

2.10.3.2　门体表面绝缘处理方案的建议

由于供电系统采用钢轨作为回流轨，列车车体与站台门门体之间存在电位差。为了解决这个问题，国内既有轨道交通工程站台门系统均采用门体与钢轨等电位连接、门体绝缘安装和距离门体一定范围设置站台绝缘层等方案。绝缘层主要有明敷和暗敷两种敷设方式，大部分工程采用了暗敷方式。站台绝缘层存在门体绝缘层遭到破坏后影响绝缘效果，最终不能满足设计要求的情况。为了更好地解决站台门门体的绝缘问题，保证乘客上下车安全，国内对站台门门体绝缘涂层喷涂方案进行了广泛的研究，已取得了较好的试验效果。

绝缘涂层可以采用新型无机纳米材料、聚偏氟乙烯（PVDF）等多种材质，采用溶胶-凝胶等工艺制备而成，直接从门体表面解决绝缘问题。建议在站台门系统设计过程中，进一步研究和考虑采用门体绝缘涂层喷涂的方案。门体表面绝缘处理方案示意图如图 2-79 所示。

图 2-78　防踏空装置

图 2-79　门体表面绝缘处理方案示意图

2.10.3.3 增设曲线站台间隙补偿装置的建议

为确保轨道交通列车行车安全,列车与站台门槛边缘之间必然有一定的间隙存在,目前在直线站台,列车与站台边缘一般存在 100 mm 左右的间隙,如果车站为曲线站台,这个间隙还会增大。在早晚高峰时段,由于乘客拥挤,此间隙较容易造成乘客踏空的危险。

为确保乘客上下车安全,各城市大部分轨道交通工程中均采用了防踏空装置。通常情况下,曲线站台在设置防踏空装置后列车与站台之间的间隙仍然比较大,因此推荐曲线站台采用间隙补偿装置。间隙补偿装置折叠、翻转动作与站台门开关门动作联动,如图 2-80 所示。

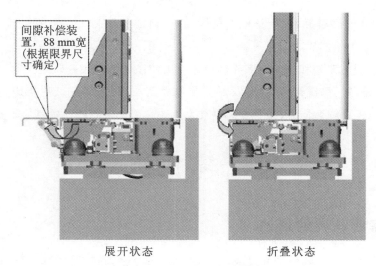

图 2-80 间隙补偿装置示意图

该装置位于滑动门门槛下方,当列车进站停靠后,站台门系统收到开门信号,间隙补偿装置在滑动门开启前完成翻转动作,填补站台门门槛与列车之间的间隙。当站台门系统收到关门信号时,间隙补偿装置在滑动门关闭之后完成折叠动作,恢复站台门与列车之间的限界,保证列车行驶的限界要求。

考虑到该间隙补偿装置属于电气化产品,比较复杂,而且投资较高,建议仅在曲线车站站台设置间隙补偿装置,以有效缩小站台与列车之间的间隙,保证乘客上下车安全。

2.10.3.4 合理规划工期和作业程序的建议

地铁项目系统庞大,施工作业交叉多,合理的施工工序和工期安排将极大地降低交叉施工带来的各专业之间的干扰。在既有部分工程项目中,由于受前期规划的不确定和前期土建施工严重滞后等各方面的影响,待设备施工单位进场的时候还有大量的土建工作未完成,结果或者是设备施工单位延期进场,或者是土建、设备施工单位同时施工,致使现场作业次序混乱、相互干扰、成品保护困难等问题时有发生。

为此,应合理规划设计工期、施工工期和作业程序,减少交叉作业,确保设计工期和施工工期合理,确保在设备进场安装前土建已完成其工作或至少保证在设备安装区域已完成所有的土建施工工作,以保证设备安装现场环境的整洁和安全。

对于站台门系统来说,由于有严格的限界要求,站台门门体到轨道中心线的距离必须严格控制,大了影响安全,小了侵入限界,站台门系统的安装均以轨道为基准,因此在安装前至少相应区段的轨道应已经铺设完毕,并最好已经调整达到了轨道施工的要求,不再变动位置和高度。否则,站台门无法开始安装,在大部分工程中已经发现如果此时以轨道基标作为安装基准,由于基标不是最后的,轨道初期施工误差如果较大,后期调整后,会影响站台门的限界。

因此,合理规划工期和作业程序并确保各项工作按计划实施在轨道交通工程中是非常重要的。对于站台门系统来说,建议尽早开展铺轨工程,在铺轨完成后再进行站台门的安装基准测量,以保证安装质量,避免安装基准发生变化引起侵界或产生其他不安全因素。

2.11 综合联调

2.11.1 综合联调的目的

地铁工程是一项集成多种先进技术、运营安全要求高的系统工程。综合联调是城市轨道交通工程由建设阶段向运营阶段有序过渡的关键环节,是实现城市轨道交通建设目标的措施,可以检验各系统是否达到设计标准及合同规定的各项性能指标要求,协助确定全系统的最佳匹配,为城市轨道交通的顺利开通和良好运营奠定坚实的基础,是项目管理的关键过程。综合联调的目的主要有以下几个方面。

(1) 地铁工程由多个相互作用及匹配的子系统构成,需要在各子系统均满足规定的技术条件和参数指标的基础上,通过综合联调对各关联系统的协同运作进行验证。

(2) 检验各系统设备和相关运营人员在地铁正常运营和应急情况下能否协调、有序地工作。

(3) 通过综合联调充分发现各系统存在的问题,并及时要求相关责任单位组织整改,以实现系统设计功能。

(4) 运营人员通过综合联调熟悉线路、设备的技术参数、设计标准、操作方法、注意事项,为工程进入试运行及开通试运营做好准备。

2.11.2 综合联调的主要内容

编制联合调试总计划和联合调试方案等各类管理性文件,包括但不限于:总联调与演练的各项试验规程,调试、检测工作实施细则,试验记录表格和报表,总联调与演练所有可能出现的意外事故的应急预案,总联调进度控制计划,质量控制计划,风险及安全评估计划,接口关系表及缺口分析计划,技术文件交付计划等。编制总联调人员培训计划、培训教材,组织人员培训。协调、组织各专业承包商完成相关专业合同内的系统调试工作和系统间的接口调试、联合调试工作(具体调试工作由各专业承包商负责实施),并对总联调的前提条件给出评估报告,包括线路具备的条件,车辆及车辆基地具备的条件,各系统专业具备的条件,中心和车站级设备具备的条件等,具体包括但不限于以下内容。

2.11.2.1 车辆动调

完成车辆冷滑、热滑,并完成车辆与关联专业如通信、信号、接触网、轨道、限界等专业的接口试验、联调等。

2.11.2.2 站调

(1) 编制全线各设备系统综合联调大纲及实施方案,内容包括但不限于:联调内容、联调遵循的标准、联调合格标准、联调流程图、联调中安全保障措施及应急处理程序、联调步骤、联调时间安排、联调组织、联调过程所需的各种表格等。

(2) 对与工程有关的轨道工程、车辆、车辆段设备、供电系统(包括 110 kV、35 kV、DC 1500V、400V、动力照明等系统)、接触网、通信系统、信号系统、监控系统(包括 FAS、ISCS、PSCADA、门禁等)、安全门、环控系统、给排水、消防(水消防、气体消防、防排烟)、电扶梯、AFC、导向标识系统的调试大纲文件进行审查,对各设备系统进入联调前所必须具备的条件提出预见性的技术意见。

(3) 编制各设备系统之间的联调接口关系文件(表格),并对其实现及完成情况进行统计,提出技术意见。接口管理文件包括:组织架构、程序、责任界面划分、系统调试的先后顺序、工期计划;硬件接口(物理接口)文件;信息接口文件;等等。

(4) 督促参建单位做好综合联调准备工作,保证各系统具备综合联调条件。

(5) 组织、协调参建单位和有关部门开展综合联调工作,对参与综合联调的单位进行指导、管理、协调与监督。

(6) 按照综合联调大纲和设计文件及合同要求,组织完成工程范围内所有功能的检验测试,并做好记录。

(7) 对综合联调过程中出现的问题,负责主持有关各方参加分析会,对问题出现的原因、性质和责任进行分析判断，提出解决办法及处理意见，并负责落实和监督有关单位及时整改，直至满足设计和运营要求。

（8）审查各系统承包商、供货商的各类技术文件和资料，建立完善的联调数据库。

（9）提交综合联调工作总结报告，对联调结果进行确认。

2.11.3 综合联调的前提条件

综合联调的主要目的是在各单系统设备安装完成且单系统调试、接口调试完毕后，对系统间的功能联动进行验证。

为实现综合联调的目的，确保运营后各系统设备运行稳定可靠、相关技术参数达到设计规范，满足运营要求，在综合联调开展前应具备如下前提条件。

2.11.3.1 总体条件

（1）所有工程和设备已完成分部工程验收、单位工程验收，遗留问题基本完成整改。

（2）各系统已完成单体调试及接口功能测试，测试结果经各方确认；各系统设备均可正常投入使用，功能达到设计标准。

（3）控制中心已完成装修工程；大屏幕系统可正常显示全线车站配线示意图；车站实现信号系统监控功能；广播、闭路电视、时钟、专用电话、公务电话、无线调度台等通信系统具备正常使用功能；通风空调、低压配电与照明各专业均已完成安装调试，可正常投入使用。

（4）设备供货单位、设计单位、施工单位已向运营分公司提交正式的各系统设备安装施工图纸、设备系统连接图、技术规格书、设计联络文件、设备操作手册、设备维修手册等相关技术资料。

（5）各控制系统已完成软件开发及测试工作，实现站级、中央级监控、控制功能，软件运行稳定。

（6）车辆段主要工程和设备已完成单位工程验收，并经工程整改，不存在对运营安全构成威胁的工程缺陷；各项设备设施达到设计功能，满足调试和运作条件；车辆段具备接车条件；试车线具备设计行车速度的行车条件；信号系统及其控制系统已具备功能；车辆检修配套设施具备使用条件。

（7）车辆段基本具备运营、办公和生活等条件。

2.11.3.2 各专业子系统技术前提条件

1. 车站主体

车站土建及装修工程不存在威胁运营安全的工程缺陷。移交前，车站已完成单位（子单位）工程验收及站内装修工程，每个车站至少有呈对角线的两个出入口和紧急疏散口能够使用,全部风亭均可投入使用。

2. 土建与轨道工程

区间全线贯通,土建与轨道工程已完成单位(子单位)工程验收,影响行车安全的隧道结构、轨道等方面的问题已完成整改。

轨行区施工作业基本完毕,轨面无障碍,区间无垃圾及其他遗留物,满足行车要求;轨行区范围内的设备设施应经限界专业检查合格;区间联络通道等各专业施工完毕、轨行区广告灯箱已完成安装;区间隧道已经完成冲洗,与非调试区采取可靠的物理隔离措施。轨行区线路、安全标志需在热滑前全部完成安装;轨行区线缆、吊装设备设施必须安装牢固、无松脱。

3. 供电系统

(1) 环网电缆已完成敷设,环网开关具备操作条件;变电所(主变电站、牵引降压混合所、跟随所、降压所等)设备已完成安装和调试,可投入运行;PSCADA 系统设备已完成安装和调试,具备车站级、中央级监控功能;杂散电流系统设备已完成安装和调试;已完成单位(子单位)工程验收和缺陷处理。

(2) 接触网通过冷滑、热滑试验,已完成单位(子单位)工程验收和缺陷处理。

4. 信号系统

车站、轨旁、控制中心设备已完成安装及各子系统调试,正线、车辆段信号系统具备全部功能;已完成信号系统综合功能测试(含正线和车辆段信号接口测试)。

5. 通信系统

(1) 专用电话系统已完成安装及站级调试,控制中心投入使用前具备站间通话功能,控制中心投入使用后具备控制中心调度员和各值班点的通话功能。

(2) 无线系统已完成站级调试,控制中心投入使用前具备手持台、车载台与车站无线调度台的通信功能,控制中心投入使用后具备手持台、车载台与中央无线调度台的通信功能。

(3) 传输系统已完成安装调试,可为各关联系统传输信息,控制中心投入使用后可为系统提供信息传输通道。

(4) 广播、乘客信息、闭路电视系统已完成车站级和中央级的安装和调试。

(5) 时钟系统可为关联系统提供基准时间。

(6) 通信电源系统已完成单体调试,具备不间断供电功能。

6. 风、水、电等设备

(1) 给排水系统已与市政给排水管网联通,具备正常的使用功能;车站及区间的水消防系统具备正常的使用功能。

（2）低压配电及照明系统已完成系统设备安装及调试工作，具备正常的使用功能。

（3）通风空调系统已完成系统设备安装及调试工作，联调前具备正常的车站级控制功能。以上各系统设备均已完成单位（子单位）工程验收和缺陷处理。

7. 综合监控系统

综合监控系统设备已完成车站级和中央级设备安装、单体调试及关联系统接口测试、骨干网测试，并具备中央级电力远程监控功能及中央级消防报警及相关防灾模式联动监控功能；车站级具备所有接口系统的监控功能；IBP已完成安装及功能调试，具备所有后备控制操作功能。

8. 屏蔽门、端门

所有屏蔽门、端门已完成安装及站级功能的调试，均具备就地开、关控制的功能；已完成单位（子单位）工程验收和缺陷处理。

9. 自动扶梯、电梯

自动扶梯、电梯已完成安装调试及设备周边防护，已完成单位（子单位）工程验收和缺陷处理，且已通过市质量技术监督局的验收；电梯具备消防联动功能。

10. FAS和气体灭火系统

FAS和气体灭火系统已完成系统内控制盘、车站级计算机及程序联动控制功能的调试，具备自动报警功能；已完成单位（子单位）工程验收和缺陷处理。

11. BAS系统

BAS系统已完成各监控子系统车站级点动调试、（模式）程序控制调试，具备车站级监控功能及消防联动功能。

12. AFC系统

AFC系统已完成设备安装及系统内部调试，具备正常使用功能；已完成单位（子单位）工程验收和缺陷处理。

13. 车辆

能够按照各联调方案要求提供经调试合格且已获得国家级PAC型式认证证书（含车辆调试及信号调试）的车辆。

14. 车辆段设备

各车辆段设备已完成单位（子单位）验收，具备接车条件，且满足调试列车存放需求；试车线具备设计行车速度的行车条件，信号系统的控制系统已具备功能，且能够顺利调车出厂，车辆检修配套设施具备使用条件。

2.11.4 综合联调组织架构及职责

为确保综合联调顺利开展,应成立综合联调组织架构,负责筹备、指挥、管理、协调、实施综合联调过程中的各项工作。各方应根据综合联调组织架构及职能安排合适人员共同组建,人员选定应以"利于资源调配、利于工作协调、利于问题整改"为原则。

(1)综合联调组织架构由综合联调领导协调组(指挥层)、综合联调工作组(执行层)组成。

(2)综合联调组织架构由业主单位、设计单位、联调单位、监理单位、设备供货单位、施工单位等参建单位安排相关人员共同组建。

(3)在综合联调中根据综合联调组织架构对设计单位、联调单位、监理单位、施工单位、设备供货单位等参建单位进行管理。综合联调现场实施时,综合联调专业负责人牵头组织,业主单位、设计单位、监理单位参与,在施工单位、设备供货单位等的专业配合、监护下进行操作。

综合联调组织架构如图 2-81 所示。

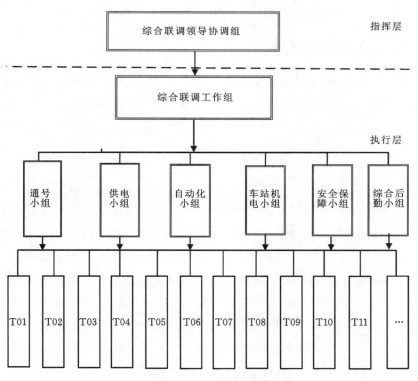

图 2-81 综合联调组织架构

2.11.5　协调管理机制

由综合联调工作组负责工期统筹策划，根据施工进度每月实时动态进行工期策划调整，明确工程进度、分析落后原因、制定调整计划并发布，各专业单位应严格按照计划开展工作，确保工程有序推进。在综合联调工作开始后，应发挥以下协调机制的作用。

（1）综合联调领导协调组会议原则上每月召开一次或根据实际需要适时召开。

（2）综合联调工作组每周召开一次例会，会议由综合联调工作组组长或副组长主持，分管领导参加，总结上一阶段的调试情况，协调现场影响联调的问题，布置下一阶段的任务；各单位综合联调工作组的工作人员不得无故缺席，遇特殊事项需请假、说明，应向会议主持人说明并派熟悉现场情况的负责人参加。

（3）遇到重要事情或者紧急事情，综合联调工作组通知各单位召开临时会议，各单位成员不得无故缺席，遇特殊事项需向会议主持人请假、说明，并派熟悉现场情况的负责人参加。

（4）项目执行组根据专业所属调试项目的进展情况不定期召开会议，对调试的阶段性进展进行小结，分析梳理专业问题，制定整改措施。

2.11.6　综合联调问题分析

综合联调问题由各联调项目小组填写问题汇总表，并统一规范问题填写要求，每项问题均需填写问题编号、调试地点、问题描述、问题属性、影响程度、所属专业、发现时间、责任单位、问题状态等重要信息。经对南昌地铁 2 号线工程首通段综合联调中出现的 740 项联调问题进行分析，总结如下。

2.11.6.1　综合联调各项目问题

南昌轨道交通 2 号线工程（首通段）综合联调各项目问题统计如图 2-82 所示。从图中可以看出，发现问题较多的项目依次是 T20、T21、T19、T17、T18、T13，其余项目发现问题均不超过 10 项，其中 T01、T02、T05、T07、T08、T10、T11 共 7 个项目未发现问题。

（1）T20 项目共发现 235 项问题，约占综合联调发现问题总量的 32%。T20 项目联调内容主要涉及综合监控、BAS、通风空调系统、水系统等设备，本项目发现的 235 个问题主要集中在车站 BAS 系统、通风空调系统设备（BAS 系统发现的问题占比最高，约为 49%），如图 2-83 所示。T20 项目发现问题的属性分布情况统计如图 2-84 所示。

从图中可以分析出，本工程机电系统的单系统和接口调试在综合联调实施过程中发现的问题中软件问题占据较大比例，在接口调试前的单体测试中硬件不稳定、接口软件未调试好、设计点表和图纸变更多等，导致综合联调实施中的问题较多。

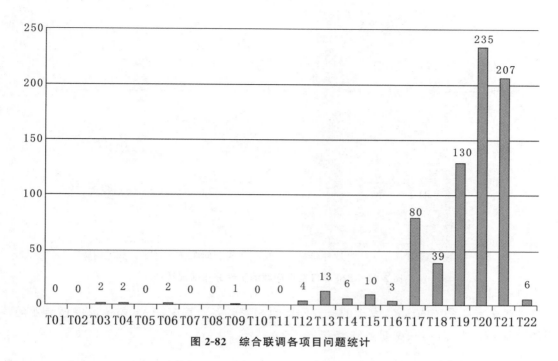

图 2-82　综合联调各项目问题统计

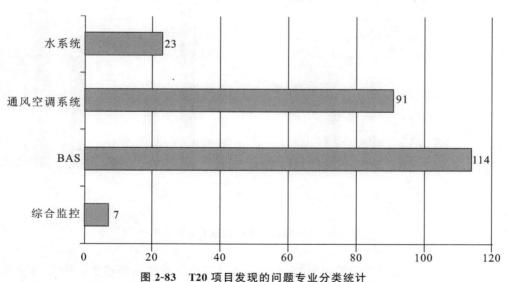

图 2-83　T20 项目发现的问题专业分类统计

建议在后续线路中加强单系统和接口调试，设计方尽早稳定设备图纸及点表，系统厂商提早核对点表并做好软件布置，对单系统调试中发现的全线问题通过专项会议协商解决。

（2）T21 项目为车站火灾工况（消防联动）联调项目，共发现 207 项问题，测试中涉及

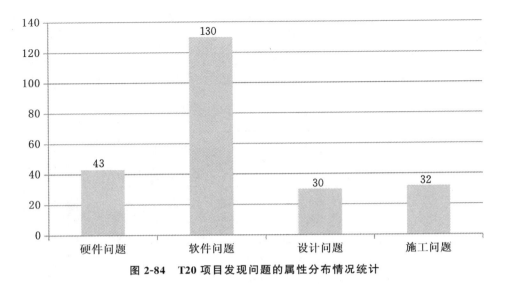

图 2-84　T20 项目发现问题的属性分布情况统计

联动多个专业系统的设备,发现的接口问题也相对较多。其中,FAS 与通风空调专业问题分别为 40 项、39 项,如图 2-85 所示。

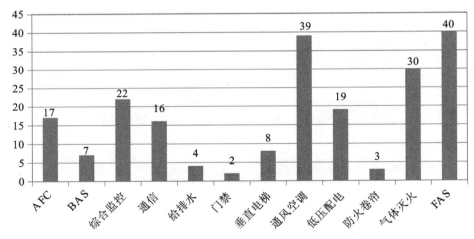

图 2-85　T21 项目发现的问题专业分类统计

T21 项目测试发现的问题中 FAS 专业及通风空调专业的问题较多。FAS 专业出现问题的主要原因为现场 FAS 与机电设备接口未接线或接线错误、FAS 模块设备故障、模块接线错误等。通风空调与气体灭火专业方面的问题原因主要为电动防火阀的阀体故障、防火阀控制线错误、排烟风机的接口接线错误等。同时,综合监控专业的问题也不少,主要体现在 IBP 的排烟风机状态指示灯不显示、软件设备图元及火灾联动触发程序出现问题等方面。以上因素导致综合联调中 T21 项目发现的问题较多。总体原因在于综合联调前单系统测试与接口测试发现的问题未彻底解决而集中在综合联调当中出现。

（3）T17项目为综合监控与PSCADA、供电系统联调，测试各个车站、车辆段变电所、主变电所的电力开关设备的"四遥"（遥控、遥信、遥测、遥调）功能，共发现问题80项，如图2-86所示。

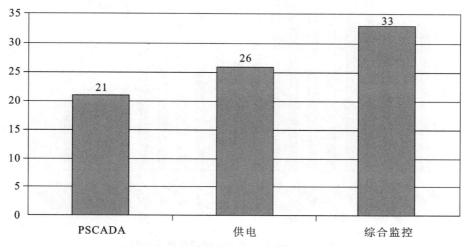

图2-86　T17项目发现的问题专业分类统计

T17项目测试发现的问题中综合监控的问题较多，主要原因有综合监控系统电力开关设备点位未布置完善、综合监控系统的电力设备点表与PSCADA系统点表存在不一致和不同步的问题等，总体原因在于综合联调前单系统测试与接口测试发现的问题未提早解决。

2.11.6.2　问题车站分布

根据数据统计（图2-87），全线综合联调出现问题最多的车站为市民中心站（56项，约占总量的8%），且问题集中在综合监控、BAS专业上。市民中心站所发现的问题主要有软件问题28项、硬件问题9项、施工问题8项、设计问题3项，可见问题主要集中在软件上。

2.11.6.3　问题专业分布

综合联调问题专业分布如图2-88所示。由图可见，综合联调问题集中于综合监控、BAS、FAS、通风空调、气体灭火、通信、供电、PSCADA专业。其中，综合监控发现的问题最多（301项，约占问题总量的41%），BAS、FAS发现的问题分别为102项、93项（占比约为14%、13%）。综合监控专业集成、互联了众多子系统，对口众多子专业设备点表，故问题容易出现在设备监控点表、设备界面图元上。BAS专业接口繁多，调试工作量较大，问

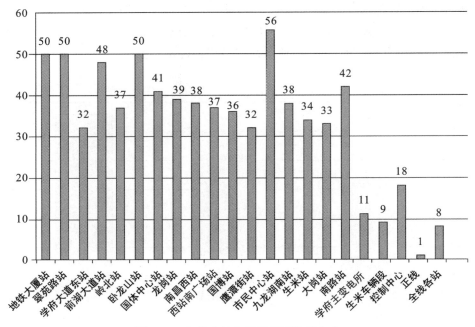

图 2-87　各站点综合联调问题数量分布

题容易出现在接口监控数据点位及接口通信功能上。通风空调涉及各个车站，设备种类、规格、型号、来源复杂。建议在后续调试中以综合监控专业为主线，建立专门的监管队伍，做好接口调试工作，尤其是 BAS 与通风空调专业的接口调试工作。

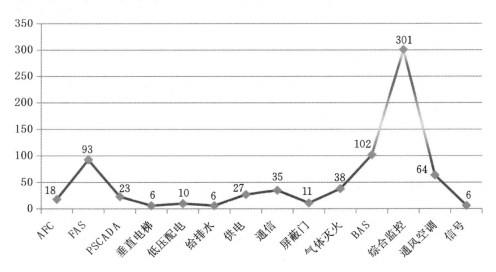

图 2-88　综合联调问题专业分布

2.11.6.4 属性分析

综合联调问题属性分布如图 2-89 所示,可见综合联调的问题属性中软件问题占比超过一半,达到 51%,施工问题、硬件问题分别占 24%、19%。软件、施工、硬件测试是检验设备厂家软件调试水平、施工工艺及设备稳定性能,根据综合联调结果,建议分别从到货验收、系统调试、成品保护、施工管控几个方面加强管理,充分发挥监理作用。设计问题相对较少,但每一项设计问题都应引起重视,避免同类问题在后续建设线路中出现。

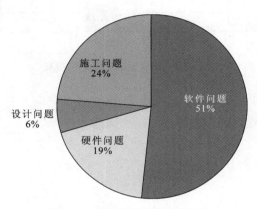

图 2-89 综合联调问题属性分布

2.11.6.5 影响程度分析

将综合联调发现的问题的影响程度分为 A、B、C 三类,并填入表格。问题分类依据如下。

A 类(严重问题):影响行车、消防、人身安全的问题;不符合强制性规范条文要求的问题。

B 类(重要问题):设备主要功能未实现,不能实现设计功能;不良状态影响其他设备运行;不良状态长期持续将导致本设备运行质量严重恶化;不具备检修条件,无法实施日常检查与维修;设备设施不满足开通需求。

C 类(一般问题):设备状态不良或功能不完善;对运营服务有长期影响或对用户使用有影响的问题;给乘客出行、用户使用或维修维护造成不便,或影响乘客出行及影响用户使用、维修维护等问题。

南昌轨道交通 2 号线工程(首通段)综合联调问题影响程度如图 2-90 所示,可见综合联调问题主要集中在 B 类,建议从设备系统施工工艺质量、设计功能完善性、运行稳定性、可维护性等方面加强管控力度。

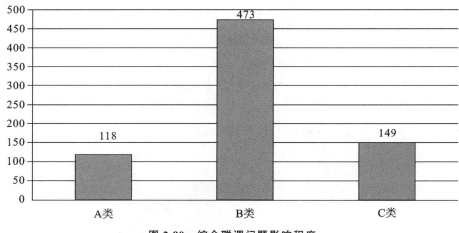

图 2-90　综合联调问题影响程度

综合联调中出现的 A 类问题共有 118 项,其中设计问题共有 11 项,基本都是影响较大的问题,应注意在后续线路中避免出现同类问题。

第三章

机电资源规划与共享

3.1 控制中心

随着社会生活水平的提高,人们的出行方式也更加多样化,随之出现了交通拥堵等一系列问题,人们迫切地希望改变这一现状。轨道交通的快速发展给人们的出行带来了较大的便利。地铁控制中心是整个地铁线路的核心所在。控制中心关系到地铁运行的通畅和安全,是日常运营、设备维护、行车组织的指挥中心,也是运营信息收发中心,是地铁行车运行的"大脑"。

3.1.1 基本要求

3.1.1.1 主要功能

(1) 对线路所有运行车辆、车站、停车场和区间实施集中的指挥、调度、监控、协调、控制和管理等。

(2) 指挥轨道交通正线运行列车,并实时做好列车运行与车站客运作业过程的协调、列车运行与车辆段有关作业的协调等工作。

(3) 在控制中心实现票务的清分、统一编码、制作、出售,以及进出站检验票、统计和财务集中核算等业务。

(4) 对全线的环境状况及车站设备的运行状态进行监控;在紧急情况下,系统可根据应急中心的相应决策及系统预案的提示向车站发出控制指令,辅助抢险和救援等工作。

(5) 实现对轨道交通线路电力系统的远程集中监控等,并完成中心级统一的电力调度工作。

(6) 实现对线路设备故障、维修的统一调度,建立与线路运营维修体制相匹配的管理模式。

(7) 实现线路内(含车对地),以及线路与路网和外界相关系统的信息联系、汇集、处理、交换和转发等。

3.1.1.2 设计要求

(1) 南昌轨道交通路网采用集中型控制中心方案,线路控制中心接入 1 号线地铁大厦站旁的集中型控制中心。

(2) 控制中心建筑、结构、联络电缆通道、强弱电电缆竖井、附属设施、综合布线、防灾报警及安防等弱电系统应满足各正线系统设备工艺要求,并符合有关规范、标准的要求。

(3) 控制中心调度大厅工艺布局应依据集中型控制中心的总体工艺布局方案,并结合线路运营的行车管理、操作模式确定;落实各系统机房及调度大厅设备的布置,以及相应的管理、行政办公用房布置,满足运营人员分工与配置的需求。

(4) 通信、信号、综合监控、AFC、FAS、BAS、PSCADA 等系统在控制中心接口,应根据控制中心与综合监控系统的集成和互联关系划分界面。

(5) 控制中心作为线路与路网、与外界相关系统的信息联系、汇集、处理、交换场所,应加强计算机网络设备的安全性、可靠性等,更好地发挥其在运营管理和乘客服务方面的作用。

(6) 工艺布局要保证设备、管理用房分区合理,各功能单元衔接顺畅。

(7) 控制中心的调度大厅、设备用房、管理用房应设置满足消防要求的防灾报警和灭火设施,电气设备机房内应采用气体灭火系统,调度大厅、有人值守的网管室、管理用房、办公用房等采用细水雾或水喷淋灭火系统。

(8) 控制中心的调度大厅及各系统设备用房宜设置门禁系统。

(9) 控制中心的电源必须采用交流三相五线制(380 V/220 V 50 Hz),一级负荷的两路独立电源的供电质量必须符合有关规定。

(10) 控制中心采用综合接地方式,接地电阻不大于 1 Ω,满足各系统设备接地的要求;与外线连接的室内各系统设备应采取防雷措施;同时控制中心的建筑必须采取符合相关规范的防雷措施。

3.1.1.3 用房需求

控制中心应包括技术设备用房、辅助机电设备用房、行政管理办公用房、线路设备用房及其他附属用房等。

(1) 技术设备用房。

控制中心的技术设备用房主要包括以下用房。

① 行车指挥、运营管理用房:调度大厅及培训室等。

② 系统设备用房:综合监控系统(含电力监控系统、环境与设备监控系统、门禁系统、火灾自动报警系统)、自动售检票系统、乘客信息系统、办公自动化系统、民用通信系统等系统所需的设备机房、网络管理室、电源室等。

③ 设备管理维修用房和相关培训室等。

(2) 辅助机电设备用房。

控制中心辅助机电设备用房包括变电所、配电用房、通风空调用房、消防用房(消防泵房、钢瓶间)、管道井、电缆配线间等,由集中型控制中心统一考虑设置。

(3) 行政管理办公用房。

行政管理办公用房主要包括调度所办公室、会议室等,由集中型控制中心统一考虑设置。

(4) 线路设备用房。

线路设备用房主要包括设备系统用房、工区等,由集中型控制中心统一考虑设置,具体线路设备用房规模应结合集中型控制中心总体规划条件及系统方案做进一步优化设计。

(5) 其他附属用房。

其他附属用房包括会议室、食堂、车库、公安中心等,由集中型控制中心统一考虑设置。

3.1.2 工艺设计

3.1.2.1 集中型控制中心总体工艺方案

南昌地铁集中型控制中心设置在 1 号线地铁大厦站旁,与地铁大厦合设大楼,控制中心用房主要设置在裙楼部分,包含地下一层和地上四层。

(1) 各层用房布局。

地下一层:大楼变电所、制冷机房、气瓶间、电缆引入间等。

一层:控制中心门厅、控制中心安防控制室及办公室等。

二层:预留 5 号线设备用房及管理用房、PIS 编播中心设备和管理用房、民用通信机房、公安通信机房等。

三层:1~4 号线设备用房、管理用房、上层通信机房等。

四层:五线合设调度大厅、调度管理用房、调度生活用房、TCC(traffic control centre,轨道交通指挥中心)设备用房和管理用房、信息中心设备用房和管理用房等。

集中型控制中心大楼各楼层整体工艺布局及共享调度大厅工艺布局已在 1 号线建设时完成,在控制中心三层和四层预留了各线路接入的各类系统设备用房、管理用房及调度大厅等,满足线路的接入需求。线路接入时,仅需对线路区域的设备用房、管理用房等进行二次装修。

(2) 管理与操作模式的确定。

管理按线路独立、集中管理模式实施;结合控制中心的功能要求,设立统一的领导组织机构,设控制中心主任,下设总调度长(调度主任)和分析调度员;操作层设置综合调度操作员,按行车、设备(兼防灾应急)、维修专业分工。

操作按各专业集中、综合操作模式实施;实现集中调度、统一指挥,保证运行指挥、安全服务工作科学化、智能化和自动化,充分发挥控制中心对轨道交通线路及路网的管、控、协调等功能。同时控制中心具有系统集成的功能,以加强控制中心对突发事件的决策分析和应变处理能力。

(3) 调度大厅设置。

调度大厅内主要设置综合显示屏、监控操作台、通信设备及综合监控信息网设备等。大厅分为操作员区域、运行协调和分析区域、综合协调和应急区域。

操作员区域由综合显示屏、监控操作台组成。根据线路运营管理需求及调度大厅具体情况设置综合监控系统,调度大厅前排设置行调、设备调(环调、电调)席位,后排设置总调(兼客调)、维调席位。

3.1.2.2 工艺布局方案

调度大厅的布局主要是指综合显示屏和调度台的布局,也是控制中心工艺布局的核心内容。

根据南昌轨道交通控制中心的总体规划,南昌地铁1、2、3、4、5号线的调度台及大屏幕集中设置在控制中心调度大厅。各条线路调度台和大屏幕呈扇形布置,1号线调度台和大屏幕居中布置,2、3号线的调度台和大屏幕分别对称布置在1号线的调度台及大屏幕左右两侧,4、5号线的调度台和大屏幕在最外侧对称布置。

1. 综合显示屏

根据控制中心前期整体规划,大屏幕拼接单元尺寸均为70英寸,1、2、3号线呈3行×10列排列,4、5号线呈3行×9列排列,2、3、4、5号线大屏幕对称分布在1号线大屏幕两侧。

2. 席位设置

各线路设置3排调度席位,第一排为行调,第二排为设备调,第三排为总调(兼客调)、维调。其中行调设置3个席位,设备调区域设置电调和环调席位各1个,总调和维调席位各设置1个,总计7个席位。

3.1.3 附图

南昌轨道交通控制中心调度大厅工艺布局如图3-1所示。

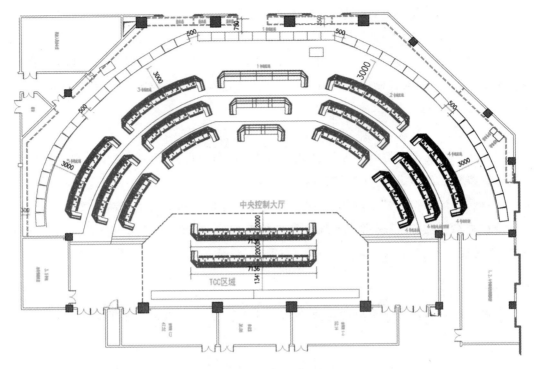

图 3-1　调度大厅工艺布局

3.2　IP 地址规划

3.2.1　背景及目的

目前南昌轨道交通考虑建设 12 条线路，已构成规模性网络架构。面对轨道交通行业子系统多、业务杂的特点，为方便信息化、精细化管理，有必要对南昌轨道交通的线网做统一规划。

为了满足南昌轨道交通信息化建设对网络的需求、满足南昌轨道交通线网的 IP 地址容量需求，须对南昌轨道交通网络系统的 IP 地址做总体规划。

3.2.2　信息系统

南昌轨道交通信息系统宜分为两类。一类是普通的企业信息系统，如公司级 OA 系统、ERP(enterprise resource planning，企业资产计划)系统、财务系统、HR(human resources，人力资源）系统、EAM（enterprise asset management，企业资产管理）系统等。这些信息系统属于同一层次的信息系统，因此可以由企业综合信息网络承载。企业综合信息网络应覆盖南昌轨道交通集团（含集团各部室、分公司、子公司）所管辖的各个区域及各条已运营的轨道交通线路的办公区域。企业综合信息网络涉及的信息系统较多，用户为南昌轨道交通集团以及与信息系统相关的企业员工，数量众多。

另一类则是各个轨道交通线路的运营系统，主要有综合监控系统，FAS 和气体灭火系统，AFC 系统，ACC 系统，通信系统（专用通信系统、民用通信系统、公安通信系统），信号系统，供电系统（含 PSCADA 等）等。这些系统主要涉及每条轨道交通运营线路，因此这些系统的网络宜独立组网。上述系统中，绝大部分为小型系统。另外 ISCS 也与众多系统有接口，且绝大部分是基于 IP 的应用，因此系统规模也较大。

各条线路均有通信系统、信号系统、综合监控系统、自动售检票系统、乘客信息系统、办公自动化系统、安防系统等。通信系统包括专用通信系统、公安通信系统等。其中，专用通信系统含传输系统、专用电话系统、公务电话系统、专用无线通信系统、视频监控系统、广播系统、时钟系统、集中告警系统、电源与接地系统等；公安通信系统含公安无线引入系统、消防无线引入系统、公安数据网络系统等。

3.2.3　IP 地址分类

国际标准及 TCP/IP 协议规定，IPv4 地址由 32 位二进制数组成，共 4 个字节，实际中常用点分十进制记法，并根据网络号和主机号把所有的 IP 地址划分为 A、B、C、D、E 五类。

IP 地址分为四段，每个字段是一个字节，即包含 4 个字节，每个字节有 8 位，最大值是 255。

IP 地址由两部分组成，即网络地址和主机地址。网络地址表示其属于互联网的哪一个网络，主机地址表示其属于该网络中的哪一台主机，二者是主从关系。

A 类：1.0.0.0～126.0.0.0，默认子网掩码为 255.0.0.0。第一个字节为网络号，后三个字节为主机号，该类 IP 地址的最前面为"0"，所以地址的网络号取值为 1～126。可用的 A 类网络有 126 个，每个网络能容纳 1000 多万个主机（主机数量为 2^{24}），一般用于大型网络。全 0 和全 1 的都保留不用，全 0 的表示所有 IP 地址，全 1 的是保留地址，用于环回测试。

B 类：128.0.0.0～191.255.0.0，默认子网掩码为 255.255.0.0。前两个字节为网络号，后两个字节为主机号，该类 IP 地址的最前面为"10"，所以地址的网络号取值为 128～191，可用的 B 类网络有 16382 个，每个网络能容纳 6 万多个主机，一般用于中等规模网络。

C 类：192.0.0.0～223.255.255.0，子网掩码为 255.255.255.0。前三个字节为网络号，最后一个字节为主机号，该类 IP 地址的最前面为"110"，所以地址的网络号取值为 192～

223，C 类网络有 200 多万个，每个网络能容纳 254 个主机，一般用于小型网络。

D 类：多播地址，该类 IP 地址的最前面为"1110"，所以地址的网络号取值为 224~239，是一个专门保留的地址，一般用于多路广播用户。该类地址并不指向特定的网络，目前这一类地址被用在多点广播（multicast）中。多点广播地址用来一次寻址一组计算机，标识共享同一协议的一组计算机。

E 类：保留地址，该类 IP 地址的最前面为"1111"，所以地址的网络号取值为 240~255。

3 种主要 IP 地址各保留了 3 个区域作为私有地址，用于组建企业内部网络，其地址范围如下。

A 类地址：10.0.0.0~10.255.255.255

B 类地址：172.16.0.0~172.31.255.255

C 类地址：192.168.0.0~192.168.255.255

3.2.4 总体地址规划

在进行网络规划时，应充分考虑未来的发展需求并遵循以下原则。

可扩展性：地址分配时在每一个层次上都留有余量，充分考虑未来线路扩展、车站扩展的需求，坚持统一规划、长远考虑、分片分块分配的原则。

易管理性：充分利用地址空间，在按一定逻辑分配 IP 地址的基础上最大限度地实现地址连续，并兼顾今后网络的发展，便于业务管理。

鉴于通信系统更新换代快，并且全 IP 化也是未来通信业务发展的趋势，为考虑长期部署，IP 地址规划的一个基本原则是：为每个通信系统的终端分配一个 IP 地址。面对如此大量的 IP 地址资源被占据的情况，在 IP 地址资源中，B 类地址是远远不够的，至少需要一个 A 类地址。企业内网为了不浪费公用资源，往往采用私有 IP 地址作为内网 IP 地址。私网 A 类 IP 地址的范围为 10.0.0.0~10.255.255.255。在二进制下，私网 A 类 IP 地址共 32 位，如图 3-2 所示。

| 00001010 | 11111111 | 11111111 | 11111111 |

图 3-2 私网 A 类 IP 地址

基于南昌轨道交通集团信息化建设的考虑，结合当前系统规模与将来升级扩充的需要，同时兼顾将逐步建设的另外几条轨道交通线路之间的互连等问题，集团欲采用 A 类保留的地址段，即 10.0.0.0/8 作为整个南昌轨道交通的网络地址，并在 10.0.0.0/8 的基础上进一步详细划分，将不同的应用系统、轨道交通线路划分为规模较小且满足应用需求的 IP 网络地址,从而避免 IP 地址重复使用,并为各系统互联提供基础保证。

3.2.5 详细网络规划

根据南昌轨道交通的运营特点,其管理体系可分为 3 级:线网级、线路级和车站级(包含正线车站、车辆段、停车场等),如图 3-3 所示。

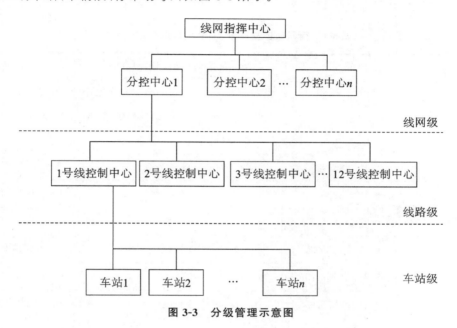

图 3-3　分级管理示意图

根据以上分级管理体系,可以将整个轨道交通的 IP 网划分为以下两个大网:线网级 IP 大网(包含总控中心、分控中心)、线路级 IP 大网(每个线路一个网段)。

线网级 IP 大网包含南昌轨道交通集团综合信息办公网(如 ERP 系统、HR 系统、公司级 OA 系统、EAM 系统、财务系统等)、ACC 系统及其他线网级运营生产系统。

线路级 IP 大网:每个线路一个网段,根据各个专业的不同再分别细分为几个子网。

3.2.5.1　线网级规划

根据目前的统计,每条线路约需 8 个 B 类 IP 地址[其中通信专业 3 个、AFC 专业 1 个、综合监控专业(含 PSCADA)2 个、信号专业 2 个]。

线路的 IP 地址既要有效利用有限的地址空间,又要便于管理和识别。综合考虑以上因素,特制定以下 IP 地址命名规则。

一个 IP 地址包含四段数字,格式为 $A_1A_2A_3.B_1B_2B_3.C_1C_2C_3.D_1D_2D_3$,每个数字的取值范围为 0～255。

(1) 第一段数字固定为 10。

(2) 第二段数字前 2 位（B_1B_2）表示线路，第 3 位（B_3）表示专业。

(3) 第三段数字原则上代表各个专业子系统，当某些系统过于庞大时，可将某个 B 类 IP 地址单独分配给此系统。

根据以上规则，制定南昌轨道交通 B 类 IP 地址的分配规划表，见表 3-1。

表 3-1 南昌轨道交通 B 类 IP 地址的分配规划表

序号	IP 地址	使用线路及区域范围	说明
1	10.0.0.0～10.8.255.255	企业信息系统（如 ERP 系统、HR 系统、公司级 OA 系统、EAM 系统、财务系统等）	9 个 B 类 IP 地址
2	10.9.0.0～10.9.255.255	轨道交通清分系统	1 个 B 类 IP 地址
3	10.10.0.0～10.19.255.255	1 号线	10 个 B 类 IP 地址
4	10.20.0.0～10.29.255.255	2 号线	10 个 B 类 IP 地址
5	10.30.0.0～10.39.255.255	3 号线	10 个 B 类 IP 地址
6	10.40.0.0～10.49.255.255	4 号线	10 个 B 类 IP 地址
7	10.50.0.0～10.59.255.255	5 号线	10 个 B 类 IP 地址
8	10.60.0.0～10.69.255.255	6 号线	10 个 B 类 IP 地址
9	10.70.0.0～10.79.255.255	7 号线	10 个 B 类 IP 地址
10	10.80.0.0～10.89.255.255	8 号线	10 个 B 类 IP 地址
11	10.90.0.0～10.99.255.255	9 号线	10 个 B 类 IP 地址
12	10.100.0.0～10.109.255.255	10 号线	10 个 B 类 IP 地址
13	10.110.0.0～10.119.255.255	11 号线	10 个 B 类 IP 地址
14	10.120.0.0～10.129.255.255	12 号线	10 个 B 类 IP 地址
15	10.130.0.0～10.239.255.255	线路级预留	110 个 B 类 IP 地址
16	10.240.0.0～10.249.255.255	线网级运营生产系统（如线网通信系统、TCC、线网级综合监控系统等）	10 个 B 类 IP 地址
17	10.250.0.0～10.255.255.255	预留	6 个 B 类 IP 地址

3.2.5.2 线路级规划

线路级规划以南昌轨道交通 1 号线为例。1 号线规划了 10 个 B 类 IP 地址,详见表 3-2。

表 3-2　南昌轨道交通 1 号线 B 类 IP 地址规划

序号	IP 地址	使用线路及区域范围	说明
1	10.11.0.0~10.12.255.255	综合监控系统;FAS 和气体灭火系统(宜按设备接入数量划分更小规模的子网)	2 个 B 类 IP 地址
2	10.13.0.0~10.13.255.255	供电系统(含 PSCADA)	1 个 B 类 IP 地址
3	10.14.0.0~10.14.255.255	AFC 系统	1 个 B 类 IP 地址
4	10.15.0.0~10.16.255.255	信号系统	2 个 B 类 IP 地址
5	10.17.0.0~10.19.255.255	通信系统(专用通信系统、公安通信系统、民用通信系统)	3 个 B 类 IP 地址
6	10.10.0.0~10.10.255.255	预留	1 个 B 类 IP 地址

现有的地铁线路,每条线取其中一段为各线路的各类业务及终端分配 IP 地址。根据业务需求分析,共需占用 24 个业务段,分配 3 位作网络号,剩余 32－16－3＝13 位作主机号。以通信系统 10.17.0.0~10.19.255.255 段 IP 地址为例,将其划分为 24 段,子网掩码为 255.255.224.0,每段的 IP 地址范围见表 3-3。

表 3-3　通信系统 IP 地址划分

序号	业务类别	网络号 IP	子网掩码	IP 地址
1	专用传输系统	10.17.0.0	255.255.224.0	10.17.0.1~10.17.31.255
2	专用公务电话系统	10.17.32.0	255.255.224.0	10.17.32.1~10.17.63.255
3	专用电话系统	10.17.64.0	255.255.224.0	10.17.64.1~10.17.95.255
4	专用无线通信系统	10.17.96.0	255.255.224.0	10.17.96.1~10.17.127.255
5	专用视频监控系统	10.17.128.0	255.255.224.0	10.17.128.1~10.17.159.255
6	专用视频监控系统(备)	10.17.160.0	255.255.224.0	10.17.160.1~10.17.191.255
7	专用广播系统	10.17.192.0	255.255.224.0	10.17.192.1~10.17.225.255
8	专用集中告警系统	10.17.226.0	255.255.224.0	10.17.226.1~10.17.255.255

续表

序号	业务类别	网络号 IP	子网掩码	IP 地址
9	专用时钟系统	10.18.0.0	255.255.224.0	10.18.0.1～10.18.31.255
10	专用集中录音系统	10.18.32.0	255.255.224.0	10.18.32.1～10.18.63.255
11	专用电源系统	10.18.64.0	255.255.224.0	10.18.64.1～10.18.95.255
12	PIS	10.18.96.0	255.255.224.0	10.18.96.1～10.18.127.255
13	办公自动化系统	10.18.128.0	255.255.224.0	10.18.128.1～10.18.159.255
14	安防系统	10.18.160.0	255.255.224.0	10.18.160.1～10.18.191.255
15	公安电源系统	10.18.192.0	255.255.224.0	10.18.192.1～10.18.225.255
16	公安专用电话系统	10.18.226.0	255.255.224.0	10.18.226.1～10.18.255.255
17	公安无线覆盖系统	10.19.0.0	255.255.224.0	10.19.0.1～10.19.31.255
18	计算机网络系统	10.19.32.0	255.255.224.0	10.19.32.1～10.19.63.255
19	公安视频监控系统	10.19.64.0	255.255.224.0	10.19.64.1～10.19.95.255
20	民用传输系统	10.19.96.0	255.255.224.0	10.19.96.1～10.19.127.255
21	民用电源系统	10.19.128.0	255.255.224.0	10.19.128.1～10.19.159.255
22	民用无线系统	10.19.160.0	255.255.224.0	10.19.160.1～10.19.191.255
23	预留	10.19.192.0	255.255.224.0	10.19.192.1～10.19.225.255
24	预留	10.19.226.0	255.255.224.0	10.19.226.1～10.19.255.255

考虑到视频监控系统会随着公安监管及地铁运营要求越来越高而逐渐增加视频监控终端的数量，因此在后续线路中 IP 地址的需求也会有所增加，故为视频监控系统备用一段 10.17.160.0 网段。

表 3-3 中序号为 23、24 的 IP 地址段作为新增业务的预留地址段。

据此，为每条线路每个业务在每个车站的终端分配了 IP 地址。此 IP 地址规划是基于无类别域间路由选择（classless inter-domain routing，CIDR）的理念设计的，采用了自下而上的设计方式，是在分析具体业务需求的基础上完成的，提高了网络 IP 地址的利用率。

地铁工程作为大型市政工程，应考虑进行更精细的业务管理，需提高网络安全性及网络利用率，还应在此基础上创建虚拟局域网。

创建 VLAN 时，把交换机上的端口分派到不同的子网中，这样就可以在二层交换式互联网络中创建一些小的广播域。可以像对待单独的子网和广播域一样来对待 VLAN，这意味着网络上的广播域只在同一个 VLAN 内部的逻辑组的端口之间进行转发。

用 VLAN 来简化网络管理的方式有多种，具体如下。

（1）将某个端口配置到合适的 VLAN 中，就可以实现网络的添加、移动和改变。

（2）将对安全性要求高的一组用户放入 VLAN 中，这样 VALN 外部的用户就无法与他们通信。

（3）作为功能上的逻辑用户组，可以认为 VLAN 独立于它们的物理位置或地理位置。

（4）VLAN 可以增强网络的安全性。

（5）VLAN 增加了广播域的数量，同时减小了广播域的范围。

（6）VLAN 的划分考虑使用 IP 地址中预留的大量网络地址。

3.3 无线频率规划

不同频率的电磁波是传递无线通信信息的载体。在移动通信系统中，频率资源一直是非常有限的，因此频率的规划在移动通信网络的规划中非常重要。如果对网络进行整体规划时频率规划得不好，会导致整个网络建成或扩容后某些性能指标不理想。

3.3.1 800 MHz 频段

南昌地铁 1、2 号线专用无线系统采用 800 MHz 频段 TETRA 数字集群调度系统，为地铁固定用户与移动用户之间、移动用户与移动用户之间提供可靠的通信手段，对于保障行车安全、提高运营效率和管理水平、改善服务质量、应对突发事件的及时性提供重要保证。

3.3.1.1 配置原则

（1）满足国家和南昌市无线电管理委员会的要求，在 816～821 MHz、861～866 MHz 频段范围（频段号为 401～600）内选取，具体频点以南昌市无线电管理委员会批复的为准。

（2）频点配置应保证无同频干扰、邻频干扰和三阶互调干扰。

（3）TETRA 标准规定载波干扰比 C（载波功率）$/I$（干扰功率）$=19$ dB，对于隧道采用漏泄同轴电缆的带状服务区来说，同频基站之间间隔采用多个小区的保护距离。

3.3.1.2 频点配置

频率代号 A、B、C、D、E、G 分别表示不同的二对载频,每对载频分别对应 1 个不同的发信频率和收信频率,对应关系见表 3-4。

表 3-4 频率代码对应关系

代码	载频	收信频率	发信频率
A	F1	f1	f2
A	F2	f3	f4
B	F3	f5	f6
B	F4	f7	f8
C	F5	f9	f10
C	F6	f11	f12
D	F7	f13	f14
D	F8	f15	f16
E	F9	f17	f18
E	F10	f19	f20
G	F11	f21	f22
G	F12	f23	f24
直通	F13	f25	f26

1. 1 号线频点配置

南昌地铁 1 号线正线复用 A、B、C 三组频率,控制中心、车辆段、二期高架优先复用 A、B、C 三组频率,也可以复用 D、E、G 频率;为防止同频干扰,停车场采用 D、E、G 频率,详见表 3-5。

表 3-5 南昌地铁 1 号线频点配置

序号	站名	频率代号	频点分配
1	昌北机场站	B	F3、F4
2	昌北停车场	E	F9、F10
3	兴业大道站	C	F5、F6

续表

序号	站名	频率代号	频点分配
4	建业大道站	A	F1、F2
5	日修路站	B	F3、F4
6	昌北大道站	C	F5、F6
7	庐山中大道站	A	F1、F2
8	志敏大道站	B	F3、F4
9	蛟桥站	C	F5、F6
10	蛟桥停车场	D	F7、F8
11	双港站	A	F1、F2
12	孔目湖站	B	F3、F4
13	长江路站	C	F5、F6
14	珠江路站	A	F1、F2
15	庐山南大道站	B	F3、F4
16	绿茵路站	C	F5、F6
17	卫东站	A	F1、F2
18	地铁大厦站	B	F3、F4
19	秋水广场站	C	F5、F6
20	滕王阁站	A	F1、F2
21	万寿宫站	B	F3、F4
22	八一馆站	C	F5、F6
23	八一广场站	A	F1、F2
24	丁公路北站	B	F3、F4
25	师大南路站	C	F5、F6
26	彭家桥站	A	F1、F2
27	谢家村站	B	F3、F4
28	青山湖大道站	C	F5、F6
29	高新大道站	A	F1、F2

续表

序号	站名	频率代号	频点分配
30	艾溪湖西站	B	F3、F4
31	艾溪湖东站	C	F5、F6
32	瑶湖定修段	A	F1、F2
33	太子殿站	B	F3、F4
34	奥体中心站	C	F5、F6
35	瑶湖西站	A	F1、F2
36	瑶湖东站	B	F3、F4
37	麻丘站	C	F5、F6
38	控制中心	E	F9、F10

2. 2号线频点配置

南昌地铁2号线全线正线复用A、B、C三组频率，二期高架、车辆段、停车场复用地下正线频率，换乘站前序线路如若未使用A、B、C频率，可使用A、B、C频率，如若已使用A、B、C频率，则考虑使用D、E、G频率，详见表3-6。

表3-6　南昌地铁2号线频点配置

序号	站名	频率代号	频点分配
1	生米南车辆综合基地	B	F3、F4
2	南路站	A	F1、F2
3	大岗站	C	F5、F6
4	生米站	B	F3、F4
5	九龙湖南站	A	F1、F2
6	市民中心站	C	F5、F6
7	鹰潭街站	B	F3、F4
8	国博站	A	F1、F2
9	西站南广场站	C	F5、F6
10	南昌西站	B	F3、F4

续表

序号	站名	频率代号	频点分配
11	龙岗站	A	F1、F2
12	国体中心站	C	F5、F6
13	卧龙山站	B	F3、F4
14	岭北站	A	F1、F2
15	前湖大道站	C	F5、F6
16	学府大道东站	B	F3、F4
17	翠苑路站	A	F1、F2
18	地铁大厦站	D	F7、F8
19	雅苑路站	C	F5、F6
20	红谷中大道站	B	F3、F4
21	阳明公园站	A	F1、F2
22	青山路口站	D	F7、F8
23	福州路站	C	F5、F6
24	八一广场站	B	F3、F4
25	永叔路站	A	F1、F2
26	丁公路南站	C	F5、F6
27	南昌火车站	B	F3、F4
28	顺外站	A	F1、F2
29	辛家庵站	C	F5、F6
30	解放西路站	B	F3、F4
31	城南大道站	A	F1、F2
32	解放东路站	C	F5、F6
33	东升大道站	B	F3、F4
34	昌东大道站	A	F1、F2
35	罗家中路站	C	F5、F6
36	昌东停车场	B	F3、F4

续表

序号	站名	频率代号	频点分配
37	罗家二路站	A	F1、F2
38	胡坊站	C	F5、F6
39	南昌东站	B	F3、F4

3.3.1.3 后续线路规划建议

TETRA 集群系统是国外制定的技术标准，主要的供应商是国外企业，不对中国开放加密接口，存在加密和使用安全性的问题，不同厂家的系统间不能互联。

2018 年，中国城市轨道交通协会发布了《城市轨道交通车地综合通信系统（LTE-M）规范》，该规范明确了基于 LTE 技术的宽带集群通信（broadband trunking communication，B-TrunC）系统技术要求，很好地解决了互联互通问题，南昌地铁 3、4 号线已采用该宽带集群技术。为实现资源共享及互联互通的目标，后续线路建议均按照 3、4 号线方案实施，既有 800 MHz 频段可以作为车站备用集群通信方案。

3.3.2 2.4 GHz 频段

3.3.2.1 CBTC

南昌地铁 1、2 号线 CBTC 采用基于 2.4 GHz 的无线局域网技术。

目前，南昌轨道交通已建成的线路中 CBTC、PIS 系统的车地无线通信主要采用工作在公共开放频段 2.4 GHz 的无线局域网技术，一般独立设置网络。工程实践证明，目前基于 WLAN 的车地无线通信的可靠性、可用性、安全性等均能满足当前城市轨道交通安全高效运营的需要，是实现轨道交通高安全、高速度和高密度运行的重要技术之一。

车地通信是 CBTC 关键技术之一，传输的是涉及行车安全的重要数据信息。当前在城市轨道交通中，CBTC 系统大部分采用 IEEE 802.11 标准（庞巴迪和日本信号除外）进行无线传输，并均工作于 2.4 GHz ISM 频段。由于 2.4 GHz ISM 频段为开放频段，随着无线通信技术的应用范围不断扩大，CBTC 车地通信受到民用 WiFi 设备等同频干扰的风险日益增加，在部分城市轨道交通线路中发生过车地通信受干扰导致车地通信中断、影响列车正常运营的事件。

随着城市轨道交通的发展，为解决 WLAN 受干扰的问题，中国城市轨道交通协会已经颁布《城市轨道交通车地综合通信系统（LTE-M）规范》，建议进行轨道交通专用频率规划，为轨道交通申请专用频率，采用新技术建立抗干扰、封闭、稳定、适合高速移动环境的车地无线通信系统。目前，中国城市轨道交通协会和北京、上海、浙江、河南等省市的轨道交通建设单位，以及多家信号系统设计单位、系统供货商对车地通信干扰问题进行了大量的分析、研究、试验工作，提出要从技术角度彻底解决车地通信干扰问题，必须采用专用频段。

3.3.2.2 乘客信息系统网络子系统

IEEE 802.11 工作组是无线局域网标准的开发组织之一。经过多年努力，IEEE 802.11 已经发展成为系列标准，包含 IEEE 802.11a、IEEE 802.11g、IEEE 802.11n、IEEE 802.11ac 标准等。

IEEE 802.11g 使用 2.4 GHz 频段，可提供 3 个完全不重叠的频道，传输速率较高，可满足车-地双向数据传输的要求，近年来采用基于 IEEE 802.11g 标准的无线局域网最多。

IEEE 802.11n 可以同时在 2.4 GHz、5.8 GHz 频段工作，互不干扰。IEEE 802.11n 使用了先进的 MIMO 和 OFDM 技术来提高数据传输速率。

IEEE 802.11ac 是在 IEEE 802.11a 标准之上建立起来的。不过在通道的设置上，IEEE 802.11ac 沿用 IEEE 802.11n 的 MIMO 技术，为它的传输速率达到 1 Gb/s 量级打下基础。第一阶段的目标为传输速率达到 1 Gb/s，目的是达到有线电缆的传输速率，IEEE 802.11ac 每个通道的工作频率由 IEEE 802.11n 的 40 MHz，提升到 80 MHz 甚至是 160 MHz，再加上大约 10% 的实际频率调制效率的提升，最终理论传输速度将由 IEEE 802.11n 的 600 Mb/s 跃升至 1 Gb/s。当然，实际传输率可能为 300～400 Mb/s，约为目前 IEEE 802.11n 实际传输率的 3 倍（目前采用 IEEE 802.11n 标准的无线路由器的实际传输率为 75～150 Mb/s）。

WLAN 技术应用广泛，目前国内大多数轨道交通线路的 PIS 系统车地无线系统均采用了 WLAN 技术，如北京、深圳、南京等城市的轨道交通线路。

目前已开通的轨道交通线路主要采用 IEEE 802.11a、IEEE 802.11g 标准，相关设备的业务承载能力满足车地之间 15 Mb/s 左右的带宽需求，用于视频监控图像回传和 PIS 车载图像直播。

3.3.2.3 后续线路规划建议

2.4 GHz 频段现已基本不再用于信号系统的 CBTC，还有少部分乘客信息系统的无线网络采用 2.4 GHz WLAN。目前更多采用 5 GHz 的 WLAN 技术，对于南昌地铁后续建设的线路的 2.4 GHz 频段，建议利用其建设地铁商业 WiFi，在站厅、站台、地铁商业区、地铁车辆上给乘客提供方便快捷的上网服务。

3.3.3 1.8 GHz 频段

3.3.3.1 乘客信息系统网络子系统

南昌地铁 1 号线的乘客信息系统网络子系统采用 DVB-T 方案。

RailView 系统是专门针对轨道交通乘客信息系统车地传输需求而开发的一套双向 DVB-T 系统。系统通常需要在上行(车→地)和下行(地→车)方向使用不同的无线资源,实现干扰隔离;采用 COFDM 信道调制技术时,频谱利用率最高可达到 2 bit/(Hz·s),在 8 MHz 的频段带宽下数据传输速率可达到 16 Mb/s。系统可根据需求定制频段,在 1.8 GHz 频段,隧道内单基站的覆盖距离可达到 800 m 左右,并适应 120 km/h 的行车速度,下行方向可以做到无缝切换,承载视频清晰流畅、无停顿、无马赛克现象。双向 DVB-T 技术在带宽上可满足需求。在下行方向(车载 PIS 直播)采用同播方式,具有较好的传输效果。上行方向(视频回传)在频率资源不足时,系统内的同频干扰导致系统功能弱化。在 10 MHz 专用频率无线频率资源条件下,提供 16 Mb/s 业务数据带宽传输,满足上行视频监控图像回传和下行车载 PIS 图像直播需求。

南昌地铁 2 号线乘客信息系统网络子系统采用 LTE 方案。LTE 的主要性能优势体现在以下几个方面。

传输带宽大:20 MHz 频段带宽下能够提供下行 100 Mb/s 与上行 50 Mb/s 的峰值速率。

移动接入性强:采用自动频率校正确保高速移动(>120 km/h)场景下无线链路的质量,具备优良的高速移动状态下的宽带接入能力。接入速度快,终端从空闲状态到激活状态延迟时间小于 100 ms。

QoS 保障机制:LTE 系统定义了标准的 QCI 属性,所有的 QCI 属性均可根据实际需求预配置在 eNodeB 上,这些参数决定了无线侧承载资源的分配。在资源受限的条件下由 ARP 参数决定是否接受相应的承载建立请求。

抗干扰能力强:采用 e-ICIC 等技术可以降低小区边缘频率干扰,提高小区吞吐率,若使用行业专有频段,外部干扰少。

终端掉线率低:单小区覆盖范围较大,可减少列车终端切换次数,终端掉线率降低。

目前国内有十数家厂商能够提供整套的 LTE 解决方案,产品成熟度较高,可选择范围大。

技术应用情况:郑州地铁 1 号线 PIS 车地无线传输系统采用 TD-LTE 技术同频组网,系统使用 10 MHz 专用频率资源(1795~1805 MHz)。承载业务:上行规划带宽 6 Mb/s,用于回传视频监控图像;下行规划带宽 8 Mb/s,用于 PIS 车载图像直播。近些年的招标线路已大规模采用 LTE 技术,如南昌地铁 2 号线、长沙地铁 3 号线等。

3.3.3.2 专用无线系统

南昌地铁 3、4 号线专用无线系统采用 1.8 GHz 频段的基于 TD-LTE 技术的宽带集群通信系统。

专用无线系统与信号系统车地无线通信系统采用 TD-LTE(A＋B)双网综合承载方案：B 网仅承载 CBTC 业务(CBTC 红网)，频率配置为 5 MHz；A 网为综合承载网，采用 2 套核心网和 1 套基站的建设方案，综合承载 CBTC 和集群调度业务(语音)，并合理考虑与行车安全有关的列车运行状态信息业务，频率配置为 10 MHz。专用无线通信系统须完全满足《城市轨道交通车地综合通信系统(LTE-M)规范》和基于 LTE 技术的宽带集群通信(B-TrunC)系统的相关要求。

专用无线系统应能满足行车调度、环控防灾调度、维修调度、总调度、车辆段值班、停车场值班等各无线子系统通话独立性的要求，使其在各自通话组内的通信操作互不妨碍，并应服务质量高、接续时间短、信令系统先进，可灵活地多级分组，具有自动监控、报警及故障弱化等功能。

LTE 宽带集群可以实现与既有的采用 TETRA 方案的线路的换乘站进行语音互联互通，实现与既有的采用 LTE 宽带集群方案的线路及后续建设的线路的线路级互联互通。

专用无线系统具有强大的扩展功能，扩展时要求不影响既有设备的使用、增加的设备较少、软件基本不变、能满足延伸线的要求，构成统一的无线专用通信网。专用无线系统车载台、手持台可以满足跨线运营需求，采用相同 LTE 制式的各线路配置的手持台、车载台应能在线网范围内漫游，各线手持台、车载台在所有线路内均能够满足集群调度的所有功能要求。

专用无线系统在控制中心设核心网设备、调度服务器、网管终端及相关调度台等设备。全线各车站、车辆段、停车场、控制中心共享信号系统车地无线通信基站设备[BBU(baseband unit，基带处理单元)＋RRU(remote radio unit，射频拉远单元)]，在区间敷设漏泄同轴电缆，在车辆段、停车场、控制中心采用天线，完成对全线车站、地铁商业区、车辆段、停车场、区间、控制中心的无线场强覆盖。专用无线系统的核心网设备应与信号系统车地无线通信基站设备完全兼容，确保信号系统车地无线通信基站设备能够接入本工程核心网并满足全网性能及系统功能需求。

LTE 宽带集群具备故障弱化功能，即当集群核心网设备或调度服务器等出现故障时，全线的单站集群语音通信能正常进行。在发生灾害或事故的情况下，专用无线系统可作为应急处理、抢险救灾指挥的辅助手段。确保控制中心的相关调度员能及时得到灾害现场的有关声音、数据、图像信息，确保防灾、救灾指令能够及时发布。

LTE 宽带集群具有 QoS 保障机制，并可以根据不同的业务来定义不同的 QoS 保障策略,对基本业务支持基于用户和业务的优先级保障。在业务拥塞的情况下,应有优先级机制支持高 QoS 业务正常进行。对业务优先级的配置应可由地铁运营维护人员通过简单的软件操作实现。系统可以根据需要将不同类型的用户数据映射到不同的承载上,相同承载上的所有数据流量将获得相同的 QoS 保障,不同类型的承载可获得不同的 QoS 保障;承载要经过不同的网元和接口,并在每个接口上映射不同的底层承载,每个网络节点负责维护底层承载的标识及相互之间的绑定关系。

LTE 宽带集群组网安全可靠、设备成熟、技术先进、扩充方便,维护简单,可利用率高,设备节能、环保、小型化,可以减少机房面积及运营能耗等。LTE 系统频段应用灵活,支持在不同频带宽度(含 1.4 MHz、3 MHz、5 MHz、10 MHz、20 MHz)下工作。

TD-LTE 采用同频组网方案,申请专用频段(1785～1805 MHz)无线电频率使用许可即可组网,可以很好地避免邻频干扰。

3.3.3.3 后续线路规划建议

随着中国轨道交通协会颁布的《城市轨道交通车地综合通信系统(LTE-M)规范》在新建线路上的应用越来越广,结合南昌地铁 3、4 号线的建设方案,建议后续建设的线路采用基于 1.8 GHz 频段的 LTE 技术综合承载 CBTC 和集群业务。

3.3.4 5.8 GHz 频段

南昌地铁 3、4 号线乘客信息系统的车地无线系统均采用基于 5.8 GHz 频段的 IEEE 802.11ac 无线局域网方案。

3.3.4.1 频谱优势

采用 5.8 GHz 频段可以有效减少外部设备对信号的干扰,现在蓝牙设备、民用 WiFi、随身路由器大多使用的是 2.4 GHz 频段,使用 5.8 GHz 频段的设备相对较少,可以很好地减少外部设备对车地无线网络的干扰。5.8 GHz 频段的 WLAN 使用了更高的频段,使用了 22 个信道,可提供更多的非重叠频道,并且彼此之间互不干扰,相对于 2.4 GHz 频段的 3 个信道,5.8 GHz 频段信号拥堵明显减少,传输速率大大增加。

设备主要包括中心管理设备、轨旁无线接入设备、车载无线单元和天线、车载工业以太网交换机等。

3.3.4.2 系统要求

乘客信息系统需具备将车辆客室视频监控信息实时及准时上传至控制中心的功能,无线客户端将车辆采集的监控图像数据通过车地无线网络上传至车站,再通过主干网络上传至控制中心,这就对车地无线网络带宽提出了较高的要求。

无线网络子系统承担控制中心与车载子系统之间的数据信息传输，车载乘客信息系统要求移动的列车与地面之间具有实时双向数据传输功能，因此，需要一套高带宽的无线网络系统，并对其提出了基本要求，具体如下。

（1）控制中心至列车信息下传：具有广播、组播、单播和寻址功能，能够将特定的信息发送至指定的一列或几列列车，通过不低于 8 Mb/s 带宽的传输通道将 1 路标清数字视频信息传送给列车，包括乘客乘车信息、紧急疏散信息等，并可通过列车的车载信息显示设备发布。

（2）列车至控制中心信息上传：将列车车厢的监控图像、乘客信息系统车载无线设备监控信息及与行车安全非直接相关的车辆状态信息传至邻近车站，再通过主干网络上传至控制中心，实现控制中心监控终端对车载监控图像的监控功能和数据信息从车辆至地面的传输功能。

（3）车地无线网络须能提供满足系统功能需求的带宽，平均有效带宽应不低于 100 Mb/s（列车行驶速度为 80 km/h）并留有所需带宽 25% 以上的余量。

（4）在列车高速运行时（速度不小于 80 km/h），连接不中断，画面质量不降低，在所有列车与无线局域网接入点进行通信的地方都进行全面的网络覆盖测试。

（5）车地无线通信系统须支持组播模式。

（6）轨旁的接入点和列车天线的设置应保证列车和固定网络间始终存在可选的无线信号路径，当前接入点信号减弱的时候，车载无线设备无缝切换至最合适的接入点。

（7）车地无线通信系统充分考虑列车在高速运行情况下的切换问题（最高车速为 80 km/h），应采取有效措施减少切换时间和减少因切换带来的数据损失，以保证在车上的实时播放不中断（切换时间应少于 30 ms），且播放质量不受影响。

3.3.4.3 后续线路规划建议

5.8 GHz 频谱干扰较少，带宽较大，可提供更多的非重叠频道，传输速度较高，建议后续建设的线路的乘客信息系统车地无线通信采用基于 5.8 GHz 频段的 WLAN 技术。

3.4 设备编码

3.4.1 设备编码规则

设备编码的代码体系为层次代码结构，共分 11 层，代码采用 23 位阿拉伯数字表示，由资产权属号、使用权属号、总类号、维护部门（公司）号、线路号、车站号、位置号、大类号、中类号、小类号及顺序号组成，如图 3-4 所示。

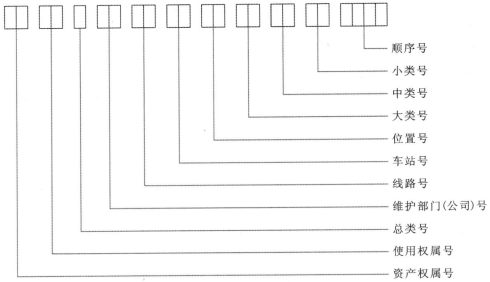

图 3-4　设备代码结构

设备代码中禁止使用非标准字符,如％、|、中文字符等。

3.4.1.1　编制说明

第一层:资产权属号以 2 位数码 01～99 表示。

第二层:使用权属号以 2 位数码 01～99 表示。

第三层:总类号以 1 位数码 1～9 表示。

第四层:维护部门(公司)号以 2 位数码 01～99 表示。

第五层:线路号以 2 位数码 01～99 表示。

第六层:车站号以 2 位数码 01～99 表示,起始站为各线路上行始发站。

第七层:位置号以 2 位数码 01～99 表示,代表设备安装位置。

第八层:大类号以 2 位数码 01～99 表示,代表系统。

第九层:中类号以 2 位数码 01～99 表示,代表设备系统。

第十层:小类号以 2 位数码 01～99 表示,代表单体设备。

第十一层:顺序号以 4 位数码 0001～9999 表示。需要特别说明的是,环控进线柜抽屉、环控馈线柜抽屉的 4 位数码前 2 位为柜体顺序号,以 01～99 表示,后 2 位为抽屉顺序号,以 01～99 表示。

3.4.1.2　设备表索引

下面就部分设备表的编制给出表格规范样式及填写示例,见表 3-7～表 3-14。

表 3-7　资产权属代码表(2 位)样式

代码	单位名称	备注

表 3-8　资产权属代码表(2 位)示例

代码	单位名称	备注
01	南昌轨道交通集团有限公司	
02	南昌中铁穗城轨道交通建设运营有限公司	

表 3-9　使用权属代码表(2 位)样式

代码	单位名称	备注

表 3-10　使用权属代码表(2 位)示例

代码	单位名称	备注
01	南昌轨道交通集团有限公司	
02	南昌中铁穗城轨道交通建设运营有限公司	

表 3-11　总类代码表(1 位)示例

代码	单位名称	备注
1	资产(固定资产)	
2	物资	

表 3-12　维护部门(公司)代码表(2 位)样式

代码	部门(公司)名称	备注

表 3-13　维护部门(公司)代码表(2 位)示例

代码	部门(公司)名称	备注
55	南昌轨道交通第一运营有限公司	
56	南昌轨道交通第二运营有限公司	

续表

代码	部门(公司)名称	备注
57	南昌轨道交通第三运营有限公司	
58	南昌轨道交通第四运营有限公司	

表 3-14　线路代码表(2 位)示例

代码	线路名称	备注
00	南昌轨道交通线网	
01	南昌轨道交通 1 号线	
02	南昌轨道交通 2 号线	
03	南昌轨道交通 3 号线	
04	南昌轨道交通 4 号线	
05	南昌轨道交通 5 号线	

3.4.2　车站代码表说明

00～99 正序用来标识运营车站,反序则用来表示辅助运营车辆的职能"站点",优先级为:控制中心(行车调度)、定修段(车辆维修)、停车场(车辆停放)。

车站及车站上下行的半个区间算作车站所属部分。

两座车站之间的设施设备(资产),比如主变电所等可使用距离其较近的车站代码。

轨道交通线路资产包括轨道、隧道、钢筋混凝土桥梁、钢结构桥梁,以及供电系统的接触网等,需要按车站区间、车辆段和停车场分段编制,顺延使用该线路车站代码。具体示例见表 3-15。

表 3-15　南昌地铁 1 号线(车站＋区间)代码表

代码	车站名称	代码	车站名称
20	双港站	32	八一广场站
21	孔目湖站	33	丁公路北站
22	长江路站	34	师大南路站
23	珠江路站	35	彭家桥站
24	庐山南大道站	36	谢家村站

续表

代码	车站名称	代码	车站名称
25	绿茵路站	37	青山湖大道站
26	卫东站	38	高新大道站
27	地铁大厦站	39	艾溪湖西站
28	秋水广场站	40	艾溪湖东站
29	滕王阁站	41	太子殿站
30	万寿宫站	42	奥体中心站
31	八一馆站	43	瑶湖西站
00	全线		
97	蛟桥停车场	95	孔目湖主变电所
98	瑶湖定修段	96	彭家桥主变电所
99	控制中心		

南昌地铁其他线路参照 1 号线的规则为设备编码。

3.4.3 设备安装位置代码

3.4.3.1 车站层次代码

车站层次代码见表 3-16。

表 3-16 车站层次代码

代码	代码名称	备注
1	车站站厅层	
2	车站站台层	
3	车站设备层	包括电缆层
4	车站商业层	
5	车站站外地面	

3.4.3.2 设备方位代码

设备方位代码见表 3-17。

表 3-17 设备方位代码

代码	代码名称	备注
0	车站站外地面	
1	车站 A 端、车站西端、车站南端、车站左端	以上行线车尾为左端(南端、西端、A 端)
2	车站 B 端、车站东端、车站北端、车站右端	以上行线车头为右端(北端、东端、B 端)
3	换乘通道	
4	车控室	

注：车站设备安装位置组合＝车站层次＋设备方位。

3.4.3.3 区间代码

区间代码见表 3-18。

表 3-18 区间代码

代码	代码名称	备注
00	折返线	
01	下行线(前端)	屏蔽门设备安装位置代码,下行线侧用 01 表示
02	上行线(前端)	屏蔽门设备安装位置代码,上行线侧用 02 表示
03	下行线(尾端)	
04	上行线(尾端)	
05	存车线	
06	出入库线	
07	联络线	
08	出入段线	
09	洗车线	
10	试车线	

3.5 主变电所资源共享

3.5.1 主变电所资源共享的必要性和原则

3.5.1.1 主变电所资源共享的必要性

面对城市轨道交通的网络化发展,为实现城市电网电力资源的合理利用、城市轨道交通供电系统的综合配置,达到资源共享、高效使用、降低投资和保护环境的目的,有必要根据城市轨道交通线网规划及城市电力设施现状,将城市轨道交通供电系统提升到网络高度,统一规划、统筹考虑。

主变电所资源共享的意义主要体现在以下几个方面。

1. 优化城市电网电力资源利用

尽管目前城市电网建设获得了极大的发展,但整体上城市电网电力资源依然非常紧张。如果城市轨道交通供电系统还是按照单线模式进行配置,那么城市轨道交通供电系统将占用大量的城市电网电力资源。例如,如果采用集中式供电方案,一条线路设置2座或3座主变电所,那么10条线路就要设置20~30座主变电所,这些主变电所将占用40~60个高压(110 kV)出线间隔,将给城市电网220 kV电源点的布局和规划造成很大困难。为了减少城市轨道交通供电系统对城市电网电力资源的占用,优化城市电网电力资源利用,避免浪费,有必要对城市轨道交通主变电所资源进行共享。

2. 完善城市轨道交通供电系统结构

如果城市轨道交通供电系统按照单线模式进行配置,那么各条线的供电系统基本独立,当供电系统发生故障而停止供电时,可能造成城市轨道交通系统在短时间内秩序混乱,并造成间接经济损失及不良社会影响。通过供电系统资源共享,不同线路间的外部电源可以综合配置,不同线路间的供电系统可以相互支援,可以提高城市轨道交通供电系统的可靠性,保障整个城市轨道交通线网可靠、有序运行。

3. 优化城市轨道交通供电系统的投资

对于集中式供电,资源共享可以减少整个城市轨道交通线网主变电所、外部电源点、电源外线通道的总体数量,并相应地减少综合工程投资。

4. 减少对市政工程建设的干扰

如果城市轨道交通供电系统按照单线模式进行配置,势必要修建大量的主变电所,同时还需要从城市电网引入数量较多的外部电源点,这要求建设大量的外部电源点作为城市轨道交通的电力通道。大量的主变电所及电力通道的建设将给城市规划、市政建设带来诸多困难。供电系统资源共享可减少外部电源引入点,有利于减少对市政工程建设的干扰、保护环境。

3.5.1.2 主变电所资源共享分析

供电系统资源共享主要包括外部电源资源共享及主变电所资源共享。现就相关资源共享做如下分析。

(1) 分析城市轨道交通供电系统的用电负荷特点。

(2) 分析供电系统资源共享与新线建设时序之间的关系。

(3) 研究共享主变电所布点。

(4) 研究共享后主变压器容量选择与近、远期用电负荷之间的关系。

(5) 研究主变电所共享后对城市轨道交通可靠性的影响,特别是发生故障的情况下供电系统的供电能力及可靠性。

(6) 研究城市轨道交通供电系统可靠性与城市电网供电系统可靠性之间的关系。

(7) 对目前城市轨道交通供电系统计量点的设置及计费中存在的问题进行研究,为有关部门制定合适的城市轨道交通计费政策提供决策依据。

(8) 明确投资(建设)主体与供电系统资源共享受益者之间的关系与责任。

(9) 明确运营体制与供电系统资源共享所带来的技术经济责任之间的关系。

(10) 分析主变电所资源共享后产生的社会效益、经济效益。

(11) 研究城市轨道交通供电系统资源共享所带来的新问题:城市电网供电能力的配套问题、城市电网与城市轨道交通同期实施问题、外部电源电力通道落实问题、控制中心与电力调度问题等。

3.5.1.3　共享设置原则

(1) 规划的城市轨道交通供电系统的主变电所能够保证向轨道交通的各用电设备安全可靠供电。

(2) 规划的供电系统在满足供电要求的前提下,要充分结合外部电源的分布条件,以节省外部电源的投资。

(3) 规划主变电所分布位置时,应根据规划线网的实际情况,从全局出发,以整体线网观念去布局,便于主变电所资源共享。

(4) 规划的每座主变电所必须由地区变电站提供两回独立供电线路,以保证供电可靠性和供电质量。

(5) 共享一座主变电所的线路规模不应超过3条。

(6) 在任何运行状态(正常运行模式和故障运行模式)下,中压网络的电压损失不应大于额定电压的5%。

(7) 主变电所的数量和容量应满足线网可靠性的要求:当一座主变电所解列退出运行时,支援供电的主变电所的供电能力应能够满足该线路远期一、二级用电负荷的用电需求。

(8) 在规划阶段,主变电所的用地面积一般控制在3000～4500 m^2,同时考虑电缆廊道和设备运输通道的用地。

（9）主变电所的所址应符合城市总体规划用地布局要求、便于进出线、避开易燃易爆区和严重污秽区、具有良好的地质条件等。

（10）在满足供电系统要求的前提下，主变电所尽量与轨道交通线网的车辆段或停车场合建，减少征地面积，便于运营管理。

（11）主变电所应避免设在建筑物密集的中心城区，既可以减少拆迁，又便于落实所址；同时可以为建设地面主变电所创造条件，降低投资。当主变电所所址与城市规划发生矛盾时，应服从城市规划总体要求，地面没有条件设置主变电所时，也可以设置地下变电所，但是需满足使用功能和消防安全等要求。

（12）主变电所布局需考虑预留运营检修的设备运输道路及大修空间。

3.5.1.4　共享选址原则

（1）主变电所选址应以城市总体规划、城市轨道交通线网规划、城市电网规划等为基础条件，综合考虑城市轨道交通线路走向、线路关系、建设时序，以及城市总体规划和城市电网规划的建设实施等因素。

（2）符合城市规划用地布局、环境保护、消防安全和城市景观要求。

（3）符合土地利用总体规划要求，原则上不占用基本农田保护区，尽量少占用耕地。尽可能靠近负荷中心及轨道交通线路，便于进出线，同时交通、给排水、施工、运行更加方便。

（4）主变电所在以地铁车站为圆心，以 500 m 左右为半径的区域内选址，应靠近地铁负荷中心，优先选择绿地。

（5）在满足供电要求的前提下，主变电所尽量与停车场或车辆段合建。

（6）主变电所选址应满足防洪标准要求，110 kV 变电站宜在 50 年一遇洪水位之上，并高于内涝水位。

3.5.1.5　外部电源进线规划原则

（1）城市轨道交通为重要电力用户，属于一级用电负荷。每座城市轨道交通主变电所或者开闭所应有两路进线电源，每路进线电源的容量应满足主变电所或开闭所全部一级、二级负荷的用电需求。为保证两路电源之间具有一定的独立性，即在一路电源发生故障的情况下，另一路电源不应同时受到损坏。这两路电源可以来自城市电网的不同变电所，也可来自城市电网同一变电所的不同母线。主变电所的进线电源应至少有一路为专线电源。

（2）外部电源应尽可能靠近城市轨道交通线路。

（3）结合城市轨道交通工程建设时序及城市电网发展规划，城市有关部门应有步骤地规划建设向城市轨道交通供电的外部电源点。城市轨道交通供电系统应与城市电网变配电系统相互协调、资源共享,充分利用电力资源。

(4) 为共享主变电所供电的外部电源进线应满足向两条轨道交通线路共享的主变电所,其两路电源进线应采用不同沟排管敷设的方式引入;由超过2条轨道交通线路共享的主变电所,其两路电源进线应采用不同沟排管敷设的方式引入。

3.5.1.6 共享总体原则

(1) 主变电所资源共享必须以满足城市轨道交通本身的功能要求为前提,不能过分强调资源共享而忽视功能,或以牺牲可靠性为代价。

(2) 城市轨道交通主变电所的布局规划应考虑线网层面的总体协调,应与城市轨道交通近、远期建设规划相匹配。同时,城市轨道交通供电系统应与城市电力变配电系统相互协调、共同规划建设。

(3) 共享主变电所的所址应尽可能设计在负荷中心,并进行全线、全网统筹;同时,主变电所应尽量设置在线路交会处的车站附近,应结合电力系统的供电资源,研究一座主变电所同时向多条城市轨道交通线路供电的可能性。

(4) 根据线路分布、供电范围、客流和行车组织预测用电负荷,考虑在相邻主变电所解列的情况下,本供电所作为支援供电所需要提供的容量来选择主变电所的安装容量。

(5) 当资源共享出现冲突时,应根据实际情况综合比较经济及社会效益后确定解决方案。

3.5.2 主变电所资源共享运行方式

主变电所运行方式应保证轨道交通线网的安全、稳定运行。主变电所运行方式主要根据各主变电所的负荷及供电线路的电压水平确定,同时,还可能随着轨道交通线网的建设进度不断调整。

主变电所正常运行时,承担其供电区域内的牵引及动力照明负荷;在一台主变压器发生故障(包括进线电缆发生故障)时,由另一台主变压器承担该主变电所供电区域内的牵引及动力照明一、二级负荷。

当一座主变电所解列退出(包括进线电缆发生故障)时,由相邻主变电所支援供电,承担发生故障的主变电所及本主变电所供电区域内的牵引及动力照明一、二级负荷。一台主变压器或一座主变电所发生故障时,还可能根据变压器负荷调整相关主变电所的供电分区,以保证线网供电系统的可靠运行,保障列车安全运营。

3.5.3 主变电所资源共享实现方式

从主变电所资源共享的重要性和可靠性方面考虑,共享主变电所的 35 kV 侧接线应以共享线路的供电相对独立为宗旨。根据主变电所的轨道交通线路供电范围、建设时序等不同因素,共享主变电所 35 kV 侧主要有三种基本接线形式。

3.5.3.1 T 接

在主变压器 35 kV 侧出线端子处进行 T 接,线路 1 和共享线路设专用母线,专用母线采用单母线断路器分段形式,也有共享线路从共享主变电所引出 35 kV 电源,单设 35 kV 电源开关站。此接线方式的特点为:各线路 35 kV 系统相对独立,各线路的电源控制和用电计费可通过向不同线路供电的总开关实现。主变电所 35 kV 侧电缆引出方式为插拔式,需在建设时同步实施。T 接接线方式如图 3-5 所示。

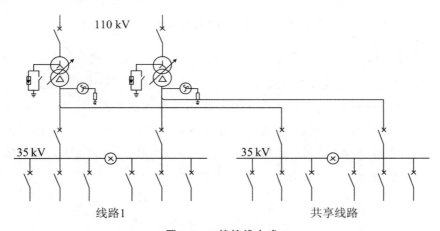

图 3-5 T 接接线方式

3.5.3.2 两级母线

两级母线接线方式如图 3-6 所示。设两级 35 kV 母线,设公用母线,在公用母线设置向不同线路供电的总开关。线路 1 和共享线路设专用母线,专用母线采用单母线分段形式。也有共享线路从共享主变电所引出 35 kV 电源开关站。此接线方式的特点为:各线路 35 kV 系统相对独立,各线路的电源控制和用电计费可通过向不同线路供电的总开关实现,专用母线馈线断路器拒动均可由本母线进线断路器跳闸实现故障隔离。本线路和共享线路的专用母线进线断路器不需要设主变压器差动保护,便于引入后续工程。

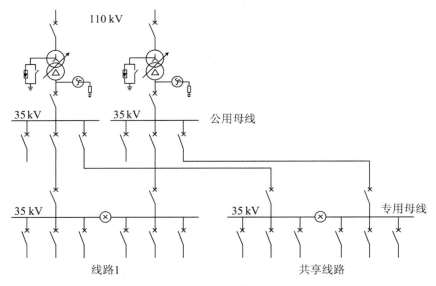

图 3-6　两级母线接线方式

3.5.3.3　共用母线

共用母线接线方式如图 3-7 所示。在变压器 35 kV 侧设一级 35 kV 母线,此母线采用单母线断路器分段形式,母线向线路 1 各个供电分区馈出回路,共享线路每段母线的进线回路直接从此母线上引出,共享线路一般在下级再设置开闭所。此接线方式的特点为:共享线路的母线电源来自另一工程的 35 kV 母线,两线路的 35 kV 系统的独立性相对较差,一条线路发生故障可能会影响另一条线路的正常供电。

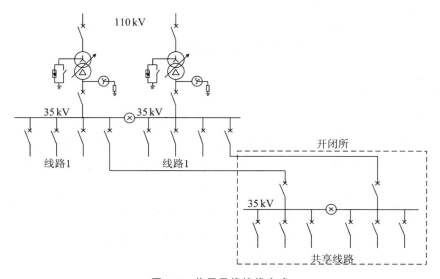

图 3-7　共用母线接线方式

3.5.4 主变电所资源共享的调度管理

3.5.4.1 调度方式的选择

主变电所资源共享可以有效降低建设成本,提高电力资源利用效率,节省运营成本。同时也需要考虑到随着线网供电网络的逐步形成,主变电所的共享必将影响多条相关线路。例如,如果一条线路因检修或改造需要共享主变电所退出运行,那么共享同一主变电所的其他线路必然会受到影响,因此,需要对主变电所资源共享后的调度管理问题加以研究。城市轨道交通主变电所的调度管理可分为如下两种模式。

(1) 分散调度模式:各主变电所的调度权限划归所属线路调度中心,一般来讲,主变电所的调度权限归前期建设的线路。各条线路根据自身供电系统的接线形式制定运行模式和倒闸操作规程。当进行倒闸操作时,具有调度权限的线路电力调度中心事先通知其他共享线路的调度中心做好倒闸操作准备,在主变电所倒闸操作完成后,再由相关线路的电力调度中心分别进行倒闸操作,完成运行方式的转换。

(2) 集中调度模式:线网控制中心对所有主变电所进行监控。此种模式下,主变电所内的 110 kV 和 35 kV 进线电源开关均由控制中心统一调度,35 kV 馈线开关由所属线路进行调度管理。当需要进行运行方式转换时,线网控制中心首先通知各线路中心,操作主变电所的 110 kV 和 35 kV 进线电源开关,然后由各线路调度中心根据控制中心发出的调度指令,对本线路供电系统进行倒闸操作,完成运行方式的转换。

分散调度模式不必设置线网主变电所调度中心,有利于降低人力成本,但是由于各条线路的电力调度中心权限相同,容易因调度管理不善引起调度混乱甚至因合环等引起跳闸。集中调度模式需要设置线网主变电所调度中心,采取分级管理方式,调度模式更加清晰,调度管理更加有序。

南昌城市轨道交通线网的建设正在逐步建成区域控制中心和线网控制中心,为逐步建成整个线网的主变电所调度网络创造了条件,推荐采用基于线网集中调度的主变电所调度模式。

3.5.4.2 主变电所调度管理原则

线网共享主变电所电力调度管理的基本原则是"先建为主",即根据各条线路及各主变电所的建设工期和供电方案,先建成线路的控制中心,该控制中心负责对其主变电所内所有 110 kV 和 35 kV 供电设备进行监控和管理。该主变电所后期扩充的供电线路或其支援供电线路的控制中心对其 110 kV 供电设备进行监控,并对其管辖范围内相关 35 kV 供电设备进行监控和管理。主变电所调度管理示意图如图 3-8 所示。

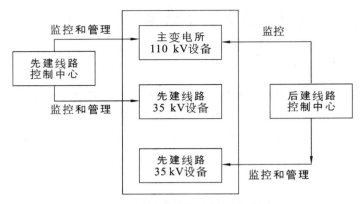

图 3-8 主变电所调度管理示意图

3.5.5 主变电所资源共享存在的问题

3.5.5.1 主变电所容量的设计

轨道交通系统主变电所的变压器容量是根据远期运营模式确定的。可以采取在线路运行中期更换主变压器的方法来解决轨道交通主变压器长期轻载的问题,即在主变电所建设时采用小容量变压器,土建设计按照大容量主变压器预留,到负荷上升到一定数量时,更换为大容量变压器。随着主变电所资源共享和城市电网可靠性的提高,应该重新考虑轨道交通供电系统的备用模式,其容量备用率应该下降。

3.5.5.2 主变电所的选址

主变电所的所址选择主要涉及供电半径和征地两个方面。从供电设计的角度分析,理想的主变电所位置应该是整个供电范围的负荷中心,这样既有利于保证供电质量,也有利于降低设备投资和运行损耗。但是,轨道交通线路的电力负荷中心往往处于城市繁华地段,征地十分困难,费用较高。合理地选择所址,有效利用珍贵的土地资源必须引起足够重视。如果能够根据城市轨道交通线路网络的布局规划和建设进程,结合城市电网的发展规划和建设周期,及早对轨道交通线路的供电系统做出规划,对交会线路考虑进行主变电所资源共享,则可以解决这些问题。

3.5.5.3 主变电所资源共享后对供电电源可靠性的要求

主变电所资源共享后,必须重新评价轨道交通供电系统运行模式与外部电源可靠性之间的关系。单条线路的主变电所解列,其影响范围仅限于一条或半条线路,而共享主变电所解列,影响范围必将涉及多条线路,所以共享主变电所的电源可靠性必须提高。除了采用双路电源供电,可以考虑独立架设两路电源的高压电缆通道,防止市政施工挖断电缆造成全所停电。

3.5.5.4 共享主变电所与线路建设进度的配合

轨道交通线路的建设周期一般为 3~5 年，而且具备共享条件的多条线路的建设进度往往相差很大，在建设共享主变电所时，必须考虑与线路建设进度配合。如果共享同一主变电所的线路的建设进度比较接近，可以考虑由先建线路一次建成主变电所，后续线路分摊费用的方式。如果建设进度相差比较大，一次建成主变电所的模式会因为设备轻载而造成浪费，共享主变电所的变压器容量可以按照先建线路的规模确定，按照共享线路的总体规模预留土建和变压器扩容条件。

3.5.5.5 主变电所资源共享后的电力调度

实现多线共享主变电所后，必然涉及电力调度的相互协调。可以按照"先建为主"的基本原则，先建线路的电力调度系统负责对其主变电所内的 110 kV 和 35 kV 系统进行监控和管理。后建线路的电力调度系统对其 110 kV 系统仅监控，不管理。共享部分的电力调度通过先建线路的电力调度系统完成。

主变电所的选址、容量、建设进度、可靠性和电力调度等关系线网主变电所资源共享的有效实施。主变电所的规划、落地实施牵涉方方面面，仅容量预留或土建预留就会牵涉投资、运营管理、电价政策、电费分配等方面。需要由建设投资方牵头与相关部门协调联络，制定出一系列有利于轨道交通主变电所资源共享的政策，鼓励轨道交通的设计、投资、建设、运营等各方按照资源共享原则考虑供电资源的利用，并与电力、城市规划部门协调，在电力建设中考虑轨道交通的用电容量和受电位置，在城市建设中考虑轨道交通主变电所的建设用地和电缆通道的施工问题。

3.5.6 主变电所资源共享实施的建议

3.5.6.1 对建设管理实施的建议

（1）按照统一布点规划建设的共享主变电所，其土建结构，配套的通风、给排水、动力照明、消防等设施，按照"最终规模、一次建成"的原则实施。

（2）共享主变电所 110 kV 进线电缆、110 kV 开关设备、35 kV 开关设备、继电保护、电力监控系统、电力调度管理系统等电气设备按照"最终规模、预留接口、一次建成"的原则实施。

（3）同期建设的城市轨道交通线路，其共享主变电所的建设费用（如外线电源费、土建费及一次建设的配套费用），按照"按用户负荷比例、谁使用谁负担"的原则实施。

（4）建设工期相差 3 年以上的城市轨道交通线路，其共享主变电所的建设费用（如外线电源费、土建费及一次建设的配套费用)由先投入使用的线路承担。

(5) 建设工期相同或相差不足 3 年的城市轨道交通线路,其共享主变电所的主变压器安装容量按照最终实施规模确定,主变压器设备费用由各线路按用户负荷比例分担。

(6) 建设工期相差超过 3 年的城市轨道交通线路,其共享主变电所的主变压器安装容量,应进行分阶段经济、技术比较后确定。

(7) 对于主变压器分阶段增容的共享主变电所,设计单位应考虑将来运营的实际情况,在设计过程中预留各个阶段更换主变压器等所需的条件,以方便将来运营时对主变压器及配套设备进行更换。

(8) 共享主变电所的主变压器分阶段增容所发生的费用,由后期投入使用的线路承担。

(9) 对于主变压器分阶段增容的主变电所,电力部门应按计划予以配合实施。

3.5.6.2　对运营管理实施的建议

(1) 共享主变电所的运营管理按照"先运营为主"的原则实施。由共享同一主变电所的先运营的线路对共享主变电所内的所有电气开关、主变压器、继电保护器等相关设备进行运营维护、管理,即共享主变电所的运营管理纳入与其同步投入运营的线路中。

(2) 110 kV 进线侧设置电力部门的专用计量装置,即共享主变电所的电费由该主变电所的运营管理主体单位统一缴纳。

(3) 当共享主变电所通过中压(如 35 kV)侧向不同城市轨道交通线路供电时,在共享主变电所中压侧对各线路设置必要的计量装置,用于内部分线路的核算,即当后续建设的城市轨道交通线路的供电电源引自共享主变电所时,其供电系统的用电电费由该城市轨道交通线路运营管理主体单位与该共享主变电所的运营管理主体单位进行核算。

3.5.6.3　对控制中心实施的建议

(1) 已建成开通及正在建设和规划中的各条线路均设置独立的电力监控系统。

(2) 共享主变电所的电力调度管理按照"先建为主"的基本原则实施,即先建线路的电力监控系统负责共享主变电所内 110 kV 系统所有供电设备和中压供电设备的监控管理。

(3) 共享主变电所与后建城市轨道交通线路的主变电所间的环网联络开关由后建线路的电力监控系统进行控制,相关信息发送至先建线路的电力监控系统。

3.5.6.4　对信息交换实施的建议

(1) 对于同时向多条城市轨道交通线路供电的共享主变电所,其电力调度系统需进行信息交换。

(2) 共享主变电所的信息采集遵循"先建为主"的原则,即先建线路的电力调度系统负责共享主变电所内所有 110 kV 供电设备和中压供电设备相关信息的采集。

(3)后建线路的电力调度系统可采集共享主变电所内所有 110 kV 供电设备和中压供电设备的相关信息。

3.5.7　南昌地铁主变电所资源共享情况

南昌地铁线网已规划的主变电所分布情况如图 3-9 所示。目前,南昌地铁已开通运营 4 条线路,分别是 1 号线、2 号线、3 号线、4 号线。在建项目为 1 号线北延线和东延线、2 号线东延线。1~4 号线共设置 7 座主变电所,其中 1 号线设置孔目湖主变电所和彭家

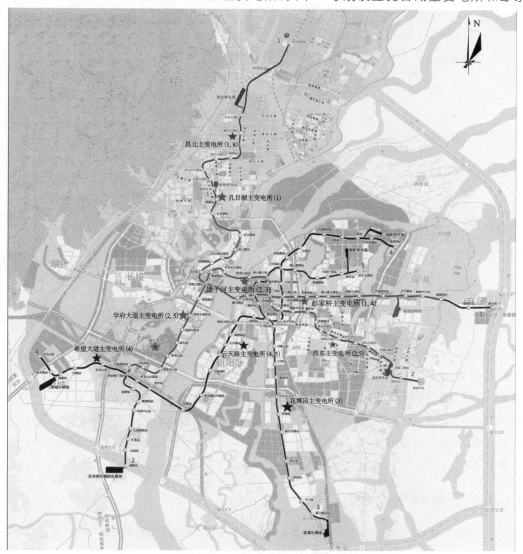

图 3-9　南昌地铁线网已规划的主变电所分布情况

桥主变电所,2号线设置学府大道主变电所和塘子河主变电所;3号线新建花博园主变电所,并与2号线共享塘子河主变电所,4号线新建希望大道主变电所和云天路主变电所,并与1号线共享彭家桥主变电所;在建项目中1号线北延线规划了昌北主变电所,2号线东延线规划了昌东主变电所。南昌地铁线网已规划的主变电所见表3-19。

表3-19 南昌地铁线网已规划的主变电所

序号	主变电所	容量/(MV·A)		主供范围		是否投产
		现状规模	远期规模			
1	孔目湖主变电所	25	40	1号线		已投产
2	彭家桥主变电所	25	63	1号线	4号线	已投产
3	学府大道主变电所	25	63	2号线	5号线	已投产
4	塘子河主变电所	40	63	2号线	3号线	已投产
5	花博园主变电所	25	40	3号线		已投产
6	希望大道主变电所	25	31.5	4号线		已投产
7	云天路主变电所	25	63	4号线	5号线	已投产
8	昌北主变电所	50	63	1号线北延线	8号线	在建
9	昌东主变电所	40	63	2号线东延线	5号线	在建

3.6 车辆基地资源共享

车辆基地是地铁车辆停放、检查、整备、运用和修理的综合性基地,承担本场内运用车辆的停放、列检、外皮清洗、静态调试、动态调试工作;同时还承担了车辆的大修、架修工作,需要用到一些特定设备。《城市轨道交通设施设备运行维护管理办法》规定,架修间隔不超过5年或80万车公里,大修间隔不超过10年或160万车公里。因此车辆基地部分设备使用间隔时间长,使用频率不高,为提高设备的利用率,可以考虑资源共享。

3.6.1 资源共享原则

(1) 按照南昌轨道交通远期发展规划目标,为远期轨道交通运营车辆提供足够的车辆基地和停车场设施,保证轨道交通运营的正常开展。

(2) 充分考虑车辆基地设施共享,合理配置其功能和用地规模,提高正线轨道交通基础设施的利用率。

（3）车辆基地的布局和用地规模与城市总体规划用地性质相协调，避免轨道交通配套设施用地与地区开发用地的矛盾，使轨道交通配套用地得以有效落实。

（4）选址尽量靠近正线，便于车辆基地与正线接轨，保证列车进出正线可靠、安全、方便、迅速，降低工程投资和运营成本。

（5）避开工程地质及水文地质不良地段。

（6）有足够的长度和宽度，满足车辆基地的功能和使用要求，并具有远期发展余地。

（7）对南昌和邻近地区的车辆及机电系统的生产厂家、铁路维修单位等进行全面调查、综合分析，实现社会维修资源的共享。

（8）对线网联络线的布局，应从线网的整体性、灵活性和运营需要等方面综合考虑，使之兼顾多种功能，发挥最大的经济效益，以实现车辆段、停车场维修资源的共享。

（9）车辆定修、临修及以下修程的修理工作由每条线的车辆段承担，不进行线网资源共享。

3.6.2 车辆大修、架修资源共享

目前国内的轨道交通车辆检修采用两种制式，一种是大修、架修分修制，另一种是大修、架修合修制。大修、架修分修制就是修建专门的车辆大修厂（不限于 1 个），承担全线网各线车辆的大修任务。车辆的架修、定修及以下修程的修理工作，由各线的车辆段承担。大修、架修合修制就是不设专门的车辆大修厂，车辆的大修任务在车辆段内进行。前一种制式用于地铁线网规模较大的城市，具有一定的经济性，对于线网规模不大的城市，采用大修、架修合修制比较经济。

从国内外城市轨道交通的实际情况来看，只有莫斯科、北京等采用大修、架修分修制，如北京城市轨道交通规划建设宋家庄车辆厂、平西府车辆厂、次渠（亦庄）车辆厂三大厂修车基地进行全路网厂修车维修任务。上海、深圳、南京、青岛等城市均采用大修、架修合修制。另外，广州、深圳、南京、昆明等城市在原大修、架修合修制基础上考虑采用以车辆大修基地为核心的部件集中修模式，如南京地铁在小行车辆基地进行电子板件集中修、在禄口新城南车辆基地进行牵引电机集中修、在秣周地铁车辆基地进行轮轴集中修、在石塘南基地进行构架集中修。

采用大修、架修分修制的优点是实行专业化生产，可以形成规模效益，有利于提高修车质量；缺点是在工程建设起始阶段，需要同时修建车辆段和大修厂，由于形成有一定规模的轨道交通线网需要几十年的时间，因此大修厂建成后在相当长的时间内因系统规模小、大修任务不足，难以发挥投资效益。采用大修、架修合修制可以避免上述问题。另外，因车辆做大修所需要的大部分机械设备与车辆做架修所需的机械设备基本相同，将

大修与架修合并可减少机械设备的重复投资,提高设备利用率。

根据已批复的《南昌市第二轮城市轨道交通线网规划(2020—2035)》,南昌轨道交通规划线路共 12 条(包含轨道快线 3 条、轨道普线 9 条),总里程约 539 km,因此,南昌轨道交通宜采用大修、架修合修制,在一定程度上共享车辆大修、架修资源,能更好地适应南昌轨道交通线网规模小、建设周期长、规划调整变化较大等特点。后续车辆基地的规划建设对已实施的大架修基地的影响相对较小,灵活性高。各线大修、架修送修路径相对较短,列车送修对正线作业影响较小。

3.6.2.1 大架修基地

根据线网规划及线路建设情况,南昌地铁设置了两个车辆大架修基地,即 2 号线生米南车辆综合基地和 4 号线望城车辆段。南昌轨道交通线网大架修基地分布示意图如图 3-10 所示。

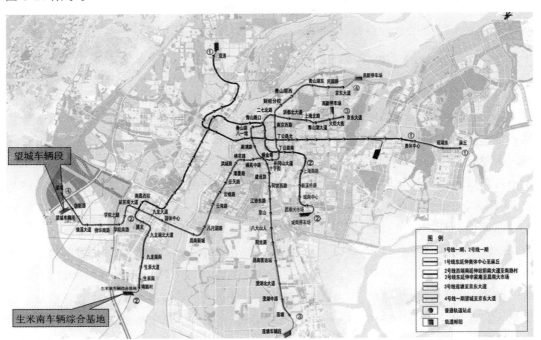

图 3-10　南昌轨道交通线网大架修基地分布示意图

2 号线生米南车辆综合基地位于线路南端南路站附近,西环货运铁路线北侧,国体大道西侧地块内,与轨道交通 2 号线南路站双线接轨,占地面积约 51 hm²(含预留用地)。4 号线望城车辆段位于九龙湖片区,地块位于绕城高速及铁路西环线以东,在建龙兴大街(原希望大道)以南,规划杨岐山大道以西的地块内。车辆段用地呈西南—东北向的长方形,东西长 1260～1380 m,南北宽约 368 m,总占地面积约 23.86 hm²。望城车辆段为整合用地,在建设时预留了上盖开发条件,整个用地红线范围内除综合楼、易燃品库、蓄电池间及卸车场地,其余范围均进行上盖开发。上盖开发总体以居住功能为主,同时配备必要的教育、商业设施。盖下为车辆段,中间转换层为小汽车库,上盖为住宅。

大架修基地任务分配见表3-20。

表 3-20　大架修基地任务分配

序号	车辆基地	车型	承担线路	线路长度/km	占地面积/hm²	大架修规模(列位)/个	建设状态
1	生米南车辆综合基地	B型车	1、2	94	51	3	已建
2	望城车辆段	B型车	3、4、5	103.9	23.8	5	在建

3.6.2.2　大架修检修范围

国内地铁车辆大架修模式有很多。①委外修,由车辆厂对车辆进行大架修,运营公司委派管理人员进行管理、监督、协调。目前昆明地铁、上海地铁(2012年以后)、杭州地铁等采用这种模式,北京地铁由大修厂对车辆进行大修。②地铁公司自主维修,主要有深圳地铁、广州地铁等。③立足于自主维修,由车辆生产厂或维修厂提供咨询服务,并共同完成前几列车的大架修,采用此种模式的主要有苏州地铁、沈阳地铁等。

自主大架修可以掌握核心检修技术,提高日常维护和紧急故障抢修的能力,直接掌控大架修实施进度,提高维修效率,最大限度地满足运营对车辆的要求,降低大架修成本。委托其他厂家进行大架修可以减少地铁公司日常维护管理工作量,技术可靠度高,但缺点是费用高,据了解委托厂家维修的费用一般是自主维修费用的1.4~1.7倍。厂家出于成本等各种因素考虑,不会完全按照运营公司的需求安排生产计划,另外由于运营公司的管理人员缺乏车辆大架修核心技术,无法真正达到对质量、效率和费用的有效管控。

考虑到南昌地铁运营检修经验不足,南昌地铁1号线一期工程27列车(除无线通信设备、车载信号设备外其他所有的系统、设备)的架修采用了委外修的模式,由外部单位进行车辆及设备维修、架修场地改造、人员培训,并由其提供架修工艺设备、周转件、故障部件、备品备件、仪器仪表、工具等。此种模式由整车厂的专业技术团队提供技术服务,如编制规程、工艺等,并负责具体维修工作。南昌地铁车辆技术人员、维修队伍与整车厂共同开展工作,逐步具备大架修能力。

在进行大架修基地设计工作时,设计师充分调研了国内各城市轨道交通车辆大架修的内容,并根据检修内容对工艺布局进行规划,保证大架修工艺流程顺畅。技术含量高且自身无能力及条件承担的维修项目,须由有法定专业资质单位承担及满足相关要求的维修项目、投资大且无固定维修批量的部件维修项目、劳动密集型的技术含量低的维修项目采取整体委外修的方式。综合考虑后，车辆大架修作业的内容与范围见表 3-21。

表 3-21 车辆大架修作业的内容与范围

系统名称	部件名称	主要检修内容	说明
受电弓	受电弓	清洁、更换故障或磨损部件、恢复设计的性能、常规试验、油漆	油漆委外修
空调	空调机组	清洁、注冷媒、钎焊、更换故障部件、恢复设计的性能、试验、油漆	换件修
	控制柜	清洁、更换故障部件、检查线排、检查紧急通风逆变器	换件修
车体及内装	车体及内装	清洁、修补或更换地板胶，局部补焊，车钩、风道、车门、车窗的修理，贴膜	车体采用贴膜工艺或委外喷漆
贯通道	贯通道	清洁、更换故障部件	自主修
车门	车门	清洁、更换故障部件、试验	自主修
车钩	车钩	清洁、探伤、更换故障部件	大架修委外修
转向架	空气弹簧	清洁、试验	更换、试验
	牵引装置	更换牵引拉杆橡胶节点、中心销套	更换、试验
	构架	清洁、构架整形、局部补焊、更换故障部件	自主修，油漆委外修
	横向液压减振器	外观检查	架修委外修，大修更换
	抗侧滚扭力杆	更换轴承	架修委外修，大修更换
	一系弹簧	清洁、试验	更换、试验
	轴承、轴箱	拆装、清洁、更换、轴箱检修探伤、跑合试验	拆装、大架修委外修
	轮对	探伤、轮饼更换、轮对退卸和压装、踏面镟修	油漆、车轴机加工委外修
	齿轮箱	清洁、换油、更新轴承、紧固件、橡胶件、密封圈、试验	自主修
	联轴节	清洁、分解、更换紧固件、密封件等	自主修

续表

系统名称	部件名称	主要检修内容	说明
制动系统	空压机	清洁、油脂更换、更换故障部件、恢复设计的性能、试验	大架修委外修
	EP2002阀	清洁	架修自主修,大修委外修
	基础制动单元	易损件更换	大架修委外修
	阀类元件	阀体试验	大架修委外修
牵引系统	司机控制器	清洁、更换故障部件、恢复设计的性能、常规试验	大修委外修
	熔断器箱	—	自主修
	高压箱	清洁、更换故障部件、恢复设计的性能、整定值调整、常规试验	自主修
	滤波电抗器	清洁、烘干、试验、油漆	自主修
	牵引逆变器箱	清洁、更换故障部件、恢复设计的性能、试验、油漆	元器件更换修
	制动电阻箱	—	自主修
	牵引电动机	清洁、定子烘干、试验、油漆	存放、架修自主修、大修委外修、试验
辅助系统	辅助高压箱	—	自主修
	辅助电源箱	清洁、更换故障部件、恢复设计的性能、试验、油漆	自主修
	蓄电池箱		自主修
低压照明	接触器、继电器	清洁、更换故障部件、恢复设计的性能、整定值调整、常规试验	自主修
	电子设备	清洁、更换故障部件、恢复设计的性能、常规试验	PCB(printed-circuit board,印制电路板)更换修
	照明系统	清洁、更换故障部件、恢复设计的性能、常规试验	自主修
	连接器	清洁、常规试验	自主修
	电线、电缆	清洁,更换故障电线、电缆,常规试验	自主修

续表

系统名称	部件名称	主要检修内容	说明
速度传感器	速度传感器	清洁、常规试验	自主修
PIS	乘客信息显示系统	清洁、更换故障部件、恢复设计的性能、常规试验	自主修
PIS	广播系统	清洁、更换故障部件、恢复设计的性能、常规试验	自主修
网络系统	网络系统	—	自主修
烟火报警系统	烟火报警系统	清洗	委外修

3.6.2.3 送修路径分析

两条线路之间的联络线用于在非营运时段内进行车辆转线或材料货物运输。联络线的布置地点和形式的选择是在线网规划阶段根据车辆基地分布位置和承担的任务范围,结合线路建设时序和工程实施条件确定的。

车辆送修会占用所经过线路的检修时间,优先考虑跨1线调车,原则上调车跨线不超过2条,并且需要核算运行距离及时间。

根据以上原则,结合线网目前建设进展情况,南昌轨道交通近期线网联络线设置见表3-22。线网共设置联络线4处,已建联络线2处,在建联络线2处,拟建联络线1处。

表3-22 南昌轨道交通近期线网联络线设置

联络线位置	连接线路	建设状态
地铁大厦站	1、2号线	已建
青山路口站	2、3号线	已建
西站南广场站	2、4号线	在建
南昌东站	2、5号线	拟建

各线车辆送大架修车辆段的路径如下。

(1) 1号线→地铁大厦站→2号线→生米南车辆综合基地。

(2) 2号线直接与生米南车辆综合基地连通。

(3) 3号线→青山路口站→2号线→西站南广场站→4号线→望城车辆段。

(4) 4号线直接与望城车辆段连通。

(5) 5号线→南昌东站→2号线→西站南广场站→4号线→望城车辆段。

3.6.3　综合维修中心资源共享

综合维修中心是地铁系统各种设备和设施的维修管理单位。综合维修中心的设计和车辆段的设计不同,车辆段的规模可以通过公式计算确定,而综合维修中心的设计牵涉的专业很多,几乎囊括了所有地铁系统,也没有计算公式可循,主要是根据各设备系统和专业的要求进行设计。因此,每一条线路的综合维修中心都有所不同,但基本上需要的设施还是明确的,主要如下。

(1) 综合车间:具备必要的起吊设备和较大的场地,用于大型设备检修。
(2) 综合维修楼:用于电子电器和小部件的检修。
(3) 工程车库:用于各种工程车辆的停放和检修。
(4) 物资总库:用于备品备件的存放和管理。
(5) 办公生活设施:用于办公和生活,可以和车辆段共用。

目前南昌轨道交通尚无有关设备维修模式的专题研究成果,设计时在每条线路均设置了一座综合维修中心,通常位于车辆段用地内,在停车场内设置一些专业的检修工区。随着未来线网规模逐渐扩大,应对机械、电子、电气、工建等专业的综合维修进行研究和规划控制。可在合适的一个或几个车辆段内设置全线网的综合维修基地,承担整个线网设备设施的维修任务。线网其他车辆段只设置机电、电子、电力和工建维修分部,承担全线设备设施的日常检查保养和维护任务,停车场设各专业维修工班,配置工区用房和必要的小型维修设备,行政上归车辆段综合维修中心管理。为实现资源共享,降低工程造价,提高设备的利用率,考虑设置相应部门承担多条线路的机械加工、计量化验等任务。

3.6.4　物资总库资源共享

经调研,目前在各地轨道交通建设中,普遍是一条线路设置一个物资总库。各条线路的物资总库负责承担本线路各系统材料、配件、设备、机具及劳保用品等的采购、存放、发放和管理工作。

结合各地情况,南昌地铁各线路具有定临修功能的车辆段根据全线规模设置一处物资总库,同时根据需要在停车场内分别设物资分库或材料库。考虑线网大修基地、大架修车辆段承担了部件互换修工作,物资总库需适当增加规模,同时在各检修车间内布置检修、组装部件等周转物资存放设施。如望城车辆段在设置物资总库的基础上,另设置一处备品库以满足线网大架修车辆备品备件的存放需求,检修库内设置一定面积的成品存放区。

3.6.5 培训中心资源共享

培训中心负责组织和管理职工的技术教育和培训工作,培训中心应从全线网出发统筹考虑,原则上一个地铁系统只设一个培训中心。南昌轨道交通线网已经在1号线瑶湖定修段设有培训中心,配备了门类齐全的职工教育培训、司机培训用房,以及信号、接触网、轨道等设备维护和检修培训用房等;并设有大、小教室,以及各种实验室、微机室、模型室等,配备了必要的教学培训设备。

3.6.6 大型工程车资源共享

地铁维修所需的大型工程车主要有磨轨车、网轨检测车、接触网检修作业车、轨道车、轨道探伤车等。各种车辆的用途及作业能力如下。

3.6.6.1 大型工程车简介及配置标准

1. 磨轨车

磨轨车根据作业方式可分为打磨车和铣磨车,都用于对钢轨伤损进行消除或修复,以延长钢轨寿命,保证行车安全。

从作业效率来看,一台20头打磨车一个天窗约能作业1.0 km的线路,若年工作日为150个,则理论上年作业能力为150 km;而铣磨车的日作业效率约为2.0 km,理论年作业能力达300 km。从作业效果来看,铣磨车铣磨后的钢轨断面轮廓精度、表面光洁度和纵向平顺性等指标均优于打磨车打磨后的钢轨断面。

从价格上来看,目前20头的打磨车价格为3500万~4500万元,铣磨车的价格为7000万~9000万元。而从使用成本来看,二者均用于修复性打磨作业,打磨车因为打磨次数多、作业时间长,其人工、油耗及易耗件的使用量均远远高于铣磨车。再考虑作业后的隧道清洗费用,打磨车的作业成本远远高于铣磨车。

综合考虑环保性、安全性及作业成本,铣磨车性价比更高。同时,根据打磨车和铣磨车的作业特点,打磨车更适合在线路运营初期用于预防性打磨作业,而中后期进行修复性打磨时,铣磨车具有绝对优势。因此,在投资和线网条件允许的前提下宜采用铣磨车作业。结合南昌市已运营线路、线网规划及工程投资来看,南昌线网宜配置1台钢轨铣磨车。未来随着线路的运营和线网规划的调整,可结合南昌及其他城市地铁的使用情况,以及工务用车的市场成熟度,再整体考虑磨轨车的配置需求。

2. 网轨检测车、综合检测车

网轨检测车、综合检测车主要用于轨道和接触网相关指标的检测等。通过周期性的检测作业,了解和掌握线路动态质量,对轨道和接触网养护维修具有重要的指导作用。另外,包含限界检测的网轨检测车也称为综合检测车。网轨检测车一般不带动力,需要与轨道车连挂作业。轨道车的最高运行速度一般为 80 km/h,完全可以实现在一个天窗时间完成一条线的作业。但夜间正线作业频繁,作业时间紧张,进行网轨检测的线路无法进行其他正线检修作业。因此对于较长的线路,难以安排整条线路同时清空进行网轨检测,一般单线长 50 km 以上的线路的检测宜分两天完成。以每月检测 2 次计算,每台网轨检测车宜承担约 5 条线路的检测任务。综合考虑设备价格(综合检测车的价格约为 750 万元),为了节省投资,从线网角度出发,宜 3～5 条线配备一辆。南昌地铁目前仅配置 1 台网轨检测车。

3. 接触网检修作业车、接触网放线车、接触网刚性悬挂安装作业平台车

供电和接触网专业的接触网检修作业车、接触网放线车、接触网刚性悬挂安装作业平台车利用率均较高,共享这些设备不仅会增加运营成本,也会给运营组织和制定计划带来不便,因此不宜考虑资源共享,每条线路配置接触网检修作业车、接触网放线车、接触网刚性悬挂安装作业平台车各 1 台。

4. 调机车、轨道车

调机车主要用于地铁列车和无动力轨道车辆的牵引、调车,也可用于事故车辆救援牵引作业。

轨道车是主要用于线路、供电及机电设备施工和维修的牵引动力设备,也可用于运输施工器材和人员,一般与轨道平板车配合使用。

通常承担定修以上修程的车辆段须配备 2 台调机车和 2 台轨道车,负责线路的调车、牵引作业,如有需要可以跨线作业。

5. 隧道清洗车

隧道清洗分为道床部分的清洗、隧道墙壁部分的清洗及隧道顶部的清洗。隧道清洗车工作速度为 0.2～0.5 km/h,在 5 h 的夜间停运时间内,扣除往返运行时间和准备时间等辅助作业时间,实际有效作业时间通常为 3 h,平均一个天窗时间可清洗约 1 km 隧道。全年按 200 多个工作日计算,能清洗约 200 km 左右的隧道,但鉴于目前隧道清洗车技术方案还不是特别成熟,使用频率较低,南昌地铁目前仅配置 1 台隧道清洗车。

6. 轨道平板车、轨道平板吊车

工务专业的轨道平板车和轨道平板吊车用于线路中钢轨及大型物资、物件的运输,使用较为频繁,共享这些设备会造形成大量车辆的取送任务,增加运营成本,也给运营组织和制定计划带来不便,因此不宜考虑共享此类资源,每条线路配置轨道平板车和轨道平板吊车各 2 台。

7. 轨道探伤车

轨道探伤车主要用于探测钢轨内部的各种伤损，并利用探伤仪器、设备和微机处理系统对钢轨伤损的类型、位置、程度及累计变化进行自动检测、分析、显示、记录和打印，以最大限度避免断轨事故发生。

8. 桥梁检测车

对于上跨高速公路和郊区农田、菜地等部位的高架桥梁体结构的巡视检查，裂纹、破损等病害的处理，支座系统的巡检和保养，高架排水系统的巡视保养等工作，无法搭设脚手架或采用曲臂升降机等设备完成，只能在桥上使用桥梁检测车完成。桥梁检测车能有效提高检修效率，确保作业人员的人身安全。基于所有线路的高架桥设施保养的需要，建议在网络化运营条件下线网共享 1 台桥梁检测车，完成桥梁的日常巡视、保养和维修工作。

3.6.6.2 特种车辆维保基地资源共享

由于特种车辆的设计（如架车位、轴重等）与电客车辆不同，在进行特种车辆检修时，现有的电客车辆检修设备不能完全适用，部分供电和土建专业的特种车辆的日常保养专业性强，并且需要专业设备，因此难以与电客车辆的检修设施实现资源共享，需要建立单独的特种车辆维保基地。

目前南昌地铁的特种车辆数量不多，无单独的管理和维护机构，集中检修特种车辆的任务需求不大，各线特种车辆均委托外部的专业厂家进行大修，日常维保由运营公司自主完成。若采用技术外包的养护方式，仍然需要地铁公司提供相应的检修场所和相关的设备设施。随着后期线网规划的扩张及大型工程车辆（包括轨道车）数量的增加，为应对将来大规模的线路维修作业和检测任务，确保特种车辆状态良好，满足运营管理和使用需求，降低运营维修成本，可考虑在后续规划的车辆基地中预留出相应的用地面积作为特种车辆维保基地用地。

为满足特种车辆维保需求，维保基地应具备特种车辆主要部件（如发动机、液压系统、制动系统、操纵装置及控制系统等）的修理条件，主要配备相应的检修库线、检修用房、材料加工车间、设备修理车间、备件、材料库和专用的检修设备，各线特种车辆统一协调共享该维保基地。同时，在设计维保基地时，应结合线网规划的联络线进行选址，以满足特种车辆调车作业及送修调配作业的需求。

3.7 弱电系统后备电源资源共享

在城市轨道交通中，弱电系统包括通信系统、信号系统、综合监控系统、环境与设备监控系统、火灾自动报警系统、自动售检票系统、门禁系统、智能低压系统、站台门和防淹门。其中，通信系统和信号系统用来保证地铁行车安全，避免晚点和撞车等事故的发生，是中央级系统。环境与设备监控系统对地铁车站的设备和机组进行监控。自动售检票系统也是非常重要的系统，相当于地铁中的"银行"。防淹门是比较特殊的，当地铁在穿越河道时会设置，一旦有河水或湖水进入地铁隧道，防淹门的闸门将关闭，防止地铁被淹。这些系统对于地铁的安全、稳定运行都是极其重要的，一旦供电出现问题，后果将不堪设想。

3.7.1 弱电系统后备电源设置需求

我国地铁供电系统的安全可靠性处于世界领先水平。在比较重要的轨道交通弱电系统中都配置了不间断电源供电系统，进一步提升了供电的可靠性。目前大多数轨道交通中各弱电系统配置的 UPS 均是单独设立的。分散式的 UPS 供电系统的优点是电源故障风险分散，各系统之间不会相互影响。然而其缺点也比较突出，主要存在的问题如下。

（1）各弱电系统分别配置 UPS 供电系统，会造成设备重复配置、利用率低、占地面积大。由于地铁空间有限，造价高昂，因此各弱电系统分别配置 UPS 供电系统在经济上不合理。

（2）各弱电系统的 UPS 装置规格、备品备件种类繁多，对运营维护要求高，运营维护的成本也很高。容易造成 UPS 装置维护不当的情况，同时也容易损坏 UPS 蓄电池，达不到备用时间要求。

针对轨道交通中分散式 UPS 供电系统存在的问题，解决方案是对各弱电系统的 UPS 装置进行硬件整合和集中布置，采用集中式 UPS 供电系统替代分散式 UPS 供电系统。UPS 装置整合后，可以对供电系统实施统一的管理和维护，更加专业地进行维修和更新，减少设备占地面积，从而降低车站土建工程造价，节约空调系统能耗，实现资源共享、节省投资的目的。

3.7.2 弱电系统后备电源资源共享方案

3.7.2.1 UPS 整合的可行性分析

各弱电系统属于一级负荷，由两路电源自动切换后供电；同时又是特别重要的负荷，都需要采用后备电源,各弱电系统具有以下共性。

(1) 各弱电系统为一级负荷中特别重要的负荷,均采用 UPS 作为后备电源,供电要求一致。

(2) 各弱电系统的主要设备基本为计算机、网络设备、控制设备,以电子类负载为主,负载性质基本相同,对电源的质量要求也基本一致。

(3) 各弱电系统的房间布置集中,多数位于车站控制室端,供电距离短。

根据以上共同点,可以得出各个弱电系统具备整合 UPS 的可能性。

3.7.2.2　UPS 整合范围

通过对各专业的负载性质、后备时间等参数进行综合分析,可以纳入 UPS 整合的弱电系统有通信、综合监控、门禁、PIS、AFC 等,不纳入整合电源的系统有民用通信、信号系统、应急照明、站台门、变电所操作电源等。

对未纳入 UPS 整合的弱电系统做如下分析。

(1) 民用通信与地铁专用通信不一样。地铁专用通信是地铁正常运行和行车安全的重要保障,虽然民用通信是为乘客服务的,也按照一级负荷供电,但重要性不如地铁专用通信,民用通信允许因双路电源出现故障而短时停电。同时,民用通信归属于外部单位维护,若纳入地铁 UPS 整合,不便于维护及独立核算。

(2) 信号系统是涉及行车安全的关键系统,其安全等级要求高于其他系统。整合的 UPS 不是专用电源,不符合有关信号系统用电的规范和标准要求。为降低整个系统的实施风险,确保满足可靠性指标要求,并满足运营要求和工程的工期要求,信号系统独立设置 UPS。

(3) 应急照明主要是感性负载,以荧光灯为主,且 EPS(emergency power supply,应急电源)的容量大,若纳入 UPS 整合,需增加 40～60 kW 的容量,且可靠性降低。

(4) 站台门负荷主要是电动机负载,其电子设备较少,属于感性负载,功率因数低,滑动门开闭时会产生较大的冲击电流,影响 UPS 输出的电压质量,故不纳入 UPS 整合。

(5) 变电所操作电源的容量大,是保证车站供电系统正常运行的核心,要求高,故不纳入 UPS 整合。

3.7.2.3　UPS 整合方案

由于集中式 UPS 供电系统的风险也是集中的,因此对其可靠性提出了非常高的要求。必须选择可靠性高的 UPS 系统方案,建立安全完善的电源、配电和监控系统。由于各个弱电系统的后备时间并不一致,因此需要设置智能配电系统。另外,还需要设置监控系统对蓄电池、自动转换开关(automatic transfer switching,ATS)和智能配电关键设备进行监控。

集中式 UPS 系统构成图如图 3-11 所示。

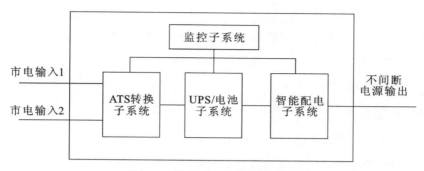

图 3-11　集中式 UPS 系统构成图

供电系统采用并联冗余方式：参与并联运行的各 UPS 单机在系统中具有同等地位，共同分担负荷。任一台单机出现故障，其他单机能自动均摊多出来的负荷，而故障单机将自动从负载母线上脱离系统。

采用并联冗余的优势包括可靠性提高、可用性提高、维护简单。

1. 并联冗余方案

并联冗余方案分为整体式"1＋1"并机模式和模块式"$N＋X$"并机模式。

（1）整体式"1＋1"并机模式。

该模式即从变电所接两路独立交流电源至车站 UPS 整合电源室的交流切换箱，由交流切换箱馈出至少四路交流电源，采用两台 UPS 组成"1＋1"并机冗余系统。该并机冗余系统采用全数字实时矢量控制技术，实现实时负载均分调节和智能化控制。两台 UPS 的逆变输出电压幅度、频率及相位保持一致，从而保证 UPS 系统输出一致。

（2）模块式"$N＋X$"并机模式。

该模式即从变电所接两路独立交流电源至车站 UPS 整合电源室的交流切换箱，由交流切换箱馈出至少四路交流电源，采用多台模块式 UPS 组成"$N＋X$"并机冗余系统。该并机冗余系统由 N 个额定容量为 10 kV·A 的功率模块并联组成，系统总容量根据负载情况进行冗余设置。UPS 可在不影响整机及负载工作的情况下，进行热插拔维修。监控软件可对整个并机冗余系统及各单机进行监控。设置静态旁路开关，可自动把 UPS 负载无间断地切换到逆变器电源或旁路供电电源。

对整体式"1＋1"并机模式和模块式"$N＋X$"并机模式的供电可靠性进行分析，"1＋1"并机冗余系统的每台 UPS 单机输出功率为标称功率的 50%，整个系统提供 200% 的标称输出功率的理论可靠性达到 99.99%。由于模块式"$N＋X$"并机模式供电系统的中间环节更多,因此整体式"1+1"并机模式的可靠性更高。

对于输出端的可靠性进行分析,从 UPS 输出端到最终用户设备输入端存在以下隐患。

(1) 79%的故障来源于 UPS 输出端与负载之间的供电线路。

(2) 11%的故障来源于 UPS 机组及蓄电池组。

(3) 其他故障占 10%左右。

2. UPS 供电方案

UPS 输出端至用户设备输入端的供电方案有两种。

(1) 方案一:单回路馈出至各系统设备配电箱。

①优点:电缆路径短,故障概率小,满足各系统一级负荷的供电要求。

②缺点:无法避免线路故障,发生短路后,短路电流无法正常分断,从而导致进线断路器跳闸,使由 UPS 供电的所有系统断电。

(2) 方案二:双母线供电方式。

① 优点:满足一级负荷双进线末端切换要求,保证了各系统供电可靠性的要求,避免了单一系统故障影其他系统运作。

② 缺点:系统造价比较高。

对于轨道交通,可靠性一定是最重要的,因此虽然造价偏高,还是选择方案二。整体式"1+1"并机模式与双母线供电方式大大提高了 UPS 设备的可靠性及线路可靠性;模块式"$N+X$"并机模式虽然在容错性和可靠性方面均有所提高,但在电源输出方案上适合可靠性较低的单回路馈出方式。综合考虑,选择整体式"1+1"并机模式结合双母线供电方式的方案。

集中式 UPS 供电已经应用于南昌地铁 1 号线各弱电专业后备电源系统。采用整体式 UPS 方案后,设备造价比分散式 UPS 方案高 4%,然而可以节约土建面积 10 m²,降低了原 UPS 设备房空调系统能耗,因此总体造价较分散式 UPS 方案低,且可靠性和可维护性大为提高。

3.8 视频监控资源共享

3.8.1 背景

随着我国城市人口的快速增加及城市规模的不断扩大,许多城市都加快了城市轨道交通的建设。城市轨道交通建设是一项耗资巨大的工程,不仅线路的造价很高,车站、主变电所的建设也需要大量的资金。加之城市轨道要穿越城市的中心地段,这些地段的土地成本很高,而且线路沿线的拆迁也是一个很大的工程,所以城市轨道交通的"资源共享、综合利用"就显得尤为重要。资源共享对我国城市轨道朝着"集约化、社会化、规模化"的方向发展有着重要的意义。

进入 21 世纪,随着科学技术的高速发展,资源、信息共享已成为必然选择。21 世纪是信息的时代,也是合作的时代,只有资源共享,优势互补,才能达成共赢。人类社会已经进入网络和数字化时代,在这样一个时代,信息资源的建设与共享已经成为时代发展的需要和必然,它的兴起与发展有着划时代的意义。实现数据共享,可以使更多的人更充分地使用已有数据资源,减少资料收集、数据采集等重复劳动和相应费用,能够做到资源利用率的有效提高,减少资源闲置甚至浪费。

3.8.2 目的及意义

地铁线路的视频监控系统主要由两部分组成:专用视频监控系统和公安视频监控系统。两套系统的功能基本相同,不过使用人员和侧重点不同。公安视频监控系统供公安人使用,以维护地铁区域治安稳定;专用视频监控系统供运营管理人员使用,以了解客流量、车站拥挤情况、乘客上车情况等。

在标清时代,专用视频监控系统和公安视频监控系统通过视频分配器共享前端摄像机,但是有各自的编解码器、存储和管理服务器。如果高清时代仍然采用这种模式,势必造成投资的激增。从目前已经招标的地铁项目的建设模式上来看,一致的思路是尽量使原来基本相互独立的专用视频监控系统和公安视频监控系统共享设备,如前端 IPC(IP camera,网络摄像机)、高清摄像机、存储设备等,尤其是考虑共享 IPSAN,以尽量减少成本。IPSAN 的共享,将不可避免地给监控平台带来挑战,因为车站 IPSAN 归属车站监控平台管理,而且还必须可以被两套互不相关的上级平台(控制中心 OCC 平台和地铁公安分局平台)同时调阅、查询。

随着视频监控技术的发展,高清网络摄像机的应用成为趋势,之前专用视频监控系统和公安视频监控系统只共享前端摄像机的方案不再适用,需要分析研究新的共享方案,尽量减少系统投资,实现资源共享,同时满足公安人员与运营管理人员的需求。

3.8.3 既有线路建设情况

3.8.3.1 南昌地铁 1 号线

目前南昌已运营的地铁 1 号线的专用视频监控系统采用标清模拟摄像机全数字组

网方式,前端采用模拟摄像机,经编码器编码后输出数字视频流进行存储。车站的图像摄取范围为每站的站台、站厅、扶梯、主要设备用房、售票机、闸机、出入口、垂直电梯口等处。定修段、停车场的图像摄取范围为出入段线、平交道口、轨行区、停车列检库、洗车库及重要公共区域等。

公安视频监控系统由本地监控、异地监控(地铁公安分局监控全线、派出所监控辖区)组成一个统一的视频监控网络。公安视频监控系统的图像摄取分为高清图像和标清图像,在每个车站专用视频摄像机的基础上对重点监控区域进行必要的补盲,补盲摄像机为高清网络摄像机。

专用视频监控系统的摄像机输出的模拟信号经视频分配器分别输出至专用视频监控系统编码设备和公安视频监控系统编码设备。公安视频监控系统除与专用视频监控系统共用前端摄像机之外,其余设备均独立设置。

3.8.3.2 南昌地铁2、3号线

目前南昌已运营的地铁2、3号线采用分辨率为1080P的数字高清摄像机组网方式。专用视频监控系统与公安视频监控系统共享前端摄像机,后端设备独立设置(包括以太网交换机、各类服务器、网络存储设备等)。车站的图像摄取范围为每站的站台、站厅、自动扶梯、垂直电梯、换乘通道、开关柜室、变电所控制室等,还覆盖售票机、闸机、出入口、票务室、客服中心等。

车站专用视频监控系统设置的摄像机摄取的视频监控图像接入专用视频网,公安视频监控系统在专用视频监控系统的基础上增加摄像机进行补盲,其摄取的视频监控图像接入公安视频网,建设完整独立的专用视频网和公安视频网。公安视频监控系统除与专用视频监控系统共用前端摄像机之外,其余设备均独立设置。

3.8.3.3 南昌地铁4号线

从资源共享、实现设备利用率最大化的角度考虑,南昌地铁4号线的视频监控系统采用专用视频监控系统、公安视频监控系统共建,合用一套视频监控系统的原则,即采用全国主流的公专合一方案,仅建设一套视频监控系统,满足运营和公安等单位对视频监控的需求。专用视频监控系统中的设备设置综合考虑设备的兼容性,即一台设备兼顾公安、运营与内保三者或其中两者的功能需求,最大化地实现资源共享。

车站公安视频监控系统在车站警务室的视频监控终端接入专用视频监控系统交换机,专用视频监控系统为该终端提供相应的视频操作软件和权限,警务室视频控制终端相当于专用视频监控系统的一个授权视频操作终端,其功能完全由专用视频监控系统设备实现。

另外，在车站设置网络安全接入设备，将专用视频监控系统接入公安视频网，派出所、地铁公安分局及其他有权限的部门的视频控制终端可以调用专用视频监控系统中任一车站任一摄像头的实时监控图像和车站、派出所存储的历史图像。

3.8.4 后续线路规划

随着城市轨道交通规模的不断壮大，模式不断优化，目前在城市轨道交通建设中，专用视频监控系统与公安视频监控系统已形成合建并合用一套视频监控系统的趋势，即建设同时满足运营、公安安全防范、内保和生产管理需求的城市轨道交通视频监控系统。

从资源共享、实现设备利用率最大化的角度考虑，后续建设的线路建议采用南昌地铁 4 号线专用视频监控系统、公安视频监控系统的共建合用方案，即仅建设一套视频监控系统，满足运营和公安等单位对视频监控的需求。

3.9　AFC 资源共享

3.9.1　ACC 与 MLC 资源共享

随着 ACC 使用年限临近，线网建设规模的增加将会面临以下几个问题。

（1）硬件设备使用寿命到期。系统小型机、PC 服务器、存储设备、UPS 等的使用寿命即将到期，性能不足，难以满足后续新建线路的接入需求。

（2）系统存储硬件容量紧缺。ACC 系统接入规划线路，面临存储容量不足的问题，由于系统设备架构的限制，ACC 系统的运算、I/O 等方面的性能无法得到显著提升。

（3）软件设计与规划现状不一致。清分系统的功能和性能基本达到了原需求设计的最大值，而第三轮线网规划远超既有软、硬件的承受能力。

（4）ACC 系统架构受限。ACC 系统内各子系统的软、硬件独立，计算、存储及网络资源与硬件耦合，资源无法高效利用；且受制于系统构架，设备扩容成本较高。

（5）系统安全性亟待提高。AFC 系统已由封闭系统变为开放系统，从运营安全角度来说，加强信息安全系统建设非常有必要且非常紧迫。

同时，在多条新线路同时开建的背景下，多条线路共用中央计算机系统能够统一建设、运营和维护标准，避免因多家集成商分散建设、运营和维护而形成技术壁垒和协调瓶颈，提高路网运营管理及维护工作效率，降低系统建设、运营和维护等各方面的成本。因此在 ACC 和 MLC 规划实施中，存在 ACC、MLC 分开设置和 ACC、MLC 合并设置

（ACLC，清分及多线路中心）两种设置形式，如图 3-12 和图 3-13 所示。

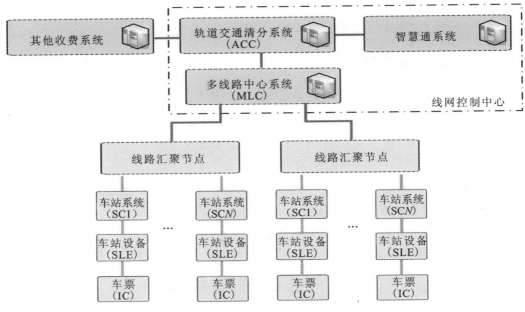

图 3-12　ACC、MLC 分开设置

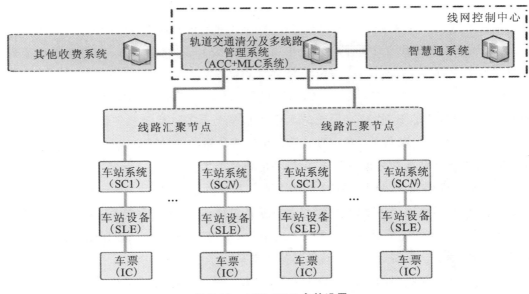

图 3-13　ACC、MLC 合并设置

ACC、MLC 分开设置与合并设置的对比见表 3-23。

表 3-23　ACC、MLC 分开设置与合并设置的对比

序号	比选内容	方案一（ACC、MLC 分开设置）	方案二（ACC、MLC 合并设置）
1	系统架构	5 层（结构简单、架构清晰）	物理上 4 层，业务逻辑上 5 层
2	方案可行性	可行	可行
3	技术成熟度	应用较广，技术成熟度较高	已在郑州、成都等城市应用，具有一定的技术成熟度
4	系统可靠性	较高	一般
5	系统风险	较低	较高
6	运营模式	有不同的运营商	运营模式待商榷
7	技术发展	传统技术	发展趋势
8	资源共享程度	低	高
9	运营管理	强度高、效率低	强度低、效率高
10	系统投资	高	低
11	建设难易程度	容易	一般

　　方案一：优点是层次间架构独立，系统应用成熟；缺点是资源未共享、管理较复杂、机构设置较复杂、人员配置较多、规模较大，由于 ACC 与 MLC 没有整合，整个架构体系投资高于方案二。方案一适用于城市轨道交通规划线路数量较多，初期建设线路较少且分散，后期建设线路密集的情况。

　　方案二：优点是资源共享、管理较简单、机构设置较简单、人员配置较少、规模较小，由于对 ACC 与 MLC 进行整合，整个架构体系投资费用低于方案一；缺点是只对部分层次进行整合。方案二适用于城市轨道交通规划线路数量适中，并且建设初期同期建设线路不少于两条的情况，尤其是可以大大降低线路中心级别的投资。

　　结合南昌地铁线网规模及云架构技术发展趋势等，南昌地铁主要考虑采用方案二，即 ACC 与 MLC 合并设置。

3.9.2　线路中央计算机系统共享

　　在多条新线路同时开建的背景下，若仍采用单线独立建设模式，必然带来建设成本高、管理分散、工作效率低等问题。多线路共用线路中心系统有别于以往以单个线路为单位的 AFC 建设管理模式。采用 MLC 建设模式能够统一线路中心建设、运营和维护标

准,避免因多家集成商分散建设、运营和维护形成技术壁垒和协调瓶颈,提高路网运营管理与维护工作效率,降低系统建设、运营和维护等各方面的成本。其优势主要体现在建设和运营方面,具体如下。

3.9.2.1 避免重复建设,降低多线建设成本

各条线路 AFC 系统的软、硬件需求基本一致,但因为由不同厂商分别建设,重复建设情况严重,建设和运营成本偏高。在线网高速扩张形势下,建设 MLC 系统可以降低多条同期开工的新线的建设成本,避免重复建设多个 LCC 系统,缓解资金压力。

3.9.2.2 提高 AFC 系统组织的灵活性

将 MLC 设计成具有灵活定制能力的系统,可根据不同时期、不同用户的需求,以较低代价对区域范围进行调整,提高运营和维护管理的效率。

3.9.2.3 解决 AFC 系统互换性及兼容性问题

随着轨道交通线网规模的不断调整,换乘站的数量会越来越多,为了有效地处理换乘站 AFC 新、旧 SC 系统接入 LCC 系统事宜,可建设 MLC 系统。具体来说就是将旧的 SC 系统改造后接入 MLC 系统,而不再接入既有的 LCC 系统。从互换性及兼容性方面分析,建设 MLC 系统非常有必要。

3.9.2.4 保障系统运营的连续性,实现集中管理,统一协调

MLC 的集中网络化管理模式,可以使运营管理更加科学、有序和高效。集中化管理既有利于对单一专业进行维护,又有利于系统的连续性运营。

3.9.2.5 有利于实现数据安全管理

集中管理可避免数据分散,有助于 AFC 系统运营数据的准确、完整、及时管理。

3.9.2.6 提高运营管理及维护的效率

线网规模较大时,若以多条线路为单位进行日常管理和维护保养,可以提高工作效率,节约运营维护成本。建设 MLC 系统可解决不同厂商提供的线路中央计算机系统业务处理方式不相同、应用程序的功能和逻辑结构不统一问题;降低不同厂商提供的线路中央计算机系统配置差异带来的维修维护难度。

建设 MLC 系统与单线建设 LCC 系统方案对比分析见表 3-24。

表 3-24　建设 MLC 系统与单线建设 LCC 系统方案对比分析

比较项目	系统投资	设备用房	定员配置
单线建设 LCC 系统	每条线路 1500 万元，10 条线路共计投资 1.5 亿元	机房（含电源室）共需 100 m^2；10 条线总计 1000 m^2	中心级每条线路约需 32 人，10 条线路共需 320 人
建设 MLC 系统（MLC 系统按 10 条线路的规模设计）	主中心系统 3000 万元，副中心系统 2000 万元，合计 5000 万元	主中心面积约 300 m^2，副中心面积约 150 m^2，共计 450 m^2	10 条线约需 80 人
对比分析	建设 MLC 系统可节省 1 亿元	建设 MLC 系统可节省 550 m^2	建设 MLC 系统可节省 240 人

综上，在建设南昌地铁延长线时，主要考虑采用 MLC 方案。

3.9.3　换乘站 SC 共享方案

为方便乘客换乘，换乘站均设计为在付费区内换乘，即乘客检票进站后不出站就可以在各条线换乘，实现一票通。要实现在付费区内换乘，除在车站建筑设计时应考虑付费区的换乘通道规划外，还应保证各换乘线路的 AFC 系统完全兼容。按照换乘站车站形式及换乘关系，换乘通常有 T 形节点换乘、L 形节点换乘、通道换乘、平行叠岛换乘、十字换乘等。

根据换乘车站建筑形式的不同，SC 系统的设置有合设和分设两种方案。两种方案的比较如下。

3.9.3.1　方案一：换乘线路合设 SC 系统

换乘站设一套 SC 系统，由先建线路负责实施，并预留后建线路车站终端设备的接入条件和接口，包括内部接口（如数据接口、硬件接口和软件接口等）及外部接口（如设备安装位置等）。此方案适用于换乘线路共用站厅且各线路建设时序接近的情况。

3.9.3.2　方案二：换乘线路分设 SC 系统

换乘站的 SC 系统按线路单独设置，采用单独设置的设备和管理用房，并有各自的票务管理人员。此方案适用于通道换乘及建设时序相差较远的情况。

3.9.3.3　方案对比

方案一的优点是可有效利用 SC 系统的处理能力，节省投资，减少车站设备、管理用房面积及票务管理人员;缺点是后建线路与先建线路的 SC 系统及车站售检票设备之间有接口关系,在后建工程实施阶段,需要协调落实供货商之间的接口工作,在换乘线路的建设工期间隔较长时,接口协调工作难度大。

方案二的优点是两条线路的 SC 系统互不影响,各自独立运行,工程界面清晰,无须进行相互间的接口协调;缺点是当换乘线路共用站厅时,SC 系统建设存在重复投资的问题。

3.9.3.4 南昌地铁的选择

在工程实践中,如已明确规定了车站终端设备与 SC 系统的接口标准,不同厂家的设备应可互联互通。换乘站的 SC 系统实施方案应从换乘站建筑方案特点考虑,换乘站一般存在以下两种建筑形式:独立站厅和共享站厅。建筑形式不同必然会导致其设备布置不同,因而换乘线路的 SC 系统设置方式也不同,应该根据换乘站的具体形式和建设时序来选择较适宜的方案。

1. 情况一:独立站厅车站

独立站厅车站一般通过较长的通道将付费区连接起来,各线路的乘客基本通过各自的站厅进出车站。对于这种车站,各线路分别设置各自的车站 AFC 系统和设备用房,各线路车站 AFC 系统之间无物理连接,系统技术标准和工程实施按各线路的要求执行。独立站厅车站的 SC 系统设置推荐采用方案二,分设 SC 系统。

2. 情况二:共享站厅车站

共享站厅车站,如 T 形、十字形或 L 形换乘车站,各线路乘客均通过共享站厅进出车站。对于这种车站,各线路仅设 1 套共享的车站 AFC 系统和设备用房,系统容量及设备数量需满足各线路的要求。当各线路分期实施时,由前期建设的线路按技术标准设置车站 AFC 系统和设备用房,并由该线路进行运营和管理。当换乘线路同期实施时,应将车站 AFC 系统完全划归一条线路进行建设并由其进行运营和管理。设置一套共享车站 AFC 系统的 LCC,将交易数据上传到 ACC,由 ACC 按运营规则完成共享站厅的换乘线路的票务清分。

第四章

机电系统智慧化规划与建设

4.1 机电系统智慧化顶层规划

4.1.1 目标

4.1.1.1 总体目标

南昌轨道交通智慧地铁发展体系应以"服务交通强国战略、支撑中部地区崛起、引领轨道交通科技进步、满足市民幸福出行"为总体目标，努力打造"互联互通、智能生态、信息共享"的现代综合交通运输体系，推进"公交都市"建设，提升城市交通网络化水平。

以创新驱动为引领，助力交通强国有所作为。以深化供给侧结构性改革为主线，着眼区域及全局，整体性、系统性、持续性地推进绿色轨道交通建设。促进质量变革、效率变革、动力变革，既保障交通供给能力和供给质量，又具备更高的供给效率；促进交通运输战略性、引领性、基础性、服务性功能得以充分发挥，全面适应并引领经济转型、社会持续发展，满足人民日益增长的美好生活需要，支撑活力城市的建设，为国家重大战略实施和社会主义现代化建设目标的实现发挥重要作用。

构建新时代特色轨道交通体系，打造支撑中部地区崛起的重要增长极。新时代的南昌地铁发展不仅要缓解城市交通拥堵，提升城市生活品质，更要优化城市空间形态，突出省会城市战略定位，助力省内交通协同发展。实现高效运输、智慧运输，发展交通一体化多式联运，伴随综合轨道交通网络的逐步完善，打造由国铁、城际铁路、市域高速轨道、城市轨道组成的多制式综合轨道交通体系，构筑以轨道交通为主体的新时代城市绿色交通结构。

打造轨道交通智慧产业发展高地，引领行业科技进步。着力突破轨道交通工业互联网应用的关键领域，利用数字化、智能化、基础信息平台等共性技术，加快建立以科技创新为引领、以智慧交通为主攻方向、以人才为支撑的创新发展体系。构建以企业为主体、以业务需求为导向，产学研用相结合的技术创新机制，实施科技创新引领战略。推动工业互联网、物联网、大数据、人工智能同轨道交通运输深度融合，构建数字化、网络化、智能化的智慧交通体系，完成轨道交通由规模优势向创新优势的蜕变。基于轨道交通静态、动态的海量数据，通过物联网实现系统数据的实时互联互通，使客服与运维数字化、可控化，实现运营过程可视化、实时化、透明化和可溯化，为轨道交通提供更安全、可靠的技术支撑，为乘客提供更便捷、精准的个性化服务，为设备运营维护提供更准确的设备智能感知、更精准的设备状态刻画。持续优化高端创新人才的培养体制，支持创新引领战略计划的落实。

构建轨道上的都市生活,满足市民幸福出行需求。为乘客提供品质出行良好体验,满足市民幸福出行需求,搭建都市圈轻生活服务平台,营造全信息感知的生态环境。以价值为导向,解决轨道交通存在的发展不充分、区域发展不平衡的矛盾,促进交通运输从短缺供给向便捷体验出行理念的转变。重视乘客出行体验,链接生活要素,不断满足人民群众日益增长的幸福获得感的要求,为乘客提供更强的增值服务;以品质为核心,着力提升运行质量和服务质量;以效率、效益为目标,着眼运营效率的持续提高;以数据驱动实现智能化的服务、网络化的协同、个性化的定制、服务化的延伸;创新运营管理体系,将运能供给与乘客需求精准对接,提升运营组织效率和服务效益。服务模式由"群体性服务"逐步向精准的"个体化定制"转变。将线网由城市交通走廊转变为都市生活走廊,将交通客流转变为有序集散的生活出行,建立出行无忧的地铁"轻生活"方式。推动线上平台与线下多种生活服务之间的整合,形成多种商业形态的联动合作。为人们提供更加个性化、多样化、品质化、高效率的轨道交通运输服务和增值服务。

4.1.1.2　阶段目标

在总体目标的指导下,聚焦提高系统安全可靠性、提升网络生产效率、完善综合服务水平、提高社会效益和经济效益等目的,制定适合南昌智慧地铁建设的"三步走"目标规划。

1. 第一阶段(2021—2025 年):起步阶段

通过智慧地铁规划研究和智慧车站功能场景试点项目的实施,综合考虑实施效益、技术成熟度、综合成本、工程难度等因素,推动线网云平台、大数据平台、智慧车站、智能运维等领域项目的实施,并逐步优化功能体系,实现重点功能场景的智能化、智慧化,以用户为主导,提升乘客服务体验。推动"产学研用"结合,开展智慧城轨关键技术科研攻关,搭建智慧地铁指标体系框架,指明智慧产业发展方向。到 2025 年,在技术创新研究和场景实践方面取得显著成效,基本形成南昌智慧城轨雏形。

2. 第二阶段(2026—2030):发展阶段

以第三期建设规划线路为依托,结合新技术的示范应用和科研项目创新成果,持续丰富各业务系统智慧化功能场景,扩大各板块智慧化应用范围;实现新建线路列车全自动运行,提高运维的自动化程度,达到智慧化运维的目标。深入总结前期智慧化成果,建立融合发展、敏捷高效的新型管理与业务模式,部分业务系统的智慧化程度达到国内先进水平。

3. 第三阶段(2031—2035):成熟阶段

以第三期建设规划线路智慧化建设取得的成果为基础,全面推进后续新线的智慧化建设,结合大修对既有线路进行智慧化改造,并制定一批企业智慧建设的体系标准。高度融合各系统信息,协同接驳多种交通方式,使轨道交通与其他交通系统高效协作、互联互通。打造"全息感知、智能智慧"的智慧轨道,推动城市轨道交通的智慧化程度整体达到国内一流水平。

4.1.2 总体规划方案

4.1.2.1 智慧地铁顶层规划

1. 指导思想

南昌智慧城轨发展以习近平新时代中国特色社会主义思想为指导,全面贯彻落实习近平总书记对江西"作示范、勇争先"的重要要求,落实江西省"首要战略",履行南昌市"彰显省会担当"职责。坚持党的全面领导,坚持以人民为中心,坚持新发展理念,坚持深化改革,坚持系统观念,认真贯彻落实国家社会主义现代化强国建设和《交通强国建设纲要》战略部署。

以建设轨道交通、服务大南昌都市圈为宗旨,以引领轨道交通高质量发展为主攻方向,坚持世界眼光、高品质创新、安全可控的技术路线,抓住新兴技术与轨道交通业务深度融合,为轨道交通行业赋能的时代机遇,按照统筹规划、目标导向的总体要求,以新兴信息技术与城轨深度融合为主线,推进城轨信息化,发展智能系统,建设智慧城轨,实现南昌轨道交通由高速度发展向高质量发展的跨越,助推交通强国的崛起。

(1)愿景:铸造"五维"地铁,助推城市发展。

南昌轨道交通集团未来不仅仅是城市轨道交通建设运营的实施者,更是以轨道交通为载体,通过平安地铁、活力地铁、生态地铁、效益地铁、满意地铁五个维度,立足城市公共出行事业的城市空间优化拓展、产业转型升级及引领城市生活等方面工作的组织者与集成者。

(2)使命:畅通洪城[①],引领未来。

南昌地铁的使命可以概括为"南昌地铁,与美好同行",即为企业筑就一条可持续发展的快车道,让未来畅达无界;为洪城构建一张四通八达的轨道交通网,让出行畅通无阻;为市民提供一个舒适便捷的生活圈,让心情畅快无忧。以出行方式的改变提升市民

---

① 洪城:南昌的别称。

的生活品质,以企业自身的发展助力城市品质的提升,以无限的可能引领多元化的未来。

(3) 价值观:赢百姓口碑,树历史丰碑。

南昌地铁坚持以坚如钢铁的意志、勇往直前的魄力、一以贯之的奋斗,建设精品、打造经典、成就口碑;以卓越的运营服务、持续的商业价值、极佳的企业形象,美誉长远、泽被后代、铸就丰碑。

2. 实施原则

(1) 高点定位,聚焦目标。

聚焦由"小"变"大"、由"大"变"强"的战略目标,明确南昌智慧城轨建设的发展方向,以智慧城轨建设为抓手,助力我国由交通大国向交通强国迈进。

(2) 整体规划,有序推进。

以需求为导向,统筹规划、顶层设计、分步实施,技术创新和管理创新双轮驱动,促使智慧城轨建设稳步进行。

(3) 自主创新,安全可控。

坚持自主创新的技术路线,攻克关键核心技术,打造具有自主知识产权的、具备市场竞争优势的中国品牌,形成安全可控的技术体系和产业链。

(4) 数字赋能,智能升级。

将云计算、大数据、物联网、人工智能、5G、卫星通信、区块链等新兴信息技术与城轨交通业务深度融合,实现大范围、全方位、高效率的运行控制与管理,推进城市轨道交通系统向网联化、协同化和智能化方向发展。

(5) 经济适用,绿色发展。

采用先进成熟、经济适用、节能环保的技术装备,注重技术与投入、成本与效益、发展与环境的相互协调,充分发挥既有资源的作用,努力打造具有南昌特色、契合行业标准,符合生态环境文明要求的智慧城轨交通体系。

3. 发展战略

在自主创新基础上,围绕数字化、智能化、网络化,大力应用新技术成果并与城轨交通深度融合。一手抓智能化,强力推进云计算、大数据、物联网、人工智能、5G、卫星通信、区块链等新兴信息技术和城轨交通业务深度融合,推动城轨交通数字技术应用,推进城轨信息化,发展智能系统,建设智慧城轨;一手抓自主化,创新创优,增强自主技术创新能力,持续不断研发新技术、新产品,增强自主品牌创优能力,不断研发新产品、新品牌,通过持续不断的智能化和自主化建设,完成南昌轨道交通由高速发展向高质量发展的转变,强力助推交通强国建设。

以推进城轨信息化、发展智能系统、建设智慧城轨为主题,以城轨交通的关键核心业务为主线,以数字化、智能化、网络化为手段,构建高度集成的城轨云与大数据平台,建立系统完备的技术标准体系,坚持智能化和自主化"两手抓"的实施策略,准确把握智慧城轨的发展方向,统筹铺画南昌智慧城轨的发展蓝图。

4.1.2.2 智慧地铁总体方案

1. 智慧地铁的概念

智慧地铁是采用适度超前的设计理念,依靠先进科技手段和匠心工艺,构建地铁综合智能服务和管理平台,建成"高效、环保、安全、舒适、先进"的智慧交通与客运体系。让乘客在安全和舒适的环境下获得增值和增质的定制化精准服务;利用车辆及核心设备在线监测和大数据分析技术,逐步实现向状态修模式的转变;通过丰富的智能管理手段提升运营工作效率和降低运营成本,促进企业可持续良性健康发展;通过系统架构的优化调整引导相关产业转型升级;通过信息无限共享使地铁与城市有机融合,促进智慧地铁成为智慧城市的重要组成部分。

智慧地铁的核心是在价值链的各个环节都坚持以人民为中心,以实现人民对美好生活的向往为根本,以数据驱动实现智能化的服务、网络化的协同、个性化的定制、服务化的延伸,建设具备安全、可靠、便捷、精准、融合、协同、绿色、持续等特质的服务型、引领型、融合型、持续型的新时代地铁(图4-1)。

图 4-1 新时代轨道交通的核心特征

(1)安全是乘客信赖、依赖的基础,也是政府放心的保障。要促进城市轨道交通全要素更安全,须加快满载率较高线路的平行线建设,提高走廊和线网服务能力;创新风险治理模式,构筑智慧应急体系,强化事前风险防控;利用多感知的运营环境监测技术、人工智能识别技术等,建立运营安全状态全息监测平台,即时感知、实时预警,并可自适应联动控制列车,减少运营安全事故的发生;应用 BIM(building information model,建筑信息模型)技术,构建城市轨道交通隧道设施安全状态检测平台,对隧道设施的安全状态进行自动检测,实现隧道表面裂缝、沉降、变形的动态感知,消除地面施工对隧道安全的影响,为城市轨道交通网络保驾护航,力争实现全年无责任安全事件发生。

(2) 可靠是在线服役设备可用性的标志,更是轨道交通高效运营的保障。应深化设备设施运行质量的全方位保障机制,建立基于可靠性的设备设施全寿命周期的健康管理体系,确保线网保持 5 min 以上晚点每周不高于 1 次的服务水平,打造"更可靠"的新时代轨道交通。在设计阶段,聚焦可靠性分配,以行车可靠度为基准,建立系统可靠性分配方法;在建设阶段,聚焦设备可靠性的实现,从供应商选择、设备制造与安装质量保障、可靠性验证三方面建立严格的执行标准与流程,同步建立系统可靠性的常态化评价与反馈机制,满足运营时对设备服役期的可靠性进行动态评估的要求;在运营阶段,聚焦可靠性的保持与提升,结合设备设施的历史表现及其对运营服务的影响程度,建立基于四象限的设备设施分类,对应构建差异化的可靠性维修策略体系,并通过实时获取全线网设备的实时运行状态,结合历史维修数据,利用大数据挖掘技术,建立设备设施可靠性趋势预测模型,指导设备设施的维修及更新改造,逐步实现由计划修向状态修模式的转变。

(3) 便捷涵盖出行便利与快捷,是交通运行节奏的体现,更是区域融合、城市提速在轨道交通方面的体现。应以高质量发展为要求,构建一体化轨道交通网络体系,集约化设置轨道交通站点;促进公交多制式一体化,简化出行环节,提高市民出行品质,实现交通与城市、经济、生活和谐共发展。灵活组织运营,利用全程信息感知,促进交通有效衔接,实现轨道交通"四通八达",即利用无感支付技术、票务安检融合技术和区域票务信息关联技术,实现一站式便捷通行。

(4) 精准是服务品质的体现,是市民信赖的基础。应以为乘客提供高品质的出行体验为出发点,利用 WiFi、手机信令、视频分析、安检、城市规划、交通调查、线网客流、互联网等多源数据,建立全时序多场景应用的网络客流预测体系,并以此为支撑,构建网络化运营管理辅助决策平台,实现客流的精准预测、运营状态的实时感知、列车的灵活调度,助力运能与运量的精准对接;建立面向需求的自适应客流控制启动与引导机制,适时通过 APP、电子导引系统等媒介,主动引导乘客合理选择出行路径、出行方式,提高出行效率;依托智能微客服、智能机器人等应用,逐步实现车站信息咨询的智能应答、求助响应的智能服务,提高乘客出行效率;逐步构建基于轨道交通的城市轨道交通生活服务圈,为乘客提供多元化的地铁生活服务,包括建设交通脉络、站点商圈、生活驿站、文化旅游、线上服务 5 大方面,提升乘客出行体验,助力将南昌轨道交通所提供的服务由"群体性服务"发展成为"个体化定制"的精准服务。

（5）融合是一种开放共享的模式，也是一体化发展的关键。作为江西省会城市，南昌将通过内畅外联的轨道交通网络，促进多网合一，实现各种交通制式有效衔接；构建立体化的综合客运枢纽，实现多式联运、互联互通、轨道交通一体化；加强与各城市交通融合，满足乘客跨区域便捷出行需求，以共识打破种种阻隔、壁垒，形成"一张网""一张票""一串城"的格局，发挥核心城市的辐射带动效益，促进社会经济融合。

（6）协同是一体化发展的核心。应以安全保障为支撑，以信息服务为载体，支持多制式跨业务信息感知与共享，从单制式独立运营向多制式协同运营转变，共同发挥最大效益，共同打造资源互补、有序衔接的区域交通圈；健全突发事件应急响应协同联动机制，提高区域交通运输秩序修复能力，形成智能信息驱动的区域轨道交通协同运输服务体系；通过土地储备、物业开发、商业经营和物业管理等全价值链的有机协同，促进"地铁＋物业"的发展。

（7）绿色是引领轨道交通健康发展的关键。将绿色交通理念注入轨道交通网络规划优化决策中，协调城市的开发强度与交通容量及环境容量的关系，协调土地利用与轨道交通系统发展，激活周边商业活动，减少人们因交通拥堵所浪费的出行时间。在轨道交通全寿命周期内，在高效、安全地运载乘客的基础上，为乘客提供舒适、健康、便捷的交通运输服务；推动全自动运行、智能客服、节能及智慧安检等技术的应用，增效降本，最大限度地节约自然资源、人力资源及资金，降低能耗和物耗，保护生态环境。实现轨道交通与城市发展有机融合，打造绿色轨道交通、低碳轨道交通。

（8）持续是经济、社会、环境、财务、技术等多领域的可持续发展。在经济可持续方面，通过构建都市生活平台，创新地铁服务经济，推动线上平台与线下多种生活服务之间的整合，形成多种商业形态的联动合作，将车站从城市交通枢纽转变为都市生活枢纽，将线网由城市交通走廊变为都市生活走廊；在社会与环境可持续方面，通过在城市主交通走廊中完善大容量快速轨道交通线路，逐步建成布局合理、适应需求的多层次、多平面的轨道交通网络；在财务可持续方面，以资本为纽带、以技术创新为依托，在打造全智慧型的产业生态链的同时，携手本地企业"走出去"，推动南昌轨道交通产业全面、可持续发展；在技术可持续方面，通过开展前瞻性技术研究与创新场景应用，率先推动互联网、物联网、人工智能等新兴技术与轨道交通运营服务的跨界融合，创新研发匹配新时代发展趋势的轨道交通智慧平台，确立南昌智慧轨道交通的优势。

2. 智慧地铁的建设思路

南昌是江西省会，环鄱阳湖城市群的核心城市，国务院批复确定的长江中游地区重要的中心城市，轨道交通已成为促进南昌城市发展不可或缺的重要组成部分。南昌智慧地铁发展体系是以"服务交通强国战略、支撑中部地区崛起、引领轨道交通科技进步、满足市民幸福出行"为总体目标,以"服务型、引领型、融合型、持续型"四融合为总体思路,以"数字化、智能化"为技术发展方向,以"安全、可靠、便捷、精准、融合、协同、绿色、持续"为核心特征的轨道交通体系(图4-2)。

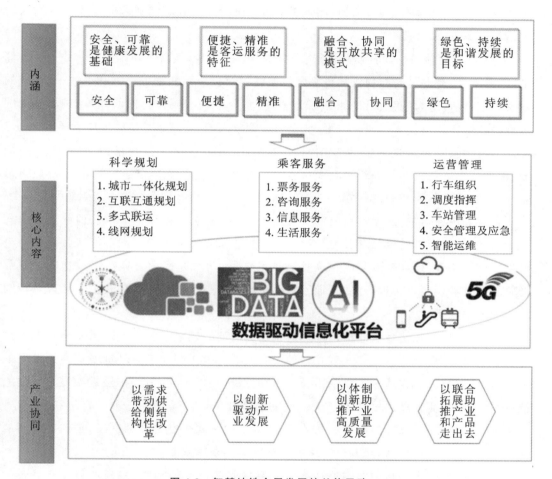

图 4-2　智慧地铁全局发展的总体思路

（1）服务型轨道交通:南昌建设服务型轨道交通是践行习近平新时代中国特色社会主义思想,坚持以人民为中心,更好地满足人民美好生活的需要。南昌地铁以加快城市轨道交通建设步伐为首要任务,优化乘客全出行链的服务品质,为市民提供更安全、便捷、智能的轨道交通服务。

（2）引领型轨道交通:加大技术研发投入,凝聚技术创新资源,完善创新激励机制,建立以乘客需求为导向,以轨道企业为主体,"产、学、研、用"深度融合的技术创新体系,建立覆盖各专业各层级的智慧城轨人才库，致力于成为城市建设的引领者。

（3）融合型轨道交通：促进轨道交通与城市发展、区域发展融合。持续推动轨道交通功能与城市生活服务无缝衔接、轨道交通规划建设与城市更新有机结合、轨道交通发展与环鄱阳湖城市群发展高度融合，成为塑造城市空间形态、提升城市居民生活品质的骨干力量，实现交通信息全面、实时、精准的采集和融合，为智能化交通运行控制、服务、管理提供数据支撑。

（4）持续型轨道交通：提升轨道交通自身"造血"功能，实现可持续发展。通过土地储备、物业开发、商业经营和物业管理等全价值链的有机协同和管理，加快"地铁＋物业"的发展步伐；以资本为纽带、以产业创新为依托，整合市场、产品、合作伙伴等资源，塑造国内标杆的城市轨道交通行业生态圈，使企业经营收入、利润满足可持续发展需要。

智慧地铁的建设与发展，关键在于顶层设计、核心在于合作共享、目的在于示范应用、根本在于体制机制的创新。应以专项研究为引导，以成果效益为本质，以工程建设为依托，以运营实践为核心，循序渐进部署和推进，采用分阶段分类别的方式组织落实。

在规划层面，依托南昌的省内核心城市定位，从探索城际、区（市）域、地铁网络协同运输起步，向轨道跨层级互联互通、跨城市一体化网络融合逐步迈进。加快区域轨道交通网络体系构建，建立轨道交通互联互通技术体系，研究并提出各城市可操作的互联互通管理模式和机制。实现区域"互通互联、换乘便捷、多城一网、一票通达"，发挥可持续发展的引领作用。

在线网层面，加快骨干线路建设。建立规划滚动编制模式和区域轨道交通发展评估及改善机制，结合城市国土空间规划对轨道交通发展的要求，完善以轨道交通为骨干的城市公共交通体系，构建多中心组团、网络型的城市功能布局，有效推进近期重点发展的战略平台建设，实现重点发展地区的轨道交通全覆盖。加强组团与市中心的联系，提升各层级交通便利性；强化与周边城市的衔接，主动谋划对外轨道交通通道，推动都市圈的建设，持续完善线网科学规划和建设，提供更优质的交通服务。

在技术层面，改变目前轨道交通各专业系统封闭、隔离、固化、信息孤岛化而导致的升级困难、管理瓶颈突出等现状，广泛运用物联网、大数据、云计算、人工智能等新兴技术，构建城市轨道交通数据中台、技术中台、业务中台，搭建信息化和工业自动化深度融合、面向服务的一体化城市轨道交通智能运行系统，形成新时代城市轨道交通的智慧大脑；同步在客流精准预测、行车安全保障、全息感知精准服务、运营环境安全保障、绿色节能环保、关键设备设施智能诊断和健康管理等应用领域加强技术研发和迭代更新，通过新一代的信息集成技术驱动轨道交通技术、经验、知识的模型化、标准化、软件化、复用化，不断优化资源配置效率，实现业务和组织的弹性伸缩，为轨道交通提供高效、智能化的运营服务,形成可快速迭代、资源富集、多方参与、合作共赢、协同演进的轨道交通"产、学、研、用"的工业互联网信息新生态。

在产业层面,推动新时代智慧地铁及城市综合体建设的有效落实,从供给侧角度发动产业联盟中的优势企业参与。一方面通过模式优化带动区域先进制造业领先发展,为区域产业链的形成提供助力;另一方面通过与本地企业的高度联动,获取定制化的产品与服务,以市场驱动本地轨道交通系统的产业化。南昌轨道交通集团作为区域龙头企业与应用场景提供者,通过城市轨道交通建设项目促进本地企业发展,开展产业重大课题科研并加快科研成果的应用转化,推动城市轨道交通向产业化、高端化方向发展的进程。

在"先试先行"的总体方针指导下,首先打造一批具有"信息化建设、自动运营、智慧服务、智慧管理、智能运维、一体化安防及绿色节能环保"特色的智慧地铁线路,为南昌后续线路实现智能化和数字化做好示范。

3. 智慧地铁的架构

南昌智慧地铁规划框架以中国城市轨道交通协会编制的《中国城市轨道交通智慧城轨发展纲要》作为顶层设计指导,围绕南昌轨道交通的具体需求,打造具有南昌特色的"1-5-N-1-1"智慧轨道发展蓝图,如图 4-3 所示。

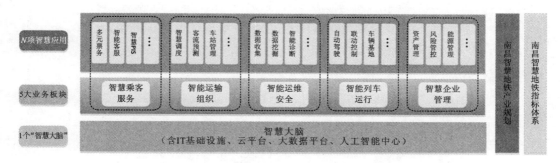

图 4-3 南昌智慧地铁"1-5-N-1-1"的体系架构

规划架构包括以下层次的内容。

(1) 1 个"智慧大脑"。

南昌轨道交通的"智慧大脑"作为智慧地铁建设的关键和纽带,承担着海量数据存储、大规模计算、多类型终端集成等功能,所有业务系统都统一承载在云平台上,并通过大数据平台和人工智能中心的数据交互,实现业务间的融合和各业务系统的智慧化应用。

建设目标:融合"云、物、移、大、智"(云计算、物联网、移动互联网、大数据、智慧城轨)等信息技术,构筑灵活的云架构平台。实现对 IT 基础设施、网络拓扑和技术支撑平台的统一调度,为下层智慧应用提供软硬件、网络和技术平台支撑。实现南昌轨道交通集团内部各部门,以及外部乘客、客户、产业链上下游、政府部门的互通互联及信息高速传输。在规划范围上实现对企业管理的完全覆盖,全面支撑南昌轨道交通集团业务与管理活动的开展。

建设思路:在调度指挥扁平化的趋势下,推荐中心云平台采用全双活中心,各站段设置边缘云,站级采用云桌面的云平台方案。各应用系统中心级服务器可通过云平台虚拟化部署在云计算资源池中,车站级采用设置云节点设备的方案(即重要应用系统在车站级部署硬件资源,作为车站降级处理使用),操作层采用瘦终端及云桌面。此方案可极大地提高系统的可用性及稳定性,无论是中心还是车站,在存在单点或多点故障的情况下均能完成全局安全生产调度。同时,"智慧大脑"为各应用系统提供 IaaS(infrastructure as a service,基础设施即服务)、PaaS(platform as a service,平台即服务)、SaaS(software as a service,软件即服务),并且在数据不断积累、人工智能不断成长的基础上,可适当精减车站运维人员,结合站级智能化应用,达到减员增效的目的。

(2) 5 大业务板块。

创建智慧乘客服务、智能运输组织、智能运维安全、智能列车运行、智慧企业管理 5 大业务板块作为智慧城轨实现相关功能的载体。

智慧乘客服务:创建智慧乘客服务体系,以人为本地提供全链条的人性化、多元化、精准化的服务,包括智慧化的票务服务、安检服务、客服服务、信息服务等,持续完善服务内容,升级服务设施,深化服务内涵,创新服务模式。

智能运输组织:构建网络化的智能运输组织体系和线网指挥中心,实现运能运量精准匹配,适应线网运输互联互通、乘客出行快捷便利、网络化运输高效组织的要求。这包括日常运营中的运输组织、列车运行、车站管理等相关业务,通过智慧化技术的应用和系统间融合,达到运能精准匹配、运输组织效率提升的目标。

智能运维安全:建立智能运维和安全保障体系,稳步提升运维智能化和安全运行水平。构建各专业(车辆、供电、通信、机电、基础设施)智能运维系统和线网级智能运维综合生产平台,实现从"计划修、故障修"到"状态修、预测修",形成资源共享、资产联动的运维新模式。

智能列车运行:以行车安全为核心,绿色节能为重点,在车站级集成各弱电专业所有装备信息综合感知与实时控制功能,结合全自动运行(fully automatic operation,FAO)系统的深度融合,实现线路、路网级综合显示;研发适用于互联互通场景的全自动运行系统。研究编制全自动运行接口标准,研发基于车车通信的列车自主运行系统、智能编组、智能 ATO 等多专业协同控制及应急联动技术。

智慧企业管理：综合运用现代化信息技术和管理理念对传统企业管理系统进行升级和重塑，涵盖企业信息化管理、运营管理、建设管理、节能管理，构建高效、精细、绿色的智慧化管理体系。全面提升企业目标实现能力、过程管理能力、资金控制能力、成本管控能力、执行监督能力、安全质量监控能力和管理决策能力。

（3）N 项智慧应用。

以 5 大业务板块的需求为导向，充分利用新技术、新模式，拓展 N 项智慧应用，并且随着技术的发展，逐步扩充、深化。

（4）1 套指标体系。

建立健全南昌智慧城轨指标体系，采用试点—实施—总结的思路，分阶段逐步引导，规范南昌轨道交通智慧化发展，最终形成 1 套企业智慧城轨系列标准，为系统化、规范化建设智慧城轨提供有力支撑。

（5）1 套产业规划。

聚焦前沿轨道交通技术，坚持创新驱动。加强与全球领先研发机构、科研院所和领军企业交流，深化与华为、中车等头部企业合作，强化集团内部技术团队，加快推进新一代全自动市域快轨车辆、下一代牵引技术等高端技术的研发，推动人工智能、机器人、大数据等新一代信息技术与轨道交通产业深度融合，助力打造具有核心竞争力的新制式轨道交通产业地标。

4.1.2.3　智慧地铁指标体系规划原则

在智慧地铁规划建设过程中，需要逐步建立并完善指标体系，涉及规划、设计、建设、接入、运维、数据治理和信息安全等方面。南昌智慧地铁指标体系应围绕实际需求对标智慧地铁的规划目标，体现智慧地铁的典型特征，突出智慧地铁新技术、新应用的实施效果，切实发挥指标体系对南昌智慧地铁建设可持续发展的导向功能。指标体系的规划主要遵循以下原则。

1. 科学性原则

智慧地铁评价指标的选取应以科学性为原则，客观真实地反映智慧地铁应用特征和实施效果，以及各指标之间的真实关系。评价指标既要具有代表性和综合性，能全面、准确地反映评价对象的特征，又要简洁明了，避免指标烦琐和相互包含及重叠。

2. 系统性原则

智慧地铁是一个庞大而复杂的系统工程，评价指标之间要有一定的逻辑关系和层次关系，指标之间既相互独立又彼此联系，共同构成一个有机统一体，能够从不同的侧面反映智慧地铁的主要特征、状态及内在联系。

3. 典型性原则

评价指标应具有典型性，能准确反映特定智慧地铁技术或应用的综合特征，从智慧地铁的平台、架构、业务、体系及分期实施步骤等多个维度都能进行具有代表性的分析评价。

4. 动态性原则

智慧地铁建设是一个技术、应用不断迭代演进的动态发展过程，技术创新、经济效益、社会效益的互动及发展需要通过具有一定时间尺度的动态指标才能反映出来，评价指标要充分考虑特定时间范围内的动态变化，积累若干时间段的数值；同时，还应根据智慧地铁发展的不同阶段，科学地调整评价重点。

5. 可量化原则

评价指标的制定要充分考虑能否进行定量处理，是否易于获取、统计和数学分析。评价指标选取的计算量度和计算方法应总体一致，具有一定的可操作性和可比性，能够定量地反映新技术、新应用的投入对轨道交通建设、运维、经营需求的满足程度。

南昌智慧地铁指标体系整体框架如图 4-4 所示。

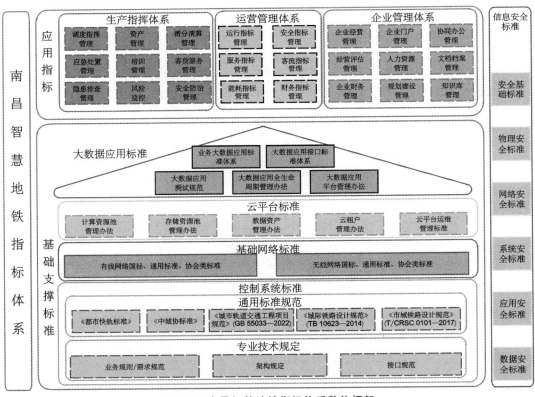

图 4-4 南昌智慧地铁指标体系整体框架

4.1.2.4 智慧地铁指标体系参考标准

1. 基础支撑标准

云平台和大数据平台是智慧地铁体系的基础信息平台，在轨道交通中的应用正处于快速发展阶段，需要在工程中不断摸索，总结经验，并形成适合南昌地铁的标准体系，为基础信息平台的发展提供标准化支撑。

(1) 云平台标准。

概念和定义：统一轨道交通云平台的概念、定义及内容。

互操作：制定分布式计算资源、存储资源之间的接口标准，以便更好地解决专业间的接口问题。

虚拟化：制定网络、硬件等各种资源虚拟化的格式规范，解决资源的虚拟化、调度和流转问题。

应用的开发和部署：制定虚拟资源池应用开发接口规范，为应用的开发和部署提供更好的支撑。

产品验收标准：制定分布式文件系统、分布式数据库、资源虚拟化系统等产品的功能、性能要求等标准，为提高产品质量提供验收支持。

服务能力：制定标准，规范提供云计算服务的单位应具备的条件和能力。

服务质量评价：制定云计算服务质量的评价标准，保证服务质量。

运行维护：针对与云计算相关的计算资源、存储资源的运行维护制定相关的标准，为提高运营效率提供支持。

安全管理：制定数据的存储安全和传输安全、跨云的安全管理等监管标准，如跨云的身份鉴别、访问控制、安全审计等。

能效管理：制定针对绿色数据中心建设的标准，为实现节能减排、低碳提供标准支撑。

(2) 大数据平台标准。

数据准备：通过标准规范数据表示、元数据类型和操作方式，为数据的统一存储提供基础。

数据存储：需要制定关于分布式文件系统、数据仓库的相关标准，解决多类型数据的可靠存储问题。

数据平台：数据平台涉及面向服务的体系结构（service-oriented architecture，SOA）、数据并行处理技术[如映射-化简（MapReduce）]等。我国在 SOA 标准化方面已研制了系列标准，具备了支撑大数据发展的良好基础。在数据并行处理技术方面，需要制定接口规范,为上层应用开发部署的互操作性提供更好的支撑。

数据处理:制定大数据分析技术要求、分析过程模型、可视化工具要求等标准,以提高大数据处理产品的质量。

数据应用:在技术和业务的促进下,跨领域、跨系统、跨地域的数据共享成为可能,大数据支持着机构业务决策和管理决策的精准性与科学性,社会整体层面的业务协同效率提高。制定轨道交通大数据的质量评价指标、数据管理技术要求、数据访问接口规范、数据查询语言标准等,为大数据的市场化应用提供支撑。

2. 信息安全标准

我国城市轨道交通的信息化建设快速稳步发展,信息化建设经历了从简单系统到复杂系统,从单个系统独立到多个系统互联,进而向集成化、智能化方向发展的过程,智慧城轨已初具雏形。在此背景下,要做好城市轨道交通的信息安全保障,需要有涵盖信息系统全生命周期的安全标准。信息安全标准涵盖从检测工具到保护系统,再到安全服务,最后到安全数据和安全运营这一链条的方方面面,而且还要能够为企业提供培训、评估、监测、审计、防护、长期维护等系统服务,使整个信息安全架构可持续发展。

南昌轨道交通在信息安全标准的制定方面通过研究轨道交通信息安全的总体趋势及信息系统的安全技术要求、管理要求,形成了一整套适用于规范南昌轨道交通信息系统安全规划、建设、运营、管理等各阶段工作的信息安全建设规划标准及信息安全管理体系,适用于全生命周期的信息安全管理。

南昌轨道交通信息安全标准的制定遵循"整体、合规、持续、先进"的策略,依据相关信息安全监管标准及法律规范,打造具有行业特色的信息安全保障体系。

(1)"整体"策略:信息安全建设应着眼全局,全面考虑信息化建设过程中的安全问题,综合运用技术手段和管理手段提供安全防护措施,根据业务特点进行有效、适度防护。

(2)"合规"策略:信息安全保护必须考虑符合信息安全相关制度、标准的要求,符合企业内部风险管控和保密要求等,满足业务需求,规避安全风险。

(3)"持续"策略:信息安全标准体系设计应保护电子信息在全生命周期过程中不受侵犯,保障它的保密性、完整性和可用性。

(4)"先进"策略:信息安全标准体系设计要具有一定的前瞻性,考虑安全技术的发展趋势,符合业务特点,满足未来发展的需要,具备可实施性。

综合考虑以上各方面因素,最终形成的南昌智慧地铁信息安全标准规划蓝图如图4-5所示。

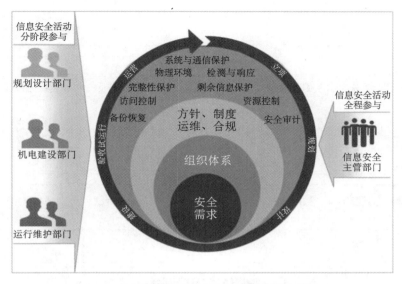

图 4-5　南昌智慧地铁信息安全标准规划蓝图

4.2　机电系统智慧化建设

4.2.1　总体建设方案

南昌轨道交通智慧地铁融合智能感知、现代通信(5G)、云计算、大数据、人工智能等技术，实现新时代城市轨道交通从数据采集、数据融合到数据分析、场景控制的数字化、智能化管理，搭建可迭代的、具有持续优化能力的开放的信息技术架构，形成轨道交通工业互联网信息新生态，以适应轨道交通行业快速发展的需求。

南昌轨道交通智慧地铁规划总体技术架构如图 4-6 所示，由六个层次、三大体系构成。六个层次即感知层、网络层、平台层、数据层、应用层和展示层；三大体系即标准规范体系、网络信息安全体系和运维管理体系。

(1) 感知层：涵盖闸机、客服设备、PIS 屏、摄像头、RFID、自动化系统等。感知层通过传感器、摄像头等前端感知设备将人、设备、电力、温(湿)度、轨道、车辆等物理状态抽象为数据，这些数据是数字化、信息化和智慧化的基础数据来源。

(2) 网络层：由固网和无线网络构成整体的信息传输网络，涵盖 WiFi、LTE、车地通信、光纤网和互联网等多种制式网络传输，通过链路"一张网"，将物理上分散的控制中心、车站、车辆段、停车场等系统和设备连接起来，提供低延迟、大带宽、安全可靠的网络

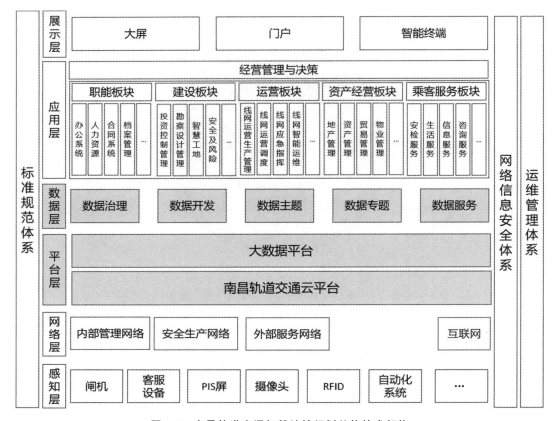

图 4-6 南昌轨道交通智慧地铁规划总体技术架构

传输。根据南昌轨道交通各应用系统的总体需求,网络层可划分为安全生产网络、内部管理网络、外部服务网络三个域。

(3) 平台层:应用云计算技术构建安全、敏捷、高效的南昌轨道交通云平台,实现对计算、存储、网络、安全等 IaaS 层资源的统一管理和集中调度;依托大数据技术支撑构建大数据平台,面向城轨各专业业务应用,提升离线计算和实时计算能力,为上层应用和业务系统提供数据分析支撑和辅助决策手段;形成数据模型、数据仓库、数据湖等体系;加强数据治理,挖掘覆盖各专业的主题模型,通过人工智能算法,进一步提炼业务场景数据分析等专题模型,为智慧乘客服务、智能运输组织、智能运维安全、智能列车运行、智慧企业管理五大板块应用提供高度凝练的数据服务和算法服务。云平台作为 IT 资源的底层,支撑着上层的大数据处理、人工智能分析。大数据平台是在云平台提供的底层资源之上运行的数据共享平台和智能分析平台,分别实现数据融合共享和智能分析能力。

(4) 数据层:基于云平台为南昌轨道交通提供数据治理、数据开发、数据主题、数据专题和数据服务。平台层与数据层共同组成智慧地铁基础能力平台。

（5）应用层：主要服务职能、建设、运营、资产经营、乘客服务五大板块，结合智慧城轨业务场景提供应用类服务。

（6）展示层：围绕职能、建设、运营、资源经营、乘客服务五大板块提供丰富的可视化交互功能。

4.2.2 实施方案

4.2.2.1 智慧乘客服务

智慧乘客服务以提升乘客出行体验为核心，借助多种智能技术，依托多类型服务终端，通过线上线下多元方式，服务于乘客出行的不同场景。从多元票务、智能客服、智慧安检等方面着手，不断完善服务内容，升级服务设施，深化服务内涵，创新服务模式，构建以人为本、绿色畅行的新型智慧乘客服务体系，为市民提供安全、便捷、高效、绿色的全链出行生活方式。

1. 多元票务

1）概述

在互联网＋的大环境下，涌现出银联云闪付、手机 NFC（near field communication，近场通信）、支付宝、微信、刷脸等支付方式，新的支付技术有效解决了购票效率低、客流高峰期排队购票时间长、车票单次使用成本大等问题，同时也为不常通过地铁出行的乘客提供了更便捷的出行体验。智慧轨道交通应具备集多元支付手段、多元票种选择、多元购票方式于一体的乘车支付系统，并通过引入生物特征无感过闸等技术，响应乘客更便捷过闸的需求，实现多元支付方式与地铁出行的深度融合。

2）南昌轨道交通多元票务应用现状

（1）互联网售票、取票。

目前南昌轨道交通 1、2 号线车站内均设置了互联网取票机。互联网取票机通过 4G 网络向互联网售票平台上传交易数据。乘客可通过现场购票、微信购票、支付宝购票等方式购票。互联网取票机均支持智能语音购票，其中 2 号线后通段互联网取票机还支持人脸支付购票。

南昌轨道交通 3 号线为 PPP（public-private partnership，公私合作）公司运营，全线车站的自动售票机均支持现金购票、微信购票、支付宝购票、银联购票等。自动售票机通过地铁生产网络向线路中央计算机系统上传交易数据。

南昌轨道交通 4 号线全线车站的自动售票机接入南昌轨道交通互联网数字票务平

台,支持现金购票、微信购票、支付宝购票、银联购票等。

(2)手机过闸。

为方便乘客出行,不断提升服务水平,便于乘客使用银联闪付(银联IC卡闪付、手机Pay)、二维码扫码过闸等,南昌轨道交通搭建了南昌轨道交通互联网数字票务平台。该平台根据南昌轨道交通现状进行统筹规划,建立统一的技术管理规范和平台,满足多元化支付及应用各类新型票种的需要,为实现南昌轨道交通互联网支付业务的协同管理、协同服务打下了基础。平台设在1～5号线合用的控制中心内,于2018年年底建成。平台对AFC系统各层之间、各层内的设备组网不作改变。ACC系统仍然通过通信专用网络实现与LCC、SC、车站终端设备的连接,完成交易数据的交互对接。

目前,南昌已开通运营的线路的车站均支持手机验证过闸。

3)南昌轨道交通多元票务应用方案建议

多元的乘车支付:在传统乘车支付基础上,搭建多元票种＋多元购票＋多元票检的乘车支付系统,将传统票卡逐步向多样化、虚拟化票种转型,提供语音购票、互联网购票等多种购票方式,以及二维码、NFC、数字人民币等多样支付手段,引入扫码过闸、生物特征识别过闸等检票方式,为乘客提供便利过闸服务,提升乘客乘车体验。

便捷的票务服务:以客流数据为基础,利用乘客手机终端和车站各种智能服务设施,搭建完善的线上、线下自助票务处理渠道,向乘客提供细致的移动票务资讯和便捷自助的票务处理服务,提升票务智慧化水平。

实名制信用乘车:通过票务服务平台、安防平台等多渠道收集乘客出行信息,探索基于实名制的先乘后付信用体系;引导推进基于实名制、个人信用体系的跨平台、跨场景乘车票务服务;扩大可信乘车凭证的互联互通范围,提高乘客在各城市间的乘车便捷度。

多制式票务融合:探索市域快线、中小运量交通等的票务与地铁AFC系统的融合机制,统一票务清分和乘客票卡,以付费区换乘、非付费区换乘方式接续乘客出行路径,提升乘客出行效率。建议在市级层面积极推动以轨道交通为主体的多制式智慧出行平台。

集成可靠的后台支持:建设可靠的集成后台,实现个体、整体实时收益精准支付、对账、报警,以及整体现金、非现金收益自动核对,提升票务管理效率,为乘客提供良好的票务体验和保障整体财务安全。深挖和应用收益数据、客流数据、系统运行、乘客行为等数据,为乘客"画像"系统及内部系统运维、收益管控优化提供支撑,完善新时代票务体系。

近年来,南昌轨道交通加快多元化支付方式的探索和应用,进一步方便市民无现金购票出行。结合南昌轨道交通的实际情况及多元化技术发展情况,提出多元票务应用方案建议,如表4-1所示。

表 4-1　多元票务应用方案建议

功能要点	南昌轨道交通应用情况	实施建议
多元的乘车支付	多元票种：实体票卡、手机二维码、手机 NFC 等 多元购票：现金购票、二维码扫码购票、智能语音购票、人脸识别购票等 多元检票：手机二维码过闸、手机 NFC 过闸等	建议结合已实施项目的实际运营需求，进一步完善多元化支付系统和设备功能，优化设备类型及配置等；建议引入生物特征无感过闸方式，响应乘客更便捷过闸需求
便捷的票务服务	线上票务服务：南昌地铁官方 APP"鹭鹭行"具备移动支付、导航、班车查询、失物招领、城市生活等功能 线下自助票务处理渠道：尚未实施	建议既有 APP 平台扩展智能客服相关功能，完善既有出行服务功能；建立与大数据平台的接口，丰富乘客"画像"信息，构建轨道交通生活增值平台，为乘客提供全过程的服务关怀、安全提醒及精准的增值服务；建议设置各类自助客服终端设备，实现线下自助票务处理等
实名制信用乘车	尚未实施	结合票务服务平台、安防平台等的建设，逐步实现实名制信用乘车
多制式票务融合	尚未实施	密切关注市域快线、中小运量交通等的发展，适时研究多制式交通票务融合
集成可靠的后台支持	已建成南昌地铁线网清分系统及互联网数字票务平台，满足目前南昌地铁多元化支付及各类票种的应用需要	建议以清分系统及互联网数字票务平台等票务服务平台为基础，扩展生物特征识别等功能，并逐步实现清分、互联网数字票务平台等的融合，便于系统及业务的扩展，同时可建立与安防平台、大数据平台的接口，丰富乘客"画像"信息

4）生物特征无感过闸在南昌轨道交通中的应用方案建议

在现代社会，人的身份识别变得越来越重要。在轨道交通乘客流量越来越大的背景下，传统的身份鉴别方法存在明显的缺点：个人拥有的物品容易丢失或被伪造，个人的密码容易遗忘或记错。更为严重的是相关系统无法区分真正的拥有者和取得身份标识物的冒充者，一旦他人获得了乘客的身份标识物，就可以拥有与乘客本人相同的权利。而且,传统的以密码为关键元素的身份识别技术也越来越难以满足轨道交通等行业高运营效率、高安全性的要求。出于诸多方面的客观需要,生物特征识别技术的研究和应用得到了世界各国前所未有的重视。

生物特征识别技术具有唯一性、稳定性、防伪性、不可抵赖性,相对于传统身份鉴定方法具有更安全、保密和方便的优势,适用于采用自动售检票系统的轨道交通,对其安全、高效运营可起到一定的促进作用。

生物特征识别技术是指密切结合光学、声学、生物统计学等学科知识,利用计算机、生物传感器等高科技手段,通过人体固有的生理特性(如指纹、人脸、虹膜、静脉等)和行为特征(如声音、姿态等)来进行个人身份的鉴定。

人体生物特征是先天形成的生理特征和多年养成的行为特征的总称,长期保持不变,彼此差异明显,带有突出的个体特点,具有稳定性和唯一性。研究和实践表明,人体生物特征作为个人身份密码用于身份认证优势明显。

生物特征识别技术对比如表 4-2 所示。

表 4-2　生物特征识别技术对比

生物特征识别技术	直观性	安全性	准确性	稳定性	成本	可能的干扰
人脸识别	极高	高	高	较高	中	光线、遮挡等
指纹识别	较高	低	高	较高	低	脏物、皮肤磨损等
声纹识别	高	较高	中	中	低	方言、外界噪声环境等
静脉识别	中	较高	高	较高	中	年龄、生理变化等
虹膜识别	中	极高	极高	较高	高	隐形眼镜等

综上所述,各种生物特征识别技术都有其一定的适用范围和要求,在实际应用中存在各自的局限性,如有些人的指纹无法提取特征、脸形发生变化等,因此,生物特征识别领域出现了一种新方向,即结合使用多种生物特征识别技术。将数据融合方法用于身份鉴别,结合多种生理和行为特征进行身份鉴别具有错误拒绝率低、特征变化的适应性强、安全可靠性高等优点,进一步提高了识别率,提高了鉴别系统的可靠性。生物特征识别技术也可以与其他认证技术(如身份证识别等)结合,提高识别率。

人脸识别技术的实用性强、速度快、使用简单、识别精度高,相较于其他几种生物特征识别技术,人脸识别技术需要人们的主动配合动作较少。越来越多的行业开始使用人脸识别技术,如今已迅速开启了一个"刷脸"的时代。

有关人脸识别技术在 AFC 系统中的应用建议如下。

现阶段，轨道交通 AFC 系统引入人脸识别技术实现"刷脸支付"还处于初期阶段。轨道交通客流密度大，人脸数据库的数据量较大，且需满足乘客快速过闸的需求，因此轨道交通 AFC 系统应用"人脸识别"技术的制约点主要在于人脸识别速度。人脸识别速度主要取决于人脸图像信息存储和提取比对的方式，目前主要有基于文件和基于数据库两种方式。基于文件的方式速度可以达到 20 万人/s；基于数据库的方式，单服务器的速度可以达到 1 万人/s。现阶段通过将两种方式结合使用可实现在 10 万人的数据库中，40 ms 内完成人脸检测，2 s 内完成从人脸检测到人脸识别的全过程。当然在人脸识别技术快速发展的今天，这个数据不断被刷新。

在国家政策的支持下，人脸识别技术正在被推向更广阔的日常应用领域。刷脸乘车给乘客带来更便捷的乘车体验，极大提高了通行效率。一方面，乘客无须停留在闸机前寻找乘车凭据，尤其是对于抱小孩的乘客、带包通勤的乘客、老年乘客等群体，可以获得更便捷的出行体验。另一方面，进站通行效率极大提高，由原来扫码乘车的单通道 30 人/min，提高到刷脸乘车单通道 35 人/min。通行效率的提高给乘客、客运组织管理均带来切实便利。

轨道交通车站检票机的使用人群主要有普通乘客（主要适用于通用票务政策的乘客）、特殊乘客（主要适用于老年免费票、老年优惠票、学生票、残疾人优惠票等优惠政策的乘客）、工作人员（包括员工、安保人员等）。

各城市地铁对于优惠卡的发行及使用一直存在一些管理难点，由于地铁站厅客流量太大，在实际操作中车站站务人员难以对每一个优惠卡持卡人员进行身份识别。随着地铁客流的增加，经常有乘客违规持优惠卡通行，每年给地铁运营造成不少票款损失，对正常使用轨道交通的乘客并不公平。运营部门需要配置专门的车票稽核人员，但在实际操作中，被稽核乘客与车票稽核人员可能会发生矛盾。人脸识别技术的引入可以使检票机从"认票过闸"转变到"认人过闸"，彻底杜绝乘客冒用优惠卡等情况，并且可以减少车票稽核人员及站务人员的工作量，打造智能化车站。

结合主流技术及其他城市的应用案例，经研究得出人脸识别系统在南昌轨道交通 AFC 系统中的应用主要存在以下三种方案。

方案一：将人脸识别系统应用于边门（每站两处），主要用于特殊人群（地铁员工、免费乘客等）的通过验证。

方案二：将人脸识别系统应用于部分检票机（每站两进两出），可用于所有乘客的通行验证。

方案三：将人脸识别系统应用于全部检票机（所有检票机通道），可用于所有乘客的通行验证。

结合南昌市轨道交通的实际情况,为进一步方便乘客出行,建议初期在每个车站选择部分检票机应用人脸识别系统(每站两进两出),用于所有乘客的通行验证,即方案二;同时对既有线路的车站进行局部通道的改造,并且所有检票机预留人脸识别模块接口。后续随着技术的逐步成熟和机器的深度学习,可根据运营实际需求逐步向所有检票机部署人脸识别功能。

2. 智能客服

1) 概述

目前,乘客对轨道交通综合服务有更高需求,期待更人性化的乘客服务、更便捷的商业服务、更全面的延伸服务。自助式智能客服系统的应用,可以实现大数据智能客服,打造综合服务平台,综合降低运营管理成本,提高服务水平。

2) 南昌轨道交通智能客服应用现状

南昌地铁 4 号线设计了南昌大桥东站和人民公园站两座智慧试点车站,在车站搭建了多元化的智能客服平台,并由车站控制室的站务人员提供人工坐席服务。智能客服平台具备票卡查询与处理、智能问询等多种功能,且具备语音语义识别和自学习功能,可替代客服中心工作人员开展日常工作。同时配备用于问询和引导的智能客服机器人,提升智慧车站的科技氛围和乘客乘车体验。车站现场设备主要由智能客服终端、智能咨询终端、智能客服机器人构成。

3) 南昌轨道交通智能客服应用方案建议

多渠道客服:利用地铁热线、在线客服、自动应答机器人等提供 24 h 不间断客户服务;车站提供一键招援服务,实现客服中心及站内人员的快速响应。

音视频交互:提供热线电话、官方公众号、智能终端等多元接入渠道,统一接入线网智能客服平台,实现高频问题自动应答,现场操作远程音视频同步指导,后台乘客历史信息自动调取,乘客情绪自动识别,申诉建议及情绪异常时迅速无感转人工服务等。

智能导航:借助手机 APP、智能咨询终端、智能导向等,对乘客出行全过程进行智能动态引导,提供站内及周边的定位、搜索、导航、路径规划等功能。

智慧出行咨询:聚合多平台出行服务内容,按乘客出行需求定制化提供多种出行解决方案。同时重点在交通枢纽、出行热点等处提供更细致的服务。实时显示本站、邻站和换乘站客流动态、列车运行时刻,为乘客提供出行路径咨询及建议。

信息挖掘:统计分析乘客历史咨询、业务办理、申诉建议等信息,从中挖掘乘客热点需求及申诉的重点问题,建立并维护自动应答信息库,持续优化升级,提升服务水平。

智能客服应用方案建议见表 4-3。

表 4-3　智能客服应用方案建

功能要点	南昌轨道交通应用情况	实施建议
多渠道客服	①"96999"客服热线集中受理群众咨询、建议、投诉、举报等。 ②地铁官网可提供运营时间、线路、票价、乘车指南、公交换乘、失物招领等相关便民查询及服务。 ③南昌地铁微信公众号实时发布南昌地铁出行通知等相关信息。 ④南昌地铁官方APP"鹭鹭行"具备移动支付、导航、班车查询、失物招领、城市生活等功能。	①建议搭建统一的线网智能客服平台,整合热线电话、APP、官网、公众号等多种客服接入渠道,采用客服机器人+人工坐席的方式向乘客提供服务。同时实现大数据智能客服,打造综合服务平台,提高乘客服务水平,降低运营管理成本。建立与大数据平台的接口,丰富乘客"画像"信息,为轨道交通乘客出行规律深度分析提供数据支撑。 ②建议设置各类自助客服终端,拓宽服务渠道,提供线下音视频交互、智能导航、信息查询、智慧出行咨询等相关智能客服功能。 ③进一步完善手机APP相关功能,提供线上音视频交互、智能导航、信息查询、智慧出行咨询等相关智能客服功能
音视频交互	尚未实施	
智能导航	南昌地铁官方APP"鹭鹭行"具备移动支付、导航、班车查询、失物招领、城市生活等功能。	
智慧出行咨询		
信息挖掘	尚未实施	

4）智能客服系统建设方案建议

(1) 智能客服系统架构。

推荐智能客服系统按线网层管理,线网层和现场层两级控制的架构进行设计。

线网层实现与线网内所有客服现场设备的远程音视频交互、乘客信息的可视化、乘客问询数据收集挖掘及系统管理等功能。智能客服系统架构如图 4-7 所示。

智能客服系统的多类终端具有车票查询、处理等功能,与票务相关的终端设备接入 AFC 系统运行,并接受其设备监控管理及票务管理。

(2) 智能客服系统功能。

智能客服系统主要具备以下功能:远程音视频交互功能;多元化沟通渠道;自动语音应答功能;智能选择坐席;乘客信息可视化;呼叫同步转移;人工智能提醒功能;建立乘客信息数据库;数据管理功能;乘客问询数据收集、挖掘及决策支持功能;系统管理功能。

(3) 智能客服系统终端设备。

智能客服系统主要包括以下终端设备:智能客服终端;乘客自助终端;智能咨询终

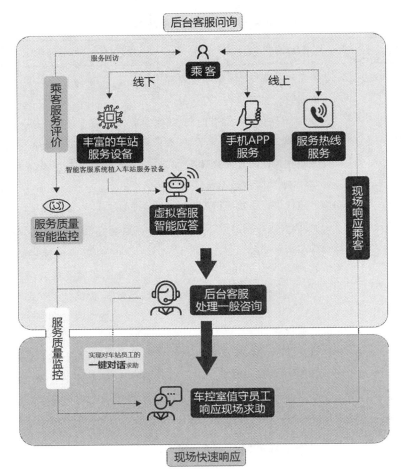

图 4-7 智能客服系统架构

端;移动式客服终端;智能客服机器人;APP 客服终端。

(4)智能客服系统建设方案。

结合南昌轨道交通线网云平台相关规划,智能客服系统的建设有以下两种方案。

① 方案一:与线网云平台共建,共建系统集成线网智能客服系统功能。

方案一的智能客服系统不独立建设,软硬件均与线网云平台共建。目前南昌轨道交通线网云平台处于规划建设阶段。智能客服系统与共建系统之间采用通信骨干网进行数据通信,实现智能客服系统的上下贯通。共建系统集成线网智能客服系统功能。

② 方案二:独立建设线网智能客服系统。

方案二的智能客服系统可采用云计算技术进行建设,其中基础设施层利用采购的服务器存储设备形成云计算硬件资源,平台层及软件层按功能进行建设。平台层含音视频通信平台、乘客实名数据平台、客服历史数据平台、设备监控管理平台、设备维修管理平台等。软件层包括呼入管理、呼出管理、自动语音应答、报表分析、参数发布、数据查询、时钟管理等功能。

智能客服系统建设方案比选见表 4-4。

表 4-4　智能客服系统建设方案比选

对比项	方案一	方案二
系统功能	功能全面，兼有整体机电设备监控管理功能	系统功能针对性强，强调智能客服独立管理功能
管理效果	智能客服系统与线网云平台共建系统来运维管理资源，可以节省人力成本	智能客服系统与其他系统分别进行系统运维管理，职责分明，人力成本更高
可实施性	依赖于线网云平台的功能调试和实施，整体实施难度较大	独立建设系统，接口少，功能调试简单
经济性	硬软件设备与线网云平台共享，分摊建设费用	产生独立的软硬件费用，投资较高

综上所述，共建系统可实现硬软件资源共享，减少系统之间的接口，同时减少运营人力定员，推荐采用方案一。

（5）一体化客服中心应用方案。

随着乘客服务向自助化发展，各类自助终端也逐渐增多，站厅公共区布置应转变传统的布置模式，统筹规划。目前，南昌轨道交通智慧车站示范站已采用一体化客服中心（图 4-8），建议未来在有条件的车站，考虑将智能客服终端设备和传统票亭相结合，为轨道交通乘客提供一站式服务。

图 4-8　一体化客服中心

3. 智慧安检

1）概述

安检是进入地铁的人员必须履行的检查手续，是保障乘客人身安全的重要措施。随着新的安防规范及相关国家政策的发布、安检新技术的发展、南昌轨道交通线网规模及客流的逐步扩大，以检查行包为主的传统安检方案已不能完全满足当前的安保需求，同时也不适应未来的技术发展方向，因此，应进行技术升级及更新，积极应用智能、快速的安检新技术、新产品，利用先进的信息化手段，与监控、报警和应急指挥等系统有效联动，建立与客流特点相适应的安防体系，提升安检能力和水平。

2）南昌轨道交通智慧安检应用现状

南昌轨道交通1～3号线安检点均采用传统安检模式，各个安检设备独立运行，安检机均采用单射线源X光机成像技术，安检员配置手持金属探测设备。

目前，南昌地铁拟在4号线智慧车站试点智慧安检。4号线智慧车站为南昌大桥东站、人民公园站，配套智慧车站方案提出了智慧安检需求，主要内容包括智能判图功能、集中判图功能、人包关联功能、车站判图中心（含坐席）、智能测温安检门、通道式太赫兹安检仪。为了对比、验证智能判图系统的可靠性、准确性，并满足智慧车站需求，南昌大桥东站、人民公园站设置的判图中心需分别采用来自两个独立供应商的成套产品及解决方案。

3）南昌轨道交通智慧安检应用方案建议

网络化安检：建立线网安检平台，从线网全局角度监控整个地铁的安检工作情况，同时进行安检人员管理、设备维护维修管理，并为公安机关提供基础信息及安防辅助手段。

智能车站安检：采用智能前端设备，通过智能化、信息化手段，实现智能判图、隔栏递物监测告警、智能测温、人物同检等，提升安检和通行效率。

集中区域判图：采用远程判图、智能分析等多元技术手段，实现区域集中行为分析、人像比对、智能选择坐席等功能，进一步提高安检效率及节约人工成本。

票检一体化：探索特定场景下的票检、安检合一新模式，采用视频监控、生物特征识别、人工智能等技术，基于乘客信用和线网级信息互联，绑定核验人员安检信息，实现人、票、物及异常行为四合一核验，提高效率、安全水平和服务品质。

线网联动：建设线网综合安防平台，与监控、报警和应急指挥等系统有效联动，形成事前预防和事后处置相衔接的综合安防机制。

数据挖掘：与自动售检票、公安等系统互联，对实名制乘客出行轨迹进行智能大数据分析，探索乘客分类快速安检路径，以提升线网大客流安检效率。

结合南昌轨道交通实际情况，有关智慧安检应用方案的建议见表4-5。

表 4-5　智慧安检应用方案建议

功能要点	实施建议
网络化安检	① 建议安检系统按联网方案考虑,各现场安检设备通过车站局域网接入车站级安检系统,车站级安检系统接入线网安检信息管理平台; ② 车站级安检系统和线网安检信息管理平台可结合线网安防平台的建设,由线网安防平台统筹
智能车站安检	① 建议现场安检设备(X光机、安检门等)具备智能判图、智能测温等智慧化功能,所有设备具备联网功能,实现智能检物、智能检人; ② 积极跟踪太赫兹等新技术的发展,探索人物同检、无感安检在轨道交通的应用
集中区域判图	建议结合 4 号线试点情况,根据试点效果及客流分布等从线网角度统筹规划应用
票检一体化	票检一体化实现了安检与票务业务的高度集成,简化了进站流程,一定程度上提高了安检效率,提高了乘客通行效率。目前,票务安检一体机在个别城市的地铁进行了试点应用。考虑到票务安检一体机的设置对车站站厅空间要求较高,此外该方式依据信用制度等对乘客进行身份识别,需结合相关政策实施。建议积极跟进,根据技术发展和相关法律法规择机应用
线网联动	① 建立与综合平台、自动售检票、公安等系统的接口,实现与预警和应急指挥等系统的有效联动,对实名制乘客出行轨迹进行智能大数据分析,探索乘客分类快速安检路径,以提升线网大客流安检效率;
数据挖掘	② 鉴于分类快速安检存在一定风险及相关政策不明确,安检信息平台可考虑实现部分功能,如对乘客进行注册、人脸识别、分类等,但前端设备暂不采用分类安检设备,仅设置带人脸识别功能的安检门,用于乘客数据识别。待相应政策明确后,条件成熟时择机应用

4) 智慧安检系统建设方案建议

(1) 智慧安检系统架构。

《城市轨道交通公共安全防范系统工程技术规范》(GB 51151—2016)中"4.5 安全检查及探测系统"要求,"4.5.2-3 宜进行联网工作,建立网络支持下的安全检查及探测系统""4.5.2-4 应具有有线或无线传输功能,应将数据、告警信号和方位、设备状态等信息传输至安防集成平台""4.5.3-3 应具备网络化系统设计,所有探测器、检测仪应与安防监控中心或安防监控分中心联网"。

目前大多地铁线路的车站安检设备独立运行,车站之间安检信息不互通,没有从线网的角度形成网络,导致安检处理手段相对单一,公安安防中心或轨道交通控制中心无法远程协助或进行图像抽查。

为解决上述问题,提高车站安检的通行效率,提升安检的智能化水平,为公安机关提供基础信息及安防辅助手段,建议从线网层面建设网络化安检系统。

根据轨道交通运营管理需求,建议网络化安检系统按控制中心与车站两级管理,控制中心、车站和现场三级控制的架构进行设计,如图4-9所示。

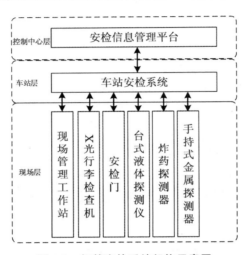

图 4-9 智慧安检系统架构示意图

智慧安检实施建议见表4-5,其中安检信息管理平台的功能具体包括设备状态监测及管理功能;系统故障(维护)管理;系统安全管理;视频调用监控;集中报警管理;日志管理;存储及检索管理;安检员管理;应急联动处理;集中判图及智能预警识别;实名制信息、分类安检数据处理。

(2) 安检系统智能识别。

① 智慧检物。

智慧检物主要是从物品信息的采集、违禁物品智能识别、人包智能化关联、人工判定、开包检查、事件信息展示、信息提醒、物品拍照、人工处理到事件归档环节对视图智能分析技术的全流程应用,具体如下。

物品信息的采集:通过X光机入/出口摄像机、X光机,对包裹可见光图像、包裹X光机图像、包裹关联人员等基础信息进行采集,为物品信息的处置提供数据支撑。

违禁物品智能识别:使用智能判图功能对通过X光机成像的物品进行智能化分析,

对物品的特征及属性,以及违禁品信息进行研判处置,并将研判结果分发给值机员监控终端或者集中判图终端,同时将智能判识结果发送至安检信息管理平台。

人包智能化关联:通过安检信息管理平台,将包裹可见光图、包裹 X 光机成像图、包裹关联人像、开包后拍摄的包裹内违禁物品图、处置结果等信息进行融合处置,方便人工判定及开包检查。

人工判定:安检点阅图工作站或集中判图工作站具备声光报警及违禁品信息显示功能,判图人员可根据提醒进行人工阅图判定,对有问题的包裹发送一键开包处置指令。

开包检查:安检点开包员接到判图人员的开包指令后,通过信息化处置终端查看事件信息,并对包裹进行开包检查、炸探液探检测。

事件信息展示:具备疑似违禁物品在智能处置终端显示的功能,展示事件信息的图片、结构化属性信息,以及物品关联的可见光图片和所属人员照片;同时,支持向上滑动查看最近历史告警记录。

信息提醒:具备对违禁物品信息进行红色标记展示的能力,便于对包裹及包裹所属人员进行确认。

物品拍照:通过智能处置终端的物品信息采集摄像头,实现实物物品的拍照展示关联;可对包裹所属人员进行身份信息和电话登记。

人工处理:可对开包检查结果进行记录,对违禁物品报警信息进行人工标记与处理。人工标记包括是否是枪支、管制刀具、易燃易爆物品、有毒物品、其他违禁品,或者无违禁品。处理行为包括放行、没收、登记、劝离。

事件归档:具备向安检信息管理平台上报报警基本信息、关联信息、处置信息、登记信息的功能。

② 智慧检人。

智慧检人主要是通过视图智能分析平台的智慧检人检物分析技术,依托各类相机,实现人员从进站候检到入站记录的全流程安全检查,具体如下。

安检区域人群分析:通过安检区域监控相机或候检区域监控相机与视觉智能分析平台的视图处理技术,将候检区域的人群排队情况、人群拥挤情况进行智能化分析与预警监测,将人群异常信息发送至智能处置终端,进行安全处置。

安检区域人员行为分析:通过视觉智能分析平台与安检区域监控相机、隔栏递物相机,综合对候检区域、安检区域、重点区域进行异常人员行为分析、隔栏递物分析与告警。

人脸比对预筛分析:通过视觉智能分析平台与人脸比对预筛相机,综合实现重点人员(治安防控人员、失信乘客等)分析,当检测到重点人员时,系统具备联动闸机有效拦截的能力。

背包漏检分析：通过视觉智能分析平台与无包通道带包漏检相机，进行携带包裹未过安检乘客的综合分析，对安检漏洞进行补盲。

智能检人信息化处置：基于各类检人报警消息，通过智能化分析与处置，将信息实时推送至安检员判识，并通过智能处置终端进行处置、信息上报等。

智能穿戴设备报警：智能穿戴设备可接收一定范围内的分类报警信息，对安检漏洞进行补盲。

③测温防疫。

测温防疫是在安检区域部署测温终端，实时进行人脸检测、额头区域体温测量等。测温终端信息实时发送到安检员的安检处置终端，供安检员查看，对疑似高温人员进行人工确认。另外，当高温乘客未被拦截直接进站时，系统具备联动闸机有效拦截的能力。

（3）线网集中判图。

智能识图技术的发展及其在安检系统中的应用，必将极大减少现场看图员的工作量，看图员不再需要逐张观察分析X光图像，仅需要人工审核并判断智能识图的结果即可。安检网络化系统的建设会促使一人对多机的工作模式成为可能，实现线网智能集中判图。

线网安检信息管理系统设置一定数量的集中判图坐席。车站终端X光机安装智能图像识别软件，并实时上传X光机扫描的图像原图、X光机图像识别结果图像、X光机自带行李摄像机拍摄的视频、安检门摄像机拍摄的视频等。线网安检信息管理系统对以上数据进行实时存储并通过智能选择坐席功能，将此类图像及视频信息按指定的转接方式传送给具有相关职责或技能的各个判图代表。判图代表在规定的时间内（例如3～5 s）对X光机图像智能识别结果的准确性做出人工判断。对人工确认存在危险物的X光机图像，应及时通知车站现场安检点人员，并同时将此安检点上传的X光机扫描的图像、安检门摄像机拍摄的乘客截图、X光机行李摄像机拍摄的行李外观截图实时下发至安检点可视化屏幕上，由现场安检复检人员按图复检行李。按线网、线路、区域设置的集中判图坐席可以实现一人对多机的工作模式，提高系统的效率，进一步提高安检效率及节约人员成本。

（4）分类安检。

应对各类危险物品的安检措施复杂，在客流高峰期，拥堵严重，站厅滞留人员无论是数量还是滞留时间都将大幅度提高，容易造成入口过度拥挤，存在安全隐患。部分乘客由于携带的物品涉及个人隐私和生活习惯存在差异，配合安检的意愿不强，容易引发社会矛盾。随着安检系统的网络化设计与建设、大数据应用、人脸识别技术的发展，乘客分类快速安检方案应用成为可能。

可以通过设置在安检区域的视频分析及人脸识别前端设备，采集人员的相关视频或图片信息；可按照行为可疑人员判定标准对待检及安检过程中行为可疑的人员进行甄别和预警;可快速对甄别出的乘客信息进行处理并进行等级划分,并可以做出相应提示,以实现正常乘客的无感、快速通过。

分类快速安检的实施可大幅提高乘客安检通行速率,提升乘客服务质量,可以减少传统设备的数量,降低建设成本,相应节省运营人力成本及维护成本。

但分类快速安检也存在一定的风险,例如已经过实名认证并取得分类快速安检授权的乘客,随着时间的推移及外界因素的影响,可能存在由"白名单"转入"黑名单"的情况。另外,分类快速安检方案的实施需要经过公安等相关部门的认可及配合。

(5) 票务安检一体化。

目前大部分城市的地铁站入口都设置了安检设备。乘客进入车站,首先要通过安检,然后购票或直接检票入闸进入付费区乘车。在客流高峰时段,乘客在车站入口等待时间变得很长,对于已有票或无包乘客来说,还是要经过安检过闸和检票过闸流程。而安检设备和检票设备整合于一种设备中可使乘客经过一次检查就进站乘车,即可提升乘客使用的便捷性,还能促进地铁在运营中节约资源、降低成本。票务及安检业务融合是未来发展的趋势。

票务安检一体设备是集成人体生物特征识别技术、物品高精度属性及定位分析技术、拍打门技术、伺服控制技术、票卡识别技术、二维码技术等相关技术,实现人脸识别、金属物品智能检测、票卡识别及自动扣费、闸机联动的智慧安检票务终端。票务安检一体设备可在排除乘客身上安全物品(如手机、手表、皮带头等)的前提下精确识别金属违禁物品,同时精确定位违禁物品位置及种类且以声光报警及图文的形式显示。票务安检一体设备可实现与人脸识别系统、人证合一系统的联动,可通过与云平台进行数据交换,识别公安系统黑名单、识别常乘乘客名单、实名注册乘客等,并通过指示灯及图像提醒的方式告知安检员,以便于针对性实施安检。

票务安检一体设备将安检技术、闸机技术进行组合,而且安检技术和闸机技术都已经相当成熟。

目前票务安检一体设备在广州地铁智慧车站示范站中进行了试点应用。由于票务安检一体设备基于信用制度等对乘客进行身份识别,因此票务安检一体化方案的实施需要经过公安等相关部门的认可及配合。此外,票务安检一体设备对车站站厅空间要求较高,需要在车站布局中预留安装位置。

(6) 安检互认。

随着轨道交通线网的不断扩大,轨道交通与城际铁路等交通枢纽之间的接驳或换乘将越来越多。为了更加高效地实施安检,方便乘客在交通枢纽等场合的换乘,有必要研究安检互认。

① 安检互认存在的主要问题。

标准不统一：地铁安检系统遵循的设计规范和技术标准与城际铁路等大体类似，但也有其独特的防范体系，造成其安检系统的构成与城际铁路等不同。实现安检互认，需考虑对安检系统重新制定技术标准和设置原则，城际铁路等各方按新标准、新原则设置安检系统。

运管单位不统一：目前在既有城际铁路与地铁换乘车站，城际铁路和地铁的安检系统归不同运管单位管理，责任界面是按照各自的建筑空间划分的，责任界面清晰。要想实现安检互认，需要各方重新考量安检系统的运营管理及责任界面划分。

② 安检互认对策。

目前在城际铁路与地铁的换乘车站，各方在自己的责任管理区域单独设置安检点，安检互不干涉，城际铁路和地铁分别配置安检设备，配备两套安检人员，建设及运维成本较高，换乘客流需进行多次安检，乘车体验差，换乘时间成本高。

可从互联互通及快速换乘的趋势和要求出发，统一设置安检系统，满足城际铁路和地铁的安检要求（需要城际铁路和地铁运管单位统一协商制定原则），在安检互认模式下，仅需配置一套安检设备及安保人员，换乘客流只需进行一次安检，乘车体验好，换乘时间成本低，有利于快速换乘。

安检互认的实现很大程度上依赖管理层面的协调，需要城际铁路和地铁统一协调各方工作，互相认可对方的安检标准，并做好责任划分。

4.2.2.2 智能运输组织

构建网络化智能运输组织体系、线网运营调度（应急）指挥中心、线路运营调度控制中心及车站综合管控平台，通过线网级的精准运输策划和灵活行车组织、线路级的智能调度控制、车站级的智慧车站运管，满足运能运量精准匹配、线网运输互联互通、乘客出行快捷便利、网络化运输组织高效的要求。改善传统运营形式下数据孤岛、信息离散、平台封闭、响应被动、决策失当等现状，增强运营管理的多场景应用能力，满足数字化、网络化、智能化的运营品质要求，并不断适配线网发展需求，着力技术变革创新实践，与智慧乘客服务的需求相协调，全面构筑精准高效的运营管理体系。

1．智慧调度指挥

1）概述

随着线网规模的不断扩张和网络通达性的增强，为满足多样化的客流需求，线网行车组织方式日益复杂，突发情况下对调度的快速应变要求越来越高，调度指挥急需实现"重点目标可视化、信息获取立体化、调度决策精准化"等，在前端感知、中间网络传输、智能决策、多渠道信息报送等方面向智慧调度指挥演进。

2）南昌地铁大厦控制中心调度指挥现状

南昌目前仅有一座地铁大厦控制中心，具备 1～5 号线线路控制中心的接入条件，拟在第三轮建设规划中另行选址新建第二座控制中心大楼，接入后续线路，未来形成多区域中心的格局。同时，南昌轨道交通拟近期启动线网指挥中心（network command center，NCC）一期工程的建设，NCC 全网集中设置，统一管理。

随着轨道交通线路的逐步增加，在 NCC 建成时，城市轨道交通的运营已成网络，其线网的客流组织、换乘站的协调配合难度加大，这给运力运量的协调、线路间列车运行图的协调带来较大困难，给线网运营带来较大的压力和风险。

运营协调指挥业务主要包括以下几个方面的内容。

(1) 协调制定网络列车运行计划，实时监测线网行车状态。

① 协调各线首、末班车时间。

② 协调换乘车站列车到发时间。

③ 协调列车跨线运行或跨线检修。

④ 监控网络列车运行计划执行情况。

⑤ 汇总各线列车的运营状况，进行日常运营监督。

⑥ 分析线网运行图。

⑦ 网络客流分析与预测、网络运营计划优化、网络应急预案优化、网络运输效能评价等。

⑧ 监督列车运行的正点率，组织高效地完成运输生产任务。

(2) 协调线路间拥堵客流疏散，进行线网客流引导。

① 高峰期拥挤路段的客流引导。

② 末班车的客流引导。

③ 突发事故时的客流引导。

④ 监测线网客流。

⑤ 监测线网供电。

⑥ 监测线网设施设备。

(3) 线网突发事件处置。

控制中心作为线网突发事件处置中心，基于地理信息方式展示线网线路附近相关设施的应用功能，用于在发生突发事件时，立刻寻找到线路附近的医疗救援、抢险及疏散设施，如医院、消防局（消防支队）、公安局（派出所）、大型枢纽车站、大型停车场、出租车上落点、公交站、火车站、飞机场等。掌握线网范围内的上述关键基础设施的空间分布情况及其与轨道交通线网的位置关系,便于在紧急情况下快速指挥救援和疏散,并与运营预案联动。

3)协调高效的智慧调度指挥

(1)精准调度决策。

搭建线网各线路全局资源可视化系统,实时监控客流变化情况、列车运行情况和实时在线监测设备运行状态;构建信息智能收集系统,及时、准确获取现场信息,快速识别现场异常情况,实现快速发现和精准传递信息。智慧调度指挥示意图如图4-10所示。

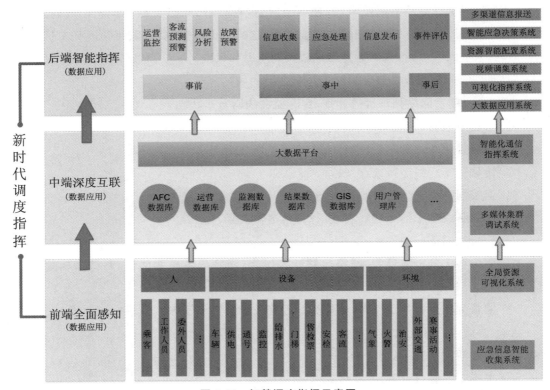

图 4-10 智慧调度指挥示意图

突破传统发令方式,利用终端设备收发电子调令,在系统中预设各种调令模板,并支持语音转文字功能,避免口头传达过程中口齿不清、信号不稳定等因素导致的调令内容传递慢、有误差,提高调令流转效率及准确率。

建立多专业联合的故障救援综合调度指挥系统。采取重点目标可视化、信息获取立体化、调度控制一体化等手段,实现"情况看得见""指令听得着""位置找得到"的可视化调度指挥。

(2)高效调度指挥。

通信指挥全融合:通过多媒体融合调度、移动通信指挥,确保线网应急处置联络的安全、可靠、通畅,保障在应急情况下能够顺利开展调度指挥工作,实现现场情况的实时反馈和决策指令的快速下达。

信息报送一体化:通过开发一体式信息报送系统,以线网平台为依托,增强与外部单位的信息共享和协调联动,满足城市轨道交通动态运作、突发事件协调处置、乘客出行友好体验等功能需求。

调度处置智能化:充分融合运营基础数据、调度处置案例等,实现故障的智能判断及接警,动态生成优化的处置流程管控方案;对调度指挥过程进行实时追踪,能实时纠偏并生成后续指挥方案。

4)线网指挥中心规划方案

南昌轨道交通已迈入线网时代,且第三期建设规划线路已经提上日程,网络化、智慧化的运营场景势必是未来发展的方向,也是实现高质量发展的重要手段。作为"线网中枢"的线网指挥中心,其定位以及功能是实现网络化、智慧化运营的关键。一方面应研究基于云架构的线网运行监控与智慧调度技术,创新运营管理模式;另一方面需要打破各类运输生产活动间的信息壁垒,实现线网层的生产信息与数据共享,开发各类线网级应用,从需求出发,为地铁运营的调度指挥提供决策支持,提高生产质量和服务水平。

(1)架构扁平化。

根据其他城市地铁的建设经验,线网指挥通常采用三级管理、三级控制的调度控制模式。线网三级管理、三级控制模式示意图如图4-11所示。

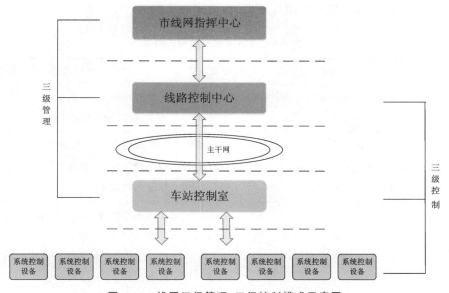

图4-11 线网三级管理、三级控制模式示意图

线网指挥中心融合线路控制中心功能,负责监控其所辖线路的列车运行及设备状态,并额外扩充线网应急处置、对外协同、综合应用、乘客服务、跨线联动等功能,形成两级管理及三级控制的扁平化架构(图4-12)。在该架构下,各系统在线网层、车站层架构上均部署数据接入层、数据处理层、应用层软件。

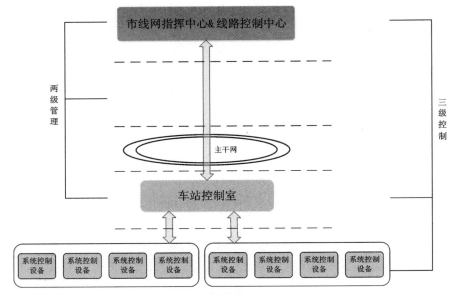

图4-12 线网两级管理、三级控制模式示意图

三级管理、三级控制模式与两级管理、三级控制模式的对比见表4-6。

表4-6 两种调度控制模式对比

调度控制模式	方案一:三级管理、三级控制	方案二:两级管理、三级控制
投资	初期投资较小,线网级以新建为主,投资较大	初期投资较大,后期投资以接入扩容为主,投资相对较小
对运维的影响	运维设备种类及数量较多,线路级、线网级分开运维,运维费用较高,运维工作量较大	运维设备种类及数量较少,因无独立线网级运维,运维费用相对较低,运维工作量相对较低
对运营的影响	每级管理均需配置相应调度人员,人力成本较高	少一个管理层级,线网级系统为融合层级,可根据运营管理需要部署三级调度,也可直接部署两级调度。当部署两级调度时,人力成本较低

续表

调度控制模式	方案一：三级管理、三级控制	方案二：两级管理、三级控制
对建设的影响	线路、线网分开建设，线网建设不影响线路，实施难度较低，但线网建设需增加额外的线路改造费用，存在旧线技术相对落后、设备停产等问题，此部分实施难度较大，可能存在部分线路的部分系统无法改造的情况	线路、线网同时建设，首条线路及线网建成后，建立线网统一接入标准，后续线路建设后，扩容线网层，实施难度因接入标准的不同而不同
扩展性	线路侧、线网侧单独建设，线网功能及线路功能相对独立。线网可实现定制化，根据需求分期实施。线路侧根据各线特点定制各线功能，线网功能建设需线路进行配合，线网侧扩展性较差	线网侧、线路侧功能合并建设，一体化实施，可做到整体功能的完整和统一。线网侧通过采用统一的数据接入、处理、服务标准，实现数据平台的定制化、模块化。系统扩展时，仅需改动数据平台，即可针对需求进行上层业务功能的调整，扩展性较好
系统稳定性	线网侧、线路侧分开建设，线路侧和线网侧存在技术、设备等时间差，在技术不断更迭的背景下，线网侧建设因需对线路侧进行改造，会对线路侧的稳定性产生一定影响	线网侧和线路侧同步建设，技术、设备等较为统一，新线路建设时需根据标准接入线网平台。线网平台采用数据处理与数据服务分离的架构，线路侧接入仅需扩充线网资源，系统稳定性较好
设备利用率	线路侧存储、计算资源与线网侧重复，数据冗余度较高，设备利用率较低	线路侧、线网侧共用计算、存储资源，设备利用率较高
容灾能力	线路侧一般建设本地容灾系统，线网侧会建设异地容灾系统，容灾能力较方案二低	线网、线路统一平台，建设异地容灾系统，容灾能力较方案一高

综合来看，南昌地铁线网规模不大，采用两级管理、三级调度的模式具有一定的先进性、创新性和可行性。

（2）运营管理模式创新。

传统线网级、线路级、车站及现场级三级运营管理模式，主要依靠单条线路的运营管理，一定程度上限制了线网统筹运营效率，特别是应急处置时的统一指挥效率。随着多线路、多运营商的网络运输格局形成，传统单线管理模式难以适应轨道交通网络运营对统一调度指挥、突发事件应急处置、对外协调统筹规划、统一管理的需要,传统的运营维护、管理人员均按单线路进行配置,线路各专业人员仅负责单线路、单专业的工作内容,且专业维护人员的培养周期过长,人力成本较高。

运营管理模式创新首先应实现思想观念的变革,利用新一代的信息通信技术从技术上、管理上进行创新,通过对系统的优化组合,实现精简高效管理的目标,力求做到机构精干、人员配置合理、管理效率提高。其中,行调由于工作量大、安全要求高,调度员及调度系统按线路划分,可考虑在线网层面进行运行图的统筹优化、动态调整;其他调度员及调度系统均按线网统筹设置,实现跨线调度。运营调度指挥组织架构优化方案如图 4-13 所示。

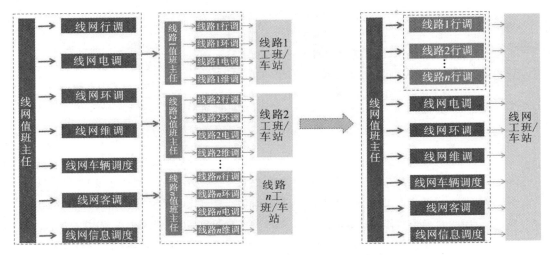

图 4-13　运营调度指挥组织架构优化方案

(3) 实现线网资源共享。

传统地铁线路多采用"一线一中心"模式,各线路控制中心功能单一、重复,仅负责单线路的调度指挥,协调指挥能力差。随着轨道交通运营里程的增长,运维人员数量快速增加,车辆段、停车场等投资较大、占地较多,架修的设备、设施利用率低,造成人力、设备、土地等资源的浪费。单线模式配置单线主变电站,城市电网电力资源占用大,主变电所数量多、资源利用率低,成本较高;单线模式体系架构下信息孤岛现象严重,基础设施分散,造成网络资源浪费;还存在安全管控薄弱,乘客出行体验不佳等问题;地铁列车分线路单独进行招标采购,缺乏线网统一调配工作机制,各线路均设置有大量备用车辆,车辆成本整体较高,且总体使用率较低。

线网资源共享应实现通用设施设备的集约、共享。如车辆的跨线路应用,主变电所的跨线路支援,应急物资、备品备件及仪器仪表的线网统一调配等。网络化建设和管理线网,统一资源分配,通过大数据建模、人工智能分析,可基本达成系统共享、空间共享、设备共享、管理共享,实现电力资源、设备资源、空间资源的合理利用,达到综合配置、高效使用的目的。

(4) 线网级的应用创新。

传统的线网指挥中心用于接入多条线路、多个专业的业务系统,技术架构及接口复杂,不利于后续扩展及维护;各线路的相同专业存在厂家不一致、标准不一致、无法实现互联互通、联动困难等各类问题。车站各专业仅考虑本专业软硬件配置,未统筹考虑,造成资源大量浪费;后续运营维护人员也参照单线路单专业进行配置,人力成本高;线网数据是大数据时代主要的生产要素,客流、车辆、线路、地铁周边商业等领域沉淀了大量原生数据,现阶段并没有开展数据采集、整理和分析等工作。

线网级应用的创新涉及以下方面的内容。

① 实现线网层面建设标准、接口标准、维修管理标准的统一,降低建设成本及运维成本,实现降本增效的目标。

② 全线网指挥调度总体架构趋于扁平化,结合运营需求,进行线网级和车站级专业的融合,打破专业壁垒,实现综合监控、通信、自动售检票、门禁、乘客咨询等专业的硬件资源整合。

③ 城市轨道交通生产数据是运输生产水平的表征,也是运营生产决策的依据。应以业务需求为驱动,构建城市轨道交通基础数据体系,为生产业务提供数据支撑。

④ 安全是城市轨道交通运输生产的首要前提与第一目标。以生产状态监测信息为基础,利用预测理论、人工智能等,实现基于多源信息的城市轨道交通安全预警,排除安全隐患,有效避免安全事故,提高运输生产安全水平。

⑤ 引入数字化预案,辅助运营人员处理应急事件。数字化预案的功能主要是将已有的应急处置方案电子化,梳理出主线任务、分线任务并形成流程树,由调度人员进行全局统筹,把控各任务节点,各专业按照智能任务分配进行处理,并提供相关的操作记录。引入数字化预案可以实现对应急处置流程的精准把控,提高应急处置效率。

2. 自适应的客运组织

1) 概述

自适应客运组织示意图如图 4-14 所示。自适应客运组织是通过深化数据分析应用,采集实时客流数据并精准预测后续客流量,智能调整运力和启动客流控制,主动引导乘客出行,改变以往经验化、被动式的车站客运组织,采用车站各客运设备、信息系统之间智能联控的车站客运联控模式。

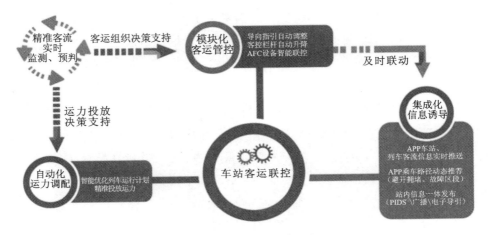

图 4-14 自适应客运组织示意图

2）客运组织的现状

随着线网规模不断扩张，客流不断增长，乘坐地铁出行已经成为人们出行方式的"必选项"之一，人们对出行时间、换乘便捷性、运营服务时间等的需求也日益提高。目前线路客流量已有超过远期设计客流量的趋势，客运组织面临较大压力。同时，传统的方式主要通过地铁的刷卡数据进行用户乘车轨迹的还原，无法准确获取客户进入地铁站后的换乘路线信息。

3）南昌轨道交通自适应客运组织实施方案建议

（1）客流精准预测。

大客流场景属于地铁运营中的一种典型场景，传统上只能通过人工在现场进行大客流判断，再由人工去执行相应的管控操作。此种方式操作繁复、反应不及时，不能适应目前的需求。

多场景、全时序的线网客流精准预测以线网客流管理系统的多源客流数据为基础。准确掌握和实时传递客流特征，建立全时序、多场景应用的客流预测与预警平台，建立客流实时监测与预测模型，实现年、月、日客流预测及未来 5 min、15 min、30 min、60 min 客流滚动预测和动态预警。在确认大客流后，一方面，自动调整相关的系统，并调取大客流的数字化预案，辅助操作，实现客流的自动化、智能化管控，实现以全自动车站为目标的场景联动；另一方面，依据实时预测客流，研究全自动运行模式下运能精准投送方案。实现车站、列车客流的实时监测和预警，站台乘车的智能引导，以及列车温度的自动调节，预见性地调整客运组织，在突发情况下可辅助进行应急决策，并对受影响客流的重分布

---

① PIDS：passenger information display system，乘客信息显示系统。

进行实时预测,快速调整列车运行秩序。

(2) 供需联动匹配。

针对拥挤站段,结合线网运力和线路条件,提出不均衡运输、空车投放、大站多停等解决方案,实现运力的精准投放和运行图的动态自动调整。针对单站、单线、线网,结合线网运力、车站容纳能力、设备能力等,启动车站、线段、区域、线网大客流预警,生成点、线、面的分梯度客运管控模式,保障客流管控的预见性、及时性、有效性和网络联动的有序性。行车-客运的自适应联动示意图如图 4-15 所示。

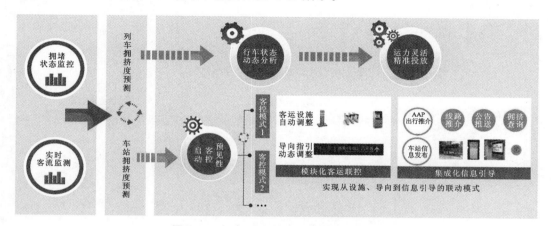

图 4-15　行车-客运的自适应联动示意图

(3) 场景模式控制。

制定针对不同客流的控制模式,可通过对客运设施的联动控制,快速联动相应客运设备设施,模式化匹配客流控制场景。

(4) 信息动态引导。

建立统一后台管理的乘客信息引导模式,对乘客接收各类信息的渠道进行集中、统一的信息发布管理。结合车站不同的管控场景需求,可"一键切换"车站信息引导模式,向乘客联动发布各场景下的出行引导信息,使乘客及时掌握地铁运营情况,合理安排出行。乘客出行信息引导示意图如图 4-16 所示。

3. 全景管控的客运管理

1) 概述

智慧地铁借助各类先进的智能技术摆脱以往定时、定点、定岗的运作管理痛点,将车站管理模式从固定化、单站化向移动化、区域化转变,构建基于设备全息感知、系统集成联控、终端移动操控的高度自运转的全时全景车站管理模式,最终实现区域站点集中值守和远郊车站无人值守。面向运营的车站智慧管理示意图如图 4-17 所示。

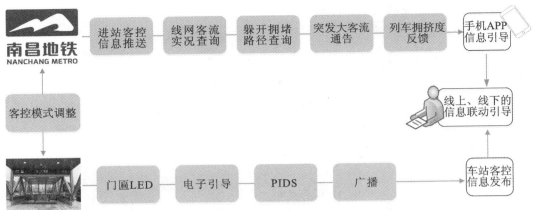

图 4-16 乘客出行信息引导示意图

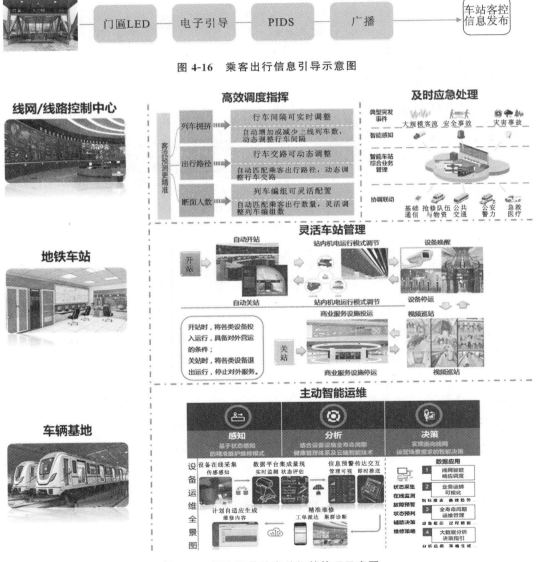

图 4-17 面向运营的车站智慧管理示意图

引入多维感知、设备物联、智能融合等先进技术实现车站管控全景化、自动化、场景化、移动化、区域化,以综合监控专业为核心打造车站全景管控系统。实现以上车站管理场景涉及的专业包括综合监控、通信、FAS、BAS、门禁、AFC、通风空调、给排水及消防、低压配电及照明等。

2) 综合监控管理平台

综合监控系统在云平台基础上按"平台＋边缘"两级架构进行构建(图 4-18)。在车站、场段建设基于物联网的车站级网络平台,设置边缘处理设备并接入;系统管理应用、中央级调度管理应用、系统维护测试等辅助应用均在云平台上部署;计算、存储和骨干网资源均由云平台提供。

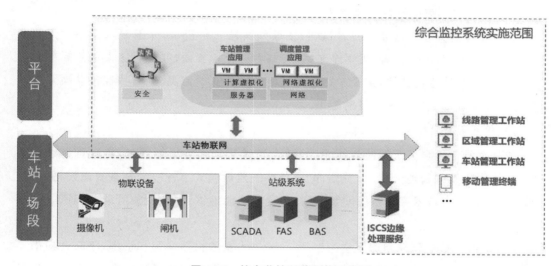

图 4-18　综合监控系统架构示意图

实现车站内部、外部"人、机、环"所有人员情况、设备设施的全方位动态感知、智能分析、预判,实现车站安全全景监控、预警、处理及策略生成。

(1) 实现全方位的人员行为监管。

实现车站及列车内乘客行为的全方位智能监控,通过视频识别、智慧检查等监控车站、列车各区域乘客行为,能够立即识别危险信息并发送至车站、控制中心及关键人员的监控界面,可以进行报警,联动相应设备切换模式。

① 人员属性识别建议采用人脸识别技术,建立乘客画像信息库,为票务、安检、客服、边门等精准服务提供支撑。

② 通过 WiFi＋蓝牙技术搭建车站室内精准定位系统,实现站内人员精准实时定位。

③ 应用视频智能分析技术,实现车站客流密度的监控。

④ 分析全域覆盖智能视频，对人员异常行为进行监测预警。

(2) 实现全要素的设备安全监管。

采用智能感知及在线监测技术，通过物联网关或应用网关接入平台，实现站内外各类机电设备及房建设施等状态的实时监控和报警，发现异常情况能够自动启动自修或切换后备运行措施，联动各方处理。

(3) 实现数字化的施工安全监管。

自动辨识施工人员及对应的施工时间、施工区域、配合人员、施工条件、施工防护、工/场清状态等。施工过程中自动检测端墙门、防护设置、设备状态、施工限界等安全状态，实现异常情况报警，联动现场、远程及时处理。

(4) 实现多维度的环境安全监管。

采用智能感知及在线监测技术，通过物联网关接入平台，对外部侵入及恶劣天气情况能够即时识别并触发报警，推送至车站、控制中心监控界面，联动相应设备开启应急模式，并对站内环境进行监测，实现车站各类环境参数的实时监测、异常状况自动报警及数据信息推送，联动设备及人员及时处理。

3) 视频智能分析

依托线网云平台人工智能计算中心，结合地铁运营各类场景需求，构建可持续更新迭代的线网级视频智能分析 AI 算法库，避免传统建设模式下各线分别重复建设，并结合云计算、大数据等技术完善系统间智能联动，全面赋能地铁运营、企业管理、设备运维、乘客服务等。

线网 AI 分析引擎采用深度学习框架，可通过大量的机器学习和训练，不断适应南昌轨道交通复杂的使用环境需求，并不断优化升级，持续提升智能分析的准确率、拓展智能分析的应用场景。

视频智能分析技术在轨道交通中的应用场景主要如下。

(1) 人脸识别。

人脸识别技术是基于人的脸部特征，对输入的人脸图像或视频流进行判断，提取人脸特征信息。人脸识别所检测到的信息可用于黑名单报警输出、人员轨迹分析、电子身份验证、安全防范、无感知考勤、人脸闸机、人脸门禁等。

(2) 人员密度分析。

① 区域人员密度分析。

对目标区域(售票区、安检区、出入闸机区、站台候车区、列车车厢等)进行人员密度识别，据此可生成区域热力图，进行密度超限报警、拥挤度判别、客流监控等，为车站人员进行出入口控制限流、客流组织引导提供依据。

② 人数统计。

针对出入口通道、电扶梯、安检通道、出入闸机等区域,通过人数统计摄像机,对画面中进入和离开人数进行统计,实现车站及线网客流统计、人数趋势图等应用。

(3) 异常行为分析。

异常行为分析基于运动人体跟踪、目标模板特征匹配等算法,从大量人体行为中实时识别出异常行为,如人员摔倒、逃票、隔栏递物、徘徊、逗留、聚集、快速奔跑、打架等,一旦发现异常行为,系统立即自动触发报警,可有效避免危险事件的发生。

(4) 扶梯异常分析。

针对地铁车站内的自动扶梯进行实时监控,乘客在乘坐电扶梯时,如有跌倒、搬运婴儿车、搬运大件行李、逆行等危险行为,系统可及时识别并发出危险预警信息。

(5) 排队长度检测。

根据运营管控需求,对特殊区域(如安检区域、出入闸机区域、售票区等)实时采集、分析队伍长度信息,若排队时长超过预设阈值,则及时发出告警,便于车站人员及时进行客流疏导。

(6) 烟火检测。

基于人工智能深度学习技术等,智能分析和判断视频流中烟火的形态、颜色等,对极早期的烟雾、火焰进行预警,提高系统对烟雾、火焰及人为纵火等行为的应急处置能力。

(7) 危险品、滞留物品分析。

① 针对易燃、易爆及危险品仓库或堆存区域,直接识别或根据标签识别物品名称、数量,确认是否符合规范要求,超范围或违规存放可及时报警。

② 针对禁止堆放、滞留物品的位置(如轨道、轨旁、站厅、站台等),若发现滞留时间超标的物品,系统会及时报警,报告滞留物品名称、标记发现位置等。

(8) 入侵检测。

针对无人区或其他被禁止和受限制的区域,使用多目标实时跟踪、过线判断等智能分析技术,提前锁定目标,当目标越过限制区域时则及时触发告警。

(9) 司机行为分析。

实现司机行为监测,在站台及列车司机室能智能识别司机疲劳、闭眼等异常行为,智能报警。具备故障智能诊断功能,可智能指引司机操作。

(10) 图像增强。

针对模糊的视频图像,可采用畸形校正、色彩校正、图像增强、降噪滤波等技术,并提供图像效果增强算法支持,便于事后获取图像中有价值的信息。

(11) 智能设备及环境监控。

通过智能分析,实现对车站设备室设备外观、工作环境的实时监控,周期性进行结构化对比分析,确定资产状态,降低运维巡检工作强度;对隧道内设备、限界实时进行监控分析,实现对线缆掉落、设备位移、隧道异物入侵及隧道内肉眼可见的形变、渗漏等非正常状态的实时报警。

4) 视频智能巡站

采用智能视频设备将视频监控与地图进行联动,支持选择查看。有异常状态时,立即上报告警,同时对就近的工作人员派发异常事件任务,确保异常事件得到及时处理。车站公共区、扶梯等重点部位的视频监测及智能分析以视频图像为基础,支持多种数据资源的关联叠加,通过视频资源和应用服务体系的全面构建,重点实现地铁车站客运服务和运营管理两大模块的功能。其中客运服务模块实现人脸布控、客流统计、人群密度分析、自动扶梯异常行为检测、人体属性采集分析和站厅全景监控等功能。运营管理模块支持入侵检测、站务人员离岗检测、视频巡检、视频图像质量诊断等功能。

智慧车站运营管控平台的视频巡站功能主要基于车站三维模型对车站的建筑结构及地铁设备进行高逼真度还原,在车站三维模型中巡视车站设施设备状态、人员位置等,同时结合 CCTV 技术,最终实现以下目的。

(1) 提高巡站效率。

支持远程巡查自动售票机、闸机、自动扶梯、站台门、票亭、出入口等处现场情况,掌握自动售票机、人工票亭、站台门处人员排队情况及出入口人员滞留情况,了解自动扶梯、闸机等设备运行情况,帮助运维人员更直观地了解站内乘客情况及设备运行状态等。

(2) 降低人工成本。

系统支持自动巡站模式,且可预设多种自动巡站场景及线路,可以替代地铁工作人员进行日常现场巡站,大幅节省人工成本。

视频监控根据三维模型中设置的自动巡检路线,预先设置与巡检路线匹配的轮巡模式,巡站速率与摄像机轮巡间隔时间匹配。

具体功能要求如下。

① 人员监控。

进行视频排查与分析,确定站务、安保人员的在岗执勤状态,并自动生成巡逻报告,不需要专人管理监控,节省成本。

可设定监测报警时间阈值,在超出时间阈值仍未检测到站务人员信息时进行预警提醒,并发送提醒信息到站务人员的移动站务 APP。

② 视频巡检。

自动切换巡逻视频可实现一人看护多个巡点,更高效,并可节省人力成本。

具备视频打卡、视频巡检自动执行、异常告警、一键派发任务、一键生成巡更报告、自动切换巡更视频等功能。

摄像头具备位置偏移检测和预警功能。

③ 行为布控。

具备智能视频行为分析布控(包括徘徊滞留检测、遗留物品检测、物品丢失检测、异常奔跑检测、剧烈运动检测、摄像机非法移动检测等)和周界防范布控[包括跨线检测(支持单向线检测、双向线检测、跨线逻辑定制)、进入或离开区域检测(支持多检测区域检测)、区域内出现或消失检测等]功能。

④ 特征布控。

对实时视频中移动目标的颜色、大小、局部特征等进行布控,当发现目标符合布控条件时,系统将会自动报警。

5) 一键开关站

南昌地铁一键开关站功能设计主要是基于实际运营中的开关站流程和内容,在智慧车站综合监控管理平台上自动实现开关站流程中涉及的所有项目的远程控制,包括通风空调系统、智能照明系统、扶梯系统、AFC、CCTV、PAS、PIS 等多个专业或设备的自动控制,从而提升车站设备自动化、智能化水平,最终实现以全自动车站为目标的场景联动。

(1) 开站流程设计。

南昌地铁的一键开站流程设计见表 4-7。

表 4-7　南昌地铁的一键开站流程设计

序号	执行项	详细描述	涉及的系统及设备
1	系统自检 (自动)	检测各系统处于在线状态(即通信状态)	扶梯系统、通风空调系统、照明系统、PAS、PIS、防盗卷帘、ACS、AFC、PSD
2	AFC 唤醒 (自动)	系统自动向 AFC 发送命令,唤醒 AFC 设备	AFC
3	乘客咨询唤醒 (自动)	系统自动向乘客咨询设备发送命令,唤醒乘客咨询设备	PIS

续表

序号	执行项	详细描述	涉及的系统及设备
4	PAS开站提醒 （自动）	播放开站提醒	PAS
5	乘客咨询开站提醒显示 （自动）	联动乘客咨询显示开站提醒信息	PIS
6	边门锁定控制及检测 （自动）	锁定边门，检测边门是否处于锁定状态，并反馈结果	ACS、边门
7	开启通风空调运营模式 （自动）	开启车站通风空调运营模式，并检测模式执行情况	BAS
8	开启照明正常模式 （自动）	检查并开启车站照明系统，由场景节能模式转入正常照明模式，系统自检区间照明和区间疏散指示灯状态是否正常	BAS、照明系统
9	自动扶梯开启 （自动：CCTV联动。 半自动：自动扶梯）	① 系统自动联动自动扶梯CCTV画面，值班人员通过视频图像判断是否具备开启自动扶梯的条件； ② 确认可以开启自动扶梯后，点击开启按钮，自动扶梯开启	CCTV、BAS、 自动扶梯成组控制
10	开启防盗卷帘 （自动：CCTV联动。 半自动：防盗卷帘）	① 系统自动联动出入口防盗卷帘处的CCTV画面； ② 值班人员通过视频图像判断是否具备开启防盗卷帘的条件，确认可以开启防盗卷帘后，点击开启按钮，防盗卷帘开启	CCTV、 防火卷帘成组控制
11	关闭开站广播 （自动）	系统自动关闭开站广播	PAS
12	关闭开站乘客咨询 （自动）	系统自动关闭开站乘客咨询	PIS

一键开站流程如图 4-19 所示。

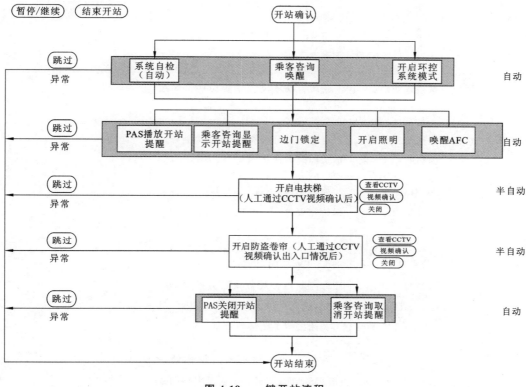

图 4-19 一键开站流程

(2) 关站流程设计。

南昌地铁的一键关站流程设计见表 4-8。

表 4-8 南昌地铁的一键关站流程设计

序号	流程项	详细描述	涉及系统及设备
1	系统自检（自动）	检测各子系统处于在线状态（即通信状态）	自动扶梯、通风空调系统、照明系统、PAS、PIS、防盗卷帘、ACS、AFC、PSD
2	PAS关站提醒（自动）	由值班人员点击确定执行关站命令后，系统自动播放关站提醒	PAS
3	乘客咨询关站提醒（自动）	联动 PIS 显示关站提醒信息	PIS

续表

序号	流程项	详细描述	涉及系统及设备
4	CCTV 车站轮巡	CCTV 轮巡车站各区域,确定车站无乘客	CCTV
5	通风空调模式切换至停运模式(自动)	系统自动联动大系统切换至停运模式	BAS、大系统
6	边门解锁控制及检测(自动)	对边门进行解锁操作,并检测和反馈边门解锁执行情况	ACS、边门
7	AFC 休眠(可自动或半自动)	休眠 AFC 系统,AFC 闸机及售票机暂停服务,并反馈执行结果	AFC
8	关闭防盗卷帘(CCTV 自动、防盗卷帘半自动)	系统自动联动出入口防盗卷帘处的 CCTV 画面,值班人员通过视频图像判断是否具备关闭防盗卷帘的条件,确认可以关闭防盗卷帘后,点击关闭按钮关闭防盗卷帘	CCTV、防盗卷帘成组控制
9	关闭自动扶梯(自动:CCTV 联动。半自动:自动扶梯)	系统自动联动出入口扶梯处的 CCTV 画面,值班人员通过视频图像判断是否具备关闭自动扶梯的条件,确认可以关闭自动扶梯后,点击按钮关闭自动扶梯	CCTV、自动扶梯成组控制
10	照明模式切换(自动)	系统自动联动公共区照明切换至停运模式、关闭广告灯箱照明	BAS、照明系统
11	关闭 PAS 关站提醒(自动)	系统自动关闭广播	PAS
12	关闭 PIS 关站提示并休眠(自动)	系统自动关闭 PIS	PIS
13	智能机器人归位	系统给智能机器人下发指令,智能机器人回到设定的位置	智能机器人

一键关站流程如图 4-20 所示。

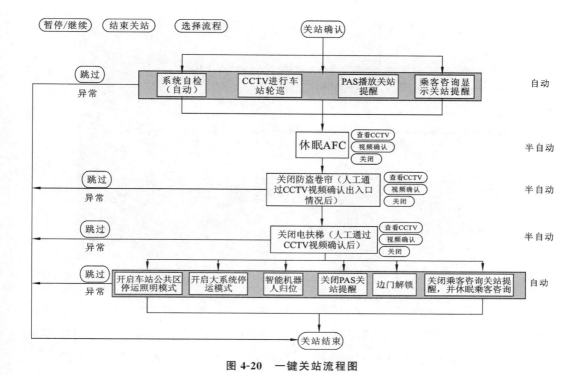

图 4-20 一键关站流程图

6）智能边门

智能边门如图 4-21 所示。智能边门是将车站中服务于工作人员和特殊乘客的公共区边门纳入人脸识别等生物特征识别实施范畴。由于每天进出边门的人员多，且人员群体相对固定，采用人工审核开启边门的模式影响站务人员正常工作，宜在边门侧加装人脸识别等生物特征识别设备，对进出边门的白名单库的人员进行生物特征自动验证，减少人工开边门工作。智能边门有助于车站工作人员、一定年龄的老人、残疾人、军人等免票乘客在实名注册及通过验证的情况下便捷进出站。

智能边门的具体功能要求如下。

（1）生物特征识别。

人脸等生物特征信息须接入南昌轨道交通集团生物特征识别平台，保障南昌轨道交通集团人脸信息库的完整性和共享性。

（2）授权管理。

车站边门的可通行许可应根据每天的车站事务安排授权，委外保安、保洁人员的授权信息需要委外单位的负责人进行审核并提交。

7）智慧门禁

车站综合监控管理平台与视频智能分析系统及门禁系统互联，车站设备区出入口、

图 4-21 智能边门

重要设备用房和票务室等位置,使用可进行人脸识别的门禁设备。将公共区边门、公共区与设备区通道门及关键设备用房门的门禁点纳入人脸识别实施范畴,推广后可实现考勤功能,可自动完成人员的考勤打卡及统计,以提升客运组织管理效率,有效防止冒用门禁卡、使用丢失门禁卡等情况出现。

为便于线网门禁集中管理,全线网建设统一的人员管理中心、授权中心、数据中心。各线路门禁管理人员协同办公,在线网门禁授权中心可对人员资料进行统一管理,对各线路所有门禁点进行统一授权,同时可对进出记录、报警信息进行汇总统计。授权人员可在允许时段进入指定区域,系统自动记录进入、离开时间及地点,并对强制侵入和超时滞留情况进行报警。

8)移动站务

车站运营专业的岗位主要包括站务人员、车站值班人员、行车调度人员。站务人员岗位的主要技术工作包括设备操作、客运组织、票务组织与管理、客运服务、行车组织等。在智慧轨道各专业系统升级的背景下,应面向站务人员提供移动端的智能化应用,满足站务人员随时随地感知事件、快速沟通、高效处置等工作要求。

移动站务支持对车站整体情况进行感知,包括站内环境信息、现时客流、列车到站情况、设备运行状况等。移动站务系统对于客流管控系统应提供当前客流感知、历史客流趋势挖掘等功能;对于自动售检票系统、通风空调系统、消防系统等需要提供设备功能;应提供智能运维功能;对于各专业设备报警与事件信息支持实时监测功能;应提供便捷的数据查询统计功能,如客流数据、能耗数据、报警事件数据的查询统计等。

9）人员定位

基于人员定位系统监测车站内部工作人员的实时位置，及时掌握工作人员的位置分布、个体定位和运动轨迹，在发生应急情况时及时知晓车站站务人员及其他车站工作人员的具体位置，实现有效的调度指挥，进一步提升轨道交通运营精细化管理水平和人员管理能力。

综合监控管理平台基于人员定位主要实现以下四方面的功能。

（1）实时位置监测：在车站三维模型、二维底图上显示携带定位标签的人员实时位置。

（2）轨迹回放：可回看携带定位标签的人员的历史轨迹。

（3）标签绑定：提供站务人员和标签设备的绑定及解绑功能。

（4）设备管理：对人员定位相关设备（含标签）和基站设备进行监控。

10）站台门间隙探测

在站台门上方设置顶置式激光扫描异物检测系统，采取激光扫描方式，对站台门与列车之间的风险间隙进行安全检测，在车站发车端显示报警信息，辅助司机瞭望，如图 4-22 所示。

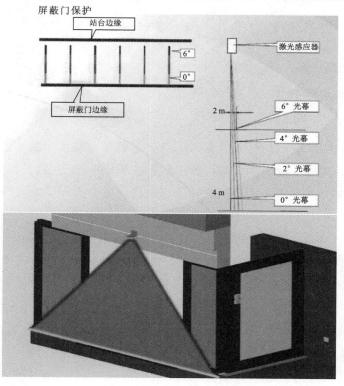

图 4-22　站台门间隙探测

4.2.2.3 智能运维安全

1. 总体概述

在南昌轨道交通现有的面向各类设备运维的场景中,状态检测、诊断决策和维修处置仍以人工为主,智能化水平较低,导致作业人员劳动强度大、效率低、易出错,且难以实现对检修数据的深度挖掘和分析等,设备设施一旦出现故障或病害,对运营影响极大。从设备运维侧来看,现有的模式和手段难以满足地铁可靠、经济、智能运维的需求,主要表现在以下几个方面。

(1) 各专业、各线路分别进行运维管理,存在信息孤岛,各系统的开放性差,专业间、系统间互联互通困难。

(2) 各系统建设标准不统一,软硬件、操作系统、数据库种类繁多,重复投资问题突出。

(3) 部分系统技术陈旧,新技术应用、弹性扩展困难,带宽受限,移动宽带接入困难。

(4) 数字化、智能化程度低,智能感知水平有限,覆盖范围不全面,制约智能技术和智能辅助决策等的应用。

另外,目前行业内仍常用故障维修和计划维修方式,导致服务水平不高,维修成本高。运维模式与日益增长的智能维修需求的矛盾,促使研究智能化运维成为建设线网智能运维体系的迫切需要。

2. 线网智能运维平台

1) 概述

在高速发展的信息化时代,大数据、5G、人工智能等信息技术的发展,要求城市轨道交通在资源优化、功能完善、技术智能、运营质量等方面不断优化提升。为了提升南昌轨道交通运营质量,适应线网高密度运营背景下现代化维保工作要求,应围绕铸造五维地铁的整体管理思路,以线网智能运维标准体系为抓手,完善设备状态智能监测,健全运维分析管理体系,优化应急调度管理。同时,促进维保组织模式及修程修制的优化升级,提升安全管理水平、设备检修效率及应急处置效率,全面提升设备智能运维效能。

南昌轨道交通基于云平台、人工智能及大数据处理技术,打破供电、通信、信号、车辆、机电等系统各专业之间的数据壁垒,建立线网一体化智能运维平台。通过该平台的辅助运维,运营公司逐步探索建立多专业融合的综合性运维队伍,改善目前轨道交通运维面临的维修人员利用率低、技能单一及运维人力成本过高等问题,由单专业独立运维向多专业综合运维方向迈进,并可通过 AR(augmented reality,增强现实)等数字孪生技术,进一步提升轨道交通智能运维整体水平。

基于南昌轨道交通线网云平台、大数据平台统筹建设线网智能运维系统，提高投资利用效率。线网智能运维系统整体架构可定义为四层：数据采集层、接入层、大数据平台层和应用层。线网智能运维系统整体架构如图 4-23 所示。

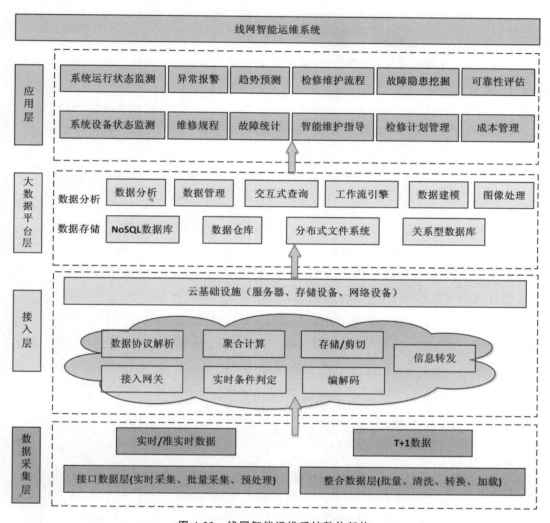

图 4-23　线网智能运维系统整体架构

数据采集层：整个系统的基础，可对各线路供电、信号、轨道、AFC、车辆等系统设备的状态数据、故障数据、日志数据、告警数据、配置管理数据、用户行为数据、运维流程类数据、性能指标数据、环境数据等海量数据进行统一采集，打破独立感知监控的信息孤岛格局，满足系统数据获取的需求。

接入层：自建线网私有云，各线维修中心接入线网私有云，把各线运维信息上传，接入层对数据进行解析及编解码、聚合计算等处理后,把数据上传至大数据平台。

大数据平台层:对信息数据进行存储、分析、计算等,并定义标准化的指标体系。数据存储用于落地运维数据,可根据不同的数据类型和使用场景等,选择不同的数据存储方式;对运维数据进行分析及选取,积累大量可用的运维数据。数据分析是利用人工智能算法,根据具体的运维场景、业务规则等,提供实时和离线计算,并做出决策。

应用层:可分为决策层、管理层、业务层和接口层。决策层的功能涉及把握企业的发展战略、绩效成本等;管理层的功能涉及制定检修维护流程、维修规程、成本管理等;业务层是根据大数据平台的分析结果,对线网系统设备进行状态监测、异常报警、趋势预测、可靠性评估等;接口层预留与列车运行、应急决策、信息发布等应用的接口,便于数据资源的共享,促进不同业务和专业的信息交流。

根据上述城市轨道交通智能运维系统技术架构,提出面向用户的城市轨道交通智能运维系统"两层三级"的管理架构。"两层"为车站层、线网层,"三级"分别为现场级、专业级、线网级。

线网智能运维平台由车站(含场段)维修工区及线网级运维平台两级组成。维修工区通过维修工作站、手持维修终端与中心智能运维平台系统进行交互,用于接收中心下发的维修流程及维修指令,并将故障维修过程、维修进展等维修信息上传至中心平台。中心平台用于接收各系统的告警信息及人工报送的告警信息,与各生产系统设置接口(可通过大数据平台的统一接口),获取故障告警信息,并自动生成维修流程,下发至维修工区终端。同时基于大数据平台积累的数据,实现维修策略优化调整、备件自动调整及维修工具的采购管理,实现应用层的相关业务功能。线网智能运维组网架构如图4-24所示。

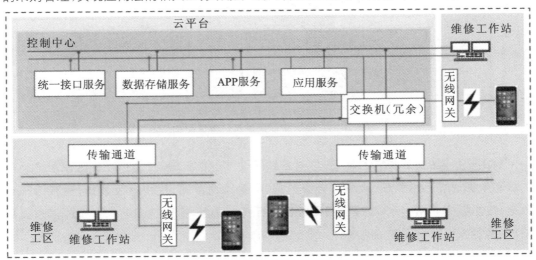

图4-24　线网智能运维组网架构

(1) 现场级运维管理。

在轨道交通车站站内及区间范围,采用物联网、智能分析等技术,针对供电、轨道等车站设备建设示范性车站级在线监测子系统。车站管理人员通过对设备运行状态进行监测、采集,实现现场设备综合场景建模、业务应用功能。

(2) 专业级运维管理。

在轨道交通信号、车辆、弓网、通信、轨道等专业领域建设专业级智能运维系统,并由各条线路专业运维人员进行管理,实现各系统综合场景建模、业务应用功能。

(3) 线网级运维管理。

利用云平台、大数据平台等资源建设南昌轨道交通智能运维线网平台,制定与各专业、系统监测子系统的接口标准,各专业、系统监测数据上传至智能运维安全管理系统,经线网运维平台对监测数据进行处理分析后在运维管理界面进行显示,为设备维保管理者提供设备管理的入口。

线网智能运维平台需按照等级保护第三级标准设计。同时根据信息系统安全等级保护第三级的规定,智能运维平台的安全建设应综合考虑物理层面、网络层面、系统层面、应用层面和管理层面的安全需求,确保智能运维系统安全稳定运行。

2) 建设路径建议

以运维管理为核心,结合日常维保流程及管理的实际需求,从生产自动化、管理流程优化、促进运维模式改革三个方面,不断迭代各维保业务系统,丰富应用场景,进行运营维护保障全流程管控,实现业务流程的全面转型升级。

智能运维的整体业务划分如图 4-25 所示,各子专业智能运维系统以设备诊断及健康评价为重点,从设备信息感知、诊断、预测角度进行智慧化技术优化及创新,为设备的巡检、检修、状态修及大中修决策等运维管理业务提供数据支撑。智能运维平台以整体运维管理为重点,以构建一体化运维管理体系为目标,基于各应用场景,紧抓人员、技术、物资和数据四大资源,建立一体协调的运维管理体系,优化维修资源分配、维保管理流程,实现跨专业、跨系统、跨线路的全流程运维管控,实现全寿命周期的数据资源管理;同时,有效支撑复合型维保人员培养和物资管理一体化,有效提高维护效率和资源利用率。

南昌轨道交通基于信息化一期、二期构建的施工调度、资产管理、物资管理、安全管理、运营信息等业务系统,覆盖了智慧运维中的检修计划管理、故障闭环管理、维修成本分析、故障报告分析、移动检修应用、统计报表、基础数据管理等基础业务,推动了线网运营管理标准化、信息化、智能化发展(图 4-26)。为加强集中管控、深度挖掘数据、实现深层次的线网智能化运维,围绕南昌地铁智慧运维实际业务需求,应进一步梳理运维的关键业务流程,统一运维技术标准和规范,建立跨专业、设备、系统的智慧运维体系,实现线

图 4-25 智能运维的整体业务划分

网级的设备健康状态总览、设备远程巡检、检修监察、远程调度作业指导、场景管理、修程修制优化、智能辅助决策等相关运维业务功能。

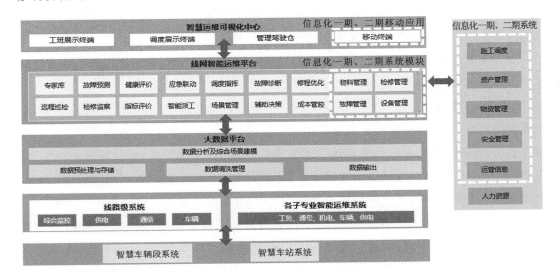

图 4-26 线网智能运维系统架构示意图

---

① PHM：prognostic and health management，故障预测与健康管理。

（1）线网智能运维平台。

基于上述线网智能运维系统整体架构，南昌地铁依据"总体规划、分步实施"原则，应用层在信息化一期及二期已完成了智慧运维中的检修计划管理、故障闭环管理、维修成本分析、故障报告分析、移动检修应用、统计报表、基础数据管理等基础业务系统建设，具体包括以下内容。

一期3个业务系统，物资、施工调度、设备检修，已在2019年10月上线。

二期7个业务系统，运营资产、车辆检修、票务、站务、乘务、运营信息、安全，已在2022年1月上线。

这两期信息化建设构建了标准、便捷、安全、高效的运维生产管理系统，具体包括以下几个方面。

体系化的维保管理：基于检修规程标准化、故障体系知识化的要求，以维修中心为生产服务中心、维修工单为主线，集中管理设备维修维护涉及的设备、维修规程、人员、物资体系。

移动化的检修作业：通过移动终端和移动应用，保证检修过程满足设备检修工序要求，保证检修数据的真实性、准确性、及时性，以及操作的便捷性。

集成化的数据管理：集成物资、施工调度、基础服务平台等信息系统，实现各系统间高效的业务协同和充分的数据共享。

档案化的设备管理：从设备基本属性、设备履历等多方面集中记录和反映设备各阶段的状态，实现设备全生命周期管理。

信息化的决策分析：围绕设备分类、设备台账、计划修、故障修、工单料耗等信息，对设备可靠性、维保质量、维保成本等进行多维度分析，指导企业采购设备与制定运维策略。

线网智能运维平台可在信息化一期及二期实现的标准化的检修管理、设备管理体系及位置编码体系的基础上，结合从大数据平台获取的海量各专业子运维系统的设备监测及分析数据，实现线网级的设备巡视和检修，形成远程巡检和检修监察业务模式，从而替代传统的人工巡视检修业务形态，提升巡视检修的工作效率。同时利用故障诊断数据，将故障管理从事后管理过渡到事前管理，以故障的精准定位提升故障处置的响应速度，优化维保资源配置。在既有物资系统的基础上对物料定额消耗进行精细化管理，降低设备运营成本，提升设备运维的可靠度。

线网智能运维平台通过大数据平台，将安全生产网的各个专业智能运维系统的设备信息和运维信息纳入统一平台进行深度挖掘，实现与设备管理、检修管理、物资管理、施工调度系统等系统数据的联通，集成工单、安全管控等业务，实现对各线路、车站、设备、人员、备品备件、维修工具等资源的动态监测、优化配置、精准调度和协同运转，将设备管理与生产维保管理等业务全面融合,实现数据全流程贯通,从而真正实现设备的全生命周期管理。

(2) 大数据平台。

利用既有的数据中心资源及集团信息化基础平台,基于各子专业智能运维系统和线路级专业系统,梳理数据源,进行数据预处理、清洗、综合场景建模和算法分析,按标准输出数据,供智能运维管理平台进行决策。

设备运维模型对设备厂商而言是重要的(无形)资产,在多线路、多厂商的环境中盲目共享存在被竞争对手偷窃、利用等风险,这是阻碍厂商共享数据、模型的重要因素,这一问题并非通过项目合同或协议要求就可简单解决。应在大数据平台中考虑建设模型、算法、数据的安全保障和权限控制体系,利用三权分离的数据分治共享机制来支撑跨企业的数据共享与融合。

相比传统数据管理模式,大数据平台需引入数据湖理念,实现数据统一汇聚和统一管理,对数据、模型、算法进行管理权、所有权、使用权三权分离。各设备厂商的各设备信息应拥有独立、隔离的存储空间,在实施阶段设备厂商拥有模型所有权和管理权,外部单位只有通过授权,才可获得数据的使用权。

(3) 各子专业智能运维系统。

由于建设智能运维系统的投入较大,建议优先考虑搭建与行车安全密切相关的车辆、供电、通号、电扶梯、工务等专业的智能运维子系统。可基于各系统的设备故障模型特征等,建立相关专业运维子系统,运维平台通过设备信息,深挖设备故障本质,实现设备健康状态的深度监测、故障诊断及预警,并将诊断结果及实时的设备预警信息传入大数据平台和线网运维平台进行相关业务联动。

(4) 智慧车站及智慧场段。

智慧车站系统和智慧场段系统作为各子专业运维系统的车站级数据来源,可提供机电设备、供电设备等关键设备的运行参数及运行状态信息。

3. 工务智能运维

1) 轨道专业智能运维

(1) 概述。

随着我国轨道交通事业的全面蓬勃发展,轨道专业运维已成为维护运输生产组织秩序、保障行车安全中的关键。由于地铁行车密度提高、行车间距缩短,轨道状态恶化速度加剧,轨道修理工作量加大,而且可用于养护维修的作业时间不断减少,运营与维修的矛盾日益突出,行车安全的隐患也在增多,因此对轨道专业运维提出了更高的要求。

轨道专业智能运维以设备检测数据为依据,以现行各类标准为准则,通过对轨道状态和设备状态的评价、预测和经济技术分析，制定维修计划，并通过对实施结果的评定，不断优化维修方法，从而保证轨道处于安全状态，对提升轨道运维体系的科学性和智能化水平具有重要意义。

（2）南昌轨道交通轨道专业运维现状。

既有线路主要利用天窗时间对轨道结构进行人工巡检，这种做法不仅效率低下，容易发生漏检，而且在人工成本日益增长的大环境下，其经济性饱受争议。

为了提升巡检效率，南昌轨道交通已运营线路中，1号线已试用车载式轨道巡检系统，据运营单位反馈，应用效果良好。

不过在既有线路轨道设计中未考虑车载式轨道几何尺寸监测、道岔尖轨位移监测、道岔钢轨损伤监测等智能运维系统的应用，因此，对轨道几何尺寸、道岔尖轨位移、道岔钢轨损伤等的监控仍主要采用养护人员在天窗时间进行巡道检查的办法，不能实现实时监测。一旦发生故障而不能及时排除，将严重影响轨道交通系统的正常运营，甚至引发灾难性的后果，并引发极大的负面社会影响。

（3）南昌轨道交通轨道专业智能运维方案建议。

根据国内智能运维技术发展情况及南昌地铁运维需求的调研情况，轨道专业智能运维主要包含以下子系统。

① 车载式轨道巡检系统。

车载式轨道巡检系统基于全息图像采集技术，采用高分辨率线阵相机获取轨道图像，将设备挂载在电客车下对轨道进行可见光成像，同时将数据与线路里程信息关联，获得完整的轨道数据记录。

采用控制模块和图像采集软件实现轨道设施的等间距扫描，对钢轨、扣件、轨道板表面、轨枕和道床表面、感应板进行图像采集、图像浏览和分析管理，并可对钢轨表面损伤、扣件异常等病害进行智能识别和打印缺陷报表，达到提高线路巡检效率、节约成本的目的。车载式轨道巡检系统功能结构图如图4-27所示。

轨道巡检系统建成后，将依托于电客车实现运营期的轨道巡检，并对钢轨表面损伤、扣件异常、轨枕损伤等病害进行智能识别与研究，从而提高轨道巡检效率，节约巡检成本。

② 车载式轨道几何尺寸监测系统。

车载式轨道几何尺寸监测系统采用高精度激光测量技术和惯性基准系统，通过在日常运营的电客车上安装激光传感器、惯导单元、诊断处理主机等设备，对轨道几何尺寸和轨道波磨状态进行实时监测，实现异常位置的定位和轨道状态变化趋势的预测，为轨道状态监测和养护提供准确可靠的基于电客车运行状态的测量数据，以及基于趋势分析的养护支持。

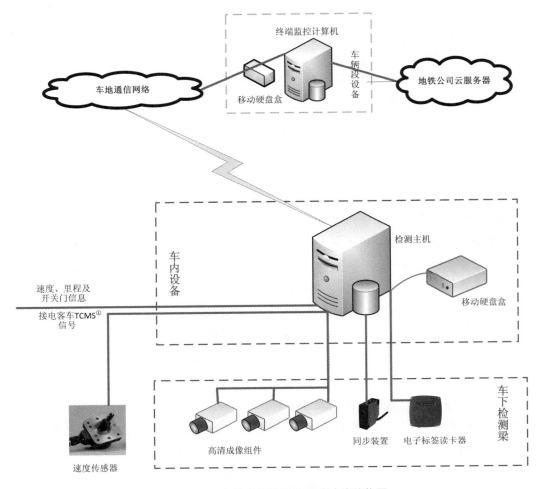

图 4-27　车载式轨道巡检系统功能结构图

在电客车上安装此系统,电客车上线运营时,系统即可对线路轨道主要参数状态进行检查和评判,无须动用轨检车等专用作业设备。系统可在不增加作业量的情况下,有效提高运维单位对轨道状态的检查力度。

系统由车载设备、车地传输网络、地面分析设备及相应的软件组成。车载式轨道几何尺寸监测系统结构如图 4-28 所示。

车载设备主要包含激光传感器、转速传感器、前端处理器、惯导单元、诊断处理主机、车载无线网关及车载天线。传感器和诊断处理主机用于实现列车运行时轨道相关参数的测量及数据计算处理。车载无线网关及车载天线用于系统监测信息的车地传输。

---

① TCMS:train control and management system,列车控制及监控系统。

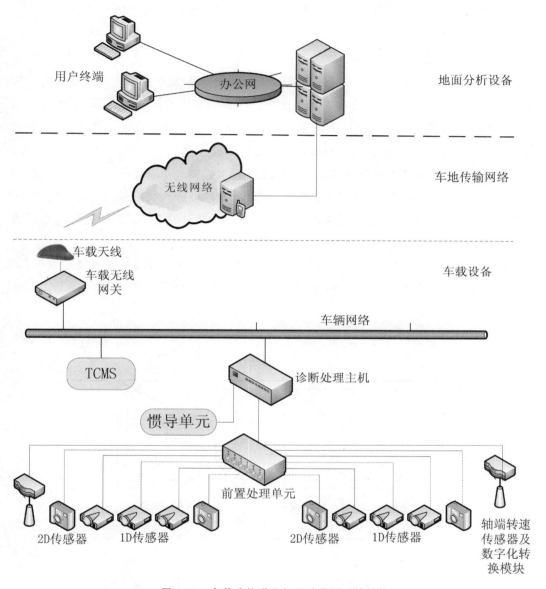

图 4-28 车载式轨道几何尺寸监测系统结构

车地传输网络可为用户现场已有的 WLAN 或 LTE 网络,也可为运营商的 5G 网络,为向地面传输车载监测信息提供无线通道。

地面分析设备主要由服务器、地面通信网关、用户终端及有线网络构成,用于车载轨道监测数据在地面的分析、统计、图形化呈现及轨道状态的评估。

车载式轨道几何尺寸监测系统建成后,可实现轨道系统的动态监控,可检测轨道的水平、高低、轨向、三角坑、扭曲等几何尺寸,有助于实时、准确地掌握钢轨的磨耗状态及几何状态。

③ 车挡监控报警系统。

车挡是线路终端防止列车失控冲出轨道末端而引起重大安全事故的设备。在正常运营情况下,列车是不会与正线车挡发生碰撞的。当列车失控撞击车挡后,车挡会向线路终端滑移一段距离,在司机未主动报警的情况下,运营管理人员无法获取此信息,导致车挡不能及时归位,严重时会出现列车冲出轨道的情况。

车挡监控报警系统由挡车器冲撞记录管理系统和挡车器冲撞记录器组成,可远程监测液压挡车器的设备状态,以便发现故障及时报警,提醒维修人员维修。当发生机车、车辆冲撞挡车器事故时,车挡监控报警系统记录并存储冲撞时的车速、时间等数据,在现场以及监控室发出声光报警信号。

车挡监控报警系统包括速度传感器、位置传感器、液面传感器、声光报警装置等,可将数据传输至大数据平台。车挡监控报警系统架构布置图如图 4-29 所示。

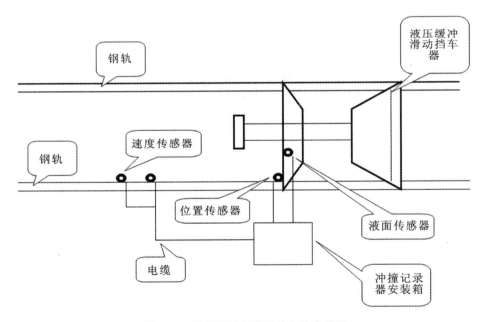

图 4-29　车挡监控报警系统架构布置图

④ 道岔尖轨位移监测系统。

基于激光测距的道岔尖轨位移监测系统主要用于监测道岔尖轨扳动时的起始位置和随时间变化的规律。道岔尖轨位移监测系统结构图如图 4-30 所示。

道岔尖轨位移监测系统采用基于 PSD 的激光位移测量技术,应用尖轨侧面扫描、等

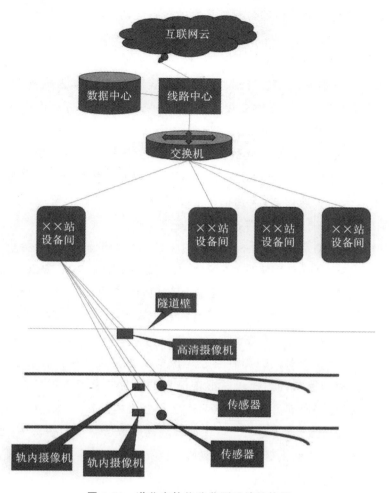

图 4-30 道岔尖轨位移监测系统结构图

厚基准的测试计算方法,实现尖轨的位置测量、过程位移记录。根据测量数据,计算机绘制出尖轨随时间变化的位移曲线,对于不符合要求的曲线,计算机给出报警信号。该系统可获取道岔在操动过程中尖轨起始位置精准度和尖轨在动作过程中的位置随时间变化规律,以检测尖轨密贴程度,获取尖轨动作过程数据,并应用数据判断道岔尖轨使用状态,指导编制道岔维修保养计划,保障道岔处于正常状态。

尖轨数据采集系统可采用分布式安装及岔群数据综合管理,包括激光位移检测模块、图像检测模块、传感控制模块和现场工控机。激光位移检测模块安装于道岔尖轨轨尖处,与轨内沿行进轨道的中轴线相对称。激光位移检测模块由激光位移传感器、安装底座、防护机构组成。传感控制模块感应道岔转辙机动作,启动激光位移传感器采集道岔尖轨运动状态数据。激光位移传感器采集的数据经前置信号处理电路、高速信号采集卡由模拟信号转为数字信号并采集、存储待分析。高速图像传感器采集的数据经千兆以太网传输至现场工控机存储待分析。

本系统建成后可在道岔尖轨转动过程中进行实时同步监测，及时报警提醒异物和卡滞，有助于掌握道岔尖轨工作状态变化趋势，为更换道岔关键部件提供决策依据。

⑤ 道岔钢轨损伤监测系统。

地铁岔区钢轨在列车频繁持续的冲击作用下，会不断发生损伤变形及性能劣化，是线路维修中的重点及难点，一旦出现故障而不能及时排除，将影响地铁的安全稳定运营。地铁采用封闭运行的管理模式，天窗时间极为有限，通过现有的管理、监测手段无法实时、全面地了解岔区钢轨的状态，存在一定的安全隐患。

道岔钢轨损伤监测系统（图 4-31）主要由传感器、监测分机、监测主机、各级用户终端、网络传输通道等组成（可根据具体监测规模配置相应的设备）。各传感器实时监测道岔状态数据，并将数据通过有线方式传至监测分机，由监测分机进行预处理后转发至监测主机，由监测主机中相应的处理模块对监测数据进行处理，并将处理后的结果及相关信息发送至监测平台并保存至数据库。

实现道岔钢轨易损件损伤的实时监控是该系统的主要功能。现场监测设备监测到道岔损伤后，会实时向监测客户端发送报警信息。报警信息包含现场的道岔编号、传感器编号、车站名称、报警时间。该系统还可对监测分机内部工作环境（温湿度）及地铁道岔区域工作环境（温湿度）进行监测。可根据现场需求设置环境报警阈值，当现场温湿度异常，超出所设置的温湿度报警阈值时，该系统会实时向监测客户端发送报警信息。

⑥ 线路轨温及位移监测系统。

该系统通过在线路特定位置安装监控装置，定点监控钢轨温度及位移变化，通过移动数据无线网络传输至监控中心，有助于及时掌握钢轨状态，保障列车运行安全。

a. 钢轨温度测量。

钢轨温度测量传感器固定在钢轨底面，输出的信号通过信号线传输至布置在线路旁边的信号处理装置，经过采集器采集后换算成钢轨温度数值。

b. 钢轨位移测量。

钢轨位移测量传感器通过夹具固定在钢轨侧面，对钢轨位移进行非接触式测量，能有效避免钢轨振动对测量的影响，并且安装方便。

c. 装置组成结构。

线路轨温及位移监测系统结构图如图 4-32 所示。在线路上每个断面位置针对上下行四条钢轨布置四个轨道温度和位移数据采集单元，各轨温数据采集单元和位移数据采

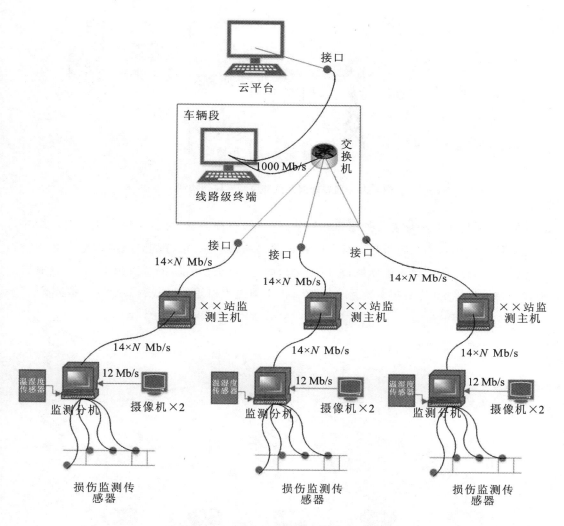

图 4-31 道岔钢轨损伤监测系统总体结构图

集单元将现场实时的轨温和钢轨位移值传递给布置在测量断面处的采集模块,通过无线移动网络按一定间隔周期发送给网络服务器。

用户可以看到最新的钢轨温度和位移数据及其实时变化曲线、现场设备的工作状态,并可对温度和位移设置报警阈值,系统现场监测到的数值超过设置的报警阈值时,进行报警提示。

⑦ 断轨监测系统。

a. 系统功能。

断轨监测系统(图 4-33)可以实现全天候实时监测,具有监测区间列车占用、出清显

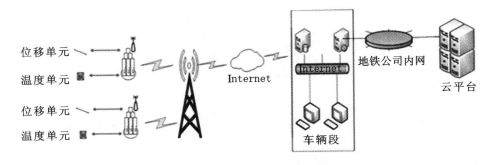

图 4-32 线路轨温及位移监测系统结构图

示功能,并适用于各种环境下的道床和钢轨、均流线布局监测,可以实现钢轨断轨监测并及时报警。断轨监测系统采用一级不间断电源供电,以无人值守的方式实现监测区间的全天候、实时监测,一旦发生断轨,可以自动分析、判断出现断轨的位置范围,并可及时在报警信息监控平台(应有报警提示音)显示,也可通过手机短信形式通知相关工务人员。

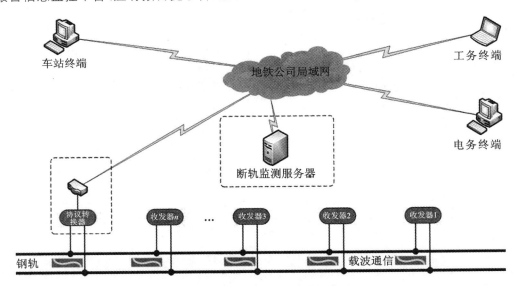

图 4-33 断轨监测系统功能示意图

b. 系统组成。

该系统由通信网络、监测服务器、监测客户端、监测管理器、监测终端及传感器组成。其中监测服务器具备接入监控平台进行统一管理的硬件及软件资源。

通信网络:系统各组成部分间传输数据的网络,包括监测终端与监测管理器间的电力载波网络,监测管理器与云平台监测服务器间的串口网络、局域网等。

监测服务器:系统的数据管理平台,管理其下辖的监测管理器和监测终端传输的数据,并向各级监测客户端发布报警信息。监测服务器部署在云平台,统一进行硬件及软件管理。

监测客户端:用于人机输入及报警显示、曲线浏览等,显示其下辖的监测管理器和监测终端的数据。客户端设置在云平台或其他可以接入云平台的电脑上。

监测管理器:系统的底层采集和管理设备,采集处理传感器数据,上传其下辖的监测终端的数据至监测服务器,具有监测服务器、监测终端通信功能。监测管理器设置在线路旁或距离所监测车站最近的通信机房,为监测系统的现场设备。

监测终端:系统的底层采集设备,采集处理传感器数据,并将数据上传至监测管理器,具有与监测管理器通信的功能。监测终端设置在线路旁,为监测系统的现场设备。

传感器:连接钢轨,实时对钢轨发送检测信号,并采集钢轨正常和折断、过车和出清等信号。

2) 隧道设施智能运维

(1) 概述。

隧道设施设备运维的核心是将地铁主体结构数据、周边环境数据、三维地质数据、BIM模型数据、运营监测与检测数据结合项目生命周期,进行有效收集、甄别和整合,再经过平台系统的实时更新、模拟仿真、病害评估等一系列数据处理后,最终通过三维可视化手段在数据终端实现实时显示、预警提醒、数据查询、报表生成、状态评估、维养指南等功能。

(2) 南昌轨道交通隧道设施运维现状。

随着城市轨道交通的高速发展,线网里程不断增加,线路不断延长,辐射范围越来越广,拟建和在建的地铁工程越来越多,已运营地铁结构使用年限也越来越长,施工期的结构变形和运营期的结构病害、设施设备损害也已经成为城市轨道交通安全的重大隐患,这使得城市轨道交通工程在施工和运营阶段的隧道设备设施安全监控变得越来越重要。

现有施工监测主要为常规施工监测和第三方监测,而现有运营监测主要为日常巡检,由于检查项目过多,且检查效率低,一般检查频率为半年1次,这无法实时掌握隧道设施状况。南昌地铁大部分线网运营监测及地铁保护监测项目都涉及对监测项目的大量数据进行采集、分析、管理,并对监测项目进行实时预警等,如果按照传统的工作模式需要耗费大量的人力、物力。

基于智慧地铁新理念,监测手段也随着传感器技术的发展而变得更加多样化,将这些前沿的技术成果进行整合和开发,改变传统监测措施监测信息单一、轻表达、轻分析等弊端,建设基于BIM的隧道设施设备运维系统,既能够全面了解地铁结构,也便于在应急事件处理中争取宝贵的时间。

（3）南昌轨道交通隧道设施智能运维方案建议。

建议构建基于BIM的隧道设施设备运维系统，该系统由BIM综合运维管理、地质信息管理、隧道综合运维管理等子系统组成。

① BIM综合运维管理子系统。

BIM综合运维管理子系统提供BIM的导入和信息的录入，模型版本比较、更新和管理，可视化交互，运维计划管理，应急预案管理，以及综合信息展示等功能。

基于BIM的隧道设施设备运维系统的技术架构自下而上分为硬件设备层、数据层、统一接口层、轻量化图形引擎、应用层五个层面。数据层为企业提供数据库层面的集成应用，可以实现BIM对象数据与其他关联数据库之间的交互，满足多项目、多专业对海量数据的存储与使用需求，支持多用户的并行访问。应用层为系统具体功能应用层，集成了基础服务管理、BIM综合运维管理、轨道综合运维管理、接触网综合运维管理等功能应用。

② 地质信息管理子系统。

地质信息管理子系统根据三维地质模型与三维地质数据，实现地质勘测信息管理与地质三维模型展示。

③ 隧道综合运维管理子系统。

隧道综合运维管理子系统主要应用高速成像设备，对隧道表面进行高效率图像采集、图像检测。应研究隧道图像中裂缝纹理特征智能识别的算法理论，支撑系统对裂缝区域的检测与参数测量，可通过分析数据设定告警值，超出告警值由系统发出告警提示。

4. 供电智能运维

1）概述

为保证地铁的正常运行，给广大市民提供绿色高效的出行方式，地铁供电系统的安全运行尤为重要。

城市轨道交通供电系统主要由各环网、变电所（牵引变电所、降压变电所）、接触网、电力监控、杂散电流监测与防护等系统构成。供电系统对整个轨道交通的运行安全具有重要影响，应维持安全、可靠、正常的运行状态。

为确保地铁安全、可靠、稳定运行，可根据城市轨道交通系统的维修、运营和组成等特点，详细分析目前城市轨道交通供电系统的运行、维护状态，实现供电系统智能运维。可利用高精度传感器、机器人、云计算、物联网、大数据、人工智能等先进技术，建立供电智能运维系统，对供电系统的设备实行全方位的监管和故障诊断。

2）南昌轨道交通供电专业运维现状

南昌轨道交通已经开通运营线路的供电系统均设置有电力监控系统。电力监控系统包括电力调度系统、变电所综合自动化系统、供电复示系统、电能质量管理系统。

（1）电力调度系统是电力监控系统的中央级管理系统，是集控制、监控和数据采集、处理、显示于一体的多种技术集成的复杂系统，可实现全线供电设备的统一调度。

（2）变电所综合自动化系统是电力监控系统的站级管理系统，是集控制、保护、测量、监控于一体的多种技术集成的复杂系统，是实现供电设备监控的基础。

（3）供电复示系统设置于车辆段供电车间，用于供电检修人员对供电系统的实时监控，并可以通过此系统获取相关的检修信息，提高供电系统设备的维护管理效率及水平。

（4）电能质量管理系统作为对电能设备和电能参数进行实时监测、管理、分析与评价的平台，通过集成分散的用电设备电能数据，在实时数据监测及分析等基础监测功能的基础上，实现电能质量评估、综合性能分析等综合优化评价。

轨道交通供电系统的设备维护工作复杂、专业多、设备分布广，并且维护频率、成本和要求日益提升，传统的定期检修和事后检修模式难以满足可持续发展的需求，存在以下几方面问题。

（1）维护人员的压力不断增加，运维工作存在人力瓶颈。

（2）各系统不能互联互通，无法产生新质能力，缺少全景监控平台。

（3）运维数据总体处于分散状态，数据分析应用能力不足。

（4）设备运行管控未能实现闭环管理。

南昌地铁在供电智能运维方面进行了深入的探索和工程试点，例如在1号线艾溪湖东站、2号线生米站变电所部分设备房实现了供电设备在线监测、变电所无人巡检等相关功能，实现了设备部分运行指标的在线监测和巡检报告自动生成，显著提升了运维效率。

3）南昌轨道交通供电专业智能运维方案建议

供电专业智能运维系统的功能涉及设备运行监测和故障诊断等，具体如下。

（1）供电系统数据监测及诊断。

变电所无人巡检系统构成图如图4-34所示。设备智能巡检通过部署轨道式巡检机器人等智能化手段，可实现高压开关室、主控室等电力设备区域的智能巡视，核心功能包括红外测温、视觉识别、局部放电监测、温湿度监测、氧含量监测及双向语音对讲等。支持日常标准化巡视，可以根据运维人员的设定开展例行巡检。建立任务时，可以按照设备区域、设备类型、功能类型等多种方式选择巡检的内容。当按照设备区域选择时，机器人可以对特定开关柜所管辖的区域设备进行巡视；当按照设备类型选择时，可以对全站某类设备进行巡视；当按照功能类型选择时，可以根据机器人的功能特征进行单项巡视，如全站所有表计类型、红外类型或声音类型的设备。可以设置夜间熄灯巡视功能，替代运维人员的夜间熄灯巡视工作，机器人配备补光灯，可自动打开补光灯开展夜间熄灯巡视工作。

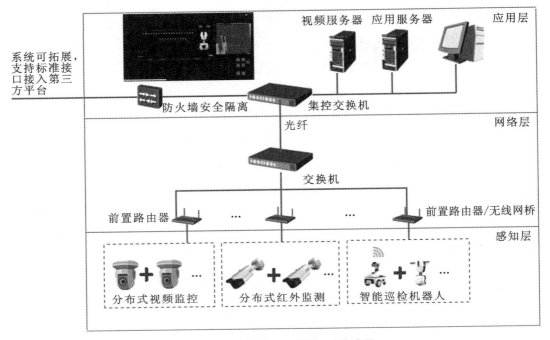

图 4-34 变电所无人巡检系统构成图

为实现数据监测功能，设备智能巡检系统主要由三部分组成：以机器人和分布式监控设备组成的前端感知层，由路由器、交换机组成的中间网络层，由服务器、防火墙等组成的应用层。其中，感知层用于执行设定任务、采集数据；网络层用于数据传输、系统间交互等；应用层主要用于后台数据分析、预警、告警、展示等，功能全面，且所有的数据自动收录到系统中规范存储，监测历史可以进行追溯。

供电专业智能运维系统具备以下数据监测功能。

① 运行图像采集监测：通过现场全球摄像机、双光摄像机等视频监控设备，实现对现场设备及环境的图像监控和识别分析，包含实时画面查看、历史画面调阅及存储等。其中对主变压器、整流变压器可实现可见光成像和红外成像两种方式，并且支持线路、主变电所、房间内图像的查看、切换和预警推送功能。

② 环境数据采集：支持线路、主变电所、房间内温湿度、水浸等环境数据的采集和趋势分析；支持切换查看所选房间内的环境数据，可以根据监测点名称和日期进行筛选；在监测数据异常时可以进行预警推送。

③ 设备状态监测：智能运维系统通过现场感知设备进行噪声、振动、局部放电、电缆

温度等数据采集,实现对现场设备运行状态的监控。该系统支持某一时间范围内的频率及幅值图谱查看,支持数据及趋势图谱的切换展示。

④ 数据治理。

该系统采用边缘计算终端,集成数据监测中心的以下子系统功能。

a. 具备环境监控子系统中的温湿度监测、SF_6(六氟化硫)及其他气体监测、溢水监测等数据的接入功能。

b. 可以接入联动系统中的监测设备,具备状态监测、环境及设备联动功能。

c. 可以接入监控视频流,实现电力表计识别、电力缺陷及状态识别、轨道交通缺陷识别、通用场景及行为识别等视觉识别功能。

(2) 设备故障诊断。

① 故障智能分析:录入历史故障数据,对数据进行融合处理后开展特征提取、关联分析、趋势判断等,并提交给系统判断是否出现故障,提出维护建议,并可结合历史数据及设备参数模型等预测故障的部位、类型等。同时根据处理记录补充系统的知识库,积累的数据信息也可作为设备状态评价的指标,为决策提供依据。

② 视频画面分析:运维系统能够有效调用视频数据,包括摄像头控制接口、变焦、变倍等数据。系统能够分析出人员异常、环境渗漏水、小动物入侵、设备外观破损等异常情况。视频分析模块能够对所有变电所的摄像头摄取的图像进行分析,同时可根据需要主动调用视频分析模块对指定变电所所有摄像头或某一指定摄像头摄取的图像进行分析。

③ 红外热成像分析:红外热成像分析是通过智能巡检子系统获取设备外观的轮廓温度及温差数据,分析所监测设备的状态。轮廓测温是通过红外热成像设备对变压器、开关柜等设备监测点位进行拍照,框选待测设备的轮廓区域的坐标值,根据轮廓区域坐标从红外热成像中获取轮廓区域的最高温度、最低温度、平均温度,综合判断该设备的实时状态。

④ 设备温度分析:通过数据监测中心所采集的电缆终端头、IGBT、电抗器、变压器的温度数据,针对温控器状态、传感器状态、温度变化趋势等,提取图谱中的特征量,采取决策树等多种算法提取最优模型,建立温度趋势分析模型,绘出设备温度的走势预测图,并预先设定阈值,温度超出阈值时系统可发出预警信息。

⑤ 运行声音分析:主要对变电所中的主变压器的声音进行分析,分析拾音器传输的运行声音,监测声音不连续、不稳定、异常增大等异常情况。

⑥ 运行趋势分析:系统通过对不同时间的同一设备的同一运行参数(如温度、电压、功率因数、气压等)进行统计,并形成折线图、柱状图、饼状图等,自动分析数据的变化趋势,根据数据变化趋势预测设备质量变化趋势,并进行预警。

5．车辆智能运维

1）概述

车辆是城市轨道交通系统的运动载体与核心，也是城市轨道交通系统中最复杂的设备之一，维护及保养的费用高昂，正线运营时出现故障将会导致列车运营延误甚至中断，严重影响市民出行。

目前国内部分城市的地铁公司已经开展了车辆智能运维的相关研究，如上海地铁已开始轨道车辆智慧运维系统项目的建设，北京地铁进行车辆段信息化管控系统项目研究，广州地铁依托城市轨道交通系统安全与运维保障国家工程实验室，建立车辆全寿命周期的智能运维系统。

然而，国内部分城市的地铁公司虽初步建立了具有数据存储与分析能力的系统，但还未全面开展业务应用，面向海量数据的基础设施能力尚未完备，仍在探索业务与应用的结合方向，缺乏高效的存储、处理手段，数据分析及利用水平低，无法发掘隐藏的有价值信息。因此，需要围绕地铁车辆运维需求，利用云计算、大数据、人工智能、物联网等先进技术，促进各系统融合共建、数据开放共享，实现车辆运维资源的统一分配及列车全生命周期智能运维管理。

车辆智能运维系统通过集成车地无线传输功能、轨旁各子系统检测功能、场段内检修信息上传功能，实现三大模块数据的采集、传输、汇聚、处理、分析和运用。将基于场景的车载监测数据、轨旁检测数据、检修业务数据有效耦合，对车辆状态特征和运行机理进行深度挖掘，实现列车状态感知与跟踪、故障诊断预警等，保证列车安全可靠、提效节能、实现列车精准管理。

2）南昌市轨道交通车辆运维现状

根据我国轨道交通管理机构公布的有关列车故障及晚点关系的数据，在影响城市轨道交通运营的故障中，装备故障所占比例较大，其中车辆故障最多。随着城市轨道交通列车运行速度不断提高，结构越来越复杂，车辆的正常和安全运营应作为提升城市轨道服务水平的主要手段，而及时且充分的维护是延长设备寿命、保障车辆安全的最佳手段之一。

我国城市轨道交通运维部门目前对车辆的维护主要实行的是设备巡检和计划性维修，这种维修方式具有一定的盲目性和主观性。对于列车上的大部分部件，维修人员需要频繁检查与测量，有时甚至需要通过拆卸来确认部件的工作状态，由此产生大量的劳动和能源消耗，浪费了人力、物力和财力。

3）南昌轨道交通车辆运维方案建议

根据国内智能运维技术发展情况及南昌地铁运维需求的调研情况，建议择机部署以下车辆专业智能运维系统：车载在线监测系统、轨旁在线监测系统、业务分析系统（图 4-35）。对列车进行与部件寿命及安全相关的在途监测、故障诊断、状态综合分析、趋势预测、故障隐患挖掘；利用车辆及核心设备的监测数据，结合大数据分析技术和线网智能运维平台，逐步实现车辆检修、运维从当前的计划修向状态修模式转变。

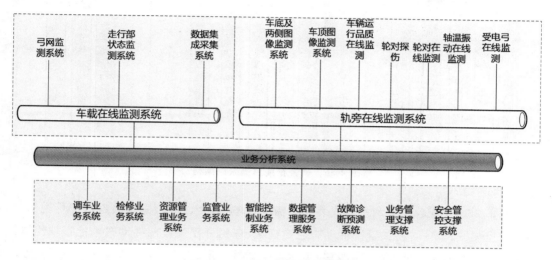

图 4-35　车辆智能运维系统架构

（1）车载在线监测系统。

车载在线监测系统由数据集成采集系统、走行部状态监测系统、车门智能诊断系统、空调系统状态监测系统、车载蓄电池状态监测系统、制动系统状态监测系统、车载 PIS 系统状态监测系统、牵引辅助系统状态监测系统、弓网监测系统、网轨限界监测系统、LCU 低压控制系统、列车智能防撞监测系统、司机在线监测系统、司机故障智能指引系统、车辆智能运维分析系统和车辆智能运维业务系统组成。其中，数据集成采集系统负责车载各子系统的数据汇集及车地无线传输。

（2）轨旁在线监测系统。

在车底及轨旁安装车底及两侧图像监测模块、车顶图像监测模块、轴温、齿轮箱及电机温度监测模块等监测设备，采集数据并进行分析。车底及两侧图像监测系统可对车底及两侧关键部件的可视部位进行在线监控，逐步替代车底及两侧的人工无电检修，通过自动识别等技术实现关键部位损伤预警，人工辅助进行设备自动检修、故障处理，提高车辆段列车检　作业的质量和效率。监测系统可判断列车车底及两侧是否存在外观异常、部件异常，并根据故障情况发出预警通知及报警，并可判断外表面清洁度，若系统判断列车外表面较脏则安排进行清洗。

轨旁在线监测系统架构如图 4-36 所示。

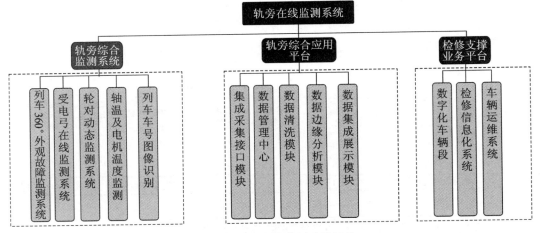

图 4-36　轨旁在线监测系统架构

列车 360°外观故障监测系统安装在车辆段和停车场入库线，由车底走行部可视部位动态监控模块、车顶可视关键部件动态监控模块、车侧可视关键部件动态监控模块组成。系统可实现对所有电客车（含增购车）关键部件缺失、明显变形、异物等异常情况的 360°自动检测，发现问题及时报警提示。

轮对动态监测系统安装在车辆段入段线上，自动完成各类型地铁车辆轮对异常故障的检测。轮对动态监测系统采用光学图像测量技术和高速高分辨率图像分析测量技术在线动态自动检测轮对外形尺寸、踏面擦伤等异常故障。

受电弓在线监测系统安装在车辆段入段线上，自动完成各类型地铁车辆受电弓异常故障的检测。受电弓在线监测系统采用高速高分辨率图像分析测量技术和现代智能精确传感技术在线自动检测受电弓的关键特性参数（含受电弓滑板磨耗值、中心线偏差值），对受电弓碳滑板及受电弓三维运动姿态进行监测，同时进行弓网压力检测。

（3）业务分析系统。

业务分析系统基于车辆构型、车辆运行监测数据、车辆检修数据等实现车辆健康状态的相关分析，包括车辆健康分析、可靠性及检修优化分析。进行车辆专项智能分析、车辆部件健康分析，有助于全面掌控车辆服役性能，并为维修资源优化配置决策提供支撑。

业务分析系统能通过接入车辆多维度检测数据，搭建车辆专家分析系统，实现车辆各专项智能分析，车辆专家分析系统的搭建涉及车辆履历建设、车辆能耗分析、经济型镟修分析、专家知识库建设等。该系统能利用大量车辆历史检测、维修数据等，分析车辆各部件服役状态，实现设备健康管理，为维保决策提供支撑，实现手段包括状态跟踪、模拟仿真、机理分析、统计分析、模式识别、效能分析、寿命模型应用等。

业务分析系统的功能包括通过车辆故障履历、部件维修更换履历数据，建立车辆可靠性评估模型，实现车辆可靠性分析、检修修程优化调整等，对整个检修业务、资源管理业务进行有效管控；可用于指导计划、执行、监管等，主要涉及检修生产、维修作业、资源配送指挥等；可以进行寿命预测、寿命到限预警、故障预警、设备运行趋势描绘等；可在正线运行出现故障时向OCC、DCC传输信息，实现故障应急快速响应。

6. 通号智能运维

1）概述

通号智能运维分系统用于对全线路通信信号关键设备设施进行统一化管理，打破各设备界限，综合各方面的因素，从整体上动态反映通信网络设备状况，并对设备状况的发展趋势进行预测和预警，为提高通信网络运维水平提供可靠的依据。

2）南昌轨道交通通号运维现状

随着通信与信息技术的发展，轨道交通行业信息化、网络化建设日渐成熟与深入，通信系统已经成为轨道交通关键基础性支撑系统之一，其设备运行效率、网络安全等已经成为影响轨道交通线路可靠运行的重要因素。同时，生产运营对通信系统及网络系统的依赖程度越来越大，对业务系统的稳定性、可靠性要求也越来越高。因此，在日常工作中通信运维检测工作面临巨大挑战，针对如何及时、准确、全面地掌握线路整体通信网络状况；如何对通信网络的整体情况及时准确地做出评估、预警和选择应对方案；如何及时有效地采取相应的网络安全控制措施等诸多问题，需要提出完备的解决方案。

目前针对城市轨道交通通信运维检测，国内外通用的方法是通过网络管理系统及安全防护系统，实现对轨道交通行业通信设备及网络的监测，但是基本只能实现设备状态查询，属于事后被动显示与故障处理，无法实现主动预先状态诊断与预警。

由于通信设备种类多，大部分网络管理系统功能分散，形成了互相隔离的"孤岛"。各系统相互之间缺乏协同机制，其应用效能无法充分发挥。若要实施大规模网络的管理，仅是将网络设备上报的数据进行汇聚分析，相关部门就需要大量的存储空间和进行海量数据计算，且无法提取真正具有价值的信息，管理人员无法获取整个网络的总体安全状况信息，难以做出正确的安全决策或采取有针对性的应急响应措施。

信号系统是城市轨道交通调度指挥和运营管理的神经中枢，选择合适的信号系统可以产生巨大的经济效益和社会效益。引进先进的数字化信号系统，可对加快我国的城市轨道交通建设，提高城市轨道交通的技术水平起到重要的作用。研究国内主要城市的地铁信号系统设备维护现状及维修模式，发现当前城市轨道交通信号系统设备的运维系统存在以下明显不足。

（1）系统的抗风险能力不足。目前的运维系统仅从信号系统出发进行设计，存在故障信息封闭的弊端，不便于弱化信号系统故障对运营的影响，不利于轨道交通整体运营安全。

（2）数据采集与分析能力不足。目前数据采集范围仅包括设备运行状态记录、故障报警信息等，范围不够大；未对数据进行深入挖掘，难以提升系统安全保障能力，无法开展设备故障智能预警、人员标准化操作等方面的工作。

（3）系统功能、模式分散，相关标准不统一。不同厂家的维护系统不一致，这种多样性、不兼容性为信号设备维护、管理带来极大的困难，且不能满足今后联网互通的需求。

随着轨道交通网络规模和数据量越来越大，传统技术手段在数据采集、数据存储与快速检索、历史数据统计、实时分析、可视化展现方面都存在严重的不足，同时，设备间缺乏有效联动，无法利用检测结果进行快速响应，更无法最大限度降低故障造成的损害。更广泛地进行数据采集、处理、展现，并将综合检测的结果、快速响应处置方案及深入的溯源分析三者进行结合，形成业务联动闭环，实现态势感知，变事后被动处理为主动预测成为通号运维系统的发展趋势。

3）南昌轨道交通通号运维系统方案建议

通号系统主动运维的目标是实现设备的智能化监测和故障诊断，包括设备的状态监控、故障分析和预警、3D可视化动态展示、PHM设备管理、基于设备运行状态的预测与预警分析、与线网运维平台进行业务联动，以此确定设备维修工作的内容、时间，制定维修方案。

通信系统主动运维系统重点围绕通信设备运行状态在线采集与检测技术、无线通信在线态势感知技术和离线仿真测试技术，突破设备通信界限，综合、动态评估通信网络设备运行状况，通过基于设备运行状态的预测与预警分析提升通信系统主动运维水平。

信号系统主动运维系统在原运维系统的基础上创新两大类功能：通过智能诊断与安全风险预测，提升系统的抗风险能力；通过与线网运维平台的业务联动，实现信号系统的各业务全流程闭环。

通号系统主动运维系统宜具备下列功能。

（1）在保障信息安全的前提下，将设备报警信息、故障诊断结果、处置建议等信息推送到线网智能运维平台，同步实现移动监控。

（2）结合设备运行状态、动作次数、使用寿命、温湿度、振动等关键信息，自动分析各子系统的健康状况。

（3）自动监控设备运行状态并与线网智能运维平台进行业务联动，触发维修工单，工单内容至少包含报警内容、报警原因、处置建议。

(4) 可多维度查询设备名称、硬件识别号、安装位置、软件版本等信息。

(5) 实现下列故障的定位和原因分析。

① 车载 ATP、ATO 设备故障：冗余失效、应答器丢失、列车位置丢失、车地通信中断、轮径校验失败、停站过标和欠标、列车超速、车辆接口故障等。

② 地面 ATP 设备故障：完全失效、冗余失效、主备异常切换等。

③ ATS 子系统故障：服务器冗余失效、主备异常切换、与外部设备通信中断等。

④ CI 子系统故障：完全失效、冗余失效、主备异常切换、输入采集失败、输出驱动失败、与外部设备通信中断等。

⑤ DCS 子系统故障：交换机、骨干网等冗余失效，网络广播风暴，通信中断，无线覆盖异常等。

⑥ 转辙机设备故障：道岔失表、转动卡阻、无法启动等。

⑦ 电源设备故障：外电输入切换故障、电源模块无输出、蓄电池异常投入、UPS 异常旁路、UPS 无输出、稳压器无输出等。

⑧ 轨道电路、计轴、信号机等设备故障。

通号系统主动运维系统架构包括系统配置的层次结构和数据通信的网络结构，体系架构应符合运营部门维护和管理工作的实际需求。

7. 电扶梯智能运维

1) 概述

城市轨道交通各线路均设置有自动扶梯和电梯，用于快速输送乘客进出车站，并实现无障碍通行。电扶梯直接服务于乘客，其安全性极其重要。近年来，电扶梯的安全问题已经成为设备运维的关注焦点。制定可靠的运维方案，对电扶梯的安全运行具有重要意义。

针对车站复杂环境中因乘客搭乘电扶梯的各种不规范行为导致客伤事故时有发生等问题，应研究基于视觉与智能感知的人和物的跟踪、计数技术，大件物品的识别和预警技术，扶手带的异常使用情况监测技术，人体摔倒的行为监测技术，实现对人流量、拥挤度的测算和乘客异常行为的智能识别与安全性评估，并与电扶梯控制系统联动，采取预防、提醒、警报、变速、停机等措施，提升电扶梯安全防护水平。

针对电扶梯在运行过程中服役能力下降的关键部件，采用基于智能感知的在线监测技术，结合计算机算法和视觉分析，对电扶梯主要部件，如梯级链、驱动主机、油泵的供油状况、控制柜的散热情况等进行综合监控和异常状态预警，提升电扶梯的监测预警能力。

2) 南昌轨道交通电扶梯维修现状

电扶梯的日常维保工作主要包括安全装置检查、机油更换等。目前，电扶梯的日常维保一般通过人工观察、仪器检测等手段按计划进行，发现问题或者发生故障之后才进行检修，无法满足智慧运维的需求。这种人工维保方式主要存在以下问题。

（1）被动式维保，发现问题后才进行维保。

（2）只有经验丰富的检修人员才能预判某一零部件的工作状态，存在误判时将会错过最佳的维保时间。

（3）零部件的检修记录管理需要耗费大量的人力成本，且相关信息无法对某一重要部件的维保起到有效预警的作用。

3）南昌轨道交通电扶梯智能运维方案建议

为了构建智慧地铁，提高电扶梯运行安全性，需增加智能运维预警系统。该系统主要由就地级智能预警系统、传感器、智能运维大数据管理平台软件等构成。

在每台电扶梯的主要部件处安装传感器，通过专用线缆连接至智能预警系统，将各种传感器采集到的数据上传，可实时监测设备部件运行状态。通过融合计算得到实时监测数据及多种分析数据，例如特征值频谱分析、倒谱分析、包络解调谱分析、时域波形分析、趋势劣化分析。可以将预警信息与后台故障数据库的样本作比对，智能诊断并快速得出部件运行状态结论，可以对轴承动不平衡、轴不对中现象，以及内圈、外圈、滚动体、保持架等发出劣化趋势预警，准确率在98％以上，效率远高于人工巡检，可以大大减轻维保人员的巡检工作量。可以实时查看预警及历史预警信息，能反映相关预警的真实发出时间、预警原因及预警前后的趋势变化。预警信息可永久保存，也可以定时导出并另外保存到监测平台服务器，便于查看对比信息，最终实现状态修的目的。

8. 智慧场段

1）概述

智慧车辆段调度生产自动化管理系统涵盖现场生产的所有流程，为场调、检调、信号楼值班、派班人员等提供自动化管理平台，实现由分散调度与控制向集中调度与控制转变。该系统将车辆检修运用业务和地面设备信息一体化，从而缩短调车、收发车时间，减少人员清点、调度、检修时间，提高人员工作效率。此系统对于建设全自动无人驾驶和有人驾驶的车辆段也具有重大意义。

2）南昌轨道交通车辆段运作现状

地铁车辆段是地铁车辆停放、整备、运用和检修的主要场所。在南昌既有车辆段主要由检修人员利用设备进行人工检修。检修人员采取看、听、闻、摸、测等方式，按照检修规程进行检查确认，若检测出故障再进行修理。该车辆段运作模式存在以下几个方面的问题。

（1）调车排班以人工操作为主，影响调度效率和调度准确性。

（2）既有检修设备不能记录数据和传输数据。

（3）现有检修项点标准中有大量"外观良好"等表述，每个检修人员对检修标准的理解和执行效果不同。

（4）需要填写大量表单式检修记录，且追溯困难。

（5）对检修人员的要求比较高。检修人员要识别不同品牌、型号、部件，诊断故障需要使用合适的工具，更换相应的部件，并采取针对性的维修方法，要靠大量经验积累，效率低，出错率高。

同时，以人工操作为主的车辆段运作模式不能满足未来全自动运行车辆段的安全防护需求，具体如下。

（1）五防系统无法实时掌握现场状态，系统间靠电脑钥匙连接，联锁安全性不高；断送电的效率低，时间长，申请作业流程复杂。

（2）作业人员安全防护不到位，无法知晓人员轨迹；列车进出与现场作业不互锁。

（3）无人区列车出、入库容易发生人员碰撞；列车出、入库的前置条件与现场作业无安全联锁。

3）南昌轨道交通智慧车辆段实施方案建议

根据国内其他城市全自动运行车辆段的建设经验总结及南昌既有车辆段运作的痛点分析，整合信息化管理技术、自动化检测技术、安全联锁防护技术，形成满足车辆段自动化生产与智慧化管理需求的整体解决方案，具体实现车辆及设备的结构建模、变更跟踪、履历管理、修程工艺制定、动态调整、维修计划自动编制、自动化检测、移动检修作业、远程调度控制、库内安全防护、生产信息综合监控等功能，构建车辆健康、作业质量、作业安全管理相结合，自动化作业与人工作业融合互补，计划性维修工艺内容智能调整的新检修模式。

（1）智能化检修设备。

无人值守的智能洗车系统：通过智能化监控系统及自动洗车系统，保障列车清洁，减少洗车线定员。

自动化钢轨打磨车及探伤车等设备：通过智能检测对正线轨道、接触网进行扫描和信息收集、辨识、分析及反馈，提高检修效率，缩短夜间检修作业时间。

智能终端：①AR眼镜，扫描机器后就可以获取设备的产品型号、维修记录等，可以直接下载设备的维修手册，显示解决设备故障的具体操作步骤，甚至可以进行远程协作及工作指导；②PDA（personal digital assistant，掌上电脑），通过搭载智能运维系统，实现任务下发和交验、异常情况上报，集成二维码、RFID读写器，可读取相关工作，并可以用拍照和视频的形式上传工作情况；③远程控制物联设备。

智能列检机器人：停车列检库增加智能列检机器人，用于对列车车底各部位进行日常检修辨识，减少人为误判及机械劳动，提高检修精度和作业人员检修效率，降低劳动强度。该设备可与轨旁监测设备等进行联动。

行车安全监控系统：工程车增加行车安全监控系统，实现工程车在车辆段、停车场或正线作业过程中的防超速、防冒进、防冲撞尽头线车挡等安全防护功能，并辅助工程车司机操控车辆。

智能仓储设备：具备智能扫码、自动出入库等功能，可对仓库的备品备件进行高效管理。可以自动对仓管物品进行盘点、数据分析、后台处理、大数据汇总，有利于对线网进行备品备件补充、派送，并可以将备品备件纳入区域物流仓库进行集中管理，实现集约用地。

监测系统：车辆段运维设备设置监测系统，可对影响维修服务水平的检修设备（如洗车机、架车机、不落轮镟床、起重机等）进行自检，将自检数据上传至设备健康管理系统和智能检修管理系统，作为检修依据。

（2）车辆段智能化系统。

① DCC 综合管理系统。

DCC 综合管理系统可以实时显示车辆段内的信息，包括人员数量、人员信息、重要设备位置及状态、列车车号、列车位置、接触网分区及有无电状态、门禁状态、本段生产作业状态、本段施工作业状态、车辆检修信息、车辆运用信息、施工维修信息及现场作业安全管控信息等，且可在大屏以及各调度终端进行集中展示，具备关键作业冲突检查与智能预警功能。

② 安全联锁防护管理系统。

安全联锁防护管理系统主要用于受电弓检修平台、周（月）检线、定（临）修线等设置有三层作业平台的股道，通过对所在股道的断送电操作装置进行联锁控制，实现隔离开关、验电、接地装置的自动、联锁控制；实现断送电操作的可视化管理；实现有无电状态的现场实时展示及远程真实复视；实现登顶门禁与股道有无电的联锁控制。与各子系统交互，满足检修人员现场申请及操作需求。当检修作业进行至无电作业时，检修人员通过请销点系统进行远程请点，请点批准后，前往列位旁的操作终端，通过人脸识别验证权限，根据 LCD 显示屏上的提示信息按下按钮，控制隔离开关、验电装置、接地装置自动动作，实现一键断电。系统可对接触网电压进行实时测量，上传给安全联锁监控系统，实现库内接触网带电情况的实时监测，并直观显示，提醒作业人员接触网是否有电，防止作业过程中发生人员触电事故。

系统可实时采集并显示停车列检股道接触网有无电状态及隔离开关状态，在车辆进行停电检修或整备作业时，能防止工作人员在停送电和安全措施操作程序上出现错误而导致发生安全生产事故。系统通过安全联锁逻辑，按照事先设计好的操作程序，结合设备的实时状态进行安全联锁,判断操作程序是否可以执行,限制作业人员的操作流程,保证操作执行到位,从而防止因操作程序上的错误和操作不到位而发生事故,有力地保证了生产安全。

安全联锁防护管理系统流程图如图 4-37 所示。安全联锁防护管理系统的信息可在 DCC 综合信息显示界面进行集中显示。

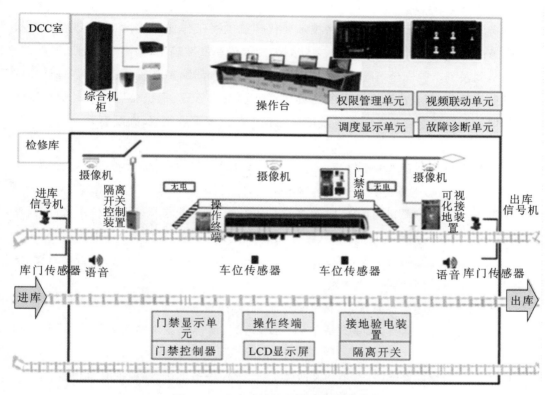

图 4-37　安全联锁防护管理系统流程图

③ 车辆运用管理系统。

车辆运用管理系统根据收发车计划、调车计划的执行情况,结合联锁系统相关信息,对场段内车辆(电客车、工程车)的位置、状态及属性进行动态更新,以图形方式实时展示,对场段的基础信息进行信息化管理。

车辆运用管理系统采集 DCC 综合管理系统、既有的车辆检修管理系统等模块中的生产数据,结合车辆检修计划、运行图、列车停放情况自动生成停车场收发车和调车计划,能及时按最优方案调整计划;可实现调车计划下达、确认、执行的信息化管理,满足调车作业计划下达的无纸化需求。计划由调度人员确认发布后,可自动推送至信号系统,实现收发车进路自动排列，减轻调度人员人工操作量，提高调度效率和准确率。

车辆运用管理系统包括以下主要功能模块：收车管理、发车管理、调车管理、运行图管理。该系统还支持人工调整功能。以上功能模块可与既有的信息化系统联动，获取司机的出勤计划数据，将司机出勤计划和车辆运用计划数据结合，统一展示给调度人员。针对无轨道电路的区段，系统具备记忆功能，可以显示列车位置信息。

④ 乘务管理系统。

乘务管理系统运用计算机、网络技术替代传统的手工作业方式，实现地铁全线司机出乘派班的信息化管控，提高司机出乘计划编制的效率及准确率，提高司机出退勤效率，降低司机驾驶列车的安全风险，具体实现司机交路的自动编制及管理、司机派班计划的自动编制及管理、司机出退勤计划的自动生成及信息化管理、司机公里数工时的自动统计等功能。新的智能化乘务管理系统可与既有乘务管理系统兼容，在既有系统上进行功能拓展，具体如下。

a. 依据派班计划管理输出结果，通过出退勤一体机为用户提供自助式出勤、退勤、手续办理服务，可对影响乘务计划生成的参数及规则进行配置管理。

b. 实现无人值守派班智能管理，具备自动出退勤、自助式借用及归还行车备品、自助式存取手机、自助式使用智能存放柜（能实现面部或指纹识别，提供充电功能）等功能。

c. 实现公寓智能叫班管理，可以根据入住计划自动排列房间，实现公寓智能管理（具备自动开关空调、智能照明等智慧化功能）。

d. 实现司机交路智能管理，具备自动交路、自动排班等功能。

e. 实现智慧培训管理，具备在线培训、在线考试、薄弱点及考试智能分析、课程制作及开发等功能。

f. 实现行车智能管理，具备事项及故障上报、工作任务下达、事项提醒等功能。

⑤ 出入库列位外警示系统。

出入库列位外警示系统在列车出入库区时，可使对应股道声光警示灯发出警示，并支持列车移动侦测。

⑥ 行车自动化控制系统。

行车自动化控制系统与场段计算机联锁系统连接，进行信息交互，实现场段收车、发车、调车进路的自动触发办理。在统一管理各种生产计划的前提下，采用信息联锁技术保障计划安全执行和双机热备工作制式，接收发车、收车和调车计划，将计划转换为指令，以指令形式产生驱动，输出控制进路，并实时采集进路、相关设备等信息的状态，反馈至平台上位机，实时跟踪车辆在场段内的行驶轨迹，对异常情况做出相应的处理并给出故障报警信息。

行车自动化控制系统的主要功能包括模式的管理及转换、信息的接收与反馈、计划的接收与分解、计划的管理、指令集的管理、计划及指令集的触发、现场跟踪、故障管理、调程管理、状态更新等。

⑦ 车辆(设备)检修管理系统。

车辆(设备)检修管理系统是针对车辆段的车辆及重要设备(主要包括电客车、工程车、洗车机、架车机、不落轮镟床、起重机、试验台等重要设备)的日常检修业务过程,以信息化技术为纽带,整合自动化作业设备、车辆健康分析软件,形成的一套符合自动化智能检修业务模式的信息化管理系统(图 4-38)。该系统在既有的车辆(设备)检修管理系统基础上,实现检修日计划自动生成。

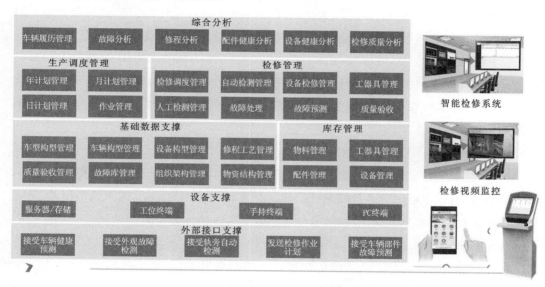

图 4-38　车辆(设备)检修管理架构图

4.2.2.4　智能列车运行

1. 概述

随着云计算、人工智能、大数据等技术的发展,城市轨道交通运行控制系统与新兴技术逐渐融合,智能化水平不断提升。目前城市轨道交通的发展趋势是通过采用新兴信息技术,集成城轨交通中的各类系统服务,建设多个成体系的自动化、无人化智能系统,以车地联锁和车车协同的方式达成更安全、更高效、更经济的目标,最终建成具有自主采信、学习、决策能力的智慧城轨。

智能列车运行以增强列车自主控制能力、减少轨旁设备、提高设备利用率和列车控制效率为目标,同时考虑采用降级、后备等措施保障列车运行安全。该模式通过应用全自动运行、车车通信、全电子联锁、互联互通、智能编组、节能 ATO 和列车主动式障碍物检测等技术提高列车的自主化与智能化控制程度、运行舒适度和运输组织效率，减轻运营维护人员工作强度。

2. 南昌轨道交通信号系统现状

目前，南昌轨道交通 1、2、3、4 号线既有线正线均采用基于车地无线通信的移动闭塞信号系统，车辆段、停车场均采用计算机联锁系统，采月的信号系统方案较为成熟稳定。

3. 全自动运行

全自动运行系统是基于现代计算机、通信、控制等理论，通过引入自动控制、优化控制等技术，进一步提升自动化程度，实现列车运行全过程自动化的新一代城市轨道交通系统。相较于传统城市轨道交通 ATC 系统，FAO 系统具有以下优势。

（1）提升运营的安全性。

采用多重安全保障策略，提升轨道交通整体安全性：减少人为干扰因素，采用充分冗余配置，提升可用性和可靠性；增加安全防护设施，提高安全防护能力；减少人为误操作，提升系统安全性能。

（2）提升运营组织能力和灵活性。

FAO 可以缩短车站的停站时间，提高行车密度和全线的旅行速度，缩短行车间隔，提高运行能力；可以摆脱有人驾驶系统的司机配置和周转制约，不受司乘人员限制，可根据运输需求灵活调整运营间隔，提高系统对突发大客流的响应能力。

（3）降低运营成本。

FAO 采取集中控制模式，可以大幅减少人员配置数量，有效降低运营成本；可以增加运行能力，节省在线运营车辆配置数量；可以优化运行曲线，提高能源利用效率，减少对环境的影响。

（4）提高员工舒适度及乘客服务质量。

FAO 提高了系统自动化程度，设备自诊断功能、运营维护功能加强，降低了运营人员的劳动强度；列车准点率提升，减少了乘客出行时间，提高了乘客服务水平；实现智能化列车控制，可自动调整列车运行曲线，提升了车辆运行平稳度和乘客舒适性。

全自动运行系统涉及以下系统配置及功能变化。

1）信号

为了确保列车运行安全，满足运营及功能需求，提高运输效率、改善工作环境、促进管理的现代化，制定全自动运行系统的信号系统功能优化方案。信号系统全自动运行模式较非全自动运行模式新增的配置及功能见表 4-9。

表 4-9 信号系统全自动运行模式较非全自动运行模式新增的配置及功能

序号	对比类型	对比项	非全自动运行模式	全自动运行模式
1	系统架构	中心设备配置	(1)冗余的 ATS 实时服务器及对外接口设备； (2)行调工作站	(1)宜设置备用控制中心,主备中心服务器及接口设备应热备冗余； (2)增设车辆监控、乘客服务功能
2		车站设备配置	配置联锁、ATS、地面 ATP、ATO、DCS、轨道检测、电源等设备	(1)宜增设车站专用 FEP,与站台门通信； (2)设置站台关门按钮及人员防护开关； (3)正线待避线增设休眠唤醒应答器
3		车辆基地设备配置	配置联锁、ATS、地面 ATP、ATO、DCS、轨道检测、电源等设备	(1)增设地面 ATP、ATO 设备； (2)设置人员防护开关； (3)停车列检库内增设休眠唤醒应答器,车辆基地内增设无源应答器； (4)宜增设车辆网关
4		车载设备配置	ATP、ATO、DCS、人机交互界面、应答器、速度传感器、雷达等设备	(1)增设辅助运行单元； (2)测速及定位系统头尾冗余； (3)宜增设 PWM(pulse width modulation,脉冲宽度调制)输出设备,直接控制车辆牵引制动
5	系统功能	运行模式	RM(restricted manual,限制人工驾驶模式)、CM(coded manual,列车自动防护下的人工驾驶模式)、AM(automatic mode,列车自动驾驶模式)	增加 FAM、CAM
6		早间送电	(1)人工上电； (2)人工选取 VMS(video monitoring system,视频监视系统)、人工触发广播； (3)人工打开车库门(如有)	(1)系统上电提示； (2)自动触发联动 VMS 和 PAS 等,中心远程上电； (3)自动触发打开、关闭车库门(如有)

续表

序号	对比类型	对比项	非全自动运行模式	全自动运行模式
7	系统功能	唤醒	(1)人工为列车上电,人工检查各系统设备状态; (2)人工进行车门、广播、牵引、制动测试	(1)系统自动上电; (2)系统进行全方位的上电自检、静态测试及动态测试,成功后允许列车出库
8		出库及车辆基地内运行	人工驾驶列车出库及在车辆基地内运行	根据计划自动出库,并控制列车在车辆基地内运行
9		空调、照明等车辆控制管理	人工设置空调、照明	系统根据工况自动设置空调、照明等
10		站台作业	(1)人工或自动控制列车精确停车,未精确停车时司机人工对标停车; (2)人工或自动打开车门、站台门; (3)停站结束后人工关闭车门、站台门; (4)人工驾驶列车离站或按压ATO启动自动出站	(1)系统自动控制列车精确停车,未精确停车时系统采用跳跃方式对标停车; (2)系统自动打开车门、站台门; (3)停站结束后系统自动关闭车门、站台门; (4)条件满足后,系统自动控制列车出站
11		障碍物检测	人工瞭望并负责应急处理	增设障碍物检测装置,发生异常时系统紧急停车并联动地面ATP进行防护
12		折返换端	人工驾驶列车并人工换端或自动折返	系统自动控制列车进入折返轨、自动换端并控制列车驶入站台
13		回库及休眠	(1)人工驾驶列车回库; (2)人工断电	(1)系统判断运营计划结束后控制列车运行回库; (2)系统根据设置进入清扫工况; (3)系统自动休眠,并为整列车断电; (4)休眠时,辅助运行单元与中心实时通信,汇报状态并接受控制指令

续表

序号	对比类型	对比项	非全自动运行模式	全自动运行模式
14	系统功能	洗车	人工驾驶列车洗车	(1) 根据洗车计划，为列车设置头码并触发进路； (2) 与洗车机交互，实现全自动洗车
15		库内故障升级	人工驾驶列车向前运行，经过2个应答器定位升级	系统静态定位、原地升级
16		车门、站台门故障	人工处理，并向乘客广播	系统对位隔离，同时联动 PIS、PAS 等
17		系统故障处理	转人工驾驶或人工处理故障	(1) 蠕动模式运行； (2) 远程复位、远程旁路
18		异常事件联动处理	发生车辆火灾、车门状态丢失、紧急手柄激活、车辆制动故障等情况时，人工干预并应急处理	系统自动处理或由中心远程人工处理，并联动地面设备及 VMS、PIS
19		恶劣天气	人工驾驶列车	(1) 系统提示列车运行状况； (2) 采用雨雪模式运行

2) 车辆

全自动运行系统中，车辆新增配置包括代替司机操作的相关系统、为提高系统可靠性而增加的冗余、为实现车辆状态及运行环境跟踪增加的相关系统，同时新增列车驾驶控制和列车自动唤醒、休眠、蠕动等功能。

3) 车辆基地

全自动运行车辆基地根据车辆驾驶模式可分为全自动运行区和人工驾驶区。全自动运行区为无人区，建议由 OCC 进行管理控制（ATC 控制区域）；人工驾驶区为有人区，建议由 DCC 进行管理控制（非 ATC 控制区域）。全自动运行车辆基地与非全自动运行车辆基地的差异见表 4-10。

表 4-10 全自动运行车辆基地与非全自动运行车辆基地的差异

序号	对比项		非全自动运行车辆基地	全自动运行车辆基地
1	列检库、咽喉区	驾驶模式	人工驾驶	新增全自动运行区由信号系统实现列车的全自动运行
		人行通道	设置平交道	全自动运行区进行防护区域的划分,并增设通往各防护区域的地下通道
		列检线两列车之间的距离	—	≥25 m
		库内列车至车挡的距离	≥3 m	≥15 m
		照明系统	常规设置	远程控制
2	隔离设施		车辆基地围墙、轨行区物理隔离设施	除车辆基地围墙、轨行区物理隔离设施外,全自动运行区与非全自动运行区之间设置隔离设施,并设门禁系统
3	门禁与信号、行车自动化、供电系统的联锁		车顶检修平台的五防联锁	全自动运行区的门禁与信号、行车自动化、供电系统具备联锁功能
4	洗车机		人工控制	新增列车洗车机与信号系统的接口,实现全自动洗车功能
5	试车线		常规设置	新增试车线全自动运行测试功能
6	牵出线		安全距离为 10 m	安全距离为 15 m
7	检修设备		辅助检修人员检修	尽量用机械检修代替人工检修

4) 通信及乘客资讯

根据国内城市轨道交通全自动运行线路的通信系统功能及相关需求,并结合南昌轨道交通的实际情况,为实现全自动运行功能,提高通信系统的可靠性、可用性,全自动运行线路通信系统相关子系统按主备控制中心进行设计,在主用控制中心发生故障的情况下,通信系统仍能满足线路运营需求。全自动运行线路通信系统各子系统新增配置及功能需求见表 4-11。

表 4-11 全自动运行线路通信系统各子系统新增配置及功能需求

序号	对比类型	对比项	非全自动运行系统	全自动运行系统
1	系统架构	专用电话系统	设置行调、环调、防灾等席位	增加车辆监控、乘客服务设备
2		无线通信系统	设置行调、环调、防灾等席位	增加车辆监控、乘客服务设备
3		视频监控系统	设置行调、环调、防灾等席位	增加车辆监控、乘客服务设备
4		广播系统	设置行调、环调、防灾等席位	增加乘客服务设备
5	系统功能	专用电话系统	行调、环调、防灾等调度台及终端电话间的通信功能	通过增加的车辆监控、乘客服务设备实现各调度台及终端电话间的通话功能
6		无线通信系统	列车司机检查无线通信系统车载设备的加电是否正常及设备运行状态	（1）无线通信系统车载设备可以自动检测，并将自检结果及状态信息传送至车载 TCMS；（2）具备控制中心对任意列车的广播功能、乘客与中心调度员的双向语音对讲功能
7		乘客资讯系统	无联动功能	新增联动功能：车辆清客提示功能、火灾报警联动功能、车门紧急解锁联动功能等

5）综合监控

全自动运行线路可单独设置综合监控系统，也可集成综合监控与 ATS 子系统，建立统一的综合自动化平台，构建以行车指挥为核心的行车综合自动化系统。

全自动运行系统对综合监控专业的功能需求主要包括正常运营模式下的列车运行监控、设备运行监控及联动，非正常运营模式下（包括阻塞、火灾、紧急事件等）的设备控制及联动，以及辅助决策支持，用于确保线路系统的可靠性和可用性。综合监控系统配置及功能差异对比见表 4-12。

表 4-12 综合监控系统配置及功能差异对比

序号	对比类型	对比项	非全自动运行系统	全自动运行系统
1	系统架构	中心配置	无乘客服务和车辆监控工作站	（1）备用中心的调度工作站数量可适度减少；（2）宜设置乘客服务和车辆监控工作站

续表

序号	对比类型	对比项	非全自动运行系统	全自动运行系统
2	系统功能	联动功能	(1)无停电、送电自动申请功能； (2)站台门故障后无法与VMS联动； (3)车站火灾工况下无联动功能	(1)自动接收停电、送电申请； (2)站台门故障后,自动联动VMS与PAS； (3)增加车站火灾工况联动功能

6) 站台门

为满足全自动运行模式要求，提高乘客的安全性，站台门系统须采取一定的安全保护措施。站台门系统配置及功能差异对比见表4-13。

表4-13 站台门系统配置及功能差异对比

序号	对比类型	对比项	非全自动运行系统	全自动运行系统
1	功能	站台门与信号系统对位隔离功能	无此功能	有
2		电气障碍物探测系统	曲线站台区域滑动门配置	每个滑动门单位均配置
3		综合监控远程开关整侧滑动门	无此功能	有

7) 车车通信

车车通信系统突破传统CBTC系统的进路控制方式，采用车车通信架构，基于列车精确定位和中心计划与调度管理，以车载控制为核心，利用目标执行单元监控线路关键资源，实现线路上列车群的分散自主运行。

车车通信系统主要由ATP子系统、ATO子系统、ATS子系统、目标执行单元和轨旁设备构成。车车通信系统在地面设置资源管理设备和目标执行单元管理轨旁设备，轨旁设置用于列车定位的应答器及控制道岔转换的转辙机。车载设备集成测速定位、行车授权计算、线路资源申请、超速防护、自动驾驶等功能。列车管理设备实现对降级列车的管理。

车车通信系统具有系统结构简化、灵活的特点，可支持更为灵活的运营组织，实现线路资源安全和高效管理，如图4-39所示。

8) 全电子联锁

全电子联锁系统的控制及采集电路通过电子单元实现，整体结构简单，无须使用组合柜和接口柜安装继电器。

全电子联锁系统取消了继电系统的接口柜和组合柜，相关信号设备对面积的需求减少，可以节省室内空间；降低了连线排查、安装调试等工作量，具有施工简单、施工周期短、后期维护方便等优点；采用了轨旁电子单元，可以减少轨旁信号设备、电缆的使用量，

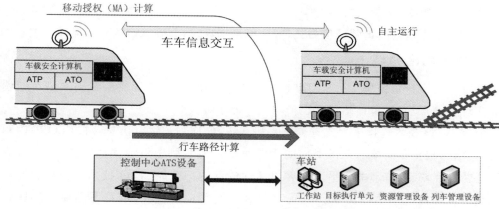

图 4-39　车车通信系统结构简图

降低工程造价,减少能源消耗。全电子联锁技术使信号系统更加统一、简洁。

9) 互联互通

轨道交通互联互通是指一列列车可以跨不同线路运营。目前我国城市轨道交通主要采用单线建设、单线运营的模式,不同线路采用不同的信号制式,导致同一城市轨道交通线路的车辆不能实现互联互通,造成了一定程度的资源浪费。

统一轨旁设备布置、线路描述、应答器报文等的原则或机制,可以实现不同线路、厂家车辆和信号车载设备的资源共享,减少备用车辆和备品备件数量,同时后续延伸线的设备选择不受既有运营线路的限制。

互联互通在加强地铁线网资源共享、平衡不同线路的运能、提升乘客换乘效率、提升运营服务水平等方面具有较大优势,对城市轨道交通线网内车辆的跨线运营及调度具有重要意义,是未来城市轨道交通建设、设计、产品标准化的重要支撑。

4. 智能编组

智能编组又可称为灵活编组,是指利用先进的列车运行控制及调度指挥技术,基于运营企业动态运营需求,不受特定运营作业场所制约,在保障列车运行安全的前提下,在运营过程中动态改变列车编组形式,实现运输需求与运输能力协同匹配,满足轨道交通多样化运输需求的运营模式。灵活编组按照连接方式可以分为机械编组和虚拟编组。机械编组方式在运营效率和安全性方面都不具备优势。而虚拟编组是近年来提出的一个新理念,通过使用无线通信及车车通信技术实现机械联挂,以完成不同型号列车的虚拟编组。

当前城市轨道交通具有不同时段断面客流量差异较大,客流呈潮汐性分布的特点。同时,部分线路也存在城市中心段与郊区段客流量不均匀的显著特性。列车大多为固定编组列车,无法通过灵活调配列车的数量来满足不同的运力需求。列车在完成虚拟编组后,行车间隔极大缩短,可以大幅提升线路的运输能力。应用虚拟编组技术,可以实现列车动态解编或组编，按需组成不同编组车队，实现客流-车流的精准耦合，通过更高效的列车控制手段及更精细的运营调度方式，减少能量损耗，达到降本增效和节能减排的目的。

5. 节能 ATO

列车自动运行系统属于列车自动控制系统的一部分，其功能主要包括通过自动调整车速实现自动驾驶、在车站站台实现精确定点停车等。

节能 ATO 技术是指采用先进的技术和算法，根据列车运行信息，对 ATO 的控制策略进行优化，根据不同情况采用对应的控制策略以控制列车沿最优运行曲线运行，达到提升运营准点率、列车节能水平及乘客舒适性的目的。节能 ATO 技术可以与全自动运行系统深度融合，使 FAO 列车具有更高的牵引制动控制精度，避免不必要的加速和减速，使列车运行曲线趋于理想的运行曲线，从而减少能耗，降低运营成本。

6. 列车主动式障碍物检测

在全自动运行系统中，列车障碍物识别技术用于替代传统模式下的司机值守方式，是保障列车全自动运行安全的关键技术之一。列车主动式障碍物检测系统融合了图像识别、激光雷达识别、超声波识别和红外识别等技术，辅以线路数据库及地理信息系统，通过建立统一平台，进行数据融合、策略优化和算法学习，使列车具备一定程度的环境感知功能，为安全行车提供保障。

列车主动式障碍物检测系统是一套独立系统，由中央子系统、车载子系统和轨旁子系统组成。其中，中央子系统主要由中央计算服务器、存储设备和工作站构成；车载子系统的单端设备主要由传感器组、主机（障碍物主机和安全计算机）、车载交换机、接口单元组成；轨旁子系统主要由边缘计算主机、接口转化器、无线（有线）通信设备构成。列车主动式障碍物检测系统可与车辆接口，实现危险情况下的列车初级控制；可与信号系统结合，将障碍物检测结果输入列车自动运行系统或者列车自动防护系统，参与列车运行控制，保证列车运行安全。

7. 全自动运营管理模式分析

考虑到全自动运行系统技术较为成熟，且对传统运营模式的改动较大，下面主要对全自动运行系统的运营管理模式变化进行讨论。

1）全自动运行系统对运营管理的新需求

轨道交通全自动运行是基于新一代技术装备、运营管理科学理念而提出的一种先进的运营模式，取消专职司机仅仅是其中的一个表现而非目的。采用全自动运行系统的目的是提升系统自动化水平、减少人为误操作、降低人员工作强度、提高系统运营效率。

具体到运营管理，全自动运行的主要优化目标体现在如下几个方面。

（1）采用 FAO 模式时，城市轨道交通运营水平应优于或至少等于采用 ATO 模式时的运营水平。FAO 模式可提供更高的运输能力、更快的旅行速度、更少的车辆配置、更低的定员标准、更轻松的工作环境。

(2) FAO 系统应提供更为可靠的自动化运营体系,系统故障率应低于有司机的模式,自动处置正确率及响应速度应高于有司机的模式。

(3) FAO 系统应配置更加智能化的自动操作系统,正常运营期间无须人工直接介入,系统自行完成与列车正线运营相关的全部工作流程。

(4) FAO 系统应提供完备的远程监控与人工介入接口,系统可按控制中心意图,实现不同范围、不同程度的人工干预。

(5) FAO 系统应保证运营管理工作便捷与顺畅,日常维护与后勤保障应更为方便。

2) 全自动运行系统运营管理分析

(1) 概述。

正常状态下,正线列车运营接受主用控制中心的调度指挥,实现全自动运行;主用控制中心出现故障或正线与主用控制中心出现通信故障时,系统应自动启用备用控制中心(可设置在车辆段内),列车接受备用控制中心的调度指挥,维持全自动运行。为保证主备控制中心切换不影响运营安全,备用控制中心需热备且 24 h 值守;列车发生故障时,添乘人员接受控制中心调度人员的指挥。

(2) 控制中心调度指挥。

主用控制中心为全自动运行线路设置指挥调度组,设值班主任 1 名,行车调度人员 2~3 名(根据线路长度确定人数),电力调度人员 1 名,通风空调调度人员 1 名,综合调度人员 1 名,乘客调度人员 1 名(根据客流量确定人数),车辆调度人员 1 名。

备用控制中心可设置在车辆段内(与 DCC 合建),其岗位设置原则上与主用控制中心一致,24 h 热备值守。

在全自动运行模式下,行车调度人员承担正线司机的职责,负责查看列车前后方运行工况信息,远程处理列车故障,必要时远程驾驶列车;车辆调度人员为行车调度人员提供技术支持,分析及监控列车运行状态;乘客调度人员负责与乘客之间的沟通,监控列车内的乘客状态;电力调度人员、通风空调调度人员、综合调度人员等的职责与常规线路相关人员的职责相当。

(3) 车站运行管理。

为防止主备控制中心同时出现故障导致全线运营瘫痪,建议全自动运行线路保留车站级行车指挥功能,能在设备集中站实现控制范围内的进路办理及行车指挥工作。进行车站级指挥时,建议终止全自动运行模式,改为有人值守的降级运行模式。

全自动运行线路应设置多职能巡查队伍,多职能巡查队伍根据运营需要,驻守在车站或列车上,出现故障或紧急情况时登车处理;多职能巡查队伍的人员直接接受控制中心(含备用控制中心)的指挥派遣,正常运营状态时,多职能巡查队伍的人员可在车站兼任车站站务员,实现人力资源共享和减员增效的目标。

(4) 列车运行控制。

在 GoA3 条件下,列车采用 DTO(driverless train operation,有人值守的全自动运行)模式,列车配置巡查人员,处理日常乘客事务及进行列车应急操作。

在 GoA4 条件下,列车采用 UTO(unattended train operation,无人值守的全自动运行)模式,列车不配置工作人员。

系统设置相应降级功能,为了提高系统的安全可靠性,全自动运行系统的降级模式涵盖 GoA0~GoA2。建议运营初期仍保留司机配置,待积累了丰富的运营经验及其他条件成熟后,适当减少配置的司机数量。

(5) 区间故障救援。

各系统配置足够的冗余功能,保证列车在一般故障下仍可自动运行至前方车站,救援组织等工作在车站内进行;列车救援作业需要在控制中心指挥下,由派驻正线的多职能巡查人员现场负责,车站人员配合;救援模式视现场情况优先选用后方列车推送救援。

当需要区间列车救援时,需在现场有司乘人员的情况下进行作业;由后方列车在车站清客后担当救援列车,驻守车站的多职能巡查人员临时添乘;救援列车运行至故障点,由添乘的多职能巡查人员在现场完成列车连挂作业,而后人工驾驶至下一车站,清客后再将故障列车送至停车线或车辆基地。

在高密度运行条件下,较长区间同方向可能出现两辆列车甚至多辆列车同时运行的工况,在前方列车发生故障需要救援,而后方列车又无法清客时,应采用前方列车清客救援的方式,连挂后牵拉故障列车进入停车线或车辆基地。

8. 南昌轨道交通智能列车运行方案建议

南昌轨道交通智能列车运行方案建议见表 4-14。

表 4-14　南昌轨道交通智能列车运行方案建议

智能列车运行技术	后续线路实施建议
全自动运行	南昌轨道交通后续规划建设的线路包括既有线延伸线及新建线路。延伸线须与既有已开通线路贯通运营,统一调度指挥。若延伸线采用全自动运行系统,则应对既有线多专业进行改造,实现标准统一,对既有线运营影响巨大,实施难度较大,而且实施费用很高。因此建议延伸线工程实施初期正线各系统选型与既有线相同,新建车辆段、停车场可建设为自动化场段,为全线实施全自动运行预留条件。目前国内各大城市都已有全自动运行线路,全自动运行线路造价相对较高,但后期运营维护成本将大幅下降,较传统线路总成本降低。建议南昌轨道交通未来新建线路在条件允许的情况下优先采用全自动运行技术

续表

智能列车运行技术	后续线路实施建议
车车通信	车车通信属于近年来迅速发展的信号系统制式。目前虽然存在降级模式尚不成熟、开通运营线路少、技术实用性有待验证、针对车车通信对应的运营组织培训不充分等问题,但其在技术发展趋势、系统能力提升、信号维护工作量降低、运营组织灵活性以及 RAMS 指标等方面更有优势。未来南昌轨道交通线路建设可根据车车通信技术发展状况,择机在旧线改造时,或选择站间距大、客流量少的新建线路进行试点应用
全电子联锁	全电子联锁系统取消了继电器、组合柜和接口柜,具有面积需求小、配线安装简单、维修方便等优点,可有效降低建设投资及维护成本。目前国内已有多家具有全电子联锁系统产品自主知识产权的厂家,也有多条在建或已开通运营线路应用了全电子联锁系统。建议南昌轨道交通未来新建线路可全面推行全电子联锁系统
互联互通	目前,重庆、青岛、北京等地在互联互通标准研究方面已有许多进展。CBTC 信号系统互联互通应用需求有三个层面:一是统一技术标准,实现 CBTC 信号系统统型;二是满足共线运营和延伸线建设需求;三是满足跨线互联互通运营需求。建议南昌轨道交通随着线网规模的扩展,根据三个层次的需求逐步推进互联互通相关工作,现阶段的建设可以为未来改造预留条件。建议对有互联互通需求的线路优先考虑推进不同线路车辆的资源共享,由原有的单线备车变成线网备车,降低线网车辆配置数量,有效降低车辆采购成本
智能编组	智能编组已成为当前轨道交通领域的研究热点,在全自动运行的基础上实现列车在线智能编组,可实现高峰期大编组到非高峰期小编组的灵活转换,以及列车的在线自动联挂救援。智能编组未来可作为南昌轨道交通线路的一个选择,优先在客流潮汐分布特点较明显的线路进行试点应用
节能 ATO	节能 ATO 技术可与全自动运行系统深度结合,在南昌轨道交通线路中应用,以降低列车在平峰、高峰期间的运行能耗,达到降本增效的目的
列车主动式障碍物检测	列车主动式障碍物检测系统是全自动运行系统的子系统,未来可根据技术发展,在南昌轨道交通全自动运行线路中应用

4.2.2.5 智能能源系统

2022 年 8 月,中国城市轨道交通协会发布《中国城市轨道交通绿色城轨发展行动方案》,倡导以绿色转型为主线,清洁能源为方向,节能降碳为重点,智慧赋能,创新驱动,开展绿色城轨行动,实现碳达峰、碳中和目标,建设绿色城轨,促进城轨交通可持续高质量发展,助推交通强国和美丽中国的建设。

城轨交通绿色转型是绿色城轨建设的主线。研究城轨交通全行业的绿色发展规律，聚焦牵引能耗、车站能耗、综合能耗、碳排放量等指标，围绕节能降碳、吸引客流、清洁能源等关键构成要素，通过绿色规划、绿色设计、绿色建造、绿色运营、绿色维保等在城轨全生命周期的持续实施，强力推进企业绿色转型。绿色低碳拓展了智慧城轨的内涵，是建设智慧城轨的重要内容和重要场景，绿色城轨建设为智慧城轨提供了更大的发展空间。

1. 能耗管控系统

能耗管控是轨道交通节能降本的重要环节。运行能耗是轨道交通运营成本的重要组成部分，降低系统能耗是新时代轨道交通可持续发展的必然需求。应根据轨道交通实际运行环境，重点关注牵引节能技术及通风空调节能技术研究，采用节能新方案、新技术、新工艺、新设备及新材料，达到低碳节能运行的效果，助力企业可持续发展。

建设能耗管理系统，实现对地铁能源消耗的测量、统计及分析，并远程上传数据，建立综合运营场景的能耗关联模型，实现智能化能源管理。

在地铁中，消耗电能的主要设备包括牵引供电、通风空调、电扶梯、照明、水泵和弱电设备等。根据对国内多条已投入运营的地铁线路用电负荷的统计总结出：牵引供电、通风空调、电扶梯、照明等能耗占地铁总能耗的90%左右，是节能工作的重点。可通过分布式现场控制网络集成各类计量装置与监控终端，实现地铁能源数据在线实时采集和分类、分项计量。根据地铁运营、客流量按时间规律分布的特点，对各种用电设备进行自动化监控及节能控制，实现节能减排，降低运用成本，同时提高地铁能源自动化管理水平。

能源分类管理：可按照牵引、低压、水、气等进行分类。

能源分项管理：可按照照明（正常照明、导向照明、广告照明、区间照明、安全特低压照明等）、动力（水泵、电扶梯及站台门等）、通风空调（冷水机组、冷却水泵、冷冻水泵、VRV室外机、分体空调、风机等）、商业（便民服务设施、银行等）、其他系统（AFC、通信、信号等）进行分项。

对各分项建立综合运营场景的能耗关联模型。根据实时监测到的数据（有功功率、频率、电流、功率因数等），对用电设备的能源利用效率、质量进行分析和诊断，进行有针对性的优化。采集各用电点的能源数据，与总数据进行对比，建立用能平衡监测系统，从而了解线损及用电设备用电异常情况，报警提示管理人员及时处理。建立能耗数据实时曲线，对用能不合理的方面，进行节能改造。

智能化能源管理系统通过与综合监控系统整合，可实现集中监控及数据存储、远传等，实现车站级、线网级及控制中心级能源管理系统的管理功能。

2. 智能高效空调系统

在地铁工程建设过程中，通风空调系统投资只占工程投资的1.35%左右；在地铁线路实际运营过程中,通风空调的运行能耗占比却高达40%,并且存在乘客体验差、运营维护难等诸多问题。

智能高效空调系统通过精细化节能设计、智能控制、大数据分析可以有效解决以上问题。

精细化节能设计包含动态负荷特性分析、优化系统设备选型、输配系统管路优化、末端气流组织优化等。通过合理的动态负荷计算,选择高效空调设备;通过管理优化减少不必要的管路损失,减小风机、水泵扬程和用电量;通过末端气流组织优化避免出现冷热不均匀问题,直接提高乘客体验。

智能控制涉及控制系统解耦、冷冻水系统控制、冷却水系统控制、末端设备控制和全局寻优风水联动控制等,具体控制策略如图4-40所示。

图4-40 智能高效空调系统控制策略示意图

智能控制系统根据室内外温湿度等自动调整控制策略,保持站内温湿度处于设计值,满足乘客舒适度需求,同时让所有空调设备均处于高效区运行,减少全系统运行能耗。

采集及分析冷水机组、冷却塔、空调水泵、空调机组和风机等设备和各类传感器的数据,得到系统实时和累计制冷量、功率、能效比等重要参数。对空调设备进行实时监测,以及时对设备运行异常情况进行预警,出现故障可以及时报警。

3. 再生能源回馈装置

结合未来电网的主要发展方向,可再生能源将成为未来电网中的主要一次能源,电网的结构和运行模式将发生重大变化,储能技术、高压大容量电力电子技术元器件材料和关键工艺技术的进一步研究发展,使得未来电网必将走向向用户侧开放的道路。而对于城市轨道交通牵引供电系统而言,回收利用列车再生制动能量不仅有利于节能,而且对稳定牵引网供电电压、辅助列车制动有重要意义。

再生制动能量吸收再利用目前的主流方向包括能量回馈和储能。当前制动能量回馈至 33/35 kV 系统为主流方向,国内技术相对成熟,设备容量和生产工艺都能满足系统要求,且随着电力电子技术的发展,控制策略的设计技术提升,制动能量回馈装置的功能进一步多元化,具备再生制动能量逆变回馈、牵引整流、无功补偿等多种运行模式。当接触网网压超高时,有效吸收系统车辆产生的再生制动能量,有效控制接触网网压;当列车取流时,可作为牵引整流设备,向列车牵引系统供电;当系统需要改善功率因数,调整系统运行电压时,可作为无功补偿装置向系统提供感性无功或容性无功,充当无功补偿装置。

由于目前大容量双向变流设备的造价仍然相对较高,南昌轨道交通工程目前仍主要考虑采用整流机组+双向变流装置的设计方案(图 4-41)。双向变流装置根据系统实际运行工况调整运行方式。随着电力电子设备的造价进一步降低,将来可采用由双向变流装置完全替代整流机组的设计方案。

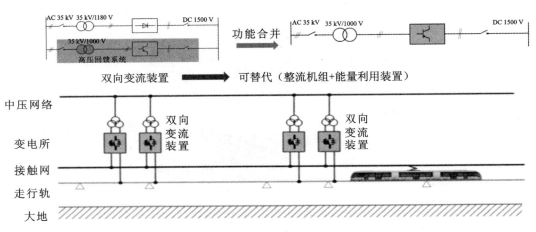

图 4-41 再生能量回馈示意图

4. 专用轨回流供电系统

专用轨回流供电系统可从系统角度彻底解决回流通路的杂散电流泄漏问题。专用回流轨采用能够达到功能要求的绝缘支架独立安装,从根本上杜绝回流电流的泄漏,从根本上解决了杂散电流对地铁结构、沿线管线的腐蚀等问题,具有很好的应用效果。

5. 车辆永磁电机技术

配置永磁同步牵引电机系统的列车因使用永磁转子代替三相绕组转子,具有重量降低、效率增高的优势。经实际运营数据对比,永磁同步牵引电机系统在节能效果上明显优于三相异步牵引电机系统,节能减排及降低运营成本的作用明显。

车辆永磁同步牵引电机技术相比传统异步牵引电机技术主要存在以下特点。

(1) 永磁同步牵引电机系统可实现直驱,取消齿轮箱,降低传动损耗。

（2）永磁同步牵引电机的功率密度比异步牵引电机高[额定功率（kW）/重量（kg）：异步牵引电机为 190/590，永磁同步牵引电机为 230/550]。

（3）永磁同步牵引电机采用全封闭结构，其平均噪声值比异步牵引电机低，在低速运行阶段可有效提高乘客的舒适性。

6. 列车节能运行模式

列车节能运行模式是从优化运输组织方面梳理早点频发的车次及站点，优化列车自动监控系统，优化同一供电分区内运行的列车进站与出站作业时间最大限度重叠方式，完成单车运行图、多车运行图技术研究及测试。测试可得到列车运行时的主要车辆参数。对实测数据进行汇总、整理、分析及计算，做出能耗评估，进而分析影响牵引能耗的因素。分析和研究测试数据可知，减少牵引能耗的措施主要有如下几种。

（1）列车运行时应保持较为平滑的速度曲线，减少列车加减速次数。在非高峰时段应采用 SM（supervised manual，受监控的人工驾驶）模式，使列车以贴近 ATP 建议的速度运行，并采用牵引-惰行-制动方式控制列车，以减少电机的频繁启动与制动，提升电机效率。

（2）优化运行图，增加列车启动及制动能量对冲，提高再生制动能量利用率。

（3）在不影响客运量的情况下，尽量降低车速。根据测试计算结果，采用列车最优运行速度。

（4）进一步研究载客分布，并合理地实时调整车速和在线列车数。

7. 灵活编组节能方案

轨道交通客流潮汐特点显著，高峰期列车满载率高、平峰期列车满载率低，造成运力和能耗浪费。经研究分析，线路平峰期在整个运营期的占比按 60% 计算，在依据同一运行图运营的情况下，平峰期采用 3 编组列车代替 6 编组列车运行的方式，节能效率达 40%。目前部分地铁公司已将其作为新车设计研究方向，评估适合地铁的灵活编组技术方案。将平峰短编组作为未来节能发展的基础方向，以增加满载率，解决长编组未满载造成的能源浪费问题。

8. 车站集中电源系统

车站集中电源系统实现车站各专业后备电源的集中配置、统一管理、远程预警，并可对后备电源容量进行优化，进一步提升后备电源的品质，减少设备重复配置，降低运营维护成本，推进轨道交通绿色、环保、可持续发展。

在地铁车站中，用电负荷根据可靠性要求分为一级负荷、二级负荷及三级负荷。一级负荷包含一级负荷中特别重要的负荷，例如火灾自动报警系统、环境与设备监控系统、通信系统、信号系统等。根据供电要求，一级负荷中特别重要的负荷除采用双路电源供电外，还需要第三路电源作为备用电源。在地铁车站中，一般备用电源选用 EPS 或 UPS。

地铁车站用电负荷根据负荷性质可分为与消防有关的负荷和与消防无关的负荷。与消防有关的负荷有火灾自动报警系统、环境与设备监控系统、专用通信系统、公安通信系统等。与消防无关的负荷有 AFC 系统、民用通信系统、信号系统等。因此，后备电源可分为两组集中设置，一组为与消防有关的后备电源，一组为与消防无关的后备电源。分组设置可减少重复设置、容量冗余过大、运营维护管理成本高等问题，同时，集中设置后备电源，还可减少设备房间的面积，使地铁中有限的空间得到最大化利用。

9. 智能照明控制系统

智能照明控制系统可根据运营时段和照明需求，提供高峰模式、非高峰模式、停运模式等多种不同的照度模式。

智能照明控制系统需满足乘客服务体验和节能控制等方面的要求，支持人工与自动调节。自动调节模式需利用客流智能监测分析等系统的车站客流监控数据进行照度调节策略分析。

智能照明控制系统主要应用于车站公共区（站台层、站厅层）和出入口的正常照明。系统可根据地铁车站照明设计中所确定的区域，不同时段的客流量，自动控制各个区域的照度，满足照度要求，并有效节约能源。

智能照明控制系统硬件包括中央控制计算机、驱动器、电源供应器、触摸屏、智能面板、定时器、光线感应器、故障元件监控单元、网关和支线耦合器等。利用专用电缆将这些硬件设备连接起来，形成一个系统，通过网关连接至车站的环境与设备监控系统，实现系统的集成。

智能照明控制系统的软件部分主要包括监控软件和编程软件。系统采用模块编程，每个光源设一个地址，每一个回路设一个组地址，每个模块设一个物理地址，将对应的模块、回路地址组合到一个组地址中进行有效的控制，使系统使用起来更便捷。在实际使用时，可以将编程接口插入任一总线耦合器中，计算机和总线的连接通过接口实现，可以设置或更改总线元件的参数，还可以修改程序或编程。

10. 电梯物联网在线监测系统

电梯物联网在线监测的目的是发现电梯类设备能耗问题，在保障车站正常运行的前提下降低能耗。

电梯物联网在线监测是对车站各电扶梯建立远程控制网络，组成梯联网，在车控室搭建电梯物联网在线监测系统，系统与车站电扶梯模块集成，车站人员可在车控室进行设备状态监测和远程控制，实时监控设备运行能耗。

该系统支持根据客流关联分析（客流数据与电梯运行能力、运行能耗等）明确能耗与客流是否相匹配，并针对客流量提供节能建议并指导动态调整。